明治天皇

睦仁和他的時代，1852-1912

上

Emperor of Japan
Meiji and His World, 1852-1912

by
Donald Keene

唐納德·基恩 著

曾小楚、伍秋玉 譯

謹以此書紀念我的友人兼良師・永井道雄（一九二三—二〇〇〇）

明治天皇(上)

*本書中提及的年份若為和曆會註明年號，其他日期若無特別註明則皆為西曆。

序章

圍繞著京都御所的御苑北側一隅，有一處被木板圍牆環繞的宅邸遺址，裡頭佇立著一棟小小的房子。明治早期，首次獲允住在這座古都內的美國傳教士在尋找住所時，曾將傢俱和其他物品暫時存放於此。房屋如今幾乎乏人問津，即便它是僅存的幾座公家宅邸之一[*1]，不僅在十九世紀中期席捲京都御所的那場大火中幸免於難，還逃過了一八六八年遷都東京後的破敗與損毀。

將房屋和庭院與外界隔絕開來的圍牆外豎立著一根小小的木柱，上面寫著「祐井」兩個字；越過圍牆則勉強可以看見裡面立有一塊巨大的石碑，皆提醒了來訪者這間屋子並非另一棟稀鬆平常的十九世紀日式傳統建築，而是獨具意義——事實上，這裡正是一八五二年明治天皇[1]出生的地方，且（根據不太可靠的傳說）他初次洗澡便是使用了「祐井」的井水[2]。

明治之所以出生在如此普通的房屋裡而非御所，是因為依照宮中慣例，他的母親中山慶子（一八三五—一九〇七）必須在臨盆前夕離開位於御所內的住處。當時的傳統觀念認為分娩會玷污

*1　公家是日本對仕於朝廷的公卿貴族或上級官員的總稱。

居所，因此天皇的孩子通常都會在生母住處附近的獨棟屋宅裡出生，而且該建築多半會在物盡其用之後加以毀壞。諷刺的是，明治出生的這棟小房子不僅沒有消失，甚至比昔日圍繞在四周一棟棟精心打造的公家宅邸都還要存續了更長的時間。

慶子的父親權大納言中山忠能[*2]（一八〇九—一八八八）為了即將誕生的皇子，在自家宅邸的屋舍附近建了這座產房。起初他試圖說服鄰居出借空地，然而儘管這個尚未出生的孩子極有可能成為未來的天皇，所有人卻都拒絕了他的請求，也因此忠能只好把小屋建在自己已經十分擁擠的宅邸內。與當時許多公卿相同，中山忠能窮得蓋不起一棟不過是設有兩個房間、外加一間浴室和廁所的簡樸居所，甚至得靠借款來支付大部分的建設費用[3]。

房屋本身的確毫不起眼，但是像他這樣被祭祀在東京的明治神宮，且每到新年都吸引幾百萬人、甚至在平日也有眾多人潮前來參拜的神聖天皇，其出生地竟然如此不受矚目與重視，實在令人匪夷所思。長期以來被嚴重忽略的這棟房子，也是直到最近才重新翻修了屋頂的新瓦；榻榻米被拆除而裸露的地板、所見之處沒有一絲裝飾，這般徹底追求實用性的建築讓人絲毫感覺不出來這裡是日本最備受盛讚的天皇的出生地。

耐人尋味的是，對明治出生地的漠不關心同時也反映在人們對他本人的一般認知上。即使是那些將明治視為日本史上最偉大統治者的日本人，卻也舉不出一個實際功績來印證他的輝煌聲譽。人們理所當然地會把明治和一八六八年帶領日本走向近代化的「明治維新」聯繫在一起，但當時他只有十五歲，顯然不太可能對維新本身或者緊接而來的諸多重大改革做出關鍵貢獻。他的名字亦與甲午戰爭、日俄戰爭的大勝以及英日同盟聯繫在一起，但他在這些事件中扮演的角色充其量是個仁慈的君主，而非政策或者軍事策略的制定者。不過可以肯定的是，從明治在位期間甚至直到後世，他的存在一路鼓舞了日本人以非凡的勇氣去締造功績。在那些實現新政權下無數改革的功臣們心目中，明治天皇無疑是他們的精神領袖。

人們之所以普遍對他缺乏了解，並非是因為有大量證據遭到封鎖。明治的一生從出生到死亡，近乎每件事都有留下詳細的記錄。官方史料《明治天皇紀》幾乎逐日列出了他直接參與以及發生在他周圍的各種事情。此外在明治死後，不少認識他的人寫下許多著作和文章來追憶他的日常生活和性格，但是不知為何，這些作品都沒能給讀者留下什麼印象。作為第一位接見歐洲人的天皇，明治也出現在那些曾訪問日本的外交官日記裡。相較於謁見過他的日本人所寫的文章，這些人的記述比較沒有忌諱，從明治第一次公開露面起便率直地描繪他的舉止，使得閱讀起來別有趣味。然而，我們仍然很難從中對明治本人有所了解。

除了十二卷厚重且印得密密麻麻的官方記錄所記載的大量事實以外，圍繞著明治也流傳

*2　大納言為日本古代官職，主要職務在於協助上級及參議庶事、宣奏與近諫等，其下則有中納言、少納言。對於超出規定人數而任命的官職，則加上「權」字。

著無數的軼聞傳說，尤其是關於他的風流韻事和嗜酒的傳聞；其中甚至有人毫無根據地宣稱自己是他的私生子。面對如此巨量的素材，乍看之下對於想寫出一部完整傳記的學者來說，唯一需要的就只有耐心了。然而，至今為止幾乎沒有一位撰寫明治天皇傳記的作者能達成此舉最關鍵的任務，也就是為這名在位四十五年且見證了日本史上最巨大變革的人物刻劃出一幅極具可信度的肖像。

原因可能在於這些傳記作者（不論他們是否願意承認）得出了一個令人沮喪的結論，即明治天皇的個性並不見得比畫像上的他來得深邃和複雜。人們依循著慣例向這位君主的畫像鞠躬，但從來不曾考慮過其表面下隱藏了些什麼。為了證明明治也有「人性」的一面，傳記作者通常會列舉一些趣聞軼事，說明他外表看似冷漠但其實深愛著皇后、無時無刻都惦記著自己的臣民，或者展現他的幽默。但是這類軼事不僅無法給人留下印象，甚至可以說根本不足為信。近來一些以揭穿真相為志的批評家們傾向於將明治天皇描寫成一個對其功績毫無貢獻之人，或者反過來將他描繪成一個所作所為都絲毫不顧臣民福祉的無情暴君。但他們恐怕都錯了，而且這樣的努力只會讓明治何以擁有持久不衰的名聲和為數眾多的崇拜者的疑問更加成謎。

跟時代相仿的維多利亞女王不同，明治不寫日記，也幾乎沒有寫過幾封信。明治的父親孝明天皇留下了許多書信，其中大部分都充滿了他對世間動向與發展的強烈憤怒，但相較之下出自明治的珍貴信件則沒有什麼讓人感興趣的內容。除了在國家文書上的簽名，他幾乎沒有留下其他筆跡[4]；本人的照片更是少之又少，有對外公開的頂多三到四張，遠低於當時許多地位比他低的日本人留下的照片數量。那些在明治生前和死後繪製的肖像畫，不論是描繪他在視察銀礦還是主持憲法起草會議，所呈現的終究只是一種形象而非本人的確切樣貌，且大多數都出自可能從未近距離一睹明治長相的畫家之手[5]。

除了仰賴官方記錄和其侍從所寫的非官方回憶錄（有時並不可靠）之外，了解明治的另一個方法就是閱讀他創作的和歌。*3據估計，明治一生歌詠了超過十萬首和歌，儘管大多都遵循傳統用字遣詞和意象，但仍蘊含了些許與他生平有關的內容，並偶有透露他在不同時機下的心境。另一方面，明治天皇頒布的知名文件《軍人敕諭》跟《教育敕語》則實際上都是由他人代為擬定，反而很難從其中的措辭找到明治個人的見解。

明治死後，認識他的宮廷人士所寫下的記述多半都不夠充分，有時甚至會互相矛盾。曾有人回憶明治小時候格外地健康活潑，甚有幾分霸道，年少時期還是個相撲高手。但換成另外一位同樣熟知明治的人卻說他在孩提時代身體虛弱，常常生病，讓人不禁懷疑前面關於相撲的敘述。許多傳記作者會提及明治第一次聽到大炮聲時暈倒的故事，但另一些人則否定這

*3　日本的一種詩歌形式，以短歌最為普通，由五、七、五、七、七的音節所組成。本書中提到的作品將以意譯為主。

種說法。面對這種種矛盾，當今讀者通常會往最壞的方向設想，即孩提時代的明治實際上的確體弱多病且膽小怕事，只是傳記作者們編造了各種奇聞軼事，來將他塑造成一位強健的大和男兒。然而，明治年幼時期的長年玩伴曾回憶當時明治經常打他，難道是在說謊嗎[6]？

這樣的抵牾並非只存在於明治的童年時期，他的聰穎、明智、對人民的關心，以及與一名統治者相稱的其他能力近來都受到了學者的質疑。在此試舉出這類矛盾中一個無關緊要的例子：明治真的（如他的一位侍從在回憶錄中所述）每天收到十幾份日本報紙和外國報紙，並認真地閱讀嗎[7]？還是（如另一個侍從所言）在初期他雖然會大致瀏覽報紙的標題，但到後來卻連看都不看一眼[8]？這般矛盾也出現在有關他日常舉止的描述中，使得我們很難判斷他真正的為人。如果他真的像人們常說的那樣品味簡樸，不願在自己身上花錢所以軍服上都是補丁[9]，那又該如何合理解釋他喜愛鑽石和法國香水的傳聞呢[10]？

即便仔細爬梳過關於他日常生活的十二卷官方記錄，也很難讓人覺得對明治天皇有所了解。儘管我們能夠確切地知道他何時初次踏出御所，但我們真正想知道的並非具體的時間，而是當明治走出這個曾是他的整個世界的高牆之外，（如同釋迦牟尼一般）第一次親眼目睹貧窮、疾病和死亡時，內心究竟有何感受。

那些認識他的人皆稱讚他的剛毅、公正以及其他多數值得讚美的資質。即使我們相信這些讚美屬實，仍然不禁好奇一個基本上由宮中對外界一無所知的女官帶大，喜歡傳統優雅的貴族消遣勝於武器的皇子，同時作為幾乎沒有參加過戰爭的歷代天皇後裔，為什麼會給人留下總是身穿戎裝的軍人形象？

在描繪明治的過程中，要將焦點集中在他本人身上並不容易，因為圍繞在其身邊的達官顯貴多半都能力出眾且個性迥異。學者們往往從這些人的角度來探討明治的治世，認為他們以天皇為名義成就了一番輝煌的功績，也就是天皇只不過發揮了形式上的作用。然而，將明治的非凡名聲僅僅歸結於他剛好是一個大變革時代的天皇，未免有失公平。就算從消極面而言，明治的年幼與懵懂無疑成了維新推動者的助力；我們不難想像假如明治的父親孝明天皇（他對外國人簡直恨之入骨）沒有在三十六歲時英年早逝的話，這群維新功臣的偉業會有多麼舉步維艱。此外明治儘管年輕，卻也有能力做出重大決策。舉例來說，正是由於他的介入，才得以阻止當時西鄉隆盛等多數新政府高官所主張的出兵朝鮮政策。明治後來的多次行動——尤其是他數度前往全國各地視察——更使臣民意識到日本是一個統一的現代國家。將明治視為可有可無的存在，就如同將維多利亞女王視為無能之人一樣並不恰當[11]。

明治的幼名「祐宮」，是在他出生七天後由孝明天皇賜予的。他後來諱稱睦仁，這也是他在位時期簽署在文書上的名字。明治這個現在人們一般使用的稱呼其實是他的諡號，同時也是日本用來紀年的年號，不同於西方採行的公元紀年體系。自此人們開始以「明治」指稱整個睦仁的治世，但在這之前一位天皇的在位期間通常會歷經多次的年號更改，例如遭逢以干支來說的辛酉、甲子之年，或是當發生一系列被認為是年號不祥而導致的天災地變，或者遇上了值得記錄於曆法中的祥瑞。明治意為「開明的統治」，這個年號從一八六八年睦仁登基以來一直持續到一九一二年他逝世為止，如今仍象徵著當時整個日本社會所經歷的急遽變化和動盪。

我將在本書中試著描繪明治天皇這個人物，他生於一個幾百年來都拒絕與西方接觸的國家，卻用一生見證了日本如何躋身世界列強，成為國際社會的一員。

・第一章・

孝明天皇

我手邊有兩幅孝明天皇的畫像，人們經常看到的一張是他身穿宮廷朝服坐在玉座上，頭戴象徵天皇身分的冠冕，上頭有著高高豎起的纓帶。些微傾向右側的橢圓形臉龐顯得沉靜而無表情，可以說是一張典型的天皇肖像畫。除了纓帶的角度以外幾乎沒有其他線索能辨別這幅肖像出自十九世紀而非十三世紀或其他時期，[*1]孝明的表情也並未傳達出身為天皇的他在幕末動盪下所歷經的苦澀。以這幅畫像來說，孝明和過去兩百年來對國家發展了無貢獻的歷代天皇似乎並無不同，不僅其一生不為大多數日本人所了解，如今甚至有的連名字也遭人遺忘。然而，儘管孝明在畫中的面容是如此平淡無奇，人們卻對他記憶猶新。[1]

另一張畫像則給人完全不同的印象。他臉上流露出強烈的個性，從表情中似乎能看到近乎憤怒的色彩。孝明天皇的大半生確實滿腹怨氣，他所留下的書信和文件都清楚地表明，發生在他在位期間的各種事件無一不令他憤慨，而且每次孝明的反應都不僅止於單純的氣憤，

*1 在江戶中期以前，天皇所戴的冠的樣式為纓帶下垂的「垂纓」而非立纓。

同時也為自己無法阻止政治與社會情勢的急遽轉變感到無比挫敗。

孝明天皇生於天保二年（一八三一）七月二十三日，其父親仁孝天皇是官方歷代天皇系譜記載的第一百二十代天皇。生母則並非皇后而是一名權典侍，*2 為公家正親町實光的女兒，但孝明在名義上仍是皇后的孩子。作為仁孝天皇的四子，照理來說不會輪到他繼承皇位，然而他的兄長們卻都在他出生之前不幸離開了人世。從這個時期甚至一直到後世，天皇家子孫的死亡率都高得驚人。在仁孝天皇的十五名孩子之中，只有三人成長至三歲以上；孝明的六個孩子裡面也只有一人（明治）比他更長壽；而明治的十五位孩子中更只有五人順利成年。[2] 為何皇室的嬰兒死亡率會比同時期的日本農家高出這麼多的理由仍不明朗[3]，但人們將其歸咎於各種原因，例如極度的早婚（皇位繼承人通常會在十六歲之前結婚）、宮廷御醫的醫術落後，以及御所內瀰漫著不健康的陰沉氣氛等等。也許還包括——儘管這一點很少被提及——只有極少數貴族世家的女兒能被選上成為生下皇室後裔的母親，從而助長了近親通婚的現象。

特別是十八世紀初期以後的天皇，雖然有部分例外但基本上都不算長壽。櫻町天皇三十歲去世，其繼任者桃園天皇以及後桃園天皇皆於二十一歲早逝；仁孝天皇（孝明的父親）享年四十六歲，孝明天皇也在三十六歲時便離開人世。皇太子的即位也因此提早，例如孝明的祖父光格天皇於九歲登基，其子仁孝天皇則是十七歲；孝明則和他的兒子明治一樣，都在十五歲時繼承皇位。在某些情況下讓一位年幼無知的天皇登基可能招致動搖國家政治的嚴重問題，但事實上就日本當時的國情來說，無論天皇是具有君主智慧的可敬典範，抑或只是不諳世事的年幼孩子，都不會是問題所在——因為天皇並不參與政事，唯一的公開活動只有主持規定的儀式和慶典[4]。幕府將軍在採取任何行動計畫之前都無須聽取天皇的意見，且一旦做出決定也不必徵得天皇的同意。不過到了孝明天皇的時代，這種情況便出現改變。

孝明在位於京都中心的御所（約八十九萬平方公尺）長大，附近圍繞著許多公家的宅邸，而御所正是身為皇室成員的全部世界。根據東久世通禧（一八三三—一九一二）所言，德川幕府的策略就是將天皇與世隔絕，宛如活生生的神一般遠離塵世，並嚴格禁止向天皇透露任何新奇少見的事物[5]。十歲時被選為孝明玩伴的東久世在晚年盡可能地回憶並講述了有關孝明的童年時代，因為他擔心如果不記下自己的所見所聞，那些古老的傳統將會永遠消失。他的記憶力十分驚人，甚至具體地描述出他親眼目睹的許多儀式細節，包括在場的人物、以及他們的服裝跟收到的賞賜等等。以下是東久世對某個典型儀式的敘述：

> 六月初七，於殿下九歲誕辰舉行「初讀」儀式[6]。殿下非以此為讀書之始，而早已閱讀《孝經》《大學》，並以鷹司左大臣為師，因此該儀式僅為形式上之儀禮。殿下身穿二藍三重襷樣式

*2 後宮內侍司的次官，次於尚侍，定額四名，多從大納言、中納言的女兒中選出。

的直衣、紫色龜甲紋的奴袴，[*3]於御學問所中段之間就座。中納言久我建通將一張桌子抬至殿下面前，再由舟橋在賢坐於桌前，誦讀《古文孝經》序言，殿下立即跟著複誦。接著舟橋退下，輪到久我上前搬走桌子，殿下則隨後返回居所。[*4]7

皇子的教育以在侍講（即講授學術的老師）指導下大聲朗讀《孝經》一類的儒家經典為主。起初比起解讀文意會先著重於誦讀字句，但最終他將學會理解漢文，甚至用漢文作詩。書法同樣是一名皇子必須習得的技能，而由誰擔任教授書法的老師則至關重要。最後，能以日本古典的詩歌形式「和歌」進行創作也被認為是身為皇子應該具備的素養。

若是除去這些傳統教育的要素，皇子能從書本中獲得的知識可說是少之又少，也許就只有日本和中國的基礎歷史與地理知識而已。歷代天皇中有的喜歡閱讀日本自古以來的故事或傳說，有的則喜好欣賞在宮中已有千年傳統的舞樂，亦有記錄顯示宮廷中曾上演過能樂。但這些愛好終究只是一種消遣，無法和幕府要求天皇作為主要職責修習的嚴肅學問相提並論。

元和元年（一六一五），前幕府將軍德川家康與其子秀忠（當時僅為名義上的將軍）以及曾任關白的二條昭實聯名發起了一套規範公家行為的法律，名為《禁中並公家諸法度》，[*5]內容由十七條法令構成，據推測應該是仿效聖德太子於六〇四年頒布的《十七條憲法》。其中第一條也是最重要的一條法規，明定天皇應當以研習學問與藝能為第一優先。德川時代的天皇似乎都將此銘記在心：把學問（有限的儒學以及日本古典思想）以及藝能（主要是和歌和書法）視為他們日常教育的核心。學習儒家經典並非為了讓皇子有一天能夠挑戰德川時代的學者對經典的詮釋，而是只要讓他熟悉基本的儒學，並能因應不同的時機引經據典就足夠了。至於剩餘的條文則規定了其他特定事項，比方說朝廷官員的任免、武家與公家的官職、各大臣親王的次序高低以及出家的皇族公家應有的待遇等等。

儘管不少天皇與宮廷公家都討厭高高在上的幕府，懷念往昔天皇君臨天下的時代，但也並未對加諸在自己身上的各種規定感到不耐。他們生活在一個如此狹小的世界裡，不曾注意到其中的極限，數十年來都只顧著在意一些無關緊要的瑣事。因此即便有些人討厭幕府干涉他們的生活，或是從江戶派駐官員監視他們的一舉一動，但心裡卻很清楚要是沒有幕府發放的俸祿，自己根本就活不下去。

對於下級公家來說，得到的俸祿通常不足以維持一家人最低限度的開銷，因此有許多人

＊3　直衣是平安時代以後宮廷皇族及公家的日常服飾之一，二藍（青紫色）搭配三重襷（一種菱形紋樣）的布料則是夏天常見的樣式。奴袴又稱為指貫，是一種在下襬有綁帶可以加以固定的下裝。

＊4　京都御所中供天皇及皇子學習的宮殿，也是宮內舉行歌會等活動的場所。

＊5　關白是日本古代負責輔佐成人天皇的官職名稱，屬於令外官（不屬於律令制制度下的新設官職），實質上也是公家的最高權力者。

會尋求一些不至於有辱身分的兼職，例如仿寫古代名家的書法作品，或是繪製新年期間遊玩的歌牌，希望仰賴自己顯赫的名聲來加以出售。岩倉具視（一八二五—一八八三）身為幕末至明治初期最著名的公家之一，他的家族在當時也相當窮困，甚至不得不利用公家宅邸具有的特權，開放自家作為賭場以求換取收入。然而，就算是最窮的公家基本上仍以自己的血統和地位為傲，在社會上也受到一定的尊重；儘管正如這些公家親口所言，當中還是不乏無視法紀，為了賺錢不擇手段的人。8

天皇和公家面臨的窮困尤其經常被通俗歷史學家在加油添醋之下過於誇大，講得好像連天皇的生活也相當勉強。實際上，即使是按當時大名（但他們的奢侈富裕同樣常被過度誇大）的生活水準來看，天皇還是過得相當不錯的。

即便如此，德川時代的天皇生活想必非常無聊。除了夜裡尋歡作樂以外（舉例來說後水尾天皇有三十七個孩子，後西天皇則有二十七個），每天的工作似乎就只有主持各種儀式祭典，且年復一年，不曾有半點變化。然而我們之所以會認為天皇的生活極度壓抑，是因為預設了他能活動的範圍非常狹小，事實卻並非如此。天皇的確從未離開御所出門遠行，但偶爾還是會前往京都市內各處巡訪。舉例來說，一六二六年後水尾天皇就曾在二條城（幕府將軍位於京都的居城）逗留了四天。但是到了一六三二年，三代將軍德川家光在其父親秀忠死後掌握實權，此後幕府便禁止天皇離開御所。儘管有幾次御所發生大火時曾不得已讓天皇移駕到市內的寺廟避難，但基本上當時的歷代天皇可以說都如同遭到軟禁的政治犯。

若是上皇（退位的天皇）則能相對自由地進出御所。位於京都東北部山林間的修學院離宮原本正是在一六五〇年代為了後水尾上皇所修建的別墅。後來其他幾位上皇雖然也有陸續造訪，但還是逐漸荒廢，直到一八二三年光格上皇向幕府將軍請求允許造訪修學院，才匆匆忙忙地對當地進行了整修。當時的情況可謂十分盛大：

日吉山麓之修學院御茶屋，後水尾院法皇初御幸，靈元院法皇亦屢次行幸*6。享保十七年，靈元法皇薨後，歷經百年星霜以至荒廢，而再無行幸。文政六年〔一八二四年〕秋，武家〔幕府〕賜命新修，復其舊貌。文政七年九月廿一日，太上皇光格初御幸。沿途始出清和院御門，抵桝形，渡賀茂川，至新田山端御休憩所。萬民歡呼，高唱萬歲。觀者盈衢，實為聖明之世。[9]

幕府允許退位和出家後的天皇享有這種自由，但並不包括在位的天皇。從一六三二年到一八六三年孝明參拜賀茂神社和石清水八幡宮為止的期間，歷代天皇除了躲避災害以外幾乎

*6 御幸、行幸意指天皇親自出訪視察某地。

都不曾離開御所。他們沒有人親眼眺望過大海或富士山，也從沒見過幕府統治下的江戶城。天皇畢生接觸的人也不過數百的廷臣公家，一般日本人根本沒有機會一睹其貌。京都的居民們當然知道天皇就住在御所的高牆後面，但是除非遇上像是光格上皇出訪修學院這種極為罕見的情況，不然人們連他乘坐的輦轎都難得一見，更別提能夠親眼看到本人。除了少數的近侍以外，天皇無法被任何人看見；如同一個隱藏在簾幕後方令人敬畏，卻又彷彿不屬於人世的存在。

東久世通禧正是宮中少數幾個近在孝明天皇身邊的侍臣兼友人之一。他曾如此回憶孝明對學問的精通：「能輕易地閱覽四書五經等[10]，學力甚至足以授課。雖尚未學習和書，然已接受其父皇的指導於每日創作和歌，素質頗為優異。跟隨大納言葉室顯孝學習雅樂，亦十分擅於吹笛。」[11]

天保十一年（一八四〇），十歲的孝明被正式冊封為東宮（皇太子）。根據東久世的回想，在舉行立太子典禮之前宮中還向七大神社和七大寺廟下達敕令進行祈禱，以期儀式不會受到風雨阻撓[12]。典禮於是在紫宸殿（舉行國家慶典的地方）舉行，最後會由天皇將象徵皇位繼承者的壺切御劍交給皇太子來完成這場儀式。

東久世實際上直到一八四二年才正式成為輔佐皇太子的一員，但是在兩年前便聽聞了立太子典禮那天的情況：「東宮將髮型束為總角，此因尚未元服，故將頭髮從頭頂中分至左右兩側，在耳邊梳成環狀垂下。聖德太子的畫像中可見二位童子，該髮型正與其相似。」13

關於立太子儀式的情形也許東久世只有聽到傳聞，不過他的確親眼見證了孝明的「元服」儀式（也就是成人禮），這是作為皇太子第二個重要的儀式。元服之儀始於一八四四年五月十一日，首先進行的便是將皇太子的牙齒塗黑，象徵成人的「御鐵漿初」儀式。孝明對此非常抗拒，一旁的人只得強迫為之（我們不難想像一位十三歲少年在牙齒被塗上令人不舒服的黑色液體時扭動叫喊的樣子。）接下來的兩天則會進行儀式的彩排。對此東久世如此記述：「此為天子一朝僅一度之事，當職者少有相關記憶，故皆仰賴文籍記錄進行演習。」14

儀式當天清晨，皇太子穿上了典禮的裝束。所有公家都身穿拖著長長下襬的禮裝，並佩戴嵌有螺鈿的太刀。接著仁孝天皇登場，身後跟著手捧皇太子冠冕的女官。在紫宸殿裡，主殿寮的官員拉開幔幕，由皇太子的指導者領著他登上殿堂，關白鷹司政通隨後站在皇太子旁邊，右大臣九條則托著皇太子服裝的後襬。在這個肅穆的時刻，所有公家都伏身跪地，較為下級的貴族官員也全都在外頭的庭院行跪拜禮。內大臣近衛忠熙將負責執行加冕儀式，權中納言久我建通則負責束髮；首先由近衛上前為皇太子戴上冠冕後退下，接著換久我為其整理後髮。結束之後皇太子便會退入後宮更衣15，儀式宣告結束。

一八四六年二月二十三日，孝明天皇的父親仁孝天皇駕崩，這是所有人始料未及的。他正值壯年（只有四十六歲），且向來身強體健，即便生病也頂多就是感冒而已。然而這天當他起床去上廁所時，卻發現自己連站都站不穩。試著攙扶他的女官們支撐不住他的重量，於是仁孝只好爬去廁所，卻在途中突然發病，不久便離開了人世。他的死訊並沒有被立即公布；相反地，宮中對外宣稱天皇先前就因為病重無法履行職務而希望退位。然而天皇沒有幕府的允許是不可以擅自退位的，於是京都所司代[16]隨即派人向江戶請示，但是當等到回覆時仁孝早已去世多時。

同年三月十三日發表了仁孝天皇駕崩的消息，一個星期後舉辦了孝明登基的簡單儀式，並在隔日將仁孝的遺體入殮。三月三十日，後宮女官九條夙子（一八三四—一八九七）被擢升為地位僅次於皇后的女御，代表著孝明如今也有了等同於妻子的存在[17]。

官方記錄《孝明天皇紀》有關孝明統治初期的記述大部分都不具有重大的歷史意義。其中列舉了為已故的仁孝天皇舉行的法會、祓禊一類的神道儀式，以及月食、鬥雞等，對一切都做了同等詳盡的記錄；真要說當中最重要的事情也許就只有學習院（一所培養貴族子女的學校）的創設而已。不過，這也因此顯得弘化三年（一八四六）八月二十九日的一則記錄相當引人注目：「京師有聞二十九日（壬午）異國船渡來之事，故下賜海防之敕令於幕府。」[18]

這是幾個世紀以來首次有天皇發表對外交政策的看法，想必是由於十五歲的孝明（或者他的近臣）在得知外國入侵的威脅之後感到相當驚恐的結果。從弘化四年（一八四七）四月二十五日的記錄也能看出相同的脈絡：「二十五日（甲戌）石清水臨時祭，以參議野宮定祥為敕使，特就外艦來航一事，祈求四海之靜謐。」[19]

此乃後來也數度希望借助神靈之力將外國侵略者趕出日本的孝明所獻上的最初的祈禱。但是，孝明在一生中根本沒見過任何外國人。事實上，他向石清水八幡宮祈禱的時候多半對這些人一無所知，甚至就算到了統治後期也沒有增加多少了解；然而他卻堅信外國人（或者更準確地說是西方人）的出現對於這片寄宿著眾神的土地來說是無法忍受的侮辱。

孝明祈禱中所提到的「外艦」，指的可能是在前一年夏天駛入江戶灣的兩艘美國軍艦。率領軍艦的海軍准將詹姆斯．貝特爾（James Biddle）試圖與浦賀的地方長官簽署一份貿易協定，卻遭到拒絕。另有一艘法國軍艦也曾於一八四六年造訪日本。孝明在給石清水八幡宮的宣命（僅以漢字表示的天皇命令）中提到了這兩件事，並祈禱假使再有外國船艦來到日本，願神社祭祀的神靈刮起強風驅趕外敵，以保國家安泰[20]。

孝明從未動搖過他的排外立場，儘管有時在無計可施的情況下他只得勉強同意讓外國人暫時停留日本，等到時機成熟時再把他們全都趕回海上。這股仇外心理很早就形成並伴隨他終身，也無疑是肖像畫中的孝明表情如此險惡的原因之一。

一八四七年十月三十一日，十七歲的孝明於紫宸殿迎來即位大典。他宣讀了一份宣命，祈禱天下太平，並期待臣民展現其忠誠。根據留存下來的資料，這場典禮相當隆重，而且到了隔天那些平時不被允許接近御所的群眾也都有機會一睹場面的盛大[21]。

孝明在正式即位後的生活基本上與過去歷代天皇所做的例行公事並無太大區別，像是各種儀式祭典、和歌御會以及宮中官員的異動等等。必要時孝明通常會以輕快的語調創作一首和歌：

庭中柳梅添春色
朝陽鶯啼相映趣[22]

接下來幾年，唯一攪亂平靜的就只有日食和月食的發生，這段期間宮中一切的活動都會暫時中止。孝明會在御所裡欣賞舞樂和能樂表演，適時舉行賞月的宴會，並參加各種祭儀和集會——他的所作所為都嚴格地按照規定在每年的同一時間執行。官方的歷史記錄中除了偶爾會提到他生病的事以外，幾乎找不到關於他個人情況的描述。御所之外，每當大火燒毀房屋，洪水摧毀橋樑，天皇都會在這些災難過後派出敕使前往各大神社為子民祈福。

隨著外國軍艦越來越頻繁地出現在日本海域，每次都讓孝明惶恐不安，但是他對這些威脅能做出的反應頂多就是派人到七大神社與寺廟祈禱國家泰平。

《孝明天皇紀》裡也記下了一些歡樂的時刻，例如他的妻子在繫上托腹帶兩個月後生下了第一皇女。十三天後一名女官誕下一位皇子，但是母子倆皆在同一天死去，而這也是孝明在位期間皇室面臨反覆的生產與死亡之始。儘管男嬰的母親並非皇后，但這並不會降低他出生的重要性，也無法緩和天皇痛失皇子的失落之情。然而其生命實在太過短暫，以至於來不及發布通常為哀悼皇族之死而向京城下達的鳴物停止令[23]。

有關孝明統治初期的記錄並無特別引人入勝之處，但如果是了解後來歷史的讀者就可能對一條看似就事論事的無趣記錄產生興趣。舉例來說，嘉永四年（一八五一）七月十二日的記載顯示孝明派人通知有栖川宮熾仁親王*7（一八三五—一八九五）表示同意他與天皇的妹妹和宮親子內親王（一八四六—一八七七）的婚約[24]。當時和宮只有五歲，可見這門親事完全是出於朝廷的考量而締結的；但是十年後當幕府奏請降嫁和宮時，這個婚約卻成了嚴重的障礙。

另外，嘉永五年（一八五二）九月二十二日的條目也簡略地提到一名皇子的誕生[25]。假如事先不知道這天出生的人究竟是誰，那讀者還得往下細讀好幾頁，才會恍然大悟原來這名剛出生的皇子就是日後的明治天皇。

*7　親王是日本皇室典範中對男性皇族的稱呼，女性則稱作內親王。

·第二章·

祐宮出生

《孝明天皇紀》中，關於未來明治天皇的誕生描述極少，相較之下《明治天皇紀》則相當仔細地記述了當天權典侍中山慶子從大概早上八點開始感到陣痛之後的具體情況。

慶子的父親權大納言中山忠能於是立刻付諸行動。巳時（上午十點左右）時分，在他的傳喚下三位典藥寮醫師和一名接生婆立即趕來，並以書面向關白鷹司政通、議奏[1]以及武家傳奏[2]報告皇子即將誕生。這個消息也很快地在宮中相關人士之間傳開了。嬰兒於午時半刻（約下午一點）出生，消息隨即再次傳遞出去。孝明接獲通知時人正在平常生活的常御殿的北庭裡一邊欣賞花壇的菊花，一邊享受午飯前的清酒。據說他在聽到皇子出生的捷報後格外高興，還因此多喝了好幾杯酒[3]。

皇子一出生，便和胎盤一起用請衣（有襯裡的方形白色絲綢布）裹住。發表皇子誕生的消息後，中山家熄滅了宅邸內所有的火，並從多年來供應皇室年糕的御用商人川端道喜（一八三五—一九〇二）家取來火種重新點燃。這種熄火的習俗可能與認為火源也會沾染分娩帶來的不潔有關。但新火種竟是取自一個商人之家而非神社或者某位皇室成員歸隱的寺廟，不禁令人感到有些奇怪，不過川端家自室町時代晚期地位就非同一般，其家中使用的火也為宮廷的御膳房所用，被稱為「清火」。

在孩子出生前，中山忠能甚至從各個靈驗的社寺和人物那裡求來許多保佑安產的護身符，現在他總算可以用謝禮來還願了。一名由天皇派出的女官會前來探視皇子，並留下一把御守刀和一件搔卷[*1]。除此之外新生兒也會收到其他較為傳統的禮物，有些甚至會讓今日的讀者感到相當離奇。不過出生後首要之務還是剪斷臍帶並綁好，再加以燒灼[4]。胎盤洗淨後會放進陶器內，裝進一個未上漆的木桶，再用白絹布包起來，與一對笋刀、兩塊青石和兩條沙丁魚乾[5]一同陳列在產房隔壁房間的置物台上。其前方會設置一盞不分晝夜持續點亮的明燈，四周則用屏風圍起。木桶上用胡粉畫上了松樹、竹子、仙鶴和烏龜的圖案，卻不見時常與松竹相提並論的梅花，理由是因為梅花會凋謝所以在這種場合並不吉利。

剪過臍帶之後，便要為新生兒進行初次洗澡。依照古老的習俗，這時會使用汲取自賀茂川的河水並混合井水來為其沐浴。接下來幾天，直到襁褓前嬰兒都會穿著襦袢[*2]和一件無袖上衣。他的床就鋪在他出生的小房子的主室裡稱作「片高」[*3]的榻榻米上，且通常會將較高的那一

*1　御守刀具有祈禱孩子健康成長及家族永續繁榮之意。搔卷則是一種有袖的和服型寢具，可以用來保暖。
*2　穿在和服裡的襯衣。
*3　經過斜切而形成兩邊不同高低的厚層榻榻米。

側朝東或朝南來放置枕頭。枕頭旁擺著一對面向彼此的犬張子[*4]，中間則擺著十六種化妝品。床鋪後方設有一個置物台，用來擺放天皇先前下賜的御守刀和名為「天兒」的人偶[6]；人偶身上包覆著白絹，但只有四肢末端使用了紅絹。此外床之間[*5]也有一個置物台上放著兩只未上漆、繪有白色圖樣的木桶，其中一個桶裡放著一包米和兩條盤成花形的絲帶，另一個桶裡則放著三顆青石和兩條方頭魚[7]。白米以貼有銀箔的紙加以包裹，每逢皇子移動居所時便會丟撒這些米以示驅邪。白絲帶大概各有四公尺長，從皇子出生當下直到第七天晚上，每當他打一次噴嚏就會在絲帶上打一個結；人們相信只要他打的噴嚏越多，就能活得越久。置於床鋪東面的兩個衣架上面分別掛著金箔點綴的紅黑雙色腰帶。起初，它們是房間裡唯一的一抹色彩；按照風俗，嬰兒的服飾都以白色為主，就連上頭裝飾的吉祥圖案（如松、竹、鶴、龜）也都是白色的。等到嬰兒出生一百零一天後，才會用彩色來取代所有白色。

同一時間，使者也即刻被派去通知陰陽師土御門晴雄（一八二七－一八六九），要他盡快趕來。每當進行重大決策之前或發生大事的時候，宮廷都一定會召見陰陽師來解讀事情的含義，或是提出應對之道。土御門家族代代都擔任朝廷陰陽寮的長官，他們的建議總是很有分量。在中山慶子即將臨盆之際，晴雄便依據預產日期占卜出應該在哪個方位進行分娩，並於事前做出詳細的指示。

慶子曾在懷孕五個月時發高燒，引發了不小的騷動。雖然最後她度過難關並順利生產，但人們還是絲毫不敢輕忽，也因此迫切地希望聽取晴雄的建議。只可惜晴雄的居所離御所有一段距離，當他抵達中山邸的時候，寶寶都已經在吃奶了。儘管如此，晴雄仍好似自己是準時到達的一樣，一如往常地下達指示：如何剪臍帶、準備洗澡水和給嬰兒洗澡，同時針對剃除胎髮、襁褓嬰兒、與何時掩埋胎盤做出額外的吩咐。他這時的指示大多都只是形式上的，因為很多步驟其實早已完成。只不過還有一件事情尚未決定，那就是掩埋胎盤的地點。出於方位的考量，晴雄選擇了位在洛東的吉田神社。但由於此事需要取得御所同意，於是他們派出了信使；等收到同意的答覆時，已是入夜時分。

與此同時，中山忠能和他的兒子忠愛（一八三二—一八八二）向武家傳奏報告他們已經因為這次分娩而觸穢。忠能同時告知了他在宮裡的同僚，儘管這也只是形式上的需要。他不僅沒有因為觸穢感到煩惱，反而欣喜若狂，從他創作的和歌便不難看出這一點：

天照大神之御孫
降生於我樂至極

*4 一種以狗為外型的鄉土玩具，通常用來祈禱安產或孩子健康長大。
*5 為和室內一個內凹的空間，一般會以掛軸、生花或盆景加以裝飾。

這首和歌雖然稱不上出色，卻完整地表達了忠能的喜悅之情。

接下來幾天舉辦的任何活動都要遵照陰陽師的指示，但他的判斷絕非唯一的考量。嬰兒出生後第七天，忠能請一名陰陽師淨化了皇子出生的房間，以便正式舉行七夜之儀。但就在儀式前夕有人意識到那天剛好是剛出生的皇子已故的姊姊順子內親王的百日祭，因此把儀式往後順延了一天。

第二個需要謹慎考慮的便是埋葬胎盤。這個儀式通常在出生後的兩三天內舉行。嬰兒出生之前，中山忠能已經在自宅空地上挖好兩個洞，但晴雄認為這兩處都不太合適。他根據風水理論選定了吉田神社，然而無論如何埋葬儀式都無法按往例進行——皇子出生的三天後正值「土用」[*6]時節，相傳在這時動土可能會遭受詛咒；但土用結束的隔天便是象徵季節轉換的立冬，同樣不適合動土。嬰兒出生後的第六天為剃除胎髮的六日垂儀式，而接下來兩天則分別是順子內親王的忌日，以及舉行七夜和命名儀式的日子。上述場合都不宜動土挖洞，但至少在這段期間宮裡已經請人巡視過神社境內，確定了合適的埋葬地點。

最終，埋葬胎盤的儀式等到皇子出生十天後才得以舉行。

孝明天皇直到這時都還都沒有見過剛出生的兒子。我們可以想像他有多麼焦急地等待這一刻的到來，但習俗還是比父愛更重要。皇子出生三十天後，他才被帶進宮裡見父親。出發之前，人們在他的前額髮際附近以白粉畫上一條橫線，然後點上黛。其下則用胭脂寫上「犬」

字，藉此護身除魔。生母親中山慶子抱著嬰兒乘轎前往距離數百公尺外的御所，同時也把首次繫上托腹帶以及生產之後收到的禮物一併帶上。

轎子大約在早上十一點出發。最前方先由兩名侍衛開路，再來有十名隨從並排走在轎子前方，抬轎的則是八位壯丁。轎子兩側可見四名穿著直垂裝的官員，後方跟著身穿狩衣的兩名典藥寮醫師和一位管家，其他穿著麻裃[*7]的人則走在隊伍後面，另有高官顯貴不在隊伍之內一同前行。若是有心想盡快趕到御所，實際上從中山家走過去根本花不了十分鐘，然而隊伍卻在陰陽師的指引下，繞了一條令人難以置信的遠路。抵達御所時，孝明天皇和女御已經在常御殿裡等候。皇子會收到兩人贈送的人偶，並作為回禮贈送內侍所[*8]百疋黃金和鮮鯛一盒，向天皇獻上十帖上等紙、昆布、乾鯛和一桶清酒。此外也會各自準備相應的禮品給其他需要送禮的對象。接著皇子將表示自己希望以生母中山慶子的寢宮為居所[8]，他的外曾祖母，即中山忠能的母親，也會搬進宮裡以便日夜隨侍其側。

一八五二年年末，忠能遵照京都的風俗以外公的身分送了皇子第一份新年禮物——「振振」（ぶりぶり）和毬杖。「振振」是一種外型似瓜的木製玩具，上面繪有仙鶴和烏龜等吉祥圖案。

*6 「土用」指的是陰曆中立春、立夏、立秋及立冬前十八天的期間。
*7 裃為一種武家常見的裝束，主要特徵在於上半身無袖的肩衣，通常以麻製較為正式。
*8 宮中供奉三種神器之一的八咫鏡的場所，由稱作內侍的女官管理，故得名。

有的還在兩側裝有輪子，可以用連著的繩子加以拉動。毬杖亦為木製，長約五十五公分，形似一根木槌，並會搭配兩顆木毬。將這兩樣物品作為新年禮物贈送是京都的風俗，雖然原本都是孩子用的玩具，卻因為變得過於昂貴已經很少有人會實際拿來遊玩。

皇子——這時已經有了名字，叫做祐宮——收到的禮物，以及那些以他的名義送出去的回禮，幾乎和當時京都中等富裕家庭之間交換的禮物差不多等級。雖然有時也會贈送金錢，但若跟同時期歐洲皇室慶祝子孫誕生的規模相比，這些祝賀禮可說是相當簡樸。

祐宮也有收到玩偶和玩具，這顯然是更適合嬰兒的禮物。自這時起，祐宮成長過程中的每個重要事件都被仔細地記錄下來，不論是第一次使用筷子、第一次盤腿坐，還是第一次使用蚊帳。然而宮中的和平氣氛並未持續多久；六個月後的一八五三年七月，海軍准將培理（Matthew Calbraith Perry，一七九四—一八五八）率領一支美國艦隊來到了日本近海，要求將美國總統的國書遞交日本官方，而這正是日本從長期閉關鎖國走向國土開放的第一步。

培理的艦隊首次出現在日本海域是在一八五三年五月二十六日傍晚，停靠在琉球群島的那霸港。這些美國人對於琉球當時的政治地位相當不解；不僅同時向日本（更準確地來說是薩摩藩）和中國進貢，卻又擁戴自己的國王。十九世紀初以來，英國、法國和美國的艦隊雖曾屢次造訪琉球，但是都被嚴格禁止進入日本本土的港口。至今為止，外國軍艦每次出現時通常都只有一艘，而培理卻一次率領了五艘船。靠岸之後培理來到琉球的首都首里，與琉球攝政會面，並租下了一間房子作為住宿之用。對談判結果相當滿意的培理將農具和蔬菜種子送給島上的居民，當地人則提供了燃料、淡水和食物作為回報。這座島嶼可以說已經形同開國。

培理的艦隊接著造訪了小笠原群島，島上只有大約三十位以英國人、美國人、葡萄牙人或夏威夷人為祖先的居民。培理於是跟當地的美國移民購入大片土地，打算在此建設辦公室、碼頭和加煤站。任務完成之後他再次回到那霸，準備駛往本來的目的地——日本。

京都的宮廷對這一切一無所知，御所裡的生活依然平靜如水。和曆五月初五，年幼的祐宮慶祝了自己的第一個端午節。宮中特地為他掛起了傳統的彩旗，並贈送他象徵武勇的玩具——一頂頭盔和一把長刀。這時的祐宮住在外祖父家，因此好一陣子沒有看過孩子的孝明希望能再次見見祐宮。諮詢過醫師後得到的答覆是為求謹慎起見，建議等到孩子過完一歲生日的九月之後再安排會面。不過如果天皇希望盡快相見亦是無妨，但最好避開酷熱的六月和七月[9]。當問到中山忠能的意見時，他表示祐宮的身體特別健康，雖然有安排醫師定期健診，但幾乎毫無異狀，因此沒有任何不能立刻見面的理由。和曆五月二十七日，祐宮於是被帶往御所，還收到天皇和女御贈送的許多玩具。

五天後的六月初三，即西曆一八五三年七月八日，培理率領四艘軍艦來到了離江戶不遠且戒備森嚴的浦賀港。浦賀奉行所與力中島三郎助和翻譯堀達之助[10]登上了培理的主艦薩斯魁[*9]

哈那號(Susquehanna)。一開始美國人拒絕讓他們登船，經堀(用英語)交涉後才得到允許。中島和堀於是出示命令，表示所有停靠在日本港口的外國船隻都必須撤離。對此培理(並沒有直接會面)通過副官傳話，表示他帶來了美國總統希望締結通商條約的國書，但遞交的對象必須是足以代表日本當局的高官。

第二天，另一位與力香山榮左衛門自稱為奉行，登上了美國軍艦。他沒有見到培理，而是與艦長布哈南(Franklin Buchanan)以及另外兩名軍官見了面，明言浦賀並非應對外國人的門戶，因此無法接受國書，請他們把船開往長崎。對此布哈南答道，除非日本官方指派一名合適的官員來接下國書，否則培理將在必要時使用武力強行上岸，親自將國書交給將軍本人。香山只得允諾會向高層彙報此事，並於三日內答覆。

浦賀奉行井戶弘道(逝於一八五五年)於是緊急通知幕府美國艦隊來到浦賀的消息，同時警告浦賀的防衛態勢不足以抵禦美國人。與此同時，美國艦隊已派出帆船測量江戶灣的水深，這令幕府官員們感到相當不悅卻又無可奈何。當美國軍艦進入灣內的消息傳到江戶，頓時引發幕府一陣恐慌。由於國法規定不得接受外國的國書，但若是拒絕肯定會招來戰禍。幕閣(幕府高層)們最終決定先暫時忍耐收下國書，等美國艦隊離開後再來全面討論應該採取何種對策。

七月十四日，兩名日本高級官員來到位於浦賀西南方的久里濱會見培理，接下了美國總統美拉德·費爾摩爾(Millard Fillmore)的國書。他們告訴對方將軍目前臥病在床，無法立即對國家大事做出決策[11]，但是承諾明年會給出答覆。培理接受了，並表示會再次回訪。

迄今為止，相關消息都沒有傳到京都。不但祇園祭照常進行，一個禮拜後的孝明天皇誕辰也依照慣例，分送了赤年糕餅並由皇子獻上魷魚乾作為賀禮。

美國總統的國書直到幾天後才送達幕府。各種流言蜚語因此流竄大街小巷，為社會上下帶來巨大的不安。老中[*10]阿部正弘（一八一九－一八五七）召集幕閣進行商議，卻因為意見分歧無法達成共識。其中兩位高官筒井政憲（一七七八－一八五九）和川路聖謨（一八〇一－一八六八）主張應該接受美國人的開國要求；他們宣稱經過兩百多年的和平盛世，已經導致軍備鬆散且人心不振，根本不可能有辦法與外國人一較高下。阿部正弘亦派出信使請教前水戶藩主德川齊昭（一八〇〇－一八六〇）的意見，他因為相當資深且平時熱心於國防，遂成為備受幕閣敬重的政界大老。德川齊昭很清楚如果拒絕美國人且訴諸武力的話，情況會變得相當艱難，卻也不想接受外國人的要求，因此在表達意見時贊同對美國人採取強硬的立場。許多人附和他的建議，但幕府內仍然存在著鎖國和開國兩派完全不同的意見。

七月二十日，幕府透過京都所司代脇坂安宅（一八〇九－一八七四）通知宮廷關於美國艦隊來訪

*9　奉行是武家社會中負責行政事務的職名，為地方最高行政長官，奉行所即奉行辦公的場所。與力為江戶町奉行的部屬，負責江戶的行政與治安。

*10　江戶幕府中直屬於將軍，統籌幕政的最高職位。一般是從俸祿三萬石以上的譜代大名中選出四～五名擔任。

一事。很早就擔心有可能發生這類災難的朝廷在接獲報告時相當錯愕，深感不安的天皇下令七大神社和七大寺廟進行長達十七天的祈禱，希望四海靜謐、寶祚長久、萬民安泰。

八月五日，幕府將翻譯好的美國國書複本發給諸藩大名諮詢意見。在此之前，國政相關事務都是由幕府一手決定，然而如今兩百多年來建立的秩序卻看似即將崩潰，於是在無計可施之下索性讓諸藩也有機會發言。

其中或許就屬福岡藩主黑田齊溥（一八一一—一八八七）的意見最為率直。他認為從當前的世界形勢來看，日本想永遠維持鎖國是不可能的。倒不如接受美國的通商要求，但是將範圍僅限於長崎一處，並且設定五至六年的期限。他還建議不妨提供部分無人島給美國當作加煤站，只不過煤炭本身絕不能由日本提供，否則一旦美國人享有此特權，難保之後俄國、英國和法國不會提出相同的要求。

無論如何，他接著表示，貿易特權應只限於美國和俄國，畢竟後者早在一八〇四年就已經提出要求，至於其他國家則應該堅持拒絕。假使其他國家對此表示不服，只須利用美國和俄國的力量來加以對抗即可。如果只能提供一個國家貿易特權的話，那就不如選擇美國；與之保持良好關係能夠博得他們的感激，還可以利用他們來對抗歐洲國家。這便是「以夷制夷」的策略。如果斷然拒絕美國的要求將無法避免開戰，而一旦引起戰端，日本船艦會受到全面攻擊，導致海路被切斷。不僅江戶根本撐不了一天，這場衝突也將留下永世之弊。考慮到國防軍備不足且日本毫無勝算，和平才是現在的首要目標，以免俄國人趁機進攻侵略日本北方國土。

根據黑田的建議，眼下燃眉之急便是加強海防。如今應盡速解除禁止建造大型船隻的法令，並以西方為範本進行改造，招聘熟悉造船和製武的技師與工匠前來日本，以及允許日本人民自由出國。總而言之，過於長久的太平盛世使得全國上下都傾向追求安逸，人心早已萎靡不振。現在正是時候重振軍備了。

黑田所言絕非支持全面開國，但令人驚訝的是，美國艦隊才駛離浦賀沒多久，就出現像他這樣頗具勢力的大名在不過是收到美國總統要求煤炭權利的國書而毫無其他刺激的情況下，建議取消持續了兩百多年的政策。他當然沒有提案要廢除幕府統治，也沒有談到（在這之前有些人所主張的）天皇對於一個新生日本的重要性，但是黑田的確贊成結束這個國家的鎖國狀態，即便這正是德川政府統治的基礎。

黑田對日本軍事力量的評價同樣坦率得驚人。幕府政權是建立在武士階級的支配之上，也因此從未忽略武術方面的鍛鍊，然而黑田仍斷言如果和外國勢力作戰，日本取勝的機會微乎其微。對此他的評價或許太過悲觀；日後樹立明治政府之際所發生的激戰顯然否定了黑田認為武士階層鬥志低落的觀點。

並非所有大名都跟黑田一樣，覺得與外國勢力的作戰毫無勝算。薩摩藩主島津齊彬（一八〇九—一八五八）在發給幕府的文書中表示接受美國人的要求將會傷害幕府的聲譽，使日本在海外名聲掃地。他承認如果日美之間立刻交火，日本「難保必勝」，因此提議下次美國使節來訪時，日本在外交談判上應該採取拖延戰術，將答覆時間推遲至三年後。如此一來便能在這段期間內整備軍事、培養國力，然後一舉攘除外夷[12]。他的意見引起許多大名的共鳴，自此之後，「攘夷」一詞也成了主張國防的武士們共同的口號。

朝廷收到國書的翻譯文件時已經是八月十六日，卻又過了九天才召開會議討論此事，可見宮中的生活節奏依然十分緩慢。該會議由關白鷹司政通和兩名議奏廣幡元豐和烏丸光政，以及兩位武家傳奏三條實萬和坊城俊明於御學問所進行商議。在此之前，外交問題都是交由幕府裁斷，但事到如今已經有必要聽取朝廷的合意。

很多人或許以為廷臣會一概反對採取任何可能走向對外開放的措施，然而出乎意料地關白鷹司政通卻贊同接受美國的要求。據其所言，儘管這個國家原則上禁止與外國交流，但事實上日本與中國和荷蘭的貿易已經行之有年，因此同意與美國通商只不過是將交易對象從兩個增加到三個而已。不過他也強調，貿易活動範圍僅限於長崎，一旦違反規定，屆時就必須用武力加以驅逐。但不幸的是，日本的武士已經喪失原來的剛健氣魄，變得怠惰而軟弱；他們對於如何與外國人作戰根本毫無概念。因此，當今最好的解決方法就是接受通商，同時納取貿易之利。

在場的其他人大多不同意鷹司的觀點，但他卻在第二天派人通知幕府，要求他們在美國艦隊回訪之際無論打算採取什麼措施，都要事先知會朝廷。幕府爽快地答應了這個前所未聞的要求，而這也是德川幕府建立二百五十多年以來第一次在做決策之前請示了朝廷的意見。

在美國人看來，費爾摩爾總統提出應該向在該太平洋海域作業的船隻提供補給的要求十分合理，因為這是世界通行的做法。儘管沒有公開威脅動武，但是美國的意圖非常明顯，而日本人也認知到他們必須做出回應，否則將會遭到報復。在這樣的時刻——特別是將軍身體微恙之時——幕府更是需要大名的支援，除了與德川家關係親近的譜代大名，就連較不受信任的外樣大名也不例外。然而這些力量加起來仍不足以應付眼前的新危機，於是他們只好尋求天皇的協助，即便他並不握有一兵一卒或者一槍一炮。

不過後來的事實證明，一旦樹立了與朝廷協議的先例，幕府想要忽視天皇的意願將變得難上加難。

・第三章・

開國難避

九月十九日，朝廷還沒有從培理意外來訪的震驚中恢復過來，就收到了幕府傳來的新消息：海軍中將普提雅廷（Yevfimiy Vasilyevich Putyatin，一八〇三—一八八三）率領的四艘俄國船艦駛入了長崎港[1]。普提雅廷抵達後，向長崎的官員表示他帶來一封俄國政府關於兩國關係的書簡。雖然他最初接到的命令是前往江戶直接與幕府展開談判，但是俄國政府後來決定應該尊重日本的國法，於是將目的地改成日本當局指定為對外門戶的長崎。這種做法很顯然與明目張膽地闖入江戶灣的美國人有著天差地別[2]。

俄國艦隊抵達不久，長崎奉行所的官員便帶著一名荷蘭翻譯來到船上。帕拉達號（Pallada）的船長告訴他們，海軍中將普提雅廷帶來了一封來自俄國政府的書信，以及希望能盡快交給長崎奉行的文書。經過一番猶豫後到了隔天，奉行所的官員才再度登船並收下了後者。文中以極為禮貌的措辭強調俄國艦隊為表示尊重日本國法，所以特地選擇停靠長崎而非江戶；同時這也是沙皇熱切希望兩國之間建立起友好關係的證明。

長崎奉行立刻向江戶通報了俄國艦隊來訪的消息，並請示是否要收下俄國政府的書信。

經過好一段時間仍沒有等到具體回覆的普提雅廷決定暫時前往上海補給物資，一方面或許也是為了確認俄國政府是否有新的指示[3]。出發前夕他甚至宣稱，如果再繼續拖延下去將親臨江戶直接談判。為此大驚失色的長崎官員連忙派出信使急報江戶，一邊還說明俄國人跟美國人相比要隨和許多，同時建議或許可以利用俄國來挫挫美國的銳氣。如果在這時對俄國的提議抱有疑心，日本可能會招致一個面積比美國大上兩倍的國家的敵意。

就在江戶收到俄國艦隊入港的通報前不久，將軍德川家慶去世，這段期間幕府的老中們除了服喪還得面臨組織新政權的問題，因此沒有餘力對於該如何回覆俄國作出即時反應。經過審慎的討論，他們決定仿效之前接受美國國書的先例，收下俄國政府的書信。

這封來自俄國外務大臣卡爾・尼賽爾羅德(Karl Robert Nesselrode)的信函(由俄語寫成，但附有中文和荷蘭文的翻譯)表達了希望兩國建立和平友好關係、解決日俄在薩哈林島(日本稱樺太島)上的邊界爭議，以及開放港口通商等期望[4]。大多數幕閣都傾向接受俄國的要求，但幕府海防顧問德川齊昭卻強烈反對，導致會議陷入僵局。眾人最終取得了共識，認為最好的方法就是拖延。

眼看長崎奉行承諾幕府會從江戶派來的代表遲遲未出現，普提雅廷逐漸失去了耐心。他再次威脅如果五天內沒見到人，就要直接把船駛向江戶。四天後，由筒井政憲和川路聖謨率領的一群幕府官員才終於帶著針對尼賽爾羅德書信的回覆姍姍來遲。內容如下：首先，劃定國界是一件相當耗時的艱難工程，不僅得繪製地圖，還必須與相關各藩協議。其次，開放港口意味著將觸犯祖宗訂下的嚴格禁令，但面臨當今世界的潮流，幕府確實意識到開國的必要性。然而新的將軍才剛剛上任，情勢仍處於一片混亂，實在難以立即給予答覆。考慮到還得上奏朝廷以及知會各地大名，經過重重研議後認為要再花上兩到三年才能得出具體結論。[5]

從字裡行間明顯可以看出幕府拼命試圖拖延。但在這裡更重要的是，幕府終於承認儘管日本長期以來堅持閉關鎖國，如今開國已是必然之舉。不過這般對於國際形勢變化的認知，幕府並沒有向宮廷提及，想必是因為預見到若孝明天皇知曉此事會有多麼憤怒跟反對。

對幕府的答覆感到失望的普提雅廷態度轉趨強硬，表示除薩哈林島南部之外，擇捉島以北的所有島嶼都屬於俄國領土。對此筒井答道，堪察加以及（理所當然地）千島群島和樺太（薩哈林）島過去都為日本所有，明年春天幕府將派官員到樺太島勘察實際情況；這段期間俄國人可以在除了靠近江戶近海以外的日本海岸取得所需的燃料和淡水，並且承諾將來如果日本同意與他國通商，到時候俄國也能享有同等的待遇。

儘管普提雅廷並不滿足，但還是在嘉永七年（一八五四）一月初離開了長崎，並表示等到春天會再次來訪。事到如今，許多有實力的大名都領會到閉關鎖國的政策已非可行之道。如同前文所述，早在嘉永六年（一八五三）七月福岡藩主黑田齊溥就提議解除建造大型船隻的禁令。接著鹿兒島的大名島津齊彬也上書幕府，勸告他們盡快跟荷蘭購買船隻和武器。一八五三年十月二十一日，長期以來提倡建造足以遠航的大型船艦（而不是那種在日本沿岸打撈的漁船）的老中首座阿部正弘宣布廢除這道實施長達二百二十年的禁令。幕府向荷蘭訂購了數艘蒸汽船艦，不久後各藩也開始為幕府建造大型船隻。到了一八五四年八月，幕府決定了掛在新造船艦上的旗幟造型：以白底搭配一輪赤紅的太陽6。

官方記錄裡並沒有記載朝廷對俄國艦隊來航以及後來事態的發展有何反應。即使得知美國和俄國的到來，我們也無從知曉天皇和廷臣們是否因此注意到開國的情勢已經產生巨變。但不論如何，這些古都居民都被眼前的其他事情佔據了心思。嘉永六年（一八五三）八月的酷暑使得大部分的井水乾涸，其中包括中山忠能家的井。他擔心這會對年幼的祐宮帶來不好的影響，於是決定聽從陰陽師的建議挖一口新井。從新井湧出的水源相當清冽，為此感到欣喜的忠能於是宣布此井的水將專門給祐宮使用。聽聞此事有感而發的天皇便以祐宮之名將這口井命名為「祐井」；同時「祐」字也意味著好運。

十一月，祐宮迎來自己的第一個生日。人們可能會想像他將收到來自宮中各單位贈送的精美禮物，以慶祝這位皇室繼承人順利達成人生的第一個里程碑，但禮物其實是以祐宮的名義送給別人的居多，包括天皇、內親王、准后、侍妾以及中山忠能的家人。他還「邀請」了醫官、奶媽和其他服侍過他的人來參加宴會。年幼的祐宮顯然不可能親自挑選這些儀式性的禮品，比方說一盒盒新鮮的鯛魚、紅豆餅和清酒等等，但是當他收到天皇和其他宮廷人士，包括他的生母中山慶子送給他的玩具和人偶時，想必還是相當開心的。

然而就在一周後，祐宮生了一場大病，出現嘔吐、發燒的症狀。宮廷喚來各種醫生調配傳統的漢方藥，其中甚至有像「紫雪」這種奇怪名稱的藥方。一旦發現這些藥都沒有效果，皇室便派出使者前往各個神社祈禱祐宮能早日康復。看著皇子的病情時而好轉、時而復發，宮廷因此陷入一片陰鬱，人們想起了至今有許多皇族子女都不幸在幼時夭折。許多人送上無數禮物——儘管大多根本不適合嬰兒——希望能緩解他的痛苦，而他的母親則徹夜不眠地在床邊照顧。宮裡甚至請來了覺勝院的前大僧正亮恕[*1]為他念禱加持。其外曾祖母中山綱子擔心可能因此失去祐宮，作了一首和歌寄託自己的心情：

哀痛皇子命欲絕
於心何忍問蒼天[7]

當天晚上中山慶子因不明原因突然倒下，陷入昏迷。除了僧侶的加持和誦經以外，陰陽師也被喚來進行祈禱以及撥動弓弦的驅邪儀式。這些儀式似乎發揮了效果，到了月底祐宮和他的母親開始出現好轉跡象。但是過沒多久祐宮的病情復發，於是又再次召來一批僧侶為他祈禱，就這樣一直到了年底才完全康復。雖然當時多虧西醫的傳入使得日本的醫學知識急速發展，宮廷醫學卻依然進步緩慢。事實上除了各種祈禱，皇室成員能接觸到的醫學治療其實遠不及那些身分較低的族群。

十一月二十三日，天皇正式任命前幕府將軍的四子德川家定（一八二四－一八五八）為第十三代將軍，也就是坐上了「征夷大將軍」之位。雖然這個頭銜一直以來都是將軍權威的重要象徵[8]，只不過它幾乎不具軍事意義，因為這個國家未曾受到夷人的威脅。但是在外國船艦出現並引發巨大動盪的當下，這個稱號突然獲得了迫切的意義。孝明天皇派遣兩名武家傳奏前往江戶傳達天皇的旨意，表示征夷大將軍最重要的職責就是確保全國人民的安全、驅逐異國人的船艦，從而避免國家蒙羞並杜絕後患。關白鷹司政通也親自聯絡老中首座阿部正弘，詢問幕府將如何處理美國軍艦問題同時撫平天皇的不安。阿部回答說，相關對策迄今尚無結論，但不論如何都會優先考慮讓天皇安心。阿部還表示將來天皇如果有任何願望都儘管直說，他必定盡力而為[9]。

一直以來，宮廷都將國家事務全權交由幕府處理，但是自一八四六年孝明下賜幕府關於海防的敕令以來，天皇已多次表明不滿幕府對於該如何處置外國人展現出消極被動的態度。

＊1 僧正為日本古代律令制下由僧侶擔任的官職（僧官），負責統籌與管理僧尼。僧官系統包括有僧正、僧都和律師，其中僧正和僧都又分設大、小官，大僧正即為僧官制的最高官職。

一八五四年三月三十一日，幕府在沒有事先請示天皇的情況下與美國簽訂了《神奈川條約》，開放下田和箱館兩處港口，允許美國領事駐留下田，且日本必須向美國人提供所需的燃料、淡水和食物。這個友好協定並未提及貿易，卻已經為通商打下了基礎。下田和箱館兩地都相當偏僻，選擇這兩個地方無疑反映了幕府希望對外國人敬而遠之的心態[10]。

目前仍不清楚朝廷是什麼時候得知了條約一事，但無論如何，另一場災難轉移了宮廷對外來威脅的關注。嘉永七年（一八五四）四月初，御所發生一場大火，在風勢助長之下紫宸殿、清涼殿等地很快就被烈火吞噬，天皇和其他皇族急忙前往下賀茂神社避難。眼看大火來勢洶洶，為了及時趕到並護送天皇前往安全的地方，有六七名隨從甚至連鞋都沒穿；另一名使者則匆忙趕到中山邸護送祐宮前往同一個神社。大火不僅燒毀了御所，京都有多達五千四百餘處建築也在火勢撲滅前化為灰燼。

雖然下賀茂神社本來就被指定為御所發生火災時的避難所，但要容納所有皇族和他們的侍從還是太過狹小了。於是准后先暫時回娘家居住，其他人則寄宿在某幾間寺廟裡。中山邸是少數位在御所內免於祝融肆虐的房屋之一，祐宮於是在同年四月十五日返回了該處[11]。

皇室的麻煩還遠未停止。六月底，祐宮突然發起高燒，一時宮中陷入手足無措的狀態。等他康復之後所有人都鬆了一口氣，沒想到過不久京都又遭遇附近地區有史以來規模最大的地震，不僅造成傷亡無數，也摧毀了許多建築。儘管中山邸再次逃過一劫，但房屋實在太過狹小而擁擠，幾乎無法再承受地震的打擊。餘震發生的期間，祐宮都被安置在庭院裡；根據《明治天皇紀》的記載，他當時十分平靜地吸吮著奶媽的乳汁。

即便災難接連發生，天皇依然堅持精進和歌，並領略了其精髓。根據史料記載，為了祝賀天皇的成就，祐宮曾派人獻上一盒魷魚乾作為賀禮。宮廷中互相送禮的場合多不勝數，但用來贈送的禮品卻與歐洲皇室所熟悉的完全不同，反而以鮮魚最為常見。特別是剛從海裡捕撈上岸的海鮮對於地處內陸的京都來說相當珍貴，但是這當然還是比不上魚子醬，更別說是法貝熱的彩蛋了。*2如果以國外宮廷的的標準來衡量的話，日本皇室可謂過得十分樸素；但這種簡樸的生活並不全然是因為財政緊縮，而是一種長年流傳下來的傳統，或者也可以說是一種偏好。

比起火災和地震，更讓天皇心煩意亂的是一八五四年十一月七日突然出現在大坂灣的俄國船艦黛安娜(Diana)號[12]。前一年以老舊的帕拉達號為主艦來訪的普提雅廷，這次則乘著一艘新式軍艦再次現身。黛安娜號在大坂灣停泊了兩個星期，讓京都陷入一片驚恐。我們不難想像絲毫不願與外國人妥協的孝明，對於一艘幾乎已經入侵到家門口的外國軍艦會做出什麼

*2 指俄國著名珠寶首飾工匠彼得·卡爾·法貝熱為沙皇和私人收藏家製作的蛋型藝術作品。這些蛋雕是由貴金屬或是硬石混合琺瑯和寶石裝飾打造而成，相當精美華麗。

反應。他除了按照慣例派人到七大神社和佛寺祈禱國家安泰，還減少自己每日的膳食份量，厲行節儉。為了安撫驚惶不安的京都市民，幕府下令各藩加強京都及附近地區的警戒；一些官員甚至建議不如請天皇遷往比御所更易於守護的大坂城，然而就在他們採取進一步動作之前，俄國艦隊便已經起航駛向下田。

十二月二十二日，以筒井和川路為代表的日本和以普提雅廷為首的俄國於下田開啟談判。急於達成協議的普提雅廷表示，只要日本允許兩國之間的貿易，俄國政府願意將擇捉島讓予日本，儘管他們堅信這座島嶼屬於俄國。談判於是取得了一些進展，預計兩天後進行第二次會談。結果就在隔天，一場大地震襲擊本州，隨之而來的巨大海嘯造成下田莫大的損害。沿岸的無數居民被咆嘯的巨浪捲入海裡，嚴重受損的俄國軍艦則是勉強逃過了被礁岩撞得粉身碎骨的命運。當時日本也有因為俄國艦隊從海裡救起了一些日本人而表示感激[13]。

這次海嘯重創下田，日俄之間的談判直到十天後才得以重啟，但交涉並不順利[14]。與此同時，位於京都的朝廷認為最近一連串的災難都歸咎於年號，因此下令儒學者擬定幾個新年號的候補。幕府根據這些人的提議選擇了「安政」，該年號出自早期的儒家經典《荀子》的一節：「庶人安政，然後君子安位矣」[15]。儘管這個年號似乎相當吉利，但安政時期（一八五四—一八六〇）實際上並不怎麼太平。

發生在安政時代初期的其中一件事情的確可以說是相當和平——祐宮首次換上有色彩的

衣服，取代他自出生以來清一色的白色服飾。宮廷在舉行如此重要的儀式之前，理所當然地諮詢了陰陽師的意見。陰陽師土御門晴雄於是建議儀式應在十二月十六日（西曆一八五五年二月三日）巳時（約上午十點）進行。由於當天下著雪，想必為了禦寒被層層衣物裹得緊緊的祐宮便在外曾祖母的陪伴下，乘著轎子前往天皇居住的臨時御所。其母親家中的其他成員，包括中山忠能夫婦在內則跟在轎子後面，於預定的時刻抵達目的地。直到中午，祐宮才第一次換上了彩色的衣服，以白色絲綢外衣搭配一件深紫紅色的罩袍，這兩件都是天皇下賜的禮物。接下來舉行的用膳儀式會由他的母親中山慶子一同參與，結束後則換外祖父中山忠能帶著他前往臨時御所拜見天皇並接受賜酒。二度更衣之後，祐宮再次來到天皇面前，由天皇表達祝賀並賜予另一杯酒。接著端上了水果和其他美味佳餚，以及人偶和玩具等禮物。隨後祐宮便進行第三次更衣，換上了鮮紅色的衣服。儀式就這樣一直持續到大約下午四點，天皇在這一天送了他十二件衣服，其他皇族也同樣贈送了不少衣物。祐宮亦以鮮魚等作為回禮，出席儀式的人們也紛紛以禮相贈[16]。

五天之後，在天皇和朝廷並不知情的情況下，日俄友好條約於下田正式簽訂。日本對俄國做出的讓步顯然比對美國要慷慨一些，除了可能是因為對他們抱有好感，或許也有部分是出自對普提雅廷的同情，畢竟他為了簽訂條約已經四度拜訪日本，甚至還因為海嘯和暴風雨失去了船艦[17]。受困於日本的俄國人有一些是靠著雇來的美國運輸船，或者搭上德國的商船，還有一些則乘坐由俄國人指導日本造船工人打造的船隻返回祖國。直到一八五五年夏天，最後一群俄國人也離開了日本[18]。

朝廷對這些事態的發展一概不知，《明治天皇紀》到目前為止與京都相關的記錄也多半以祐宮成長過程中的大事為主，諸如他因為水痘在臉上留下了疤痕、第一次學會走路等等。然而可以肯定的是，朝廷已經感覺到危機正在逼近。不管是贊同繼續鎖國還是開國，此刻廷臣們都一致認為有必要加強國防。於是朝廷下令收集寺廟的梵鐘用來重新鑄製成槍炮，不久之後幕府也宣布禁止將銅、鐵、鉛等金屬用於鑄造佛像或其他法器[19]。

自然災害仍然繼續在這個國家肆虐。一八五五年九月，暴風雨使得京都河流水位暴漲，架於賀茂川上的橋樑只有兩座幸免於難，其餘全部被洪水沖毀。十一月十一日，一場大地震襲擊江戶，摧毀了大半城市，造成死傷無數。

對朝廷來說在一八五五年唯一值得高興的大概就只有新宮殿的落成，用來取代去年因火災付之一炬的御所。新宮殿的建成耗時一年七個月，相較之下過去於一七八八年燒毀的御所則花了兩年十個月才重建完成。儘管國家面臨鞏固國防等迫切問題，老中阿部正弘仍把重建宮殿列為最優先事項，由此可見他一心想著如何「撫平天皇的憂慮」。當被問到對於新宮殿有什麼要求時，天皇表示雖然有許多值得改善之處，但是考慮到國家當前另有急務，只要按照原樣重建便可。不論是幕府詢問天皇的意見還是天皇以國家面臨緊急時刻為由拒絕奢侈，都顯示兩者之間的關係出現極大變化，也說明天皇意識到當下政治情勢的發展。

新宮殿的費用由幕府和各地大名承擔，其中又以相當富裕的加賀藩主前田齊泰（一八一一—一八八四）分擔甚多。一八五六年一月一日，天皇、准后、祐宮和其他皇族陸續搬進了新宮殿。陪伴在祐宮身邊的外曾祖母中山綱子雖然已經剃髮為尼，在這個值得慶祝的時刻也特地戴上了假髮。

·第四章·

下田條約

時間進入安政三年（一八五六），在新宮殿安頓下來的孝明天皇，終於可以享受以他那暴躁的個性來說實屬難得的平穩時刻。然而即便在這個相對和平的時期，依然存在著令人不安的要素；外國船隻頻繁地出現在大坂灣附近，擔心天皇為此憂慮的幕府於是命令彥根、郡山等諸藩加強京都的戒備。只不過也許是漂亮的新宮殿令天皇感到安心，他並不覺得有必要增加護衛，還透過關白要求逐漸減少警備人員的數量1。

話雖如此，天皇卻從未真正從憂慮中解放。這個時期，比起出現在日本的外國人（這通常是他不快的來源），更令他擔心的反而是祐宮的健康狀況。去年年底祐宮曾發過一次高燒，嘴唇四周都腫了起來，甚至沒辦法吃東西。覺勝院前大僧正還為此緊急入宮徹夜為他祈禱，護淨院僧都湛海法師也進行了加持儀式。不知是否因此發揮了效果，當天祐宮便看似有所好轉，然而這卻只是一時的緩解而已。二月十五日，他的體溫突然飆高，還伴隨著嚴重的咳嗽，直到午夜都無法入睡。這時的祐宮唯一能吞下的營養品就只有糖水。十七日，他吃了一些稀飯，但依然難以安眠。天皇還在內侍所祈求孩子能早日康復，並向神靈供奉了白米；准后也派人至祇園社祈禱，湛海法師亦再次前來誦經加持。

直到十天後，祐宮的病情才完全康復。當然，每個孩子都會生病，所有父母在孩子感冒的時候也一定會擔心；然而以皇室子孫的情況來說，就算再怎麼輕微的症狀，都可能被當成死亡的前兆。畢竟一旦醫生的治療看起來沒有效果，唯一的希望就只剩祈禱了。加上隨著時間的流逝，也許以後都不會再有其他能繼承皇位的男子誕生，因此祐宮身體狀況的每一次波動都會牽動整個宮廷。

同一年的四月二十九日，祐宮前往御所拜見他的父親。儘管這時他還不到三歲，卻已經展現出十足倔強的性格：他拒絕坐進事先準備好的轎子，奶媽因此不得不抱著他。祐宮還特別不喜歡被別人盯著看，所以從中山邸一直到御所大門的路上都設置了簾幕。這雖然阻隔了人們對他好奇的視線，卻導致民眾不得不繞遠路。儘管會造成不便，但每當祐宮進宮時都得這麼做。他通常會在母親的家族和一兩名侍從的陪伴下，步行前往相距不遠的御所[2]。

天皇越來越疼愛自己的兒子，偶爾會把祐宮留下來在御所過夜，有一次甚至讓他待上了一個月。中山忠能自然非常想念外孫，但是想到這或許是讓孩子適應宮廷生活的最好方法，於是就算在進宮值勤的時候也會盡量保持距離。祐宮有時會在准后宮殿的御苑裡玩耍，經常陪伴其側的外曾祖母中山綱子看著他走過御苑裡的石橋，有感而發地作了這首和歌：

日之御子註高升
如今初渡天岩橋[3]

一八五六年八月二十一日，就在綱子歌詠的和平氣象過去兩個多月後，美國領事湯森·哈里斯（Townsend Harris，一八〇四—一八七八）乘坐軍艦聖哈辛托號（San Jacinto）來到下田。四天之後，他拜訪了下田奉行岡田忠養，告知從今以後他將長駐下田。岡田顯然早已收到幕府的命令，不承認哈里斯有駐留在下田的權利，並列舉出日本禁止外國人滯留的現有規定。然而哈里斯不為所動，堅持認為依照《神奈川條約》自己有權留在日本，如果當地官員不願提供領事應有的待遇，他會直接前往江戶找幕府談判。經過整整一個月後，幕府才終於同意讓哈里斯駐留下田。與此同時，哈里斯在玉泉寺升起了美國國旗，將此地設為領事館。幕府隨後命令京都所司代把這件事情的經過向關白彙報。[4]

哈里斯抵達下田兩天後，前荷蘭商館館長同時也是現任荷蘭政府專員的揚·亨德里克（Jan Hendrik Donker Curtius，一八一三—一八七九）透過長崎奉行致函幕府，敦促後者放棄閉關鎖國的政策。他宣稱假如日本繼續固執己見，必定會招致與世界列強之間的戰爭；同時也呼籲摒棄過去對基督教的禁令，並特別譴責使用「踏繪」的做法，也就是強迫日本人踩過畫像（通常是聖母瑪利亞）來證明自己不是基督徒。亨德里克更點出對外貿易將為日本帶來許多利益，建議日本制定貿易稅則，鼓勵人們生產適合出口的商品。此外，他還提議允許那些與日本有合作關係的駐日外國人的家族也能一起住在對外開放的口岸，並且要求廢除對外國船隻的限制、修改有關出港許可和外國船艦出入江戶的規定[5]。

十二年前（一八四四年），荷蘭國王威廉二世就曾去信幕府要求開國通商。雖然當時態度傲慢的幕府對此根本不屑一顧，但是現在情勢已經截然不同，使得幕府不得不認真考慮接受亨德里克的建議。在幕閣會議上，在場的人幾乎都贊成立即開國，只有老中阿部正弘擔心各大名以及激進的愛國志士們的反應，認為時機尚未成熟。也就是說，如今在幕府重臣之中已經沒有人捍衛這個國家長久以來閉關鎖國的傳統[6]；國家政策正以驚人的速度發生轉變。

此時這些情況似乎還沒有傳達給京都的朝廷。祐宮慶祝了自己的第三個（按照日本算法是第四個）生日，並按照慣例收到天皇和其他宮廷成員贈送的鮮魚等賀禮。一周之後，他遵循天皇的命令移居御所，在離開中山邸之際舉行了加持與祈禱等儀式。由於祐宮不喜歡乘轎，因此當天便在轎裡放進了護身符一類的物品，用來代替他本人。其生母中山慶子就這樣與護身符一同乘轎，假裝陪伴著（隱形的）祐宮；眾多醫生、大臣和權貴則尾隨於後，一起走向距離不遠的御所。

祐宮一抵達御所就被帶去覲見天皇，接受天皇賜給他的重肴（裝在漆盒內的料理）與一杯清酒，准后則贈送了交肴（各種糖果點心）和玩具。祐宮這邊也回贈了類似的禮物；儘管他只有三歲，卻已經被要求實踐相互贈禮的習俗。我們無從得知祐宮對於這類不得不扮演的角色會有什麼反應，或許他只把這種儀式化的行為當成一種遊戲而已；然而他將逐漸明白這些儀禮和互贈都絕非一種消遣，而是他的生活本質。多年以後，宮廷御用的德國籍醫生埃爾溫・貝爾茲（Erwin Baelz）曾在無意中聽到伊藤博文對有栖川宮熾仁親王說：「生為皇太子真是不幸。打從一出生就被各種禮節束縛，長大之後卻又得受到師長和身邊近臣的擺弄。」說完伊藤還做出了彷彿在操縱提線木偶的手勢[7]。

儘管皇太子能享盡無數特權，他的一生卻必須在幾乎沒有自由的嚴格限制下度過。但這並不代表身為人的情感能被完全抑制；也許對祐宮來說最親近的人便是外曾祖母中山綱子，（根據官方記載）四年來她「廢寢忘食，奉侍撫育」[8]。我們不難想像在得知祐宮將住進御所，而自己再也無法隨心所欲地探望他時，中山綱子的心情該有多麼失落。

祐宮將住在生母中山慶子的寢宮，也就是位於花御殿[9]西側的房間。孩子出生後沒多久，慶子就已經把孩子母親的權利轉讓給准后夙子。祐宮稱呼准后為母親，並如同周圍所期待的敬愛她。儘管慶子是女官中地位較高的典侍，但是她頂多也只能期望可以服侍自己的兒子。她從不會向祐宮暗示（儘管他最終會知道）自己是他的生母。一八九三年，貝爾茲醫生在為中山慶子（這時已獲封位階為「二位局」[*1]）進行診療之後寫道：

局乃天皇的生母，然而作為天皇的母皇太后——通常稱作こうだいこうごう——由於是前天皇的正妻，因此天皇必須對後者盡到身為兒子的責任，一年中必須禮貌性地探望數次。但另一方面，他從未踏足生母家一步，因為她只是從屬的下臣。除非生母事先提出申請並得到批准，她才能與天皇見面。多麼奇怪的禮儀啊！[10]

也許是出於同情慶子被奪走孩子，孝明才把照顧祐宮的工作交給了她。就這一點來看，在過去即便皇后是生母也沒這麼幸運。一直到二十世紀初，按照宮中的慣例都會把皇子帶離生母身邊，交由其他人扶養。貝爾茲就曾如此描寫大正天皇的長男（裕仁親王，即日後的昭和天皇）：

五點，前去拜訪川村伯爵。東宮〔皇太子〕之子自小就被託給這位年近七十的海軍老將照料。真是太奇怪了！拆散年幼的皇子與其父母並交由陌生人撫養，我本期待如此違背人性的殘忍風俗早已廢除，卻並非如此。想必可憐的皇太子妃被迫交出她的寶寶，不知為此掉了多少眼淚。如今父母每個月只有數次很短的時間，才能探望他們的孩子。[11]

*1　局是對侍奉天皇或將軍的高級女官所使用的一種敬稱。

儘管祐宮現在跟生母一起生活，但是他在宮裡卻總是睡不安穩。慶子的寢宮跟他迄今為止生活的中山邸比起來，或許實在太過寒冷。也可能他只是非常想念自己的外祖父母，特別是外曾祖母。為了治療他的失眠，宮中侍從想到的唯一方法，就是召來高僧焚燒聖火、念誦咒語，驅趕那些令祐宮失眠的惡鬼[12]。

宮裡的生活於是逐漸與外界出現巨大落差。他們仍會舉行各種自古以來不曾改變的傳統儀式，並且仰賴這些儀禮習俗而非近代醫學來醫治疾病。儘管此時在日本種痘預防天花的功效已經廣為人知[13]，就連明治也在小時候就接受秘密接種，但是孝明天皇卻拒絕種痘，成了他英年早逝的可能原因之一。

御所內享受生活的方法也同樣一如往昔。一八五七年春天，宮廷按照天皇本人獨創的設計在庭院打造了一座茶亭，取名為「聽雪」，並請著名的書法家左大臣近衛忠熙揮毫製成匾額掛於過梁處[14]。想像孝明在茶亭裡詠歌，或者聆聽靜雪甚是欣賞雅樂的畫面，確實相當愜意。一切似乎都毫無改變，然而御所外的喧囂卻越來越響亮與刺耳。

一八五七年二月二十八日，亨德里克再一次針對幕府的對外政策向長崎奉行發出警告。他表示（日本已有所聞）清朝在鴉片戰爭中敗給了英國，迫於和約只好開放廈門、廣州、上海、寧波和福州五個港口。儘管是出於被迫，但這些港口卻因對外貿易變得非常繁榮，百姓亦從中獲利甚豐。然而，其中只有廣州違背和約並未開港，甚至有暴徒撕毀英國國旗。這座城市於是在英國艦隊炮轟之下化作斷垣殘壁。歐洲和美國將此歸咎於清朝官員誤判情勢，至今仍不斷把清朝人當作笑柄。

亨德里克接著表明他為何大費周章地談起這些事情。雖然在廣州發生的事件和日本沒有直接關係，但是應該把它看成一種警告，即一旦簽訂了條約，就應該履行規定的條款，不能擅自加以曲解。他接著說道：

近期根據與下田奉行交涉過的美國官員所言，貴國一再推遲對談判做出答覆，並拘泥於細枝末節，對先前承諾時有討價還價之舉，這絕非與外國建立信任關係的方式。此外，在與他國的往來信函中，貴國常以傲慢的態度自居，使用如同命令藩屬般的語氣，令外國人士甚為反感。如今英、美、俄、法皆為世界強國，貴國將與之展開貿易關係，應盡快改革舊有風習，體現友好之成果，與時俱進，以回應世界潮流。15

亨德里克的話的確很有道理，而且他所警告的來自列強的威脅也是事實。然而他的論據基礎在於假使日本不接受普遍通行的貿易倫理，國家就會被夷為平地，但這種說法在那些受儒學教育薰陶的人聽來，簡直毫無道理。正如亨德里克所言，貿易也許對國家雙方都有益處，可是為何如果一個國家選擇拒絕這種利益，就得面臨覆滅的運命？幕府官員的態度確實傲慢，他們的拖延策略也很難不讓人惱火，但是既然如此只要外國人能意識到自己不受歡迎並逕自離去，自然就能避免遭到羞辱。

即便意識到日本的鎖國孤立狀態無法繼續維持，幕府官員的腦海裡可能還是多少掠過了前述的想法。發達的交通工具（包括蒸汽輪船）使得至今為止日本用來保護自己的距離屏障效果大減，開國已是無可避免。但這對日本來說倒不一定是個徹底的災難。除了亨德里克提到的商業利益之外，對外通商可能還會帶來其他好處。蘭學者（研究荷蘭文化技術的學者）花了一個世紀研究歐洲科學，也因此確信國外在醫藥、航海、地理以及其他學術發展上的成果對日本而言是不可或缺的。不僅如此，假使日本能夠從國外輸入糧食的話，就可以從近年的饑荒中拯救更多生命。

即便是身處深宮且通常與民隔絕的天皇，也至少有過一次機會領悟到饑荒帶來的痛苦。天明七年（一七八七），大約七萬人聚集在御所周圍，如同向神明祈求般希望天皇能幫助他們脫離饑荒[16]。當時的光格天皇和後櫻町上皇深表同情，因此都竭其所能救濟受飢的民眾[17]。光格看著人民悲慘的情況感到相當震驚，甚至破例要求幕府賑災，這是德川幕府統治以來第一次有天皇干預國家政策。

一八五七年初夏，對於在聽雪亭小憩的孝明來說，似乎不太可能有機會憶起祖父的這番舉動。拜幕府的慷慨俸祿所賜，這時的他過得極其愜意，也沒有迫切的理由需要為人民的生活福祉擔心。相反地，對他幸福的最大威脅其實來自外夷。孝明持續向神靈祈禱，熱切地希望外國人盡快離開；如今這個願望比以往都更加盤踞在他腦海裡，揮之不去。

不久，無數的憂國志士喊出了「尊王攘夷」的口號，但是孝明期望的其實只有「攘夷」。他非但不想從這種新興的尊王心態中獲益，更無意剝奪幕府的實權，反而嚴厲反對那些必將導致幕府顛覆的「尊王」擁護者。這不僅是因為他的政治立場非常保守，而是他心裡也很清楚自己的舒適生活都是多虧了將軍。孝明好幾次大發雷霆，貌似都是由於待在聽雪亭的寧靜時光將被糟蹋而倍感焦慮。然而他也只有在對御所外發生的動向毫不知情時才能獲得平靜。

和曆五月初五，日本全國上下有男孩的家庭都會掛起鯉魚旗祝福他們的成長。孝明接見了祐宮，並親手將一個裝飾用的香包掛在他的肩上。稍晚之後，他罕見地來到祐宮的住處，並像世間其他父親一樣欣賞著鯉魚旗。這天也許是他生涯中最後一個值得開心的日子；就在一周後他收到了幕府第一份有關加強大坂沿岸警備的報告，以因應附近越來越多的外國船隻可能對天皇所在的都城帶來威脅。他們在木津與安治河口各打造了兩座炮臺，鑄造四十台重炮，並切實地推動西式戰艦的建造計畫。只不過這些事業全都工程浩大，很難指望可以立即見效[18]。

眼看外國軍艦就近在咫尺，想必孝明在得知附近地區已展開積極防備的消息後，心中的恐慌情緒也緩和了不少，然而整體形勢似乎仍朝著他痛恨的方向發展。數周後的一八五七年六月十七日，下田奉行與哈里斯簽訂了《下田條約》，進一步向「蠻夷」開放日本。

對《神奈川條約》頗有微詞的哈里斯通過不斷地談判和妥協，如今獲得了對美國更加有利的條款。哈里斯口中的這份「協約」表示日本同意向美國開放長崎港，並給予美國人在下田和箱館的居留權，同時為領事裁判權提供了依據：「在日本犯下罪行的美國人應受美國總領事或者領事的審判，並按美國法律予以懲處」[19]。這導致後來日本必須花費極大努力說服外國政府放棄這條侵犯他們主權的特權，但當時負責交涉的下田奉行恐怕沒有預見到事態的嚴重性。

哈里斯的另一番勝利便是在他屢次要求下，幕府終於允許他前往江戶謁見將軍。許多有影響力的大名雖然表示反對，卻被幕府無視，並將這次決定稟報朝廷。一八五七年十一月二十三日，哈里斯偕同荷蘭語翻譯亨利．休斯肯（Henry Heusken）[20]從下田出發，幕府還派出大量警備確保他一路上安全無虞。根據記載，動用的人力數量堪比大名出巡的隊伍；哈里斯也在日記裡提到：「整個列隊大約有三百五十人。」[21]

一八五七年十二月七日，將軍德川家定在江戶城大廣間接見了哈里斯。[22]諸位幕閣位居兩側，將軍則坐在上段的曲錄（一種椅子）上。哈里斯在鞠躬三次之後走至將軍面前，解釋了自己此行的目的。他將美國總統富蘭克林．皮爾斯（Franklin Pierce）寫給日本國皇帝——當時他們仍然認為有「大君」之稱的將軍是這個國家的最高統治者——的書信交給老中，上面寫著賦予哈里斯在兩國締結通商條約之際享有「協商、處理、商議和談判」的權限。哈里斯接著在日記中如此寫道：「說完我停下來鞠了一躬。片刻寧靜之後，大君開始將頭朝著左肩一轉，同時用右腳在地上踏出聲音。這個動作重複了三、四遍。」

我們不清楚這些動作究竟有何意義，但其意圖顯然是友好的。將軍簡單地回應哈里斯，並以「兩國友誼永世長存」作結[23]。

五天後，哈里斯拜訪了老中堀田正睦。他首先列舉了種種理由，說明由於蒸汽輪船和電報的發明已使國家之間的通訊變得極為便捷，現在整個世界就如同一個大家庭，而在這種情況下每個國家都應該他國保持友好關係。其中的兩個必要條件便是在各國首都設立外交使館，以及允許自由貿易。

接著哈里斯開始警告，假如英國無法與日本締結通商條約，難保不會對日本發動戰爭。薩哈林島和蝦夷都可能輕易地被英軍佔領；如果當時正進逼北京的英法聯軍取得勝利的話，法國多半會向清朝要求讓出朝鮮，英國則可能要求割讓臺灣。相較之下，美國期望的就只有建立和平的關係。假如日本願意接受美國，他們就能幫助日本抵制英法貪得無厭的要求；更何況一旦日英之間爆發戰爭，日本必敗無疑。最後，哈里斯承諾如果日本和美國簽訂條約，將保證禁運鴉片，藉此彰顯與英國的不同之處[24]。

結果，來自英國艦隊的威脅似乎發揮了作用。儘管仍有部分強勢的大名反對締結條約（例如高聲主張攘夷的德川齊昭），但在一月十六日，堀田正睦還是邀請哈里斯到自己的住處，承諾日本願意展開雙邊貿易，允許美國公使駐留，並開放其他代替下田的港口[25]。

堀田將來龍去脈告知了京都所司代，命其上奏朝廷。朝廷很快便做出回應，下令不許開放京都周邊的任何港口。同月底，兩名幕臣奉命向朝廷提出關於外交近況的詳細報告。自此定時向朝廷更新政務現況的先例已然穩固確立。

朝廷隨後得知堀田正睦為了獲得與美國簽訂條約的敕許，將親自前來京都。這次通知顯然並未讓孝明感到安心，他決定在堀田抵達之前先諮詢朝廷高級官員的意見。孝明於是寫信給關白要求他詢問左、右大臣以及內大臣對於外交事務的坦率意見。此外，聽說堀田準備了大量金錢作為貢品的天皇在給關白九條尚忠（一七九八—一八七一）的信中也這麼寫道：

黃金白銀，豈足動朕之志哉？朕治世之下，若成許與外夷通商，則失信於國民，遺恥於後世，何以此身面對神宮列宗？卿等亦詳察斯意，必不為金錢所惑。[26]

不過就算在如此忙亂的日子裡，也還是有一些寬慰人心的時刻。一八五七年十一月，五歲的祐宮創作了第一首和歌，這也是明治生平十萬首和歌中最初的作品[27]。

・第五章・

安政大獄

一八五八年三月六日，老中堀田正睦在兩名幕閣川路聖謨和岩瀨忠震的陪同下，帶著將軍德川家定送給天皇的豐厚禮物，從江戶出發前往京都。同一天，堀田向武家傳奏送出書信，告知他此行目的是為了稟報和美國簽訂條約的情況。兩天後，堀田將兩名武家傳奏和三名議奏邀請到自己的住宿地，詳細講述了當前世界的主要情勢。他強調日本已再無可能維持鎖國狀態，並出示了通商條約草案，希望能獲得天皇敕許[1]。

一部分的朝廷官員，包括前關白鷹司政通及其兒子輔熙（一八〇七―一八七八）對此皆表示贊同，但是孝明卻分別賜信左大臣近衛忠熙（一八〇八―一八九八）和關白九條尚忠，強烈要求所有人尊重他的意願。孝明在給九條的信中數度重申自己絕不向外國人妥協的堅定立場。如果就這樣對美國人言聽計從，那他將無顏面對伊勢皇大神宮的祖先；假使「夷人之輩」堅持要日本開港，我方就應該義不容辭地以武力對抗[2]。

堀田此趟宮廷之行可說是毫無成果。四月五日，天皇接見堀田時再次重申與美國締結條約將使這片神國土地陷入危險。在交給堀田的答覆中，孝明也表達了自己深深的憂慮[3]；

他強調，根據幾年前簽訂的條約開放下田已經事關重大，如今若又順從美國的要求進行修改，將有損國家威信。孝明一開始起草這份回覆時，曾準備將此事交給幕府全權處理，但由於八十八位公卿站出來強烈反對幕府對外國人的妥協政策，文中語氣也因此變得更加直言不諱。五月十五日，堀田失意地離開了京都。

堀田這次訪問最值得注目的一點，也許是公家大力反對的態度。當時的高級公家一般給人往臉上撲粉、化妝，並穿著傳統裝束的柔弱印象，而事實上也的確存在這樣的貴族，只不過從這個時期開始，許多公家表現出非比尋常的決心，為實現天皇復權不遺餘力。這種現象在某種程度上或許源自當時公家與武家的聯姻，出身武士階層的妻子可說為公家階級帶來新的氣象。我們很難證明這一點，但是無論如何，認為廷臣都是頹廢的文人雅士或者平安貴族末裔的觀念已變得不合時宜。自此以後，公家在反對幕府的各種行動中都佔有一席之地。

安政五年（一八五八）四月，幕府任命彥根藩主井伊直弼（一八一五—一八六〇）為大老[4]。不久之後，天皇在給關白等大臣的書信中表示井伊恐怕將竭力爭取獲得敕許，但是自己絕不會改變主意[5]。儘管孝明絕對擁護幕府，然而要是有無法認同之處，他仍堅信自己有權拒絕配合。

孝明越來越不諱言於譴責開國的政策。一八五八年七月二十七日，他分別派出敕使前往伊勢神宮、石清水八幡宮和賀茂神社祈求神靈保佑。孝明向神靈請願，假如日本和夷人之間發生戰爭，希望神靈能如同十三世紀時摧毀蒙古侵略者那樣，招來神風驅逐外夷。他還請求神靈懲罰那些忘記國恩的「不忠之輩」，而這顯然指的就是那些支持開國的人[6]。

孝明的祈禱並沒有得到應驗。七月二十九日，下田奉行井上清直登上當時停泊在神奈川的波哈坦號(Powhattan)戰艦會見湯森・哈里斯，簽署了日美友好通商條約[7]。條約中註明除下田和箱館以外將於五年內陸續對外開放的港口和開港日期，包括神奈川(橫濱)、長崎、兵庫(神戶)和新潟。

七月三十一日，幕府向朝廷上奏日美條約簽訂的結果，並解釋由於事態急迫，所以沒有時間聽取朝廷的意見。在收到奏狀後，孝明不出所料地非常憤怒；他立刻召見關白，宣布自己有意退位。

孝明之所以採取這種極端手段，也許是因為這是能使幕府改變方針的唯一辦法。假如孝明退位——儘管這也要幕府同意才行——繼任者將會是他那只有六歲的兒子，或者是其他旁系的親王。面對國家的重大關鍵時刻，年幼的天皇註定會帶來無可挽回的後果，而且讓非嫡系的遠親繼承皇位就算沒引發派系鬥爭，也勢必會激起仇恨。

孝明在敕書中先以慣用的語句作為開頭，稱頌日本皇室的獨特性，特別是萬世一系的血統並不像中國在過去歷經改朝換代，就算出身卑賤只要有過人之處就有可能稱王。雖然孝明讚揚日本皇室的一脈相承，但他真正的重點似乎在於身為並非因為能力出眾而成為天皇之人的苦衷。即使是對皇室尊貴血統深信不疑的人，也不得不承認並不是每一位天皇繼任者都足夠適任；事實上，《日本書紀》就記述了一些在古代殘忍又剛愎的天皇。孝明或許比先前百年間在位的天皇都更有才華，但這也因此使得他對於自己被迫扮演的天皇角色，甚至於對自身感到不滿。從這些陳腔濫調中多少可以看出孝明的真心，不斷利用「愚力不及」、「微力難伸」等字眼來重申自己不足以身居皇位。他表示先帝仁孝天皇去世時自己本應堅決拒絕繼任，但由於實在太過悲傷，在還沒搞清楚狀況之下就完成了登基儀式。儘管自知愚昧，但他從那時起便全心全意侍奉神靈，尤其面對皇室祖先更是傾注全力避免玷污了這條神聖的血脈。然而治理這個國家已超乎他能力所及，自己也經常因為失敗而嘆息。自一八五四年御所發生大火以來，國內亂事頻頻，人民生活不得安寧。孝明認為這一切都歸咎於自己欠缺德行，並為此感到十分悲痛。

近期可以看到外國船隻頻繁出現於日本海域，其中美國特使甚至要求友好和通商。孝明相信就算外國人表面上展現出親和的態度，但心裡肯定懷著有朝一日吞併日本的野心；如果日本拒絕，必定會引發戰爭。他知道由於長年的和平治世已經使人民變得懈怠，軍備也尚未完善，也就是說日本的武力根本無法與敵人抗衡。然而，即便日本處於長久和平的特殊情勢，那些肩負著「征夷」使命的武士卻無法完成自己的職責，實在令人悲哀。

孝明接著表示自己一直以來都將政治事務交由幕府處理，且因為擔心幕府和朝廷間的關係惡化而極力克制發表意見，卻導致了如今困難的局面。他不知如何是好，加上能力有限，所以決意辭去皇位。在這個國家面臨嚴重危機的關鍵時刻，祐宮還太過年幼不適合繼位，因此他建議從三位有皇室血統的親王中選出繼任者[8]。孝明強調自己絕不是為了過上安逸的生活才打算退位，而是希望將皇位讓給比自己更有能力處理國家大事的人。他於是要求關白向幕府轉達自己退位的意願[9]。

這封書信清楚地透露了孝明對幕府無法妥善應付外國人的不滿。儘管沒有明說，但他已經越來越堅信必須不惜一切代價將外國人驅逐，以及讓他們出現在日本就是對神靈和皇室祖先的不敬。孝明以這封書信為起始的一連串信件之所以令人印象深刻，是因為它們呈現了一個苦惱至極的人物形象。雖然信中的確有許多陳言套語，但至少幾百年來，還沒有頂著這般輝煌頭銜的天皇曾如此公然地表達自己的苦悶和無力感。孝明成了一個悲劇人物，從這時起一直到迎來淒慘的臨終為止，他幾乎無時無刻都飽受憤怒和絕望所困。如果想在日本歷史上尋找和他類似的天皇，可能就只得追溯到被流放的後鳥羽天皇和後醍醐天皇。不過至少在意識到自己無法掌控命運這一點上，莎士比亞筆下的理查二世或許還更類似於孝明。他寫給廷臣們怨嘆每次事態發展的龐大書信在歷代天皇中亦是無人能及，且信上署名通常會使用孝明的雅號「此花」。其典故應是出自難波津的古歌：

花綻難波津
越冬迎春此花開

孝明之所以使用這個雅號，難不成是希望自己也能在歷經漫長的寒冬之後迎來春天嗎？雖然孝明在信的結尾否認自己是為了享受安逸的生活而棄守天皇的職責，然而矛盾的是，幕府和廷臣卻認為這才是最適合他的生活。一直到了統治末期，當他的情緒從鬱悶轉為絕望，孝明才變得沉溺於美酒和女性[10]。信中的他展現了相當生動的形象——一個受傳統教育薰陶的聰明人物，但這種傳統卻在面臨外力帶來的變革下迅速崩潰。

孝明的退位之請顯然沒有傳至幕府。九條尚忠拼命地勸說，並安撫天皇表示近期就會有幕閣前來京都說明情況。然而安政五年（一八五八）七月，幕府再次與荷蘭、俄國和英國簽訂了條約（類似於先前和美國締結的條約）[11]。八月五日，對事態的新進展怒不可遏的孝明於是發布一份敕書，強調自己有意退位，同時要求幕府解釋為何無視天皇的意願。

九條尚忠在收到敕書後回應，的確天皇所言有理，但因事關重大，必須經過審慎考慮後才能提出意見。他召來廷臣舉行會議，其中大多數人同意應將天皇的命令傳達給幕府，但也一致認為最好避免使用過激的言辭。九條向幾位高級廷臣出示敕書，左大臣近衛忠熙於是提議不如將敕書副本交給前水戶藩主德川齊昭，由他來敦促幕府改革內政、積極抵禦外侮。假如齊昭能取得兩、三個大藩的協助，便有可能貫徹天皇的聖旨[12]。

這是一個危險的計畫。朝廷直接與藩做聯繫將會觸犯幕府的禁令；更糟糕的是，萬一事情真的順利，必定會招致朝廷與幕府的嫌隙，而這正是幕府最擔心和痛恨的。為此廷臣們的意見相當分歧，一些人擔心發出敕書將來只會對朝廷不利，另一些人則主張立刻送出敕書，否則天皇肯定會退位。結果，敕書一方面透過駐留宮殿的幕府官員被送往幕府，其副本則交給了水戶藩身居京都的代表。

孝明在敕書中表示理解和美國簽約是情勢所迫，但他強烈譴責幕府無視自己提出在採取進一步的外交措施之前先諮詢諸藩的建議。此外他也相當擔憂國內的動盪情勢，並敦促幕府採行「公武合體」的政策，即公家和武家合為一體。這個概念體現了孝明希望朝廷和幕府合作驅逐外國人的理想，不僅與當時普遍提倡的「尊王攘夷」正好相反，也時常出現在有關幕末時期的論述當中。

然而，孝明的退位願望再一次遭遇阻礙。九月二十三日，朝廷接獲將軍德川家定逝世的消息。他其實早在一個多月前便已去世，但是幕府卻一路保密到這個時候才跟朝廷報告。將軍的死很可能使孝明難以堅持退位的計畫，但無論如何到了十月，他提拔了與自己想法相近的近衛忠熙取代支持幕府政策的關白九條尚忠。

一八五八年十月三十一日，老中間部詮勝（一八〇四—一八八四）來到京都。這似乎符合幕府先前將派遣官員前來的承諾，但間部完全無意針對未取得朝廷同意便和美國簽訂條約一事向天皇道歉。相反地，他受大老井伊直弼指派前來恢復九條尚忠的關白一職，不僅如此還要剷除京都所有反對幕府政策的志士。這便是世間所謂「安政大獄」的開始。八名尊王攘夷派的志士遭到處刑，其中包括備受尊崇的吉田松陰、橋本左內及賴三樹三郎等人。吉田松陰被控訴密謀在從江戶前往京都的途中刺殺間部，但其他人相較之下並無明確的「罪名」。不僅那些被懷疑是尊王攘夷派的公卿貴族（包括地位很高的公家）受到審問並解除職務，其他一些深入涉及此事的嫌疑人更是遭到軟禁，或被勒令落髮出家。

也許是為了慰問天皇，間部帶著新將軍德川家茂準備的豐厚禮物前來謁見，卻被孝明拒絕[13]。對於撤下自己指名的近衛忠熙並重新讓他並不信任的九條尚忠復職的這位幕府官員，孝明當下的心情可想而知。間部於是會見了重新當上關白的九條，說明在當今的世界形勢下日本已經無法避免和各國簽訂友好通商條約。他還向九條獻上各大名的意見書以及與美國簽訂的臨時條約的副本，這些文書都在後來上呈給天皇。

同一天的十一月二十九日，天皇擢升新任將軍的位階至正二位，並在隔天任命他為「征夷大將軍」。對孝明來說，這或許就像是在將自己所能賜予的最高榮譽給了可能與之作對的敵人。接下來幾個月，天皇繼續寫信表達對當前形勢的憤怒之情。該年年末，他總算接見了正準備返回江戶的間部詮勝。孝明在交給他的敕書中以「蠻夷親和貿易之條款，乃皇國之瑕，神州之污穢」為開頭，並竭力主張回歸「鎖國之良法」[14]。他表示考慮到國內外的情況願意體諒條約的簽訂，儘管這絕非他的本意；接下來就該利用條約締結後獲得的喘息機會落實「公武合體」。這是孝明所做出的多次讓步中的第一次，只不過他的終極目標，也就是把外國人趕出日本這件事，卻從未動搖過。

隨著宮中舉行的傳統新年儀式，安政六年（一八五九）於是揭開序幕。人們彼此贈禮、觀看舞樂表演，進行了享用食物與飲酒的儀式。宮廷向七歲的祐宮獻上一桶清酒和一些配菜，顯然他已經到了可以參與某些宮廷活動的年紀。二月二十一日，他在天皇的陪伴下第一次欣賞舞樂表演，並初次接下天皇親自賜予的清酒。

五月二十四日，去年遭到間部詮勝逮捕的四名公卿——鷹司政通、近衛忠熙、鷹司輔熙和三條實萬（一八〇二—一八五九）——所提出的落髮「請求」得到了天皇准許。這是幕府對那些膽敢直接與德川齊昭聯繫的廷臣做出的懲罰。鷹司政通和兒子輔熙原本是支持開國的少數公家之一，但因受到身分較低的愛國志士勸說，轉為支持鎖國，從而激怒了幕府。

在幕府的處分下來之前，京都所司代酒井忠義（一八一三—一八七三）要求他們自殺，但四人拒絕從命。孝明出於同情賜信給關白九條尚忠，希望能請酒井幫忙說情赦免這些人，但是間部詮勝完全不為所動。他有確切的證據證明這些人和齊昭之間有秘密聯繫，朝廷的機密因此被洩露給水戶藩的武士，導致奮起的水戶和福井藩士暗中策劃推翻幕府。他們也許只是被不肖之徒的妄言蒙蔽，然而不論原因為何，這四個人的行為都已經與「公武合體」背道而馳[15]。

四月九日，孝明秘密寫信給三條實萬，表達自己對四人的高度尊敬和喜愛。仁孝天皇在位期間，鷹司政通曾長期任職關白，前天皇急逝之後，是他輔佐毫無經驗的孝明登上皇位，並如同攝政一般在各方面提供建言。孝明不忍看到如此年邁的忠臣因重罪受到處罰。而近衛忠熙是孝明的書法老師，還在孝明的元服儀式上為他戴冠，此外其他兩人也都是盡忠盡職的前朝元老。當外國人來訪時，四人總是竭盡全力地依照他的願望行事；儘管他們有時也會犯下過錯，但絕不可能暗中計劃謀反將軍[16]。

孝明在書信的結尾表示，希望自己能夠說服幕府赦免他們。三條實萬接到這封信時，正隱居在京都郊外的一處村莊。儘管臥病在床，他還是奮力起來換上朝服，戴上烏帽子，並在淨身之後才拜讀信件。天皇的仁慈令他感激涕零，因這般褒獎足以說明自己並非祖宗的不肖子孫，免於為後代留下汙名。然而，酒井斷然拒絕了孝明的請求，甚至不答應緩期執行。依然不願下達落髮命令的孝明又一次詢問他們是否真心希望這麼做。無疑接受了自身命運的四人表示肯定，孝明也只好發布命令。

在各種描述安政大獄對朝廷影響的文獻中，酒井忠義的形象通常都被視為反派，儘管他不過是作為幕府在京都的代表而已。面對天皇多次請求寬恕這些曾經侍奉自己和父親的人時，酒井都無情地拒絕了，然而在其背後做出決斷的其實是企圖一掃反對勢力的幕府大老井伊直弼。從一八五八年井伊被指派為大老後，他便一路進行鎮壓，直到兩年後被暗殺為止。井伊這麼做的原因無非是認為有必要剷除反對幕府和列強簽訂條約的人，但當中也有牽涉到選定將軍繼承人的內政問題。事實證明了這次鎮壓完全失敗，最終甚至導致幕府解體，然而持續逮捕監禁的這兩年仍將作為一個恐怖政治的時代牢記於人們心中。

對孝明而言，這次鎮壓造成了他個人莫大的屈辱。即便這些忠心侍奉了兩代天皇的老臣曾在某個階段反對締結條約，也沒有理由因此就要他們剃髮出家，更何況這些問題並不盡然會危害到幕府。但是井伊決定殺雞儆猴，就算會引來孝明的怨恨也在所不惜。朝廷權威的本質與現狀之間的矛盾很少如此鮮明地被呈現出來；在宮裡身著禮裝履行規定儀式的孝明每當想到自己的命令全都被幕府否定時，肯定都感到十分難堪。

在官方記錄中，一八五九年也是飽受瘟疫蔓延等全國性災難折磨的一年。孝明的第三個女兒出生，但第二皇女卻疑似因為瘟疫而去世。令孝明感到些許安慰的是兒子祐宮作為一名皇位繼承人順利成長，在災禍頻傳的當下可以說是唯一的光明。

・第六章・

賜名睦仁

一八五九年祐宮開始接受教育，由有栖川宮幟仁親王（一八一二—一八八六）擔任他的書法老師。從祐宮的第一位侍講是一名書法家可以說明宮裡相當看重這方面的能力。書法對歐洲王子來說無關緊要，但在日本卻是貴族教育不可缺少的一環。皇室成員並不常有機會展示書法技藝，然而一旦動筆就不能只是寫得好，還必須能反映出書寫者的個性。只可惜明治天皇留下的筆跡不多，因此我們很難判斷他對這項技藝的精通程度[1]。

實際上祐宮從前一年就開始學習書法，但顯然只是小試身手。如今他即將邁入八歲，就應該在適任教師的指導下循序漸進地學習書法（和其他科目）。有栖川宮幟仁親王之所以被選為皇子的書法老師，是因為他的家族一直都以書法聞名。五月五日，幟仁親王在授課第一天將難波津古歌作為假名書寫的範本[2]，並和學生祐宮互贈對方一盒鮮鯛。正式開始學習書法的第一堂課是皇子教育中最重要的第一步，也因此他們會彼此贈送傳統上最適合作為賀禮的鯛魚[3]。

從這天開始，幟仁親王每個月都會在固定的日子進宮教授祐宮書法。六月四日，祐宮將自己臨摹的字交給老師評判，並以禮相贈。到了八月十日，顯然對自己的進步感到相當開心的祐宮便向照顧他的隨侍展示了自己的書法作品，其中時常可見「中」和「山」兩個字[4]。

與此同時，祐宮也已經開始學習研讀儒家的四書五經。五月二十九日，伏原宣明（一七九〇—一八六三）被指派為祐宮的閱讀指導。伏原在第一堂課上，就將一段選自《孝經》的文章朗讀了三遍。想當然就算是用日文朗讀，指望一個七歲多的孩子理解中國的哲學著作未免太過勉強，然而沒過多久，祐宮就學會認字且能跟著老師大聲朗讀了。這種稱為「素讀」[*1]的學習方法效果驚人，數個世代以來的日本人都是藉此來學習漢文並逐漸變得能夠自由讀寫；但是對一個孩子來說，要在規定的時間內不停地背誦無法理解文義的字句，肯定是無聊透頂。

完成《孝經》的素讀之後，孝明天皇便下令讓祐宮素讀《大學》[5]。如果是在年齡相仿的孩子們集結的課堂上，可能至少還會萌生同學之間的競爭意識，或者體驗一起捉弄老師的樂趣，但是祐宮起初並沒有這種同伴。一八六一年，公家之子裏松良光（一八五〇—一九一五）成為祐宮唯一的同學，那年他十一歲，未來的明治天皇則是十歲（以虛歲計）。裏松曾如此回憶道：

我每日從早到晚，直到他就寢之前，不論是學習還是運動，無時無刻皆隨侍在側。殿下的服飾主要是彩色的長袖縮緬上衣與厚絹製的白袴，且並非每天更換新衣，穿著十分簡樸。殿

*1　江戶時期的學習方法之一，學生只跟著老師大聲朗讀，但不解釋文義。

下會將前髮梳向兩側，並於頭頂結髻，與我髮型不同之處只在於他兩鬢的頭髮是鼓起的。

殿下的學習始於素讀四書五經，我則是他的伴讀。當時教師由已故的伏原宣諭大人擔任，但不時已故的阿野奥充大人也會作為代理授課。我們的課本都由伏原大人謄寫，每讀完一本就會再呈上另一本，且兩人就照著昔日的寺子屋[*2]的做法，一同高聲朗讀。[6]

然而目前為止這些都只能算是非正規教育，祐宮和他的伴讀比較像是私下接受了家庭教師的指導。到了一八六二年六月二十五日，正式教育才宣告開始。孝明天皇命令陰陽師土御門晴雄判定舉行初讀儀式的日子，且一切程序都將依照孝明於一八三九年接受的儀式進行。當天在高級公家的見證下，伏原宣明三次複誦《孝經》序言裡的幾行句子，並由祐宮跟讀。

祐宮並非特別用功，坊間也流傳著許多關於他不喜歡學習的軼事。明治在後來也曾回憶他的生母中山慶子以前相當嚴格，甚至會在他完成當天的功課之前不給他吃午飯[7]。到了晚期的一九〇五年，明治還作了一首和歌緬懷那段遙遠的歲月：

少時讀書貶無趣
後悔莫及是當今

下面這首亦創作於同一時期：

無心讀寫憶兒時
只顧遊戲乘竹馬[8]

另有一則軼事講述了當時負責管教祐宮的中山忠能在某天感到十分氣憤，因為祐宮突然在課堂上站了起來，甚至沒做任何解釋就逕自返回後宮。忠能覺得儘管他一直以來都盡心教育，但如果祐宮的行為依然如此不成體統，那麼自己也沒必要繼續教下去了。忠能在離去前留下了一張辭退的字條，還說再也不會出現在祐宮面前。他的兒子孝麿隨後好言相勸，表示祐宮畢竟年紀還小不知分寸，然而忠能卻氣得什麼話都聽不進去。這時宮廷派來急使要求他盡速回宮，但忠能堅決不從。孝麿於是強調抗旨有違臣子的職責，這才總算說服父親冷靜下來。而後祐宮一見到忠能便立刻道歉，並承諾不會再犯，說道：「請您別生氣，務必跟至今為止一樣在身邊照顧我。」深受感動的忠能在當天稍晚對孝麿說：「殿下果然是位賢明的皇子。是我太心急了。都是我的錯。」說完便號啕大哭。[9]

*2　江戶時代讓平民百姓子弟接受教育的民間設施（私塾）。

雖然這個故事以圓滿收場，卻也顯示祐宮可能具有自私甚至刻薄的一面。根據他的幼時玩伴木村禎之祐所言，祐宮早在孩提時代就意識到自己對下屬的權力：

殿下個性極為倔強且性急。一旦發生什麼讓他不高興的事，他通常會握起拳頭，並不由分說地打人。我記不清自己有幸挨過他多少拳頭。畢竟當時我比他小一歲，行事不知天高地厚，總是斗膽做出違抗他意願的行為，而每次他都會賞我幾個拳頭。

還記得有一天某位大名獻上了一個金魚缸，裡面優游著五、六隻金魚。我相當好奇地在殿下身邊觀看，等他走向其他房間時，我立刻把手伸進金魚缸來回追趕魚群，直到成功抓住其中一條。然而令人驚慌的是這條魚死了。正當我感到不知所措之際，殿下返回並目睹了一切。他頓時勃然大怒，大喊一聲「你這傢伙！」接著便握拳朝我的腦袋打了三拳。我趕緊逃跑卻被他追上，又挨了一次拳頭……

另有一次雖然不太記得原因，但殿下因為我的惡作劇而怒氣沖天，連續往我頭上打了九下。現在回想起來我才領悟到是自己的淘氣困擾了殿下，至今我仍因此感覺到腋下不停地冒出冷汗。10

還有一件不怎麼討人喜歡的軼事，則與一位從祐宮出生起便負責照料他的老公卿有關。他最近因為覺得祐宮實在活潑得難以應付，所以正在考慮讓年輕人來接替自己。某天，祐宮在御所內的水池邊玩耍，他大聲喊道：「爺爺，快看！池塘裡好多鯉魚！」當老公卿來到池塘邊卻沒看到鯉魚，便禮貌地詢問鯉魚在哪裡，這時祐宮說道：「你看，就在那裡！那裡！」於是他彎身往水面看去，卻被男孩從背後推了一把跌入水中。儘管池塘很淺，但畢竟上了年紀，老公卿沒辦法立刻就爬上岸。祐宮隨即大喊：「大家快來看，爺爺變成鯉魚囉！」見狀趕來的人們這才合力把人扶到了岸上。據說當時老公卿身上沾滿淤泥的衣服在後來被當成他們家族最珍貴的寶物。11

很多人也許會納悶，為什麼這類軼事會被收錄在以宣揚明治天皇榮光為旨的文獻裡。然而這般對待玩伴和無辜老人幾近粗暴甚至殘忍的態度，在某種意義上可能被認為是必要的素質，才能讓大部分時間都由女官撫養、長年以來衣裝打扮也像個女孩的皇子在將來蛻變成一位堅定的國家統治者。據說這位被推進池塘受到屈辱的老公卿後來寫信給岩倉具視，希望能找人交接，但岩倉卻召見他並說道：「你從殿下誕生那天起便服侍他，至今依然不了解他的偉大。我深知你在這般年紀所做的付出，然依我所見，你因自身從小接受貴族教育，便只想著教育殿下舉止得宜。但國家正值非常時期，王政必將復古；屆時，天皇僅有性格穩重並不足夠。我從年幼的殿下身上察覺面對任何難局皆能處之泰然的氣度，暗地由衷歡喜。在此容我駁回你的辭職。」[12]

講述這類軼事傳聞的作者通常寧可強調祐宮的男子氣概，像是隨時準備用拳頭解決任何有違他心意的事，而不是一個隱藏在簾幕背後，連廷臣也看不見的遙遠存在，或是一個總讓周圍的人為他擔心的虛弱皇子。這些人似乎想藉此傳達即便祐宮把老人推進池塘這件事並不值得嘉獎，卻證明了他擁有剛強的性格。

但祐宮平時的教育不論是經由講師指導還是對宮廷生活的觀察體驗，內容都依然十分傳統。他甚至在接受正規教育之前就已經開始創作和歌[13]。這個時期流傳下來的其中一首如下：

仰望明月野雁飛
水中亦有映照

這首和歌並不符合韻律，表達的意象也很混亂，但作為祐宮最早創作的和歌仍相當令人感興趣。從幾年後的和歌作品則能看出他在韻律方面的進步：

曙光野雁歸春啊
聞其聲啊甚悠閒

之所以重複使用加強語氣的助詞「啊」，主要是為了符合韻律，儘管對現今讀者來說可能會覺得有些滑稽，但這證明了祐宮意識到韻律的要求，代表他的功力已經略有進步。從這時起，祐宮便經常在謁見天皇之際接到一些和歌的題目，並在完成後交由本身即是一名出色歌人的父親孝明天皇替他修改。祐宮的和歌於是被修改如下：

野雁歸春曙空下
且聞悠閒鳴啼聲

孝明的指導無疑對祐宮的和歌造詣發揮了重要作用。這是他接受的正規教育中唯一的本土要素，自平安時代以來天皇就不只創作，還要精通和歌的傳統。不久，祐宮便熟諳許多經典歌集；除此之外，他在文學方面也對日本的歷史小說和中國的英雄事蹟備感興趣[14]。祐宮的兒時玩伴裏松良光就曾回憶他經常提起自己非常仰慕胸懷壯志的豐臣秀吉以及楠木正成的忠誠。這個時期的祐宮似乎對於祖先的歷代天皇沒有什麼興趣，也許就是因為他們的作為並不如祐宮所偏好的那般勇猛。

祐宮接受的教育和他的父親孝明甚至是數百年前的祖先相比，實際上並沒有太大差別。儘管孝明一直對西方侵略者憂心忡忡，但顯然他不認為有必要讓兒子認識這些危險的外夷，因此祐宮並未學習世界地理或試著探討西方在科學方面的成就。一直要到明治維新以後，他吸收的知識才變得與自己生活的世界息息相關。

一八六〇年四月，祐宮迎來了「深曾木之儀」。這個為小孩修剪頭髮的儀式通常在孩子三歲到八歲之間舉行，然而就在儀式原定的一八五八年，與皇室關係密切的泉涌寺發生大火，儀式因此被迫延期。另一個在孩子九歲（虛歲）時必經的儀式則稱作「紐直」或「帶解之儀」，小孩會在這天第一次繫上大人用的腰帶，取代這之前使用的付帶。祐宮於是將在這一年同時舉行兩個儀式。根據陰陽師的決定，深曾木之儀將於五月九日上午十點舉行，十天後再舉行紐直之儀。

深曾木之儀的準備工作相當繁瑣。天皇送給祐宮許多衣服，其中包含在儀式上穿著的裝束，《明治天皇紀》中便用了近三頁的篇幅來描述這些服飾[15]。相較之下紐直之儀就顯得簡單許多。然而這兩個儀式都不過是接下來在八月十六日舉行的重大儀式的序曲；祐宮在這天根據敕令被立為儲君（皇太子），從此成為准后的「親生子」，宮裡的地位也將僅次於准后，並於同一處御殿起居。正式賜予祐宮親王地位（親王宣下）的儀式則訂在十一月舉行。

十月十六日，孝明下令精通漢文與歷史的文章博士唐橋在光（一八二七—一八七四）為祐宮擬定合適的名諱，於是唐橋上奏了三個候補——與仁、履仁和睦仁。隔天，天皇下令將名單提交關白和左大臣等重臣，由他們從中選出最適合的名字[16]。

十一月十一日，宮廷舉行了祐宮的親王宣下儀式，並向在場眾臣公布由天皇親筆寫下的祐宮的新名字——睦仁[17]。儀式結束後召開的祝宴上除了流行歌謠和能樂表演，各公家廷臣也送來不少賀禮；到了隔月，則收到了由將軍家獻上的豐厚禮物。

熱鬧過後，睦仁回到了以往的學習生活。也許准后並不滿意睦仁在書法方面的進展，於是命令中山慶子每天監督他練習[18]。

這一連串儀式或許為孝明帶來一段排憂解愁的消遣時光，然而如今卻出現一個難題使得這一切都蒙上陰影，那就是幕府請求讓孝明天皇的妹妹和宮降嫁將軍家茂。*3 和宮是仁孝天皇的女兒，出生於一八四六年前天皇去世的五個月後。和宮與同父異母的兄長孝明之間感情似乎非常好，而這也許可以解釋為何天皇在面對這樁在某些方面極度有利的婚事時表現得十分躊躇。一八六〇年六月三日，宮廷收到來自江戶的請願書，上面寫著這樁婚事將有助於促進天皇一直以來支持的「公武合體」。朝幕關係自幕府與西方五國締結友好通商條約以來便陷入高度緊張，想必這次聯姻將有助於修補彼此之間的裂痕。

早在一八五八年十一月，左大臣近衛忠熙和剛上任的京都所司代酒井忠義就曾討論過降

*3 指皇女或王女嫁給皇族以外的對象。

嫁一事。近衛雖然認為這樁婚事對國家有利，但是和宮在五歲時就和有栖川宮熾仁親王締結婚約，因此不可能與將軍結婚，不過酒井卻不願放棄這個計畫。翌年，酒井除了積極與關白九條尚忠進行交涉，也得到了幕府的認可。最終這件事被上奏給天皇，但他表示事到如今不可能解除和宮與熾仁親王的婚約，加上和宮極度害怕前往江戶，因為在她單純的印象中關東充斥著許多蠻夷。基於對妹妹的同情，孝明不願逼迫和宮接受一樁讓她如此恐懼的婚事[19]；然而身為天皇他當然也非常清楚這次聯姻所能帶來的好處，使得他在表示拒絕的敕書中也多少透露了一絲遺憾。

這一年，和宮慶祝了自己的十六歲（虛歲）生日。七月十五日，她迎來作為女性成年禮的月見（賞月）儀式。官方記錄中也描述了和宮在儀式上惹人憐愛的模樣，讓人多少能理解孝明不願失去自己唯一的妹妹的心情。

只不過幕府並沒有因此放棄這門婚事，就連朝廷內部也存在贊同的聲音。當時身為侍從的岩倉具視在接受天皇諮詢時回答，今幕府霸權明顯減弱，但若急著以武力恢復皇權將導致國內大亂，甚至可能引來外國干涉。此刻最好的辦法就是同意聯姻，向天下展示公武一和。如此一來，幕府也就不得不逐步廢撤與外國簽訂的條約。假使能說服幕府同意今後一切國家大事都必須經由朝廷批准才可執行，政治實權自然會回歸朝廷。也就是說，如今對國家而言，和宮一人之身重若九鼎，他建議天皇應以幕府保證廢除條約為前提，允許降嫁。[20]

七月六日，孝明寫了封信給關白九條尚忠。從信中的語氣可以看出他受到岩倉意見的影響，除了強調自己不滿幕府與外國人締結條約導致他無顏面對神靈和列祖列宗，同時也提到不願讓身為前天皇女兒的和宮就這樣嫁到「夷人徘徊之地」。然而如果幕府展現驅逐夷人的決心，他將試著說服和宮接受這樁親事。[21]

對此幕府的回覆讓孝明放心了不少。他們表示在各方面都與天皇意見一致，也完全有意攘夷，但必須等到建立舉國一致的體制和充實軍事實力後，才有可能應付各種外交問題。首要之務便是向全國展示公武合體的成果，一旦達成此舉，下一步則加強國防，抵禦外夷。若天皇同意和宮降嫁，使國力得以聯合與強化，如此一來天皇驅逐外夷的決心將成為幕府攘夷的方針。[22]幕府承諾在七到十年內採取可行的方法，與外國交涉廢除條約，抑或行使武力驅逐。[23]

這些保證使孝明傾向同意這次聯姻。九月四日，孝明命令關白九條尚忠找來和宮的母親和舅舅勸說她接受這門親事[24]，同時也讓九條與有栖川宮熾仁親王協商解除婚約[25]。然而和宮不為所動，一再表示無法忍受與兄長分開。一周後，孝明再次寫信給關白，告訴他和宮堅決不願下嫁江戶。儘管實在不忍心強迫她接受，但孝明又認為自己有義務履行與幕府之間的約定，因此建議改以自己還只有一歲半的女兒壽萬宮來代替和宮。孝明當然萬分不情願放手自己唯一的女兒，然而若是為了成全「公武合體」，他決定捨棄私情。假如幕府無法接受這個提議，自己就只能退位以示負責。

孝明這封信的副本也傳到了和宮手裡。知曉孝明退位決心的和宮一想到如果因為自己導致兄長退位，她將過得寢食難安，因此只好接受建議[26]，答應下嫁江戶，前提是幕府必須滿足五個附帶條件。第一是讓她在明後年先帝仁孝天皇逝世十七周年的忌日之後再前往關東，且每年遇上先帝忌日都能回京祭拜並向天皇請安；然而希望盡早完婚的幕府並不想再等上兩年。第二，她要求自己在江戶的生活環境都要按照御所的行事風格，幕府予以接受。剩下的幾個條件則都與隨從的人選有關。[27]

除此之外，孝明也列出了六個條件要求幕府遵守：

一、務必遵守和宮提出的五個條件。
二、即使老中人選更迭，與外國斷絕外交關係的承諾仍然有效。
三、告知全國臣民，和宮降嫁並非為了保全德川家，而是促進對國家必要的公武合體。
四、對於因開啟對外貿易而陷入窮困的人民採取適當措施。
五、婚事辦妥之後，任何與和宮待遇相關的問題都必須事先內奏朝廷。
六、研議針對有栖川宮熾仁親王的補償措施。[28]

即使在和宮同意降嫁之後，仍有一些公家反對這門親事。宮內甚至謠傳天皇的親信久我建通（一八一五—一九〇三）收受了幕府的賄賂，並透過指使廷臣千種有文和岩倉具視在暗中促成這門婚事。聽聞這些流言蜚語的孝明於是指示關白即刻闢謠；既然他已經准許降嫁，就不可能容忍出現任何反對的聲音[29]。

有栖川宮熾仁親王最終也只能同意放棄與和宮的婚約。有個似是而非的謠言指出有栖川宮熾仁親王並不期待這樁婚事，因為和宮生於不太吉利的丙午年[*4]。直到後來發現年輕的將軍家茂也是在丙午年出生，才又出現了新的說法，認為兩個同樣在不吉之年出生的人如果結為連理將招來好運。[30]

在這個時期，朝廷的注意力幾乎全部集中在睦仁的教育與和宮降嫁之上。然而我們不能忘記，一八六〇年同時也是日本第一次派出使節團前往美國。即便幕府承諾會驅逐外夷作為迎娶和宮的交換條件，他們依然踏出了無法回頭的第一步，在歷經兩百多年的鎖國之後首次向海外派遣外交使節。

*4　根據陰陽五行說，丙與午皆屬火，因此民間相傳干支為丙午的年份容易發生火災，到了江戶時代則有迷信認為在丙午年出生之人性情較剛烈，如果是女性還容易導致丈夫早死。

‧第七章‧

和宮降嫁

萬延二年（一八六一）為辛酉年，是一甲子中被認為容易引發變革的兩個年份之一，因此歷代都會在此時更改年號。但就算不是辛酉之年，前一年發生的風波也早就足以構成改元的理由。一八六一年從新年伊始就出現不祥之兆——御所宮殿的庭院有狐狸出沒。孝明天皇命中山忠能想辦法把牠趕走，然而不論祈禱還是獻上供品都沒有效果。這隻狐狸每晚都在睦仁居住的御殿附近發出高亢的叫聲，到後來他只好（在准后的提議下）搬到准后御殿居住。[1]

此外，近幾年日本國內也發生嚴重的通貨膨脹，聽聞民眾因為物價飛漲苦不堪言的天皇於是下賜京都所司代五十枚黃金，指示他用這些錢賑濟都城附近山城國的百姓。然而所司代卻在幕府命令下予以婉拒，並表示幕府有其他的賑災計畫。[2]顯然幕府並不想讓天皇主動介入救濟災民。

日本和外國的關係也依然緊張。一八六一年三月十三日，船長比利列夫（Nikolai Alekseevich Birilev）率領俄國輕巡洋艦波薩德尼克號（Posadnik）停泊在日韓之間的對馬群島附近。俄國軍官和水手以修理船隻為由登岸，不久便搭建起營房等建築，似乎打算永久定居。島上的居民因此和俄國人發生衝突，造成數名日本人死亡。幕府於是派遣外國奉行前往對馬去要求俄國撤離，卻遭到拒絕。[3]

俄國並非唯一一個意識到對馬群島具有重要戰略意義的歐洲國家。英國先前就要求幕府開放此處的港口，也曾讓軍艦測量過附近海域。這些行為讓俄國有了「保護」對馬免遭英國侵佔的藉口；他們提醒幕府英國有可能佔領對馬，認為日本極有必要加強該地的軍事防禦，並表示願意為日本修建炮臺以及出借大炮[4]。幕府拒絕了這項提議，但是當俄國已經幾乎佔領了整座群島時，幕府在別無他法之下只好採行「以夷制夷」的方針，轉而向英國公使阿禮國(Rutherford Alcock)爵士求助，請求他們幫忙驅逐俄國人。兩艘英國軍艦在東印度艦隊司令詹姆斯・霍普(James Hope)的率領下來到對馬群島，俄國在接到霍普的嚴正警告之後只好撤離[5]。

這些過去多半不會讓天皇知道的事，不久就傳到了孝明耳裡，使他憂慮萬分；然而朝廷直到翌年(一八六二)才下令要對馬大名加強海防[6]。如今他親自干涉了一件以往根本不會引起天皇注意的問題，可見天皇的權威已經有所強化。

三月二十九日，年號由「萬延」改為「文久」。這是根據陰陽師擇定的日期。變更年號起初似乎發揮了效果，一時之間宮內又開始舉行作為消遣的園遊會與能樂等傳統娛樂活動。但悲劇依然持續發生，孝明還在襁褓中的女兒壽萬宮去世，又一個皇室子女結束了短暫的生命。

宮廷內的平穩日子並沒有持續多久。儘管幕府正試圖改善和歐洲國家之間的關係[7]，但國內的排外情緒卻是急速高漲。六月五日，十四名水戶藩浪士襲擊了江戶的英國公使館，公使阿禮國爵士逃過一劫，但他的職員因此負傷。相較於水戶藩依然最為積極地展開攘夷行動，其他藩反而有意與外國人達成和解。認為必須開國並實現公武合體的長州藩主毛利慶親派出長井雅樂（一八一九—一八六三）前往京都轉達自己的見解。長井會見了正親町三條實愛（一八二〇—一九〇九），表明藩主慶親強調應火速修正國策的信念。

雖然長井選擇向正親町三條發表長篇大論，但談話的內容很顯然是說給孝明天皇聽的。長井一開始先是按照慣例感歎幾個世紀以來的和平造成日本軍力不振，接著說到幕府不僅無力阻止外國人入侵，甚至沒有徵得朝廷同意就擅自和外國人締結友好通商條約，這想必令陛下非常氣憤。同時陛下肯定也因為意識到武力已無法繼續保護自己而感到煩憂。幕府對外國人沒有確定的政策，只是滿足於一時的權宜。陛下並未全盤了解事態的發展，眼前卻有一群魯莽衝動的人爭先恐後地要求廢除與外國簽訂的條約。然若廢棄條約，外國列強肯定無法心平氣和地接受，將對日本展開軍事行動。哪怕只有些微的勝算，他都不會反對與外國開戰，但要是為了一場勝利無望的戰爭賭上國家的命運，只能說是愚蠢至極。

長井接著說道，三百年來，京都的朝廷將內政與外交都全權交由幕府處理，因此外國列強都把幕府當成是日本政府。既然現在已經與幕府簽訂了條約，他們自然是把日本當作盟國。一旦廢除條約將會激怒列強並立即引發戰爭，導致整個國家陷入危險。舉例來說，列強只需四、五艘軍艦便能封鎖整個九州，如此一來其他地域也會受到嚴重影響，屆時能否守住京都都很難說。如果都城的街道遭到外國人的鐵蹄踐踏，其他地方即使沒受到直接攻擊，也將感到同樣的恥辱。

據長井所言，國家之所以會陷入如此窘境，是因為幕府自島原之亂後採取了閉關鎖國的政策。在這之前日本不僅允許外國人自由出入，甚至還修建了鴻臚館等設施來接待他們。實際上，鎖國絕非古代日本的傳統；正如鎮座於伊勢神宮的天照大神曾宣誓「皇恩將遍及太陽照耀之處」，當初神功皇后出兵三韓，不就是繼承了神聖先祖的願望嗎？如果她知道三韓之外還有其他國家，可能還會繼續征討。然而現在的幕府不僅沒有為日本開疆拓土，還被動地任由外夷入侵。即使認定閉關鎖國的政策可取，那也必須以國力強大為前提；完全依賴日本島國形勢的孤立政策註定失敗，當務之急便是充實攻守兩方的國力。

長井透過一字一句懇求天皇改變支持鎖國的觀點，繼承祖先遺志，將天皇的權威延伸至海外。他繼續說道，若能確立五大洲皆應向皇國朝貢的國家方針，便能轉禍為福。拜公武合體所賜，國內將一派和平，一旦日本擁有大量軍艦，就能將全世界都納入天皇治下。[8]

毛利慶親並沒有（透過長井）向孝明宣揚四海一家的友愛精神，而是藉由提醒他在昔日公武合體的時代皇祖天照大神曾立下統治世界的誓言，來說服他放棄鎖國政策。雖說要帶領日本從武力衰弱不及列強的「現在」走向全世界都前來朝覲的「將來」，這中間的過程仍有待闡明，但至少目前可以期待與外國人的貿易所得將有助於日本強化軍備。

不出慶親所料，正親町三條將長井提出的請願書上奏天皇，且天皇很高興地收下了。儘管孝明並未同意解除鎖國政策，但表示贊同加強日本的軍事力量，而他對公武合體的支持也從未動搖過。孝明於是命令毛利慶親傾盡其力促進朝幕雙方的理解，還賜給他一首和歌：

即便風雨襲國土
只待天日重返照

在長井的努力下，幕府最終同意為達成公武合體，讓慶親擔任朝幕交涉的中間人。但不幸的是，那份提交給正親町三條的文書因貌似含有不敬言辭而引發爭議，最後導致長井被免職。[9]

一八六一年的大部分時間，宮廷最在意的事情便是和宮下嫁將軍的江戶之行。按照前一年訂下的日子，原本預定在一八六一年春天出發，這中間幕府還為此匆忙修繕和宮沿途即將經過的道路。然而天皇臨時要求將日期延後，表示應該要讓和宮留下來參加明年春天先帝仁孝天皇逝世十七周年的忌日，但卻被京都所司代酒井忠義以準備工作都已完成為由拒絕。不過，幕府依然做出讓步，同意將出發時間延至十一月中旬。

即便天皇已經准許和宮降嫁，事情還是出現了新的障礙。起因是自一八六〇年中期以來，幕府便秘密地與普魯士、比利時和瑞士進行外交談判，並在年底與普魯士締結條約[10]。得知幕府和三國簽訂新條約的孝明在一氣之下宣稱要撤回和宮與將軍的婚事；畢竟他之所以同意和宮降嫁，正是因為幕府承諾會廢除條約。關白等廷臣因此相當驚慌，擔心天皇的決定可能影響朝幕關係，於是盡其所能安撫孝明，好不容易才讓他同意將婚事推遲（而不是撤回）幾年。當問及和宮的意見時，她的態度坦率得驚人，表示自己從未期望過這次婚姻，直到外國人全被驅逐且關東恢復平靜之前，她都不想動身前往江戶。假如這些都無法實現的話，那她希望這樁婚事能就此取消。[11]

京都所司代酒井忠義的機智對應最終保住了這次聯姻。他反對向幕府反應朝廷的不滿，因為自己只不過是暗中將有關新條約的通知透露給關白，如果這時朝廷公然對幕府提出抗議，將有損雙方的信賴關係。孝明最終也被說服，同意將一切事情交由關白處理。一八六一年元月，幕府派遣使者前往宮廷，詳細說明了與三國締結新條約的來龍去脈，並再次承諾會在七到十年內驅逐外國人。

雖然還有一些其他危機也威脅著聯姻計畫，到了一八六一年九月，怒氣已消的天皇於是同意讓和宮在十一月啟程前往江戶，如今被喚作親子內親王的和宮[12]只好不情願地準備離開京都[13]。她參觀了曾經為祖父光格天皇重新修繕過的修學院離宮，並在返程時參拜了賀茂和北野神社。另外她也在宮中欣賞了一次能樂演出。當親子內親王前往祇園神社祈求旅途平安時，孝明天皇和睦仁還目送她和隨從們離開御所大門。十一月十七日，親子內親王進宮向天皇告別，並收下了餞別的禮物。出發前夕，孝明天皇寫了一封信拜託她嫁入將軍家後勸說丈夫家茂推動攘夷。不久後，親子內親王一直害怕的出發日終於來臨了。十一月二十二日，她在公家廷臣的陪同下乘轎離開了桂御所。一年之後，有部分激進派的公家指控讓內親王前往江戶對朝廷而言是莫大的侮辱，導致陪伴她前往江戶的千種有文和岩倉具視因為涉入此事遭到處分。[14]

親子內親王前往江戶的隊伍陣仗相當浩大——包含一萬名武裝護衛[15]、大量馬匹、食糧、贈禮和各種行李。為了滿足當初和宮答應降嫁時提出的五個條件中的第二條，行李中還包括一整套用來在江戶重組的京都式房屋的零件。這趟旅途可謂十分愜意，內親王一行不時會在沿途景點逗留，通常只需耗時兩周的路程卻到了十二月十六日才抵達江戶。大量的隨行人員被認為是用來確保親子內親王的安全（謠傳有人計劃在半路劫持內親王），而隊伍行進期間也禁止十五歲以上的男性通行，市內的男性則被規定待在屋裡，留下女性站在家門前致意。此外為了避開那些不祥的地名，親子內親王行進的路線也繞了好幾次遠路，例如隊伍中途偏離了通常路線的東海道改走另一條蜿蜒的山路，只為避開發音讓人聯想到離婚的薩陲峠*1。不幸的是，路途中沒有辦法避開對姻緣非常不吉利的「緣切榎」，意為「斬斷緣分的朴樹」，只好用草蓆蓋住整棵樹木，以保護內親王免受其惡名的影響[16]。

內親王和年輕將軍的婚禮必須等到一八六二年三月十一日才能舉行，然而在這之前，反對這樁婚事的人便開始付諸武力行動。一八六二年二月十四日，提倡公武合體和聯姻的主要人物老中安藤信行（一八一九—一八七一）在前往江戶城途中遭到六名水戶藩浪士襲擊。一人朝安藤的轎子開槍使其負傷，隨後有五人上前行刺，但很快就被護衛安藤的五十名武士（井伊直弼遇刺後幕府重臣意識到外出時沒有足夠護衛相當危險）全數斬殺。

從發動襲擊的浪士身上找到一份解釋行刺動機的聲明[17]，指控安藤欺騙宮廷說天皇的妹妹嫁給將軍是為了公武合體，但實際上只不過是讓天皇同意與外國人簽訂條約的陰謀而已。浪士受到當時流傳的一則謠言煽動：據說一八六〇年幕府官員堀利熙（一八一八—一八六〇）因不明原因自殺後留下一份遺書指責安藤的不忠[18]。信中宣稱安藤在湯森·哈里斯的教唆下，密謀迫使天皇退位，為此安藤還讓兩名國學學者調查過去天皇被廢黜的例子[19]。浪士們對此謠言深信不疑，也痛恨安藤對外國人的友好態度，認為他玷污了臣子之道。他們別無選擇，只好讓安藤得到「天誅」，即代替上天誅殺他。「天誅」這個古老的詞彙自此逐漸流行，成為日本幕末時代

*1　日文中薩陲的發音跟有分開、離去之意的「去った」相同，皆為「Satta」。

將政治謀殺合理化的藉口。

可能有人以為死裡逃生的安藤會成為人們同情的對象，使其在幕府的地位更加鞏固，然而他身為支持經濟改革和與西方貿易一派的領導者，反而因此喪失了以前擁有的巨大政治權力。這或許是因為倒幕勢力已經逐漸佔了上風。

就在婚禮前夕，又發生了一次危機。幕府曾經答應親子內親王讓她返回京都參加先帝逝世十七周年的紀念儀式，但是她回京的日期卻被一再延後，最後親子只好派一名高級侍女代表自己前往京都。孝明對幕府沒有履行承諾感到氣憤，然而後者卻辯說婚前的長途旅行會讓內親王過於勞累。

親子在婚禮上受到極高的禮遇，比起客人不如說被當成主人來接待。結婚儀式長達約十個小時，期間新娘換了好幾次服裝。我們無從得知親子內親王對自己丈夫的第一印象，然而儘管是出於政治考量且婆媳之間也多有矛盾，這段婚姻仍然跟一部分的策略婚姻一樣和諧美滿。雖然後來由於家茂驟逝，兩人的婚姻生活只持續了四年半，但親子內親王在臨終之際卻表示希望葬於德川家之墓，而不是京都。

天皇的妹妹降嫁將軍使得朝廷與幕府之間的關係更加緊密，同時天皇也因此得以在短暫期間展現數世紀以來從未有過的巨大影響力[20]。孝明堅定不移地支持公武合體，反對意圖倒幕的聲音，但朝幕之間的緊張氣氛仍隨著幕府繼續與各國簽訂通商條約再次升高，畢竟朝廷一直以來的期望就是把所有的外國人都趕出日本。

此時各派的方針也急遽頻繁地發生變化，有時甚至導致令人意外的結盟和反目。過去，薩摩藩就像個不受幕府掌控的獨立王國，但是在一八六一年底，年輕的薩摩藩大名島津茂久（後改名忠義，一八四〇—一八九七）派遣使者到京都，提出願意為朝廷向幕府發聲。使者向孝明獻上一把寶劍，孝明於是親筆寫下一首和歌以示感謝：

於劍寄念世之心
鋒亮無瑕武士魂[21]

島津茂久和父親久光接下這首和歌時，都感動得不禁流淚。

一八六二年六月，島津茂久和父親派使者前往京都，向前左大臣近衛忠熙和權大納言近衛忠房表態支持天皇以及認為幕府亟需改革的想法。他們擔心天皇沒有足夠的護衛，因此已經決定率兵入京。近衛忠房對此非常震驚，試著阻止這番不請自來的援助，但是島津久光無視勸告，於六月十五日率領約一千名藩兵進京。他此次的訴求在於解除部分廷臣的閉門思過，並由近衛忠熙取代九條尚忠繼任關白；同時也提出有關幕政改革的要求，意圖藉此一掃反對公武合體的官吏，並要求幕府向朝廷示忠。一旦這次行動確立了絕對的皇權，就應該開始考慮該如何將其延伸至海外[22]。當天晚上，也許是為了測試薩摩的忠誠，天皇下令島津久光鎮壓那些在京都引起騷亂的浪士。

七天後，久光開始行動。在他進京之前，尊王攘夷派的藩士都以為他將帶頭推翻幕府，然而如今久光明確地表示自己的目的是改革幕政而非倒幕，令這些志士們失望至極。主張訴諸武力的長州藩等地的藩士於是連同薩摩藩的激進派集結於伏見(京都南部)的寺田屋，商討刺殺關白九條尚忠和所司代酒井忠義的計畫。當晚密謀者和聽從久光之命前來掃蕩的薩摩藩藩士發生激烈衝突，叛亂分子被趕盡殺絕，對此讚賞有加的天皇便下賜久光一把皇室收藏的短刀，以表彰他鎮撫浪士的功績。島津久光也因此在朝廷一舉獲得了極高的聲望。

《明治天皇紀》裡記載的這段時期幾乎沒有出現睦仁的身影。從中我們能得知他曾目送和宮前往江戶，這時的睦仁(即便才十歲)或許也有察覺到和宮的哀怨。一八六二年六月，宮裡舉行了睦仁的初讀儀式，儘管他早在三年前就開始學習儒家經典，儀式的流程則都按照孝明當年在同歲數接受的儀式來進行。到了夏天，麻疹的流行帶來一陣恐慌，宮中因此獻上許多祈禱希望能保護睦仁。而後，睦仁又一個未滿一歲的妹妹夭折，接下來該年度比較值得開心的記述大概就只有睦仁第一次嘗試了畫畫。

這些瑣碎的資訊就穿插在《明治天皇紀》所記錄的各種事實之間，因此讓人很容易錯過一些重大事件的脈絡。比方說，在文久二年（一八六二）八月的條目中詳細記載了某日各大神社舉行的儀式，當晚天皇除了賞月還向睦仁贈送禮物。然而就在這類平凡無奇的記述之後，緊接著八月二十日的記錄卻以同樣平淡的口吻陳述了驚人的內容：岩倉具視、千種有文和富小路敬直等三名公卿因被控與幕府共謀強行促成和宮降嫁，予以蟄居（禁足）處分，解除職務並落髮出家。[23]

如此令人震驚的事態發展背後，其實與尊王攘夷派帶來的巨大壓力有關。隨著人數不斷膨脹，尊王攘夷派變得比之前更加激進與魯莽，任何反對他們的人即使沒被刺殺也會成為脅迫的對象。就在前述記錄的一個月前，關白九條尚忠的家臣島田左近遇刺身亡；他的頭顱被懸掛在四條河原示眾，四肢則被砍下丟進高瀨川。這次暗殺掀起了過激派稱之為「天誅」的恐怖浪潮，然當下幕府卻無力遏止，使得暗殺者們完全處於優勢地位。他們甚至特別指名朝廷中與和宮降嫁有所關聯的「四奸二嬪」[24]作為攻擊對象。不僅出現部分公家支持他們的行動，一些大藩如今也為攘夷派所掌控。儘管孝明一再重申擁護幕府，但在這樣的關鍵時刻他卻發出敕書聲明自己仍以「攘夷」為畢生志業與使命[25]。這對那些「天誅」的實踐者而言，等於是天皇間接認可了自己的行動。

我們很難想像這些事情對睦仁的成長有什麼影響。他是否還太小，以至於無法理解御所外接連發生的事態？抑或是人們有意讓他遠離各種激烈爭論和謀殺事件？還是說，隨著那些經常在宮裡出沒的人逐漸失去蹤影，就連身處御所深處的睦仁其實也察覺到事情不太對勁？而孝明是否又曾向兒子解釋自己為何總是如此激動和疲憊？不論如何，這個幾世紀以來被傳統秩序和禮儀所支配的宮廷正受到時代洪流下殘酷現實的侵攻；今後「變化」將成為唯一不變的定律。

·第八章·

「征夷大將軍！」

一八六三年一月十七日發生的一件事如實地展現了天皇和將軍之間關係的變化。這天，天皇的敕使三條實美（一八三七—一八九一）和副使姊小路公知（一八三九—一八六三）來到江戶城奉上給將軍的敕書。孝明在信中簡要地重申自己堅持驅逐外國人的信念，敦促幕府制定攘夷的具體計畫並盡速轉告各藩藩主。一旦經過眾議討論出良策，就應該全面杜絕這些醜惡的外國人。[1] 然而這些內容與孝明一直以來闡述的觀點並無不同，有所改變的是敕使將敕書交給將軍時的禮儀形式。

按照慣例，敕使謁見時會由將軍坐在大廣間的上段[2]，敕使則於下段跪拜，並由傳令官念出他的官銜和名字。待將軍點頭之後，敕使會跪著走到上段，低頭呈上天皇的敕書後跪著退回下段。但三條實美卻認為這個做法不符合朝廷的地位，甚至有侮辱之嫌，於是事前向京都守護職[*1]松平容保傳達此一想法，希望幕府能更尊重地接待敕使。[3]

*1　江戶末期由幕府新設的官職，具有支配京都所司代、大坂城代與畿內諸大名的權限，負責守衛京都治安。

儘管幕府內部可能經過一番議論，但三條的抗議還是得到了重視。當天，三條直接走到大廣間上段，反而是將軍一開始坐在中段等待他點頭示意後，才能前往上段拜受天皇的敕書。很難想像還有比這更決定性的例子能顯示幕府與朝廷之間立場的變化，而這也絕不是唯一一次幕府對天皇表現出新的敬意。

幕府現在進退兩難。他們顯然希望增進與朝廷的關係，為此就必須遵從孝明的攘夷命令，但是幕府中例如德川慶喜（一八三七—一九一三）和松平慶永（一八二八—一八九〇）等聰明人士都早就意識到開國已是勢在必行。不過將軍能做的，或許也只有向孝明保證自己將全心全意執行攘夷政策。

各藩大名很快就注意到天皇和將軍相對地位的變化，其中有不少因此認為有必要造訪京都。在這之前，幕府曾經嚴令禁止大名入京，就連西國大名往返江戶的路線也都被迫要繞過京都。然而事到如今這條禁令已經失效，大名們開始頻繁來訪，政治中心實際上已經逐漸從江戶轉移到京都。朝廷於是趁機利用來訪大名的影響力說服幕府改革原先令朝廷不滿的舊制慣行，這是五百多年來天皇首次擁有如此程度的政治權力；但朝廷主導政治的主要目的並不是想讓天皇擁有大權，而只是為了實現攘夷。

這種變化也對公家造成了影響。在此之前，他們一直都與國家政治毫不相干，政治上的考量也僅限於宮廷和各種祭典儀式。然而，如今公家開始積極參與政治，邁出了恢復皇權的第一步。

一八六三年，將軍的上京再次彰顯了天皇的新地位。這是事隔兩百多年來第一次有將軍訪問京都，家茂希望藉此表達自己對朝廷的敬意以及實現公武合體的強烈願望。在將軍抵達前，由家茂最重要的顧問德川慶喜先行入京，於二月二十七日進宮謁見天皇。三天後，慶喜參觀了孝明的父親仁孝天皇為培養公家貴族子弟而創辦的學習院，並趁著這個機會上奏三件事：一是廢除皇室年輕成員須出家的規定，允許他們作為親王繼續過世俗的生活；第二，應讓多年來深居於御所的天皇如同往昔一樣，在春秋兩季至各地行幸遊覽。最後，他建議允許尊融親王（即日後的久邇宮朝彥親王，於安政大獄被判處永久蟄居）還俗。這三個提議很顯然是德川慶喜（和將軍）為了討好天皇而提出的。

最後一條很快地便付諸實行。三月十八日，天皇命令尊融親王蓄髮。[4]不久，親王便還俗改稱中川宮[5]，成為天皇最信賴的心腹。不可思議的是，中川宮很少引起當今歷史學者的注意，但他不僅是朝廷的幕後策士[6]，也為時局帶來了重大影響。從頻繁變換的稱呼便能看出他的一生充滿跌宕起伏，在京都青蓮院為僧期間，尤其是一八六〇代初期，其身邊更是聚集了來自全國各地的憂國志士。

將軍的來訪證實了京都朝廷的政治權威的確有所強化，但這卻未能壓制過激派人士的氣勢，他們依然痛恨每個涉嫌與幕府勾結的人。恐怖的殺戮行動再次席捲京都，有的人不幸遇害，有的則是收到死亡威脅。一八六三年三月十日，四名刺客暗殺了儒醫池內大學（一八一四—一八六三），並按照慣例留下了一張寫有刺殺理由的「斬奸狀」：

此者，向來蒙高貴之人恩顧，戊午年間（一八五八年）從正義之士，行種種周旋。然遂變節，與姦吏相通，致諸藩忠誠之士幾多斃命，彼竟自免，其罪惡天地難容。依此，加誅戮並予以梟首。7

池田曾與梅田雲濱、梁川星巖和賴三樹三郎並稱為攘夷派的四天王之一。安政大獄期間，池田因被幕府視為危險人物而遭到通緝，然而他自首後卻免於一死，只有歷經短暫服刑便被釋放，使得部分人士懷疑他與幕府勾結。

刺客們不甘心只是殺死池田，他們甚至割下他的雙耳分別投入中山忠能與正親町三條實愛的宅邸，並附上紙條警告兩人若不辭職，將會遭遇同樣的下場。他們指控忠能和實愛是個偽善者，雖然對外提倡伸張正義，私底下的計策卻是保守姑息。刺客們還聲稱這兩人在促成公武合體上收受賄賂，因此讓人無法原諒。中山忠能雖然對這般莫須有的指控感到憤慨，但因為覺得生命受到威脅，於是跟正親町三條一同以生病為由辭職。中山忠能照料睦仁親王的職務則由三條實美接任。

一八六三年，各種暴力和恐嚇事件激增，被攘夷信念沖昏頭的諸藩士和浪士橫行街頭，造成各種傷亡。他們散播謠言，使整個京都瀰漫著一股緊張的氣氛。光是這一年就發生了七十餘起謀殺、縱火和脅迫事件，各個現場都能看到寫有理由的斬奸狀被置於犧牲者的首級旁、或在牆上留下的天誅預告書。幕府當局對這般亂象毫無辦法，把問題留給了朝廷——這些暴徒正是以其名義進行殺戮作亂——去規勸這些無法無天的「愛國志士」。依然有心擁護幕府的天皇於是將駐留京都的十六藩的藩士集中到學習院，命令他們不得以投擲匿名信至公家宅邸的方式干涉國政，如果有任何不滿就應該提出署名文書向相關單位投訴。天皇還召來這十六藩的大名，命關白傳達自己貫徹攘夷的意志，同時鼓勵大名們隨時拜訪學習院發表自身的看法，特別是與國防相關的見解。

並非只有活人成了暴力之下的犧牲品。三月十一日，九名浪士闖進等持院，將此處供奉的足利三代將軍的木像梟首後，與斬奸狀一同置於三條河原示眾[8]。這個行徑被認為暗藏批判德川幕府的意味，幕府在京都的代表於是即刻下令將犯人逮捕到案，針對其懲處也引發了不少議論。[9]

四月二十一日，將軍家茂帶領三千多名家臣來到京都，進入幕府在京都的居所二條城。這次來訪可說是危機四伏，城裡到處都是尊王攘夷派的志士，其中任何一人都有可能對將軍進行捨身攻擊。第二天，家茂派出慶喜作為代理人進宮為自己上任以來施政不周向天皇請罪。但他依然請求天皇遵循往例重新將政權委任給自己，並成功獲得敕許。[10]

四月二十四日，家茂為表敬意親自進宮覲見天皇。孝明親切地接見了將軍並禮節性地賜給他一杯清酒。而後天皇把家茂請至御學問所，兩人相談甚歡。天皇迎接將軍的態度雖然禮貌但並不鄭重，因為朝廷已把將軍在宮中的席次列在第五位的內大臣之後。

家茂懇求天皇一旦發現幕府的做法有任何不當，一定要不吝賜教。這種恭敬態度和上一次（一六三四年）德川家光進京時的傲慢形成了鮮明對比。那時德川家的權力正處於頂峰，將軍在宮中的地位也高於關白[11]，但這次會面的主導權很明顯是在天皇手中。

接見時，孝明一如既往要求家茂貫徹先前承諾的攘夷政策。而後家茂拜訪了睦仁親王的住處，並獻上許多價值不斐的禮物，包括一把太刀、五百枚白銀、二十枚黃金、兩幅掛軸、一個花瓶，和數匹錦緞等等。隔天，天皇便派遣使者至二條城送上自己和睦仁的回禮。

結束了一連串禮儀性的場面，對外國人居留日本感到的焦慮和憤怒再次向孝明襲來。四月二十八日，孝明有生以來第一次主動離開御所[12]，前往上下賀茂神社祈禱攘夷成功[13]。隨行人員除了關白及右大臣以下的公卿，將軍也率領德川慶喜、各大名和禮儀官一同前往。那天下著雨，然而當天皇的鳳輦經過家茂等人時，他們便立刻下馬，並扔掉雨傘跪在路旁[14]。大批京都市民湧上街頭想把握這個能一睹天皇或其鳳輦的難得機會[15]；人們也經常提起據說當天長州的攘夷派激進分子高杉晉作（一八三九—一八六七）在將軍經過眼前時大喊：「征夷大將軍！」，藉此諷刺家茂辜負了這個稱號。

家茂上京對孝明天皇而言是一次極大的成功。他沉浸在勝利的喜悅中，甚至不想讓這群賓客離開。然而五月七日，因早已停留超過原先預定的十天，家茂表示將啟程返回江戶，這讓廷臣們非常失望。當時的朝廷可分為兩大派，一派希望藉機推動公武合體，另一派則認為只要將軍待在京都就能使其身陷困境，最終帶來推翻幕府的好機會。兩派人馬的理由雖不相同，卻都相信家茂延長滯留期間有助於達成他們的目標；但對幕府來說卻希望家茂火速返回江戶，為去年秋天發生的事件進行善後處理。

該事件發生在一個名叫生麥的地方。英國人查理斯・理查遜(Charles Richardson)和三名同行者騎馬經過薩摩大名島津久光的儀仗隊伍時，據說因為態度無禮，導致理查遜當場被殺，即所謂的「生麥事件」。英國對此向幕府和薩摩藩雙方求償，而幕府雖然最終決定同意賠償，但將軍上京時這件事情還沒有處理完畢，因此急需家茂盡早返回江戶做出決斷。

家茂奏請孝明天皇同意自己離開，但天皇卻覺得如果家茂現在返回江戶，自己將備感寂寞淒涼，希望家茂能再停留一段時間好讓他安心。被這些話深深打動的家茂於是遵從了天皇的意志。天皇滿心感激地送上各種贈禮，而陪伴父親的睦仁親王也第一次接見了將軍。

五月二十八日，孝明來到石清水八幡宮，祈禱國家免於外患。按原定計畫此次行幸本該在一周前舉行，孝明還命令將軍一同前往，但計畫卻被迫中止，起因是前陣子中山忠能的第七子中山忠光（一八四五—一八六四）突然以生病為由辭去官職，出走京都。[16]相傳忠光和一些長州浪士密謀攔截天皇行幸石清水的隊伍並刺殺將軍，因此在五月十七日聽聞傳言的孝明便下令推遲行幸。儘管德川慶喜建議完全取消這個行程，天皇本人也希望能無限延期，但迫於激進派公家的壓力，只好決定照常舉行。

五月二十九日，孝明寫信給中川宮描述了目前的情況。他本來希望再次延後行幸，因為自己暈眩的老毛病發作不太適合長途旅行。但關白鷹司輔熙說，儘管以此為由延期非常合理，計畫卻難以變更，因此建議天皇還是按預定前往比較好。不久，三條實美請求謁見，想確認天皇是否真的不舒服。三條無論如何都拒絕延期，還表示不管生病與否都希望天皇實踐行程。其他廷臣也議論紛紛，一些人認為天皇是因為不想行幸而裝病，還有人說要從後宮將他拖上鳳輦。孝明在恐懼之餘只好答應出訪，而關白面對這種情況雖然感到失望痛心，卻也無力扭轉局勢——他們兩人都不是這些「血氣堂上（公家）」的對手。孝明最後在信中希望中川宮請島津久光設法阻止這種蠻橫行徑，不然再這樣下去他們可能會變成「國亂之基」。[17]

根據其他文獻記載，為了預防天皇在行幸途中發病，路上都設置了休息所。孝明似乎確實不太舒服，不僅在參拜石清水的本宮時絆倒，要別人幫忙才站得起來，在參拜十五個攝社*2的期間也全程需要隨從在一旁攙扶。

諷刺的是，這些與孝明立場相左的尊王攘夷派公家都曾宣誓效忠天皇，然而如今他們卻公然無視他的意願，甚至威脅天皇如果拒絕行幸就行使蠻力。這些人隨時願意為天皇赴死，但前提是得滿足他們的條件。

尊王攘夷派的公家們本來計畫讓家茂和天皇一起前往石清水，並由天皇賜給他一把裝飾用的「節刀」，象徵佩帶者是天皇的代理人。收下節刀將使家茂陷入兩難，讓他在無形之中被迫貫徹幕府不願執行的攘夷政策。察覺計謀的家茂於是宣稱身體不適辭退同行，並派出德川慶喜作為代理；然而當要請慶喜到神社領受節刀時，他卻以急病為由不肯離開借住的寺院。[18]我們可以想像遭受雙重拒絕的孝明這時會有多麼沮喪，他所謂的疾病也許是由心理因素引起的；畢竟這次行幸不僅路途漫長，還隨時面臨在半路遭遇劫持甚至謀殺的危險，也難怪孝明會打從心裡感到憂慮。

這些威脅天皇的人既不是刺客，也並非粗野的武士，而是與血氣方剛無緣、往往被人認為頹廢懦弱的上級公家。另一方面天皇緊急求援的對象也不是廷臣或者將軍，而是可以稱得上熱血的薩摩藩實際領導人島津久光，他在去年還曾派兵進京鎮壓寺田屋事件中的激進派人士。當孝明在石清水八幡宮祈求驅逐外夷時，可能同時也暗自祈禱能夠擺脫這些成天嚷著擁

*2　神社內除了祭祀主神的本殿之外的其他小神社。

護天皇的尊攘派（尊王攘夷派現在的稱呼）公家。

沒有證據顯示睦仁親王對這些事知道多少。他當時只有十一歲，多半還沒機會和父親討論政治。雖然在孝明出發前往石清水和歸來之際，睦仁（與准后）都有出來迎接，但他想必不會知道這次行幸對父親是個多麼大的考驗。不過，關於年輕的舅舅中山忠光的事，他似乎多少有些了解。

一八五八年，十三歲的中山忠光被任命為侍從，主要職責顯然是陪同比自己年輕七歲的外甥睦仁遊玩。同一年，他參與了八十八名公卿反對幕府與美國簽訂通商條約的抗議行列。年輕的忠光在武市瑞山（一八二九—一八六五）、久坂玄瑞（一八四〇—一八六四）和吉村寅太郎（一八三七—一八六三）等愛國志士的影響下走向攘夷派的道路，而上述三人後來都在倒幕運動末期殞命。[19]

在培養中山忠光成為一名尊攘派志士的過程中，田中河內介（一八一五—一八六二）扮演了至關重要的角色。他是中山家的家臣，從忠光小時候便有所認識。跟其他讓忠光傾心的導師一樣，河內介也有參與寺田屋事件；他在遭到薩摩藩的鎮壓軍逮捕後被護送前往鹿兒島，於途中在船上和養子一同遇害，屍體被拋入瀨戶內海。也許河內介對忠光最重要的教誨便是諸藩藩士應效忠於藩主，然而更正確地說應該是忠於國體，即以天皇為象徵的日本國。

一八六二年十月三十日，中山忠光造訪了武市瑞山在京都的住處。他表明自己有意暗殺岩倉具視，希望能得到武市的協助。忠光沒有明說為何要刺殺岩倉，但武市在日記裡提到忠光認為岩倉計劃毒死或至少詛咒天皇。武市勸他放棄，然而忠光表示自己既然已經下定決心就一定要完成。武市一時不知道如何說服激動的忠光，於是答應會和同伴討論此事；其中名為姊小路公知的激進派公卿說他聽聞忠光經常做出狂暴莽撞的舉動，讓人難以確定這人是否真的是一名憂慮時局的「正義之士」。[20]

武市向三條實美轉達了暗殺岩倉的計畫，結果後者很可能跟中山忠能提起此事。當天晚上忠光來到武市家表示不得不取消這次刺殺行動，顯然是因為忠能不允許忠光加入這場陰謀。面對威脅要自殺的忠光，忠能回答道：「若你如此一意孤行，那我說什麼都沒用了。但是直接刺殺岩倉實在太過魯莽，應該要先向相關單位表達訴求，如果對方不願受理，再由你親自下手。假使你不願聽勸，那就先殺了我吧。」[21]

在父親的堅決反對下，忠光只好作罷。但到了隔天十一月二日，他又立刻改變主意，把武市叫來說自己還是決意殺死該幫奸黨，希望武市幫忙尋求薩摩、長州和土佐等藩的協助。武市恭敬地答應了，然後對關白發出警告除非放逐岩倉等人，否則忠光將夥同三藩的有志之士執行「天誅」。兩天後，岩倉具視、久我建通和千種有文三名公卿的家裡被投進文書，威脅他們如果不在兩天內離開京都，將予以梟首置於加茂河原示眾，並連帶懲罰其家族。或許是因為朝廷內攘夷氣氛佔上風，這次脅迫得以奏效：岩倉因此落髮，並在數周後移居京都北部的岩倉村。不過，這依然未能阻止忠光企圖殺死岩倉的執念，他一再把所有令自己不快的事件都怪罪到岩倉的身上。

忠光不僅無視父親的反對，甚至貌似不在乎會被斷絕關係，即便在成功趕走岩倉之後仍繼續投身各種狂熱魯莽的行為。想當然，忠能非常擔心自己行蹤不明的任性兒子。一八六三年四月，他請求朝廷解除忠光的職務，表示擔心兒子因為過於憂國憂民已經失去了理智，並接著說一定會找出忠光，好親眼判斷他是否已經瘋了。

這段期間忠光投靠長州藩，儘管他與朝廷的關係對攘夷事業相當有利，神出鬼沒的他依然算不上是值得歡迎的客人。一封於一八六三年五月二十二日從長州發出的信中寫道，忠光得知積極攘夷的長州藩竟購買外國軍艦和武器時怒不可遏，認為使用外國武器實在不可理喻，要求立即銷毀它們。藩的重臣不願接受建議，忠光於是在一氣之下出走前往下關。[22]

一八六三年九月，吉村寅太郎等人以忠光為核心組織了天誅組。這些狂熱的志士於大和國舉兵，襲擊幕府在當地的代官所並殺害官員。儘管起初一切都看似相當順利，這次叛亂卻很快就遭到鎮壓，忠光也在一八六四年被長州藩派出的刺客暗殺[23]。

這時的睦仁親王還太年輕，無法理解攘夷運動的細節，但他也許知道一些忠光的事蹟，以及他所秉持的信念。人們幾乎無從得知明治在十五歲登基時抱持的政治觀點，不過他看起來至少並不像父親孝明天皇那般崇尚幕府的體制。也許忠光的存在有助於年輕的親王去思考在日本身為治國者所代表的意義，然而他的行為是如此反覆無常，因此很難想像他會有系統地向睦仁傳授任何政治哲學，但一位年輕的公卿不顧父親反對和來自傳統的壓力，為了推翻自己痛恨的體制不惜賭上生命的態度，也許觸動了這名不久之後將成為天皇的少年的心弦。

· 第九章 ·

禁門之變

一八六三年六月六日，將軍德川家茂上奏朝廷，表示幕府將於六月二十五日著手攘夷[1]。在這之前他曾兩度定下日期，但都因故推遲。家茂顯然極度不願這麼做；他心裡很清楚，假如外國人拒絕離開，日本的武力軍備將毫無招架之力。然而他別無選擇，除了朝廷不斷施壓，他在迎娶和宮時也已經承諾將實行攘夷政策。

這段期間，得知朝廷決意驅逐外國人的長州藩急忙在沿岸修築炮台。到了預定開始攘夷的當天，長州藩迫不及待地當起先鋒向外國船隻開火，停泊在九州北部岸邊的美國商船因此成了第一個犧牲品。接下來幾周，他們又分別炮轟了行經下關海峽的法國與荷蘭軍艦。待消息傳到宮廷後，天皇指派公卿正親町公董擔任「攘夷監察使」前往萩，向當地藩主毛利慶親及其兒子送上禮物，讚揚他們領先他藩實踐攘夷行動[2]。想當然外國人遲早會展開報復，但孝明顯然早就做好開戰的覺悟了[3]。

而後薩摩藩成功抵禦英國的進攻，這似乎讓天皇更有信心能在與外國人的戰爭中獲得勝利。先前英國人曾要求幕府和薩摩藩分別針對查理斯·理查遜遭殺害的生麥事件做出賠償，雖然幕府於五月支付了賠償金，但薩摩藩卻未做回應。一八六三年八月十二日，英國派出一支由七艘軍艦組成的艦隊來到鹿兒島灣，要求藩主島津茂久懲處生麥事件的犯人，並向事件受害者的遺族支付賠償金。經過二十四小時的考慮時間，薩摩藩回應表示犯人已經逃跑且行蹤成謎，至於賠償金若是沒有幕府的許可他們也無權支付。

八月十五日，英國艦隊突然扣留了薩摩藩的三艘蒸汽船。中午時分，薩摩藩向英國艦隊開炮，雙方激烈的交火一直持續到傍晚。炮擊使得鹿兒島的許多房屋和寺廟遭到破壞，薩摩軍更是損失慘重，但另一方面英國也蒙受了不小的損失，在未能獲得決定性勝利的情況下便撤退了。事後島津茂久將戰鬥的情況稟報朝廷，孝明還因此下賜敕書予以嘉獎[4]。

朝廷對這個消息的反應相當熱烈，此外由於預料到可能會與外國人發生武裝衝突，皇族公家在進出宮殿時都必須佩劍。這對他們而言是個全新的體驗，因為宮廷成員已經有好幾百年沒有親自應戰了。當關白鷹司輔熙諮詢駐於京都的諸藩大名們是否應讓天皇親自領導攘夷時，鳥取藩大名池田慶德（一八三七—一八七七）如此回答：

> 親征亦可，然若聖上及公卿倘不知兵，如何達其目的？會津藩主肥後守松平容保今任京都守護職，諸藩主亦擁兵在京，宜命該等練兵，眼熟戎旅，耳慣炮聲，而後可初議親征之事。[5]

於是，孝明天皇命令松平容保在御所的建春門外練兵。當天下著雨，但天皇還是從大門附近的位置進行觀摩，准后、睦仁親王以及宮裡的女官、公卿大名也都一同出席。松平容保親自率領三千多名士兵，於下午四點左右開始演練。士兵們身穿鎧甲，手上分別拿著槍枝、長矛與弓箭等傳統武器，一邊吹響法螺貝、敲打鉦鼓，同時揮舞刀槍，不時還會發出鼓舞士氣的吆喝聲，幾乎看不到任何近代戰爭的要素。

九月十七日，建春門外又舉行了一次演練。這次除了會津藩，鳥取、德島、米澤和岡山等藩也有參加。睦仁親王亦再次陪同觀摩。米澤藩的士兵在這天進行西式槍炮的操練，對此《明治天皇紀》記錄道：

> 炮聲震天，硝煙蔽空，陪觀兒女驚愕失色，親王神色未變，始終泰然。天皇親覽軍事乃近世絕無，況親王年幼既陪之，未曾有也。據當時廷臣之說，縱為練兵，馳驅於九門之內不啻有背舊習，於內侍所附近操弄兵器亦冒瀆神威，可想見當時情勢。[6]

九月二十五日，孝明宣布為祈求攘夷順利，將行幸至大和的神武天皇山陵及春日大社，同時參拜伊勢神宮。天皇此舉就像是在表明自己有意親自領導攘夷，而尊攘派公家便想趁這個大好機會聯合長州藩和尊攘派志士發起倒幕運動。察覺此事的公武合體派在坐立難安之際只好請求中川宮幫忙說服天皇取消這次行幸。二十八日清晨，中川宮進宮詢問天皇為何會選擇親自指揮這條險路。天皇被這個突如其來的問題嚇了一跳，說自己還沒有決定是否親征。參拜神武天皇山陵本是他的夙願，其餘的話都只是為了迎合三條實美等人而說的7。中川宮這下明白，天皇是受到尊攘派公家的操控。

同日晚上，中川宮應天皇吩咐與前關白近衛忠熙及其他公武合體派公家共同協商，決定剷除那些企圖改革朝政，破壞朝廷與幕府原先關係的尊攘派人士。三十日淩晨（和曆八月十八日），朝廷召開會議，與會者包括公武合體派公卿以及京都守護職和所司代。御所的九個大門被緊緊關上，任何人只要沒有天皇的命令都不得進入，由在京的諸藩士兵負責守門。淩晨四點左右空炮響起，宣告發布戒嚴令。尊攘派公家雖然立刻趕到御所，卻被擋在門外（史稱「八月十八日政變」）。

這時在宮內，中川宮於天皇御前宣讀一份詔書：「今春以來議奏、國事掛等[*1]，勾結長州，擅發偽敕，又以親征之事為最。自今以後撤免實美等人參朝之權，責以閉門思過。」8

三條實美及同黨被解職，改由中山忠能和正親町三條實愛等公武合體派取而代之。接著天皇發出另一道敕令宣布中止大和行幸，並稱攘夷的方針並無改變，但現在不是天皇親征的

*1 議奏、國事掛皆為江戶幕末時期設立的新職位，負責參議國家事務。

合適時機。尊攘派這下明白他們的輝煌時代已經過去；就在長州藩士離開京都返國時，包括三條實美在內的七名公卿也流落至長州[9]。公武合體派如今掌握了朝廷。

這次政變過後，宮廷迎來了相對平穩的時期。十一月三日，宮內簡單地慶祝了睦仁親王的生日，並按照往例互相交換鮮魚等禮物。隨後舉行的小型聚會上，中山忠能向中山慶子獻上祝詞，祝賀自己身為親王母親的女兒。這一天，忠能在自家為親王的健康長壽舉杯。他無比懷念過去親王住在家裡的那段時光；親王轉眼已經十二歲了（虛歲），往事茫茫如夢，世事瞬息萬變。忠能想必覺得隨著朝廷實權的轉移，自己的境遇也如萬花筒般變化無常。幾天後，忠能的妻子中山愛子謁見了自己的外孫。這是她事隔七年來再次見到睦仁，回想起過去的種種，她不禁潸然淚下。

十二月二十六日，睦仁年滿十四歲的同伴裏松良光請假參加元服儀式獲准。在儀式上天皇和准后都送了禮物，睦仁親王則除了實用的贈禮之外，還準備了一些與戰事和神怪相關的傳統繪本[10]。部分書中的插圖被親王加上色彩，有的則能看到塗鴉的痕跡，由此可知都是他已經看過的書，也許是在閱讀儒家典籍之餘用來解悶的讀物。[11]

自一八六四年二月起，親王的和歌指導從父親孝明改由宮廷歌人冷泉為理（一八二四—一八八五）和柳原光愛（一八一八—一八八五）擔任。為理不知道親王在這之前已經受過父親（偶爾還有典侍廣橋靜子）的指導，認為自己有責任提醒天皇讓已經十三歲的親王開始學習和歌。孝明因為國事繁忙一時並未給出答覆，於是為理在二月十九日創作了兩首和歌，解釋自己如此請求的原因。第二首的內容如下：

無花初始既聞香
含苞當下漸成花

一八六四年二月[12]，將軍德川家茂應天皇之命上京，並於六天之後（二月二十二日）抵達二條城。隨後天皇任命他為右大臣兼右禁衛大將，家茂為此進宮答謝皇恩。

然而天皇這時寫給家茂的書信內容卻毫無欣喜之情：

嗚呼！汝如何視方今之形勢？內則綱紀廢弛，上下解體，百姓受塗炭之苦，皆顯瓦解土崩之色，外則受驕虜五大洲之淩辱，正臨併吞之災。其危實如累卵，又如燃眉。朕思之，夜不能寢，食不下嚥。嗚呼！汝如何視此。此非汝罪，乃朕不德所致，其罪在朕。[13]

儘管天皇所言拘於形式，卻似乎都是肺腑之言。信中隨後寫到「朕愛汝如子，望汝親朕如父」，由此可以看出孝明對家茂的喜愛之情。他敦促家茂不要辜負「征夷大將軍」的頭銜，繼續說道：「征服醜夷為國家大事，興膺懲之戰無可避免，然無謀之征夷，實非朕之所望。當慎議方策，以之奏朕。」14

這封信的措辭比當時天皇發出的大多數公文都還要直接，強而有力地表明了孝明的立場。他希望能與幕府合作趕走醜惡的夷人，藉此恢復國家的穩定與繁榮，卻不贊成像長州藩士那樣輕率地炮擊外國人的做法。他以「累卵」和「燃眉」兩個詞來表達自己對危急事態的擔憂；「累卵」是指堆疊起來隨時可能摔破的蛋，而「燃眉」則是意指如同火焰要把眉毛燒焦般近在眼前。

不過除此之外，家茂這次來訪仍是相當愉快愜意，甚至一直待到六月才離開。天皇和家茂多次互贈禮物，且這段期間宮廷舉辦的所有宴會和娛樂活動都有邀請他參加。朝廷的尊攘派在三條實美流落長州以後已然失勢，國內各地的攘夷運動也暫時平息下來。

最初打破這場平靜的事件發生在七月八日。在此之前長州藩曾向朝廷遞交請願書為藩主申冤，請求允許三條實美、毛利慶親及定廣父子重回京都。但朝廷拒絕介入此事，將事情全權委由幕府處理。部分為此感到相當氣憤的長州藩浪士於是相約集結於京都的旅宿池田屋，準備秘密商議下一步行動。幕府聽聞密會的風聲後，由近藤勇（一八三四—一八六八）率領的新選組（負責維持京都部分地區治安的親幕派武裝集團）在當天晚上襲擊了池田屋，一舉斬殺並逮捕現場的所有浪士。[15]

一得知池田屋事件的消息，憤怒的長州藩便派出福原越後（一八一五－一八六四）率領數千名士兵進入京都。隨著其他志士響應，軍隊的聲勢不斷壯大，在京都周邊各地駐紮，並派人再次向朝廷和幕府請願。七月三十日，經商議後朝廷認為可以讓毛利慶親及定廣父子其中一人入京，若有悔意即可撤銷處分；同時應德川慶喜要求，京都附近的長州軍隊必須先撤離據點返國。然而長州藩拒絕了所有提案。相反地，他們可能早有一番計畫：選一個強風的日子在京都放火，並趁亂暗殺京都守護職松平容保及中川宮；說服天皇移駕長州，襲擊新選組；由長州藩取代會津藩負擔任京都守護；迫使將軍實行攘夷政策等等。[16]

中川宮和松平容保之所以被視為仇恨的對象，很可能是由於當時流傳的謠言聲稱這兩人採納了佐久間象山（一八一一－一八六四）的建議，準備讓天皇遷往彥根。這類謠言已不是第一次出現；一八六三年七月，支持開國的老中小笠原長行（一八二二－一八九一）曾帶著一千五百名的幕府軍西下大坂。一時之間傳言四起，說他打算用武力迫使朝廷同意開國，否則將在京城縱火、綁架公卿，一口氣摧毀京都，同時也謠傳幕府計劃將京城遷往彥根。[17]如今時隔一年，類似的謠言再次傳進了長州藩志士的耳裡。

被視為該計畫提案人和開國支持派的儒學者佐久間象山因此成了浪士們憎恨的目標。八月十二日，象山在京都遭到暗殺[18]。長州藩志士的過激行為於是引來他藩的不滿，紛紛主張派兵征討長州。

支持和反對長州的勢力就這樣一舉聚集在京都周圍。八月十九日，朝廷命令長州藩立即撤回附近所有兵力，同時承諾只要他們願意服從並請求原諒，就會認真考慮其要求。然而長州藩士拒絕聽令，還反過來上書朝廷細數松平容保的種種罪行，以及對其施加天誅的決心。寫有長州為何不得不開戰的理由書被逐戶投進了公卿與諸藩主的家裡。

朝廷頓時一片混亂。天皇即刻接見了關白、中川宮與德川慶喜等人，下達討伐長州藩的敕令。這時，在伏見已經挑起了戰端，槍炮聲甚至傳進了御所。慶喜立刻下令關閉御所的所有大門。

第二天早上七點左右，叛軍距離御所大門越來越近。福原越後的軍隊遭大垣藩兵擊退，但其他長州叛軍則成功逼進蛤御門和中立賣御門。文獻形容當時的戰況「其音如千萬雷落」、「殿舍晃動如地震」[19]。叛軍的火力主要集中在會津藩把守的蛤御門；戰鬥異常激烈，叛軍差一點就攻破了城門，這時桑名藩和薩摩藩的援軍趕到，合力擊破了長州軍。守備軍因此士氣大振，經過長達五個小時的激戰後才成功鎮壓叛亂（史稱「禁門之變」）。[20]

這次戰亂在御所內造成極大恐慌。天皇下令讓睦仁親王與准后和淑子內親王一同移往常御殿，緊急時用來避難的乘輿也準備好了。根據描述，當時孝明天皇身著朝服靜靜地坐著，彷彿對周遭喧囂無動於衷[21]。廷臣們捲起冠上的長纓，用帶子固定寬大的袖襬，腳上穿著草鞋，與平時的形象完全不同。御所庭院內所到之處都是身穿鎧甲的士兵，炮彈擊破了門扉，血濺四處。突然，門外竄出一陣火光，剎那間便向四周蔓延。猛火沿著烏丸通一路延燒，眼看御所即將化作一片火海。宮廷內的混亂情況已經無法用言語形容，廷臣們雖然一時考慮逃出御所，幸遭松平容保強力勸阻，讓天皇免於捲入兩方火拼的戰亂之中。[22]

第二天，幕府趁著這次事件處死了三十多名被關押在六角監獄的尊攘派志士。堆積成山的屍體在已有二百五十多年沒有見證過戰亂的御所門外曝曬了三日，京都市內則約有兩萬八千間社寺民房毀於戰火，大火連燒了好幾天才被撲滅。

隨著長州藩被鎮壓，京都貌似重回和平，卻依然有怪事發生。某天夜裡，一群人闖入宮中試圖奪取天皇的鳳輦。負責宮殿守衛的德川慶喜接獲通知後匆忙趕到，在常御殿的內庭發現大約三百個人影。慶喜命令這些人即刻散去，同時派人向關白和中川宮彙報情況。兩人急忙趕來，並請天皇移駕安全之處。後來在慶喜要求下，天皇搬到了紫宸殿，睦仁親王和准后也與之同行。一些女官被不明事態嚇得尖叫哭喊，睦仁親王也因為驚嚇過度暈倒，經侍從照顧後才清醒過來。[23]

這件事在戰後遭到惡意改寫，成為明治天皇年少時的傳說之一。例如曾有作家故意寫道：「元治元年（一八六四）七月，當長州藩向蛤御門開火時，（明治）天皇被爆炸的聲響嚇得暈了過去。由此我們可以推測他生性膽小懦弱。」[24]然而使親王暈倒的顯然不是蛤御門外的大炮聲（這場戰鬥發生在一天前），而是在半夜被叫醒還突然得跟一群放聲尖叫的侍女一起前往紫宸殿。女官們之所以尖叫可能是出於一件反常的事態：某位侍女陪同嬪妃在宮殿間移動時，不小心把一個裝有黑色液體（用來塗牙齒）的罐子掉在地上。罐子撞擊地板碎裂的聲音被誤認為是槍炮聲，加上流淌的液體氣味異常強烈，才因此引發一陣恐慌。25

這件事本身並不重要，但是在描述天皇生活的嚴肅記錄中竟然出現這般好似中世的傳奇故事才有的情節，不禁令人驚訝。出現在庭院中的神秘人物究竟是誰？他們為什麼要竊取天皇的鳳輦？為何三百個人影一個也沒有留下蹤跡？為什麼侍女會在這種關鍵時刻搬運染齒的顏料？一個罐子摔破的聲音怎麼會讓這麼多人陷入恐慌？

這個神秘事件發生的隔天，親王召見了外祖父中山忠能，拿出一些繪本希望忠能為他講解。令人欣慰的是，即使在這個皇室百年不遇的危機時刻，十二歲的少年睦仁比起身邊正在發生的不尋常經歷，依然更沉迷於繪本中的冒險故事。

・第十章・家茂去世

一八六四年是個災難的一年。禁門之變發生後僅僅兩周，一支由英、法、美、荷組成的聯合艦隊炮擊了下關，報復先前長州對外國船隻的襲擊。提出這次行動的英國公使阿禮國爵士對幕府優柔寡斷的態度越來越不耐煩，因此認為有必要訴諸武力。

該年稍早，外國奉行池田長發（一八三七—一八七九）率領日本使節團出訪法國，商討對外關閉橫濱港的問題。雖然幕府並不贊成此事，但仍認為有必要尊重對朝廷做出的承諾。不久池田就意識到法國完全無意交涉此事，反而要求賠償遇襲船隻的損失，以及保障今後法國能安全通過下關海峽。至此池田深信幕府必須改變基本方針，於一八六四年六月二十日根據法國提出的要求締結條約[1]，即便幕府並沒有賦予他相應的權限[2]。池田還無視幕府的命令，並未繼續前往英國等地就決定歸國。他認為這些國家肯定跟法國一樣，不會同意日本不再對外開放橫濱港。

從比預期更早歸國的池田那裡得知條約一事後，四國駐江戶代表於是要求幕府履行協定。然而幕府表示這次的條約是使節團獨斷的越權行為，因而不具任何約束力（池田與其他使節團成員在事後都遭到免職並予以懲處。）四國代表認為幕府又在使用拖延戰術，十分惱火，決定靠武力處理此事。他們不顧幕府阻止以及長州希望達成和平協議的意願，紛紛派出艦隊前往下關。九月五日，聯合艦隊向長州的炮臺開火，經過三天的激戰後外國人登陸並摧毀了長州的防線。長州藩大名毛利敬親（原名慶親）被迫談和，同時接受聯軍提出的條件：友好對待通過下關海峽的外國船隻；不許新設或者修繕炮臺；供應柴火、淡水、食物和煤炭；支付相當於三百萬美元的賠償金。

接下來暫時平靜了一段時間，直到十一月幕府決定派軍討伐長州，懲戒長州藩在京都的不法行為。為了重振幕府的聲威，家茂下令各藩派兵出征。然而有些藩找藉口拒絕，顯然不太願意幫助幕府。儘管長州被視為叛軍，但其勇敢無懼的作風也廣受欽佩；當下關遭聯軍攻擊的消息傳開時，不少藩國都對此聊表同情。察覺到這種氣氛的幕府於是只要求長州謝罪並展現順從之意。毛利敬親接受了這些條件，交出三位藩內重臣以示順從，同時答應將按照幕府意向處置三條實美等流落長州的公卿。[3]

幕府這次勝利雖然稱不上出色，但至少為內政和外交提供了喘息的機會。宮廷生活儘管看似恢復平靜，卻仍飄盪著一絲不安。中山忠能對於睦仁親王時常出現在夢中感到焦慮，便派出家臣前往北野天滿宮祈禱親王平安；他的妻子愛子也有派人詢問親王的健康狀況。[4]

即便新的一年（一八六五年）來臨，如何處置三條實美等落腳長州的公卿仍是個尚未解決的問題。主張將他們流放九州的其中一人名叫西鄉隆盛（一八二八－一八七七），這是他首次出現在《明治天皇紀》中[5]。二月七日，年號由「元治」改為「慶應」，只因前一個年號被認為導致了去年秋天發生的禁門之變。

新年號的起用並未明顯改善局勢。七月十四日，德川家茂再次來到京都。將軍進京在幾年前是格外重要的大事，現在卻已經成為一種常態。家茂向天皇彙報儘管毛利敬親公開懺悔自己的罪行，但其藩內的攘夷勢力又出現不穩動向，此外敬親還派人向外國購買大批軍火。家茂稱自己握有確切的證據證明敬親與外國人進行秘密交易，因此幕府決意再度征討長州。

家茂在正式動兵征討長州之前先向天皇坦承自己的意圖，這種事情就算在十年前也是無法想像的，畢竟那時將軍根本就不會告知天皇自己的政治和軍事計畫。家茂也許只將這次談話看成是稟報現況，但對孝明來說卻是在向他徵求征伐長州的許可。孝明首先邀請家茂到常御殿並親自斟酒，作為友好以及同意家茂計畫的象徵。待天皇退回後宮後，議奏與武家傳奏等廷臣招待家茂至另一處宮殿，表示天皇很滿意他年初完成的修繕山陵之功，正考慮賜予其先祖德川二代將軍秀忠和三代將軍家光「神號」。家茂堅持婉拒，卻被勸說這是陛下難得的旨意，應當毫不猶豫地接受才是。[6]家茂只好接受這道相當於敕命的提議，由此也能看出天皇與將軍之間的立場已出現逆轉。

一八六五年十一月四日，由英、法、美、荷派出的九艘軍艦出現在攝津國海岸，以四國的名義要求幕府開放兵庫港並取得天皇[7]敕許條約。作為回報，聯軍願意放棄下關事件賠償金三百萬美元的三分之二。但如果幕府不盡快承認這些要求，四國公使將直接前往京都與朝廷談判；如果朝廷同樣拒絕接受，那麼下次就等著在「炮煙彈雨」中相見[8]。日本有七天的時間可以考慮。

負責在兵庫談判的老中阿部正外和松前崇廣決定接受四國的要求。他們認為已經沒有時間徵詢朝廷的意見，就算真的這麼做肯定也只會引發戰爭，導致大量傷亡和無以計數的破壞。天皇得知此事後勃然大怒，立刻命令幕府將兩人革職，並返回藩國閉門思過，等候進一步的指令。[9]儘管在這之前朝廷絕無可能干涉幕府的人事處分，但幕府還是照做了。天皇在敕命中並沒有對這次處分多做說明，不過我們可以從其他資料得知德川慶喜為了避開戰採取了哪些措施[10]。

慶喜首先將幕臣召集至大坂城，詢問他們的意見。一如先前的會議結果，除了同意外國人的要求以外並沒有什麼新的建議，但只有松平康英對此表達不滿。感到些許欣慰的慶喜於是私下委託康英聯繫大坂町奉行井上義斐，請他轉告四國代表幕府已經決定按要求開放兵庫港；然而「實際上，我國將軍之上還有帝王。重大之事即便將軍都須先得敕許後方可施行。換言之，如兵庫開港這般國家大事無非需要請求敕許。然為此至少需要十天緩期」。[11]

幕府說得如此坦白著實令人詫異。一直以來，外國人都把將軍（大君）當成日本的最高統治者，天皇（稱為「帝」）不過是「精神上的領袖」。就連幕府官員也有意助長這種觀點，湯森・哈里斯便曾在日記中寫道：「他們談起帝的口氣幾乎都帶有輕蔑，聽我引用日本人是如何敬奉他時還哈哈大笑。他們表示帝既無金錢和政治權力，也不值得日本敬重，是個無足輕重之人。」[12]

從當時新上任的英國公使哈里・巴夏禮（Harry Smith Parkes，一八二八—一八八五）爵士寫給將軍家茂的信也能看出外國人把幕府視作日本的合法政府，因此將軍即為國家最高領導人的觀點——他稱呼將軍為「陛下」。巴夏禮的要求之一確實是請「帝（天皇）批准條約」[13]，但信中的語氣顯示巴夏禮認為將軍完全有權從一個名義上的領袖那裡獲得「批准」。

然而，一位高級幕臣如今卻公開坦言天皇的地位在將軍之上，兵庫港必須徵得其同意才能開放。面對日本權力結構的新事實，列強不得不重做設想[14]。不久之後，英國將公開支持天皇，法國則支持幕府，將他們在歐洲的對立關係延伸到日本；不過這時的四國代表都意外地同意延遲十天，等候天皇敕許。話雖如此，他們仍不相信幕府官員的說詞，要求提供一定會獲得天皇敕許的保證。井上義斐表示自己拿不出任何證據，但在日本，做出重要承諾時一般都會滴血盟誓。「因此，我將於各位眼前劃破手指，以血印為證。」說著便拔出小刀準備劃下去，讓嚇得臉色發青的各國代表連忙制止並說願意相信他。[15]

慶喜的決斷多虧了井上義斐的助攻，使幕府獲得十天的寬限期可以爭取天皇敕許。這件事本身已非常困難，卻又有新的問題出現。家茂對朝廷罷免兩名幕閣感到相當憤慨，認為這已經侵害幕府的權力。十一月二十一日他上奏天皇，陳述自己「幼弱不才之身，雖蒙征夷之大任」，卻「上不能奉安宸襟，下不能鎮萬民」，因此希望能辭去將軍之位由德川慶喜繼任。他還懇求天皇正視眼前的外交危機，盡快下達敕許。同時在上奏當天，家茂離開了大坂前往江戶；但當他抵達京都南部的伏見時，接到了關白二條齊敬的書信，告知無法立即同意他辭職，並斥責他未經許可便返回江戶是在輕視朝廷，有失臣子之道。二條要求家茂參加第二天的朝議，親自向天皇解釋辭職的理由。16

朝廷對家茂的這番訓斥幾乎不能再更嚴厲，天皇和將軍誰比較強勢已是顯而易見。家茂於是改變計畫前往京都二條城，並命令德川慶喜、松平容保等幕府重臣進宮向天皇說明立刻批准條約的必要性。

慶喜隨後被召入宮，與關白等廷臣討論是否能批准條約，孝明則在簾幕後面旁聽。會議從下午六點開始持續了整夜，卻未能達成共識。第二天在慶喜的建議下，大約三十名駐京都的各藩重臣參與了討論。會津和土佐藩率先堅持開國論，駁斥閉關鎖國的政策；其他藩國也幾乎無一例外地支持天皇下達敕許，因此朝廷最終決意批准條約，即便這對孝明是個巨大的打擊。他尤其為中川宮懇求敕許的一番危言感到動搖：「若不賜容許，彼等即開戰端，則……兵庫、京師瞬成大火，帝祚之安危難保，伊勢神廟亦成灰燼，將若置身眼前。」17

即便天皇正擁有過去五百年來最大的權力，也還是無法忽視大多數藩國的意願。不得不批准自己所厭惡的條約恐怕讓孝明覺得百般悔恨，但是他透過拒絕兵庫開港，也算是保留了一點顏面[18]。儘管許多人聲稱願意為天皇的大義獻出生命，但就連孝明心裡也很清楚武裝不足的日本士兵根本就不是外國人的對手。

雖然家茂宣稱要返回江戶，但他在關西地區一直停留到十二月二十號。在這一周前，天皇接見了家茂和其他幕臣。家茂為自己的無能，特別是近期請願辭職引發的爭議向天皇致歉。但天皇安慰他說，他們將像以前一樣並肩作戰，「治內地、禦外侮，充實武備」[19]。

一八六五年餘下的時間沒有什麼大事發生，而睦仁親王的名字則極少出現在一八六六年的官方記錄裡。同年八月，他完成了《孟子》的素讀。讀這本書只花了他一年多的時間，相較於《論語》的四年可說是很大的進步。天皇稱讚親王的勤勉，並鼓勵他繼續精進。

儘管如此，有跡象顯示睦仁親王的教育還是天皇此時最憂心的問題。他擔心負責撫養的女官會過度影響親王，特別是有可能向他灌輸過激的尊王攘夷思想。孝明曾在寫給賀陽宮（即中川宮，於一八六四年改稱）的信中說道：「如今神態雖為吾子，然並不親近；視從朕命令者為惡人，其餘反對者則盛讚。雖是少兒，亦絕不可輕視。」孝明指責女官是造成問題的根源，並再次透露退位的意向。[20]

大約同一時期，在京都北部蟄居的岩倉具視寫信給天皇陳述意見，並敦促天皇捨棄「酒池肉林」的生活，嚴肅地面對政治問題[21]。

這些片段的證據似乎表明，官方記錄中關於宮廷平穩生活的記載可能隱藏了一些不太光彩的實際情況——不管是睦仁親王會肆無忌憚地向父親提起尊王攘夷思想，還是孝明沉迷於美酒和女人來排解惆悵。

賀陽宮（中川宮）是另一位令人在意其動向的人物，曾有現代歷史學者形容他是個「狡猾」的人[22]。一八六三年九月，由中川宮一手策劃的朝廷政變取得成功後，天皇賜其朝彥之名並任命他為彈正尹，這個職位具有直接上奏天皇的特權，代代都只有親王才能擔任[23]。然而當時傳出了一個奇怪的謠言，說中川宮企圖詛咒天皇。謠傳在一八六三年夏天，中川宮派人向石清水八幡宮的僧侶忍海送上一支箭和豐厚財物，而兩人之間本就頗有交情。忍海於是買來一隻雉雞以該箭射殺，之後把雉雞供於祭壇上詛咒天皇，祈禱中川宮能取而代之。但鳥取藩士識破了忍海的陰謀，在將其殺害後把雉雞從祭壇上移開。

謠言雖然傳到了孝明耳裡，但由於他非常信任中川宮，因此認為這是某個「奸人的計謀」，同時強調自己和親王的關係正如「兩樹枝條連生」一般緊密[24]。為了表示對親王的信任，天皇加賜了中川宮的領有地，還為他修築一座華美的新御殿。[25]

這個傳言聽起來難以置信，然而宮裡仍有人相信確有其事。無論如何，由此可以看出當時宮中的氣氛已經詭譎到人們會把詛咒或巫術當真，也解釋了為何在一八六六年年末將軍和天皇陸續去世時，很快便傳出兩人是遭到毒殺或謀害的言論。[26]

對於幕府而言，一八六六年完全是個災厄之年。只不過這次的災難與外國人無關（幕府反而對於降低關稅以及其他沒有太大爭議的問題的交涉結果相當滿意），而是源自去年春天幕府開始計劃由將軍親自指揮第二次征討長州。得知消息的長州藩因此積極購入近代武器並導入西式兵制，但更重要的是，這件事促成原為仇家的長州和薩摩之間的同盟。結盟之初，薩摩為長州提供了跟長崎的歐洲商人購買武器的管道；一八六六年初，西鄉隆盛派遣黑田清隆（一八四〇—一九〇〇）前往下關試探長州藩主要人物關於兩藩合作的意願[27]。同年二月，一直為實現兩藩結盟而奔走的土佐藩士坂本龍馬（一八三五—一八六七）和中岡慎太郎（一八三八—一八六七）會見西鄉，尋求薩長之間積極合作的機會[28]。讓雙方團結的口號已不再是「攘夷」，而是「倒幕」以及「王政復古」。在坂本龍馬的斡旋下，木戶孝允（一八三三—一八七七）和西鄉隆盛分別代表長州和薩摩草擬了盟約。[29]

一八六六年七月，幕府展開征討長州的行動。幕府軍的士氣非常低迷，除了本應加入征討行列的一部分藩國拒絕出兵，其餘的藩也多半只派了小型分隊參加。相較之下長州軍雖然在人數上處於劣勢，卻裝備精良且受過良好訓練。兩者甫一交戰，就已經定調幕府軍將以連敗收場。這次作戰中最值得注意的便是初次使用了大量槍炮，可以說是日本人經歷的第一場近代化戰爭。

征長期間，本來就身體欠佳的德川家茂在大坂病倒[30]。與此同時，尚無子嗣的家茂的繼承人問題也浮上檯面。他原本指名的人選是德川慶賴三歲的兒子龜之助，然而在國家面臨危難的時刻，家茂為何會推舉一名幼兒來繼承令人相當費解。包括家茂的妻子親子內親王在內，沒有人認同他的選擇[31]。最後家茂只好上奏天皇，表示自己死後將由德川慶喜繼任將軍，並擔任長州征討的統帥[32]。一八六六年八月二十九日，年僅二十歲的德川家茂於大坂逝世。

九月七日，天皇召開朝廷會議，討論由薩摩藩主上呈的一份建議書。其中主張在「皇國危機存亡之時」，應該停止征討長州，將一切力量用於防禦外患[33]。議奏正親町三條實愛強烈支持這番建言，在場的其他公卿則不發一語，但身在簾幕後面的天皇仍認為征長收兵一事言之過早。根據記載，實愛在拜受天皇話語的同時據理力爭，最終甚至忍不住泣血哀嘆。在知道天皇會反對的情況下，實愛依然有勇氣貫徹自身信念這點令人大開眼界；即便這是因為他與實力雄厚的薩摩藩關係緊密，還是很難想像類似情形會出現在亞洲或者歐洲其他的專制國家[34]。只不過等到九月十二日再次召開朝議時，孝明依然否決了薩摩藩的建議。[35]

幕府一開始隱瞞了家茂過世的消息，但是總要有人出來擔任征討長州的總指揮。九月八日，德川慶喜繼任征長總督，卻在進軍前線之前接到位於北九州的幕府堡壘小倉陷落的消息，因此決定暫時休戰。他將此意透過關白上奏天皇，孝明不出所料地極度不悅，堅持要求慶喜完成征討任務。九月二十四日，慶喜進宮說明當下艱難的戰況，才讓天皇同意停戰。

家茂去世一個月後的九月二十八日，他的死訊才正式對外公布，也為第二天下令暫停征討長州提供了絕佳的藉口[36]。一場未給任何人帶來榮譽和利益的戰爭最終並非在轟然的槍炮聲中結束，而是伴隨著啜泣，卻也永遠改變了日本人對於武力戰爭的概念。

·第十一章·

孝明駕崩

德川家茂的死對孝明天皇無疑是個巨大打擊。他看起來非常喜歡這位年輕的說話對象，一度相信他們能夠合力實現公武合體的理想。從旁觀者的角度看來，假如天皇能夠忘卻公武合體並接受王政復古的新理想，那他想必會走上一條更幸運的道路，獲得大多數公卿與武士階層的支持。然而孝明卻拒絕放棄自己舊有的理念。令周圍的人惱火抓狂的是，天皇的固執已經到了異常的地步，但嚴格來說孝明的執迷不悟只說明了他是個保守主義者，每一次的讓步都會帶來極端的痛苦和懊悔。在幕府軍征討長州失敗之後，天皇處於一個相當諷刺的立場，用盡一切方法對抗那些試圖讓他重新掌握實權的人。

一八六六年十月八日，就在德川慶喜宣布中止長州征討後不久，二十二名公卿集體進宮上交一份請願書，希望能在國家危機當前的時刻謁見天皇，傳達全體發自內心的信念。這些公卿以中御門經之（一八二〇—一八九一）和大原重德（一八〇一—一八七九）為代表，但在背後計劃這次上奏的則是岩倉具視。

岩倉在一八六二年由於涉嫌與幕府合謀降嫁和宮遭到彈劾，被迫蟄居在京都北部的岩倉村。然而他是個天生的謀略家，過不了多久便和先前的熟人們恢復聯繫。經常有人來拜訪他，其中又以攘夷派志士居多，隨時為他捎來中央最新的消息[1]。正親町三條實愛在御前會議上公然反對繼續征討長州的大膽作為讓岩倉相當欽佩，因而才想出了集體請願的計畫，希望能用眾人的力量動搖孝明堅決擁護幕府的態度。

岩倉十分贊同薩摩藩中止長州征討的建議，於是草擬了集體上奏的內容，企圖藉此建立一批全面支持該提案的朝廷內閣。其要求有三，一是排除任何可能成為阻礙的對象，包括二條齊敬、朝彥親王、德川慶喜和松平容保等人；二是允許暫時禁足的公卿復職；最後則是重新任命近衛忠熙為關白。針對這些以及其他事項的「諫奏」的最終目的在於實現王政復古，岩倉有意趁著將軍逝世導致幕府陷入混亂之際一舉達成目標[2]。

作為回應，天皇和關白二條齊敬、朝彥親王等高官一起接見了這群公卿。年長的大原重德站出來向天皇陳述眾人的意見，他先是建議朝廷應迅速召集各藩大名直接聽命於天皇，而非經由幕府。接著大原提出的三個要求和岩倉並不完全一致：讓因涉嫌參與政變而遭關押或判處蟄居的公卿恢復自由、解散征討長州的軍隊，以及改革朝政。[3]

大原之所以如此敢言，除了他本來就以耿直出名，也可能是因為對高齡六十五歲的他來說，已經沒有什麼好失去的了。不管怎麼說，這種勇氣在日本宮廷可不多見。

孝明的反應一如預期，他怒道：「汝等所奏之言，皆瑣碎之事」，並質問這些難道就是他們所謂的「國家之大事」？明明去年冬天發生的條約敕許問題才真正攸關國家安危，「汝等若確有憂國之念」，當時就應該「獻忠言」。結果不僅沒有人這麼做，事到如今還「猝然結黨相逼」，這除了「不敬」還能是什麼？4

這時性格溫和的關白二條齊敬站出來希望天皇息怒，解釋大原是因為憂國心切才做出這番請願。若非深為國家擔憂，一個人還有什麼理由如此直言呢？他同時表示自己身為位居公家頂點的關白，亦難辭其咎。5

對此，大原強調錯不在關白，但是當朝彥親王和二條齊敬一樣為自己未能善盡輔佐之責而道歉時，大原卻立刻轉身對他說：「殿下宜負罪引退，以謝天下。」

大原隨後向天皇明言，只要得到關於請願的答覆，他就會立刻退下。天皇於是命令他幾天後獨自進宮再來詳談，顯然並不歡迎另一次集體上奏。雖然朝彥親王建議留住大原把事情一次說個明白，但天皇表示自己需要時間來考慮這三項請求。他先是命令進諫的公卿們退至別室，在與朝彥親王等人商議後同意召集諸藩大名，並決定於十月十一日再次接見大原。凌晨兩點，仍在等候答覆的二十二名公卿在得知這個結論之後才解散。

根據記錄，我們多少能夠看出這起事件是由岩倉具視在幕後操控，且似乎認定只要二條齊敬和朝彥親王還掌控朝廷，就無法實現王政復古。他試圖利用大原剷除這兩個人，但為此還得先面對天皇這關。十月十二日，受到公卿彈劾的二條齊敬以生病為由請辭，卻遭到天皇拒絕。儘管朝彥親王也以不堪輔佐重任為由透露辭職之意，天皇卻加以安撫並說服他回心轉意。這些舉動使得事情有好一段時間毫無進展，因為對二條齊敬和朝彥親王的任何指控都會被視為對天皇本人的攻擊。

十月十五日，全國二十四位藩主收到敕命，要求他們上京參與天皇親臨的國事會議。截至十一月，只有三位大名（加上另外兩藩的世子）現身，其他人都以身體不適為由缺席了。有鑑於諸藩主的意願如此之低，這次會議於是無疾而終。

十一月二十五日，天皇下達敕令處罰中御門經之、大原重德等先前參與集體上奏的二十二名公卿，指控他們犯了不敬之罪。中御門和大原被要求在家禁閉，其他人則予以禁止上朝的處分。正親町三條實愛由於涉嫌協助仍在禁足中的公卿，同樣被要求在家禁閉。孝明試圖透過這些手段，來封鎖那些反對其方針的公家行動。

一八六七年一月十日，天皇任命德川慶喜為「征夷大將軍」，顯示他依然堅決支持公武合體的理想。這也成了他在位時最後的幾個舉措之一。約一周後的一月十六日，天皇在內侍所觀看了神樂表演，儘管他已經有好幾天感到身體不適。一開始御醫診斷是感冒，建議他不要出席，但天皇仍抱病參加儀式，卻在表演結束之前由於身體狀況不佳提前離場。自此他的病情急速惡化，在兩天後便因高燒臥床不起。二十日，御醫宣布天皇得了天花。經過調查，發現先前一位名為藤丸的年少侍從曾經罹患天花，在接受長期治療得以痊癒後於一月十五日重回宮裡執勤，人們因此懷疑天皇是被他傳染。[6]

根據天皇在年少時期的朋友兼廷臣的東久世通禧所言，孝明一向身強體健，從未生過大病[7]。或許這些對他有一定了解的人也從沒想過他竟然會被疾病纏身。直至今日，學者們仍然意見分歧，一些人認為孝明死於天花，一些人則認為他是被毒殺的。然而沒有人懷疑他染上天花這個事實，更奇怪的是源頭竟是一個已經康復且八成不再具有傳染力的男孩。此外，宮裡只有天皇一人染病也很不可思議，即便他和藤丸應該並無頻繁接觸。由此可見，有關這位在三十六歲便英年早逝的天皇的死因，至今仍圍繞著種種的謎團。

從那些在天皇身邊服侍的人，包括睦仁親王的外祖父中山忠能和生母中山慶子所寫的書信和日記中，我們可以追蹤孝明發病的經過。天皇在觀看神樂表演時首次病倒，第二天就發起高燒，並開始出現神志不清、失眠、食欲不振的症狀。一月二十日，天皇手上開始出現斑點，到了隔天便蔓延至臉上。御醫將其病症診斷為天花，並在十五名醫師署名下發出通知[8]。天皇的病情照著一般的病程演進，有幾天他總算能喝幾口熱水，而後情況明顯好轉，逐漸康復。一月二十四日，宮廷宣布天皇只是罹患輕度的天花[9]。眼看他一步步邁向痊癒，受命為他祈禱了十七天的湛海和尚也終於獲准返回寺廟[10]。

宮中甚至預定舉行一場宴會以慶祝天皇康復，然而到了一月三十日，天皇的病情突然惡化，出現嚴重的嘔吐和腹瀉。各個記錄都提到當天孝明臉上出現了紫色斑點，而且「九孔流血」，過沒多久他就在極度痛苦中嚥下最後一口氣。[11]

所有的文獻記錄到這時為止的資料都一致符合，然而就在他看似已經脫離危險時，病情卻突然急轉直下，因此不久就有謠言指出天皇死於砒霜中毒。這些謠言一路延續至今，使人們煞費苦心地研究死於中毒和死於天花的症狀有何不同。從一月三十一日起，官方記錄中有關他的病情記錄便一片空白，部分學者據此大膽假設有人故意抹去了相關事實。不過在當時，宮裡早有人懷疑御醫的診斷過於樂觀。公卿山科言成在日記中寫道，雖然宮廷在二十四日宣布天皇的情況正在好轉，但他卻聽說陛下在當天痛苦萬分，病情甚至已經擴散至全身各個部位。[12]

天花在當時的日本並不稀奇，但稱得上特別嚴重且會致命的類型（稱為出血性天花）[13]卻相當罕見。重症型的天花和砒霜中毒的症狀相似，這讓一些學者試圖（根據當時文獻記錄）逐步探究孝明的發病過程與醫書中描述的砒霜中毒症狀之間的關係。即使一直要到一九四五年以後相關議題才首次開放自由討論，但在這之前已經有學者主張孝明是因毒而死[14]。這類傳言可以追溯到薩道義（Ernest Satow，一八四三—一九二九）爵士主要撰於一八八五年至八七年間的《明治維新親歷記》（*A Diplomat in Japan*），他在書中憶起一八六七年二月（即孝明天皇死後不久）於兵庫港的經歷：

我遇到了幾名日本當地的商人，他們對港口即將開放有著濃厚興趣，且熱烈討論了關於建立外國人居留地的合適地點。他們還告訴我剛發表不久的皇帝〔天皇〕駕崩的消息。世間雖然流傳他死於天花，但是幾年後，一名熟知內幕的日本人篤定地告訴我皇帝是被毒死的。皇帝堅決反對向外國人做出任何讓步，預見到幕府垮臺後朝廷將不得不直接面對西方列強的部分人士於是決定將其剷除，因為他們預料如此保守的皇帝只會讓事情變得更加困難，甚至導致戰爭。在東方國家重要人物的死因經常被歸於毒殺，例如前任將軍據說也是因為一橋慶喜〔德川慶喜〕而遭陷害。但當時關於皇帝我從未聽過任何這類說法。顯然我們無法否認他留下一名十五六歲的少年作為繼任者，就這樣退出政治舞臺的時機實在太過恰好。15

薩道義的文章清楚指明了多年來學者被毒殺論吸引的原因——即某個人或某些人因為對如此保守的天皇治世感到絕望，於是決定透過毒殺擺脫孝明。顯然，正如薩道義所說的，如果孝明繼續礙手礙腳，對那些試圖推翻幕府追求王政復古的人來說，事情將更加舉步維艱，甚至很可能無法實現。不過作為繼任者的十五歲少年則是另一回事；他被一些維新的領導者視為能將革命化為可能的瑰寶。有鑑於此，學者們於是覺得天皇在年輕力盛的時候突然死去未免太過巧合，很難讓人不懷疑他的死因。對他們來說，這件事絕非偶然。

但如果孝明是被毒死的，那麼問題在於是誰下的手，又是怎麼做到的？毫不諱言主張毒殺論的爾津正志認為主謀便是那些收受幕府賄賂促成和宮降嫁的公卿，包括關白九條尚忠、內大臣久我建通、岩倉具視和千種有文等人[16]，由他們教唆一名女官痛下毒手。

當中被認為最可能策劃毒殺的人便是岩倉具視。有一說認為岩倉知道孝明在斟酌字句時有舔毛筆的習慣，於是在前一天把兩支即將獻給天皇的新毛筆都塗上了毒[17]。但是這種說法卻和其他證明天皇發病經過的細節相抵觸。假如他的病症是源自具有即效性的可怕毒藥，那他不應該逐漸出現天花的症狀，更不會在幾天後病情看似好轉。這個說法顯然難以成立。

更為普遍的另一種說法認為下毒者是岩倉的妹妹堀河紀子，但她在一八六三年就已經出家，再也沒有回到宮中，因此不太可能有機會進出孝明的病房。雖然還有其他女官也被列為嫌疑犯，但又憑什麼認為只有女性可以向他下毒？[18]

把岩倉當作幕後黑手的猜想無疑源自於他身為謀略家的名聲[19]，然而除此之外並沒有證據顯示是他策劃了這次謀殺，或者孝明的死確實對他有利。實際上，他有自信能操控天皇，但同時也把天皇當作至高的權威，是朝政改革不可或缺的關鍵人物。據說岩倉在聽到孝明死訊時，腦中第一個浮現的想法就是：「吾事已終！」並打算遁世隱居。[20]

另一方面，原口清則是病死論的主要支持者，他努力想證明孝明這個時候死去對岩倉沒有好處[21]。原口徹底爬梳了當時的文獻記錄中（其中包含被毒殺論學者引用的文書）所有關於孝明發病的症狀，並與一九四六年名古屋市內天花大流行（將近一萬八千人受到感染）時觀察到的症狀相比較。[22]由此他得出的結論是孝明確實死於疾病，因此沒有人下毒，也沒有所謂的幕後黑手。除非有一天人們獲准檢查孝明的骸骨是否殘留砒霜，否則不太可能確認他死亡的真相。

天皇發病初期，睦仁親王每天都穿著鮮豔的衣服陪在父親的病榻旁，也許是為了替父親打氣。但是當醫生判斷天皇罹患的是天花時，害怕傳染給睦仁的孝明便下令在他康復前不要到病房來。不過，事實上睦仁早就對天花免疫了。多年前，當親王還住在外祖父家時，中山忠能便暗地請蘭醫為他種痘。天皇在病榻上得知此事後因為不需要擔心會傳染給睦仁而鬆了一口氣。當然，孝明本人是拒絕接受種痘的。[23]

天皇的死訊被封鎖了幾天，也許是因為孝明死得太突然，宮廷根本還沒做好葬禮的準備。這段期間，悲痛的睦仁親王既不能悼念，也不能登基。踐祚儀式有必要迅速完成，然而在此卻浮現一個意想不到的問題：親王還尚未元服，因而無法決定他在踐祚儀式上應該穿著的服飾。一名官員受命調查先例，結果發現一七七九年光格天皇曾以孩童裝束舉行踐祚大禮，於是決定讓睦仁也仿效此例。

父親的急逝對睦仁親王肯定是個沉重打擊，且立刻為他的日常生活帶來變化。他的服飾、食物，甚至連睡覺的地方都和以往不同，想必令他感到相當不安。二月四日正式發表了天皇駕崩的消息，宣布國家進入大喪。翌日，天皇的遺體入殮，睦仁親王向父親做了最後的告別。

廷臣們認為葬禮應該符合古老傳統，下令精通此事的戶田忠至研究古時的葬禮。他稟報說，天皇的葬禮從中世開始就慣用火葬，並在陵所埋葬骨灰的地方搭建一座小石塔。然而，一六五四年後光明天皇駕崩時舉辦了盛大的葬禮，表面上雖採用火葬的形式，實際上則是土葬。於是朝廷決定孝明也將採行土葬，並安葬在京都的泉涌寺。[24]

新天皇的踐祚儀式訂於一八六七年二月十三日舉行，且形式出乎意料地簡樸。約下午四點睦仁親王於紫宸殿上座，在這之前已有兩名內侍將象徵皇權的草薙劍及八尺瓊勾玉置於座位右側。新天皇命令關白二條齊敬擔任攝政，代自己行使職權，隨後退回後宮。攝政命人宣讀天皇詔書，宣告公家諸卿的地位特權將仿照前朝。第十三代將軍家定的遺孀和德川慶喜的妻子都送上賀禮，前任將軍家茂的妻子親子內親王則因仍在服喪期間而推遲祝賀。

也許這天最高興的人便是中山忠能了。他跟大約八百五十年前的藤原道長一樣，為自己成了天皇的外祖父而開心不已。孝明天皇的死固然令他悲傷，但可能還比不上喜悅的程度。他將自己的心情寄託在和歌中，送給女兒中山慶子：

無盡悲痛負心中
仍得欣喜為今日

年輕的睦仁天皇同樣寫了四十多首哀悼父親的和歌，其中有三首提到天皇肩負的重任。他將和歌拿給中山忠能看，令後者感動得老淚縱橫。[25]可惜這些和歌如今都已遺失，不過從這時起直到生命的盡頭，和歌幾乎是明治天皇抒發個人情感的唯一途徑。

· 第十二章 ·

美子皇后

一八六七年的元旦對明治天皇而言並不值得欣喜。朝廷正處於服喪期，慣例的新年慶祝活動全都取消了。無庸置疑，年輕的天皇對父親孝明天皇之死深感悲痛。我們不清楚這對父子心意相通到什麼程度，但他們確實經常見面，每天下午向父親請安並請他指導和歌已是睦仁親王多年來的習慣。睦仁不可能預料到父親會在年僅三十六歲的時候突然去世，而他至今所接受的傳統教育也沒有教會他做好準備，能在國家這般艱難的時期承擔天皇的職責。也許是壓力所致，這段時間睦仁經常做噩夢；廷臣們的書信和日記皆委婉地提到天皇飽受失眠之苦。千種有文便曾寫信給岩倉具視說：「一夜復一夜，總有何物到新天皇枕邊加諸威脅，使天皇極為苦惱。正如我昨日所言，天皇已下令為自己祈禱。看來謠言並不假。」1

朝彥親王也在二月九日的日記裡提到關於夢魘的事：

> 近日異事頻傳，據大行天皇〔孝明天皇〕側近所言，有異形之物現身，其形即俗稱鍾馗，身佩寶劍。後一日晨，〔天皇〕現發燒狀。2

另有關於二月十五日的記述：

妙染院歸京，聽聞諸事。其間，新帝因先前異例之事，風寒加重。踐祚以來，先帝日夜僅現新帝之前，令人困惑。[3]

即便我們假設事情真如《哈姆雷特》的情節一般，這是孝明的亡魂重返人世只向兒子坦白自己遭到謀殺，希望睦仁能替自己報仇，那麼也只能說這個鬼魂跟哈姆雷特的父親比起來實在太沒說服力了。鬼魂只讓年幼的天皇無法安眠，卻沒有刺激他發誓為自己死於非命的父親復仇，甚至（根據他後來的行動可以推測）沒有懷疑過那些宮廷中可能毒害父親的人。

迎來全新治世之初，鬼魂也許是困擾年輕天皇的主要原因，然而其他廷臣都為處理前朝遺留的事務忙得不可開交，根本沒有心思在意亡靈。眼下急務之一便是矯正宮廷內相當於幕府大奧的後宮惡習。這段時期中山忠能曾寫信給內大臣近衛忠房，強調從嚴治理後宮的必要性，批評孝明治世後期對宮廷嬪妃管理不善，導致紀律鬆弛。

如果我們相信忠能的描述，那麼當時後宮的氣氛可以說就如「遊廓」（合法的娼館）一般[4]。忠能認為，趁著年少的天皇還沒對後宮展現興趣，勢必得把握這個機會端正紀律和恢復宮廷傳統。大典侍（忠能的祖母中山績子）由於年邁體衰應立即找人接任，那些曾服侍先帝的典侍則應根據資歷賞賜金錢請她們退休，並讓只有二十出頭或以下的年輕侍女各自出嫁。對於二十四、五歲以上的女官，可以根據其意願允許留任或者出家。忠能的女兒中山慶子雖然一開始也希望遁入佛門，用餘生祈禱以慰孝明天皇在天之靈，卻被說服「留於塵世」，以免因為有太多服侍過孝明的女性在其死後出家，導致熟悉宮廷禮儀的女官人數不足。慶子不情願地同意了，後來則將全部心力都投注在教育兒子，即新天皇身上。[5]

二月十九日，為悼念去世不久的先帝並慶祝新天皇繼位，宮廷宣布大赦，那些在一八六三和六四年的事件中遭到處分的七名公卿得以免除罪行，並獲准上朝。十天之後，包括熾仁親王在內被判處禁足的四名攘夷派公卿也獲得赦免。

二月二十三日，朝廷下令幕府解散征討長州的軍隊。由諸藩組成的聯合軍隊竟然敵不過單打獨鬥的長州軍，從此可見幕府的實力已大不如前。幕府軍的士氣本就低落，將軍家茂的死又進一步削弱了眾人為幕府而戰的熱情。眼看繼續下去也毫無勝算的幕府為了避免顏面盡失，最終以先帝去世為由下令軍隊解散回到各自的藩地。[6]

三月五日，孝明天皇於京都泉涌寺的陵墓下葬。遵照其遺言，取消了那些通常在天皇死後會採行的傳統禮儀，如舉國服喪、穿著喪服，雇用職業哭喪人等等，但仍按往例強化了市街警備以防騷亂發生，並在一年內禁止宴客作樂和穿戴華美服飾。[7]睦仁身為新天皇無法離開宮殿護送孝明的靈柩前往陵墓，只能在御所的月華門外為葬儀隊伍送行。

三月初，天皇的日常生活首次出現變化。三月七日，他搬到倚廬殿居住，這是一座在御學問所裡臨時搭建的樸素宮殿。天皇穿著麻布做的孝服，周圍只放一些簡陋的生活用品，在此為亡父獻上祈禱。兩周後，天皇脫下孝服，沐浴淨身，然後回到主殿居住。第二天，各廷臣覲見新天皇並送上禮物。新的時代如今揭開序幕。

三月二十一日，朝廷追贈先帝的諡號為「孝明」，這兩個字乃是取自《孝經》[8]。然而此時年號並未隨著皇位更替而改變。孝明繼承皇位之後仍有一年的時間繼續使用了「弘化」的年號，因此這次人們遵照其在位時的做法，直到他過世近兩年後的一八六八年十月二十三日才變更年號。此後日本也確立了每位天皇只使用一個年號的制度[9]。

新治世的成立無疑是外國列強最關心的大事。面對接下來朝幕之間可能發生的權力爭奪戰，法國繼續表態支持幕府。三月二十九日，將軍德川慶喜在大坂城會見了法國全權公使侯許（Leon Roches，一八〇九－一九〇一），徵求他對幕府改革的意見。侯許警告幕府不要試圖撕毀任何已簽訂的條約。他表示，各藩國以幕府不想真正開國為藉口，已經各自針對開放領地內的港口與英國進行談判。法國考慮到幕府的利益，認為有必要開放下關和鹿兒島來代替長年備受爭議的兵庫和新潟。開放這些港口不僅能展現幕府的誠意，同時還能搶在薩摩和長州藩之前取得先機。侯許更竭力主張將軍對年少的天皇進行教育輔導，並在各大名面前保持強勢態度。他承諾法國會支持幕府，讓幕府可以毫無畏懼地執行之前宣布的開國政策。侯許的建議讓慶喜印象深刻，此後也經常召見侯許協商問題。[10]

四月十一日，將軍詢問九個大藩是否應該開放兵庫港。慶喜強烈呼籲諸藩支持他的行動，強調自己很清楚已故的孝明天皇斷然反對開放該港，但是如今要反悔與外國簽下的條約以及開港承諾並不容易。他甚至在收到九藩的回覆之前便向朝廷申請開港敕許，並在奏狀中指出局勢已經跟孝明拒絕敕許的當下大不相同。不僅發生了長州征討和前將軍去世，而且外國人要求日本履行條約時的態度也比以前更加強硬。日本除了同意之外別無選擇，但比起被動地默許，人們更應該以一種新的眼光看待世界的現況，效法「四海同胞一視同仁」這句古老格言，以新治世伊始為契機讓國家改頭換面。只要能一洗過去的陋習，數年之內日本就會變得繁榮富強，帝國的光輝將澤被四海，天皇也能因此安心。[11]

然而各藩之間異論頻出，幕府無法確定開國政策能否贏得大名的支持。最重要的是，朝廷也沒有被慶喜的理由說動，表示基於先帝反對，甚難同意兵庫開港。換句話說，新天皇不想忽視父親的遺志，希望將軍能再考慮一下。[12]

但慶喜卻不願放棄。四月二十九日，他再次上奏申請敕許。他為被拒絕之後依然堅持己見表示抱歉，並說自己完全明白身為臣子應該聽從先帝的旨意。但是面臨當前牽動國家命運的緊急情勢，他無法保持沉默；即便知道主張遵守條約將惹怒朝廷，慶喜仍懇求朝廷看在國家安全和聲望的份上，重新審視反對兵庫開港的決定。然而朝廷再次拒絕，並強迫幕府遵從其命令。[13]

話雖如此，就算是朝廷也無法永遠無視列強的威脅。七月二十四日，攝政二條齊敬寫信給慶喜，表示考慮到將軍等重要人物的意見，朝廷別無選擇只能同意開放兵庫港[14]。

年輕的明治天皇很可能幾乎甚至完全沒有參與朝廷的這一決斷。事實上，我們就連是否真有人引導他理解這些政策都不清楚。作為記錄明治這個時期教育情況的珍貴文獻，中山忠能在日記中提到自己向明治講述了十三世紀研究宮廷禮儀的《禁秘抄》和《三國志通俗演義》（十七世紀的日譯本）[15]。這兩套書是天皇傳統教育的一部分，卻難以提供他任何當時所需的知識。忠能顯然不認為天皇的政治地位提升，就有必要接受與以往不同的教育。也許他希望明治不要跟他父親一樣參與國政，而是把學問（如同德川時代初期的天皇）局限於詩歌、禮儀和古典文學。

尊王派自稱相當崇敬天皇，但他們的忠誠通常只表現在反對幕府上，而不是思考推翻幕府後國家能獲得的具體利益。這些人幾乎沒考慮過王政復古後天皇將扮演的角色。當然，沒有人希望天皇變成一個將自己的意志強加在人民身上的專制君主；也許忠能和天皇身邊的廷臣所期望的，是在天皇曖昧的庇護下由公卿取代現在的幕府來統治國家。

儘管侯許建議特別留意年少天皇的教育問題，但似乎沒有人把他的話放在心上。明治的母親中山慶子繼續監督他學習書法與和歌，由幟仁親王和熾仁親王擔任指導[16]。直到一年多後木戶孝允首次過問天皇的教育，人們這才開始注重身為近代君主所需的學問素養。

即便在長州征討失敗之後，幕府仍是實質上唯一的中央政府。朝廷能做的最多就是拒絕同意幕府的政策，特別是關於外國事務的方針，卻也不會主動提出任何計畫。幕府在外交方面當然要比朝廷有經驗得多，但現在卻面臨了漫長的閉關鎖國時代絕對不會遇上的問題。

為解決與俄國之間關於薩哈林島的紛爭，幕府派出兩名官員前往聖彼得堡談判。當時島上居住著日本人和俄國人，兩國居民之間衝突不斷。日本提議以北緯五十度將島嶼一分為二，但俄國卻要求佔有全島，不過作為代價願意讓出擇捉島和其他三座小島。談判一度陷入僵局，最終在一八六七年三月十八日締結臨時協定，約定雙方均有權使用該島，條件是兩國人民應友好相處。這是一個很難讓居住在島上的雙邊國民滿意且不太可能實現的條約，卻也是日本使節團首次出國交涉的例子，象徵著日本外交史上重要的一步。[17]

慶喜竭盡全力想與駐留日本的外國使節搞好關係，他首先正式接見了英國全權公使巴夏禮爵士，並在大坂城觀看英國騎兵展示的馬術，隨後還設宴招待以示友好。接下來的幾天，慶喜會見了法國、荷蘭和美國代表，除了盛情款待，同時更以個人名義擔保一定會忠實地履行條約[18]。

去年，朝鮮發生了法國傳教士和數名美國水手遇害的事件，使得當地外交情勢變得緊張。雖然一些日本人主張與朝鮮結盟驅趕外國人，但幕府反而向朝鮮派出使節，勸說與外國人開戰對朝鮮非常不利，並表示願意作為中間人調解雙方的爭端。而後三名老中聯名寫信慫恿美國公使，建議如果朝鮮有所反省並同意和解的話，美國應該給予正面回應[19]。

與外國斷絕聯繫長達兩百多年的日本，居然針對國家之間的往來主動向另一個國家提出建言，實在令人萬分驚訝。也許日本是擔心一旦朝鮮被西方列強佔領，自己身為鄰國也必會受到影響。日本的調停顯然發揮了效果：一八六七年年末，美國感謝日本幫助避免了一場戰爭。[20]

這段期間，年輕天皇的心思也許完全被另一件事情佔據，那就是他的新娘。七月二十七日，權大納言左近衛大將一條實良的妹妹美子[21]進宮，在御學問所謁見了天皇。這次來訪的目的主要是為了向天皇展示美子的容貌風采；如果天皇不喜歡就可以拒絕這門親事，但美子的出身和博學多才很可能已經讓天皇十分傾心。美子的父親是已故的左大臣一條忠香，母親則是伏見宮邦家親王的女兒。她的血統無可挑剔，在學問和技藝上的造詣同樣令人欽佩。美子在幼時約三、四歲時就能夠朗誦《古今和歌集》，到了五歲已經會自己創作和歌。七歲在儒家學者貫名正祈的指導下完成一本中國典籍的素讀，並接著學習書法。十二歲時她開始學習箏，不久也學會演奏笙。據說美子很喜歡能樂，時常在學習之餘哼唱一小段謠曲[22]，除此之外還向當時的各界名師學習茶道和花道。美子從未生過什麼大病，更在八歲時就接受過種痘[23]。

這些（以及其他的）條件使美子成為廷臣眼中年輕天皇的理想新娘。除了一個小問題：她的年紀比睦仁大。這並非無法克服的障礙，畢竟靈元天皇、櫻町天皇和仁孝天皇的女御都比她們的丈夫年長。只不過美子比明治大了三歲，這個年齡差距通常被認為不太吉利而應盡量避免。攝政於是將美子的出生年份從一八四九年改為一八五〇年來解決問題[24]，這才總算做好了讓美子與天皇見面的準備。

當天美子穿著白色刺繡羽二重上衣和濃紫色的袴，於下午一點左右在侍女陪伴下坐著轎子抵達御所。在御學問所裡，美子和天皇互相致意，享用了點心和清酒，美子也呈上鮮魚等贈禮。到了七點，美子拜訪皇太后的宮殿，並再次品嘗了些點心。接著她換上另一身衣服後向天皇告別。天皇送給美子許多禮物，包括煙斗、髮簪和香盒等等。事後天皇高度稱讚美子的舉止大方得體。權大納言柳原光愛很高興天皇感到滿意，便詢問公卿們是否同意讓美子成為女御[25]。由於無人反對，封她為皇后的層層障礙算是都順利克服了。

兩天後的七月二十九日，武家傳奏日野資宗以敕使的身分來到一條實良家，通知他的妹妹已被指定為女御。消息隨即傳開，無數客人造訪表示祝賀。作為補貼準備進宮所需的諸多費用，幕府答應獻上一萬五千兩金，以及每年固定提供五百俵*1的米。但是，由於次年發生的

*1 俵是用來計算米糧的單位，一俵約為六十公斤。

政治變故，幕府無法顧及婚禮，最終只兌現了一小部分的補助。雖然其他藩也有送上禮金，但總額依然只夠辦一場簡單的儀式。

即使明治未來的皇后已經確定，也無法立刻成婚——他要為父親孝明服喪一年。再加上他尚未元服，而這件事雖然必須在婚禮前完成，但也得等到服喪結束後才能舉行。

婚禮之前還有一個性質迥異的難題，即京都市內治安不穩很可能威脅到一條美子的安全。七月，她身邊多了由十名武士組成的護衛團，同時也擬定好萬一發生騷亂時能讓美子疏散的寺廟，如果情況緊急則前往皇太后的宮殿避難。事實上，在一八六八年初便遇上了這種狀況；由於將軍宣布將還政於天皇，京都陷入一片混亂。朝廷和幕府雙方衝突之際，槍炮聲甚至傳進了御所。婚禮的計畫於是被迫暫時擱置。

同年五月，美子的兄長一條實良去世，這又導致了另一個問題——如果沒有採取特別措施讓美子和家人分開用餐，那麼她哥哥的死將使她觸穢。直到一八六八年年底一切穩定下來後，婚禮才終於在一八六九年一月十一日舉行[26]。

當天一早，美子的寢殿就為了婚禮而裝飾一新。宮廷請來陰陽師，決定美子更換婚禮衣裝的準確時間。到了建議的早上八點，婚禮的負責人近衛忠熙為她繫上下身的裳衣。下午兩點，一輛屋頂由檳榔葉編織的牛車停在美子寢殿南側的階梯旁。兩名公卿扶著車轅，一名侍女將香爐和當天早上天皇下賜的寶劍放進牛車裡。美子上車後由兩位女官陪乘，牛車被一路移至中門，在此將牛隻固定於車前。隨從護衛準備好後，牛車便從四腳門離開。抵達宮殿北側的朔平門後，牛被解開，車轅則置於一個腳架上。一名臣子向護衛通報牛車已到，接著由眾臣將牛車拉進大門。他們穿過後宮北側的玄輝門，來到飛香舍宮殿的東北門。這時，隨行的公卿上前用簾子和屏風把車圍住，避免美子下車時被外人看見身姿。女官手裡捧著寶劍和香爐跟在她身後，穿過層層走廊來到若宮御殿，等美子就坐後，寶劍和香爐就放在她身旁。公卿貴族們則沒有繞行走廊直接進入若宮御殿，並口頭向美子道賀。[27]

經過短暫的休息，美子穿上五層單衣，重新整理頭髮後再次出現。她前往飛香舍享用餐點，並在不久後接受女御宣下。依照慣例，女御宣下通常會在進入後宮的隔天才舉行，但由於美子即將在當天被指名為皇后，因此率先封其為女御。皇后這個頭銜可以說是備受寵愛的象徵；孝明天皇的女御直到最後也沒有得到這個封號[28]。

在宣布美子為女御和皇后的儀式上，廷臣們的每個動作都相當精確，令人不禁聯想到細緻入微的芭蕾舞蹈。儀式結束後，美子前往清涼殿拜謁未來的丈夫。陪同者有近衛忠熙和中山忠能，且由一名女官托著美子的下襬，另外兩名則捧著寶劍和香爐。接下來舉行的則是「夜御殿之儀」。晚上八點，天皇在淨身處換上草履，從夜御殿西門進入覆蓋著帷幕的洞房之後，這時近衛忠熙為天皇脫下草履。隨後美子也進入帷幕中。中山忠能作為天皇的外祖父和妻子仍健在的老年代表，為他們蓋上被褥。接著他端來供新人在結婚第三天晚上食用的米餅，這通常會由年邁的夫婦親手製作奉上。29

夜御殿之儀結束後，一名女官將米餅拿到飛香舍，置於吉祥的方位供奉三天。接著一名命婦（有身份的婦女）拿來一盞帶燈芯的油燈，用掛在夜御殿東北角的燈火點燃後，前往飛香舍點亮外面一盞塗漆的燈籠。此時忠熙和忠能退場，燈籠將在接下來三天保持不滅。當天夜裡，女官們還會輪流高捧著寶劍。

而後在常御殿舉行了不公開的飲酒儀式，即三獻之儀。美子於北側就坐，到了第三獻時，她親自倒了一杯酒獻給天皇，隨後再由天皇為她斟酒。待品嘗過簡單的餐點，兩人一同返回皇后的宮殿，這時才終於有了獨處的機會。

很顯然這一連串儀式完全遵循了傳統。這些儀式對皇室而言意義深遠，因為人們一直都相信天皇的幸福、多子與長壽和國家的繁榮昌盛有密切關聯。關係十分和睦的明治和美子皇后雖然日後無子，但美子作為一位公眾人物卻比數百年來的任何一位皇后都要傑出許多。

・第十三章・
末代將軍

一八六七年初，幕府主要面臨了兩個問題，一是開放兵庫港，二是處置反抗幕府的長州藩。朝廷有好幾個月都強烈反對開放兵庫港，但在六月二十六日宮中召集了上位公卿，聽取眾人對這件事的意見。權大納言醍醐忠順說，儘管孝明天皇曾禁止開放兵庫港，但從目前的情勢來看開港已是難以避免。事實上，孝明天皇先前就曾准許開放三個港口，之所以禁止開放兵庫只是因為地理位置距離京都太近，開港這件事情本身與以往並沒有太大差別。醍醐侃侃而談，說服了不少公家廷臣；最後朝廷同意下達開港敕許，同時決定從輕處罰長州。[1]

至此，多年來關於兵庫開港的爭論終於告一段落。七月七日，幕府進一步決定允許外國人在江戶和大坂進行商業活動。如此一來，與外國所簽條約的條款算是全數履行了。不過，這並不意味著幕府的所有難題都得到解決；大大小小的問題不斷接連發生，年輕的明治天皇也被迫更加頻繁地參與決策。

隨著外國人居留地的設立，卻直接導致了一個小問題。七月十四日，長崎奉行逮捕並關押了六十八名基督徒。基督教在日本已被禁止長達二百五十年，然而長崎地區的「隱匿基督徒」[*1]在毫無傳教士援助甚至手邊沒有《聖經》的情況下依然堅持信仰。隨著時間流逝，這些基督徒的信仰逐漸脫離正統，他們原先歌頌的拉丁文讚美詩如今也因為信徒只能靠死記硬背而不解其意，變成一連串意義不明的音節。由於大部分信徒都是窮苦的漁民和農民，假如鎮壓這類少數團體就跟打壓佛教一樣僅止於純粹的宗教問題，或許執行起來並不困難，但鎮壓基督教卻會牽涉到外國列強認為自身的信仰受到攻擊的敏感心理。

事情最初的開端必須回溯到一八五七年。當時老中堀田正睦與湯森・哈里斯交涉過後，承諾讓外國人保有信教的自由，並允許美國人在居留地興建教堂。同一時期，法國傳教士也以長崎為中心積極宣揚天主教。隱匿基督徒對於出現與自己信奉同一信仰的人感到欣喜若狂，不僅公然前往法國人建好的教堂禮拜，還向法國公使尋求援助。其中一些人開始誇耀自己的信仰，彷彿屬於他們的時代終於來臨，甚至因此引發家庭內部的矛盾[2]。即便有禁教令的存在，幕府怠於懲處基督徒的態度讓佛教徒相當不滿，因而威脅要親自除掉這些基督徒，後者聽聞此消息便立刻以竹矛武裝。七月十四日逮捕事件發生後，長崎的法國和葡萄牙領事接連要求日本官員釋放基督徒遭拒，於是他們將此事通報本國公使，請求上級與幕府談判。

八月二十四日，德川慶喜在大坂城會見了法國全權公使侯許。侯許早已要求幕府釋放基督徒，卻被告知這些人因觸犯國法而必須逮捕。應侯許之請召開的會談在表面上是以貿易交涉為由，隨著幕府越來越依賴法國作為武器供應源，法國要求釋放被捕基督徒的立場也就相對強硬。為了給慶喜留下更強烈的印象，侯許邀請他登上法國軍艦，展示空炮射擊和船舶操縱的技術。翌日，侯許再次交涉釋放教徒一事。

九月三日，老中板倉勝靜（一八二三—一八八九）會見侯許討論釋放被捕基督徒的問題。兩天後慶喜寫信給拿破崙三世，解釋雙方的條約早已承認基督教在日本長期被禁的事實，因此依法逮捕基督徒是迫不得已，並要求法國傳教士停止向日本人傳教。慶喜最終同意釋放遭到逮捕的基督徒，這些人將由村裡的官員看管，同時禁止他們遷往別處[3]。

然而對隱匿基督徒的鎮壓行動並未就此完結。一八六八年四月，由新政府頒布的五條禁令取代了原先幕府立下的禁令告示，但其中禁止基督教這一點並沒有改變。第三條禁令這樣寫道：「嚴禁傳播基督邪教。若發現可疑之舉應向各管轄官員通報，舉報者將有重賞。」[4]

就連天皇也參與了如何打壓基督徒的議論。五月九日，明治召見親王、公卿以及諸藩大名，要求他們針對如何處置長崎基督教徒發表各自的看法。儘管上個月剛剛頒布了禁令，但教徒的數目仍持續增長，如今已超過三千人。如果置之不理，後果可能不堪設想。長崎裁判所總督因此希望能獲准採取適當的處置。

任參與[*2]一職的井上馨（一八三五—一九一五）在此之前曾赴長崎了解過基督徒的現況。深感憂慮

*1　指在江戶時代因幕府發布禁教令後仍秘密信仰基督教的信徒。

的他在回到京都後向木戶孝允報告，木戶再與副總裁三條實美協商，並得出結論認為最好的辦法便是耐心說服信徒的領袖。遵守禁令的人應該背棄耶穌像，宣誓信仰日本的神祇；拒不服從者則處以嚴刑。他們將這個建議上奏天皇之後迎來了御前會議。[5]隔天其他與會者也提交了各自的意見，大多數人都同意嚴懲基督徒。

當英國公使巴夏禮聽說新政府的告示也包括禁止基督教之後感到非常憤怒。五月四日，巴夏禮登門拜訪三條實美，不難想像以脾氣暴躁著稱的他是如何激憤地抗議告示的內容和對長崎基督教徒的處理方式。當時在場的人還包括岩倉具視、晃親王和參與大隈重信（一八三八—一九二二），最後是靠大隈才平息了巴夏禮的怒氣。

五月二十七日，明治召見木戶，命他前往長崎處理此事。政府的告示於是將「基督邪教」的「邪」字刪除，但另外添加了一條禁止邪教的法令[6]。一八六八年六月四日，一百一十四名基督教領袖被送交長州藩、津和野藩與福山藩拘禁，最終甚有兩千四百多名教徒被分散至十七處不同的地方嚴加拘禁。約有五百人在當局的壓力下放棄信仰、獲得釋放，但剩下的人卻堅持信念拒絕改宗。一八七三年三月，意識到再拘留下去也不會有任何效果的政府於是將全部人釋放，允許他們返家[7]。

鎮壓基督徒並非幕府在解體前數個月所面臨的主要問題，這對朝廷重臣而言也是如此。

他們一直以來最關心便是推翻幕府，但即便如此也認為有必要在天皇面前商議基督徒的處置問題。此後，天皇參與了絕大部分的國策討論，儘管官方記錄裡對於他本人的回應沒有任何記述。

幕府眼下最緊迫的問題自然是它的存續問題。由於已經有許多歷史學家研究過當時日益高漲的倒幕運動始末，在此就不多做詳述，但顯然原先水火不容的長州和薩摩結成同盟是推動倒幕運動的一大關鍵。主要位於本州西部、九州和四國的反幕諸藩越來越不滿幕府壟斷了利潤豐厚的對外貿易，然而他們在反對幕府時通常都不會主張這一點，而是高呼王政復古。曾有一位當代歷史學家寫道：「維新時期的內亂很顯然絕非源自勤王思想；其根基在於以薩摩和長州為首的西南大藩試圖脫離幕府統治的獨立傾向。」[8]

即便這是以倒幕為最終目標的薩摩、長州等藩的真正願望，他們也需要一個口號，而「王政復古」正好能派上用場。德川慶喜領導的幕府尤其在長州征討嘗到令人恥辱的敗果後，便不顧一切地採取各種措施避免倒臺。幕府藉由法國的援助急速擴大近代兵器的庫存，同時也在慶喜的指揮下實行多項改革。其中身任要職的小栗忠順（一八二七—一八六八）試圖推行一系列計

*2 參與為一八六八年發布王政復古大號令之際所設置的最高官職（稱為三職）之一，其上另有總裁與議定。於隔年廢止。

畫，使幕府成為將軍底下的專制政府，認為只有這樣才能壓制反幕諸藩，確立威信[9]。早在一八六六年，小栗就曾私底下討論廢藩置縣的可能性（這項政策最終在一八七一年被明治政府採納），然而當時幕府卻缺乏足夠的支持來推行如此大膽的計畫。

各主要藩國（尤其是西南諸藩）結成了軍事同盟，雖然口口聲聲宣稱崇敬京都的朝廷，但最關心的還是如何維持自己的勢力。至少他們並沒有從一開始就希望以天皇的絕對權威取代幕府的統治[10]，卻也幾乎沒有任何大名或家臣能夠跳脫單一藩國的存續問題，從國家整體面去思考最為有利的政策。[11]

主張社會改革的民間動亂也同樣削弱了幕府的權威，類似行動在一八六六年夏天幕府征討長州的期間達到高潮[12]。這些暴動主要源自對物價飛漲（特別是米價）的憤怒，他們在幕府亟須團結力量征討長州時，反而醞釀出一股反幕的情緒[13]。

與此同時，來自九州、四國和本州西部的諸藩正逐漸敲定王政復古的計畫。一八六七年三月，土佐藩參政後藤象二郎（一八三八－一八九七）在長崎會見了脫離土佐藩的坂本龍馬。後藤本應有義務逮捕坂本，但他卻選擇傾聽坂本先進的政治理念。兩人一致認為，只有將軍自願將政權交還給朝廷（即大政奉還）才是打破當前政治困境的唯一方法。[14]

幾個月後的一八六七年七月，後藤在坂本和另外一名土佐脫藩浪士中岡慎太郎的斡旋下，於京都會見薩摩藩的三名領導人西鄉隆盛、大久保利通（一八三〇－一八七八）和小松帶刀

（一八三五—一八七〇）並相約結成同盟。其盟約書中的措辭和政治理想都與坂本龍馬在數周前於從長崎前往京都的船上所提出的《船中八策》極為相似[15]。

兩藩承諾將盡一切力量實現王政復古，並針對八條盟約達成了協議。其中第一條宣示「國無二王乃國家之常理，宜復政權於朝廷」；接著提出在京都成立議會，「制度法則悉出京師議事堂」，且其經費應由諸藩貢獻。議會將由上下兩院組成，下院的成員應從「公卿、諸侯、陪臣乃至庶民之間」選出正義之士，上院則由大名諸侯組成。但是實現這一切的前提是將軍必須「辭其職，列於諸侯，還政於朝廷」。此外，在對外關係上也應該與外國簽訂新條約以期「行誠實之通商」。[16]

同年十月，薩摩和長州達成以推翻幕府為主要目的的盟約。薩摩藩重臣大久保利通和大山綱良（一八二五—一八七七）奉命前往山口會見長州藩主毛利敬親，強調儘管薩摩藩大名島津久光曾向幕府提出建言，幕府卻毫無反省之色。如今要解救國家的憂患，就只能以武力推翻幕府。如果長州願意派兵支援薩摩進京的軍隊，則「皇國之大幸，未有甚此」[17]。

大久保的觀點以及回答長州藩士提問時的坦率態度打動了敬親，他毫不猶豫地同意派兵到大坂支援薩摩藩。但是，他強調御所守衛的職責重大，假如天皇不幸落入敵手，一切都將前功盡棄。

京都公家同樣和企圖倒幕的武士之間有所往來。仍然蟄居在岩倉村的岩倉具視一直與薩摩藩的重臣保持聯繫，且來自各藩的訪客也會為他捎來最新消息。七月，中岡和坂本拜訪岩倉，懇求他與宿敵三條實美和解。得到岩倉的同意之後，中岡又遠赴九州成功說服三條盡釋前嫌。於是勤王派公家的兩位大人物在倒幕上有了共識，同時也獲得薩長兩藩的支持。[18]

一八六七年十一月，前土佐藩主山內容堂[19]（一八二七—一八七二）上書德川慶喜，建議他將政權奉還朝廷。容堂並不支持以武力實現王政復古，但是後藤象二郎巧妙地說服他慶喜本人一定會很歡迎大政奉還這個提議，這樣一來容堂就既能表示對天皇的敬意，又能展現對將軍的同情。後藤還強調，薩摩和長州正計劃用武力推翻幕府，而避免戰爭的最好方法就是將軍自願還政於朝廷。容堂堅決認為應該避免武力衝突，因此聲明自己不會派土佐的一兵一卒到京都去。後藤對此深感失望，畢竟他已經向西鄉和大久保承諾會帶著土佐藩的士兵回到京都。不過，他至少得到了山內容堂寫給將軍的建白書。[20]

山內在建白書中除了不斷重申像這樣給將軍建言讓他備感惶恐，同時提及他最近的病情，其他部分則以模糊的字眼表達自己認為現在是推翻數百年來的武家政治，建立以天皇為中心政體的大好機會。他在最後坦承自己非常擔憂國家的處境，以至於「懇切之至情難默止，泣血流涕不已」[21]。

隨之還附上了由後藤象二郎和其他三名藩士聯名提出的附件，其中包含更為具體的建言，共有八個要點，一些源於坂本的《船中八策》，有的則出自薩長盟約。舉例來說，第二條主張設立分為上下兩院的議會，議會成員由「上至公卿下至陪臣庶民」選出正明純良之士；第三條要求在各城市設立學校，「分長幼之序，教導學術技藝」；第四條呼籲與外國締結「道理明確之新約，不失信義於外蕃」；[22]第五條強調了海陸軍備的重要性，認為應在首都和攝津國之間設置軍事中樞，以訓練有素的軍隊作為守護朝廷與天皇的親衛隊；接下來兩條呼籲「革除古來之舊弊」，不只針對表面而是從根基進行改造，只有這麼做才能建立「於地球上獨立之國本」；最後，議會的成員在做決斷時應秉持公正無私的精神，同時防止「言論多而實效少之通弊」。[23]

這封建白書透過老中板倉勝靜交至慶喜手上。後藤雖受命爭取薩摩藩同意容堂的提議，但是西鄉予以拒絕，認為倒幕計畫已經擬定，如今向將軍提議已是為時已晚。他無意阻止土佐藩的計畫，但是薩摩藩將會按照自己認為最好的方式去做。然而後藤並未因此洩氣，在嘗試與薩摩藩重臣接觸後獲得了支持。最後西鄉和大久保只好同意延後舉兵。[24]

一八六七年十一月九日，薩摩藩和長州藩收到一份密敕，命令他們討伐德川慶喜[25]：

> 源[26]慶喜，借累世之威，恃一族之強，妄害忠良，數度棄絕王命，遂矯先帝之詔而不懼，擠萬民於溝壑而不顧，罪惡所至，將傾覆神州。朕今為民父母，不討此賊，何以上對先帝之

靈，下報萬民之深仇哉。此為朕憂憤之所在，值居喪期間而不顧，實屬萬不得已[27]。汝宜察朕意，殄戮賊臣慶喜，以速奏回天之偉勳，置生靈於山嶽之安。此即朕之所願，望莫懈怠。

措辭如此強烈的詔書實屬罕見，更奇怪的是它雖然使用了天皇的第一人稱「朕」，卻是由三名公卿署名[28]。有人因此認為這份密敕是偽造的，也有人進一步主張是岩倉具視在背後指使，實際立案的人則是前僧侶玉松操（一八一〇—一八七二），他不僅學識淵博且被譽為岩倉的「智囊」[29]。根據岩倉的說法，這份詔書是由中山忠能秘密上奏給天皇得到批准之後才發出的[30]。但最大的疑點在於，忠能竟能將一份連攝政都毫不知情的機密文件送至天皇手中。[31]

同日，薩長兩藩又收到一份宣稱是由天皇本人下達的相對簡短的密敕，要求他們誅殺京都守護職松平容保和所司代松平定敬二人[32]。兩藩表示承諾將竭盡全力服從命令，不過最後這些密敕都沒有得到實踐。

十一月九日，德川慶喜上奏朝廷請求大政奉還的敕許，這讓天皇立即撤回發給薩摩藩和長州藩的密敕[33]。歷史學家之間對於慶喜為何要在這時決定歸還政權有過許多議論[34]，即便幕府內部同樣有許多人意識到改革勢在必行。十一月八日，慶喜將俸祿超過十萬石的四十個藩的重臣召集到二條城開會，討論大政奉還的問題。老中板倉勝靜出示慶喜請求大政奉還的奏疏草案，並詢問他們的意見。大多數官員沒有明確表態就退場了，只有薩摩藩的小松帶刀、土佐藩的後藤象二郎和福岡孝弟（一八三五—一九一九）以及安藝藩的辻維岳留到了最後。他們感謝慶喜做出的犧牲，並敦促他果斷採取行動，一旁他藩的數名重臣也隨之附和。慶喜於是下定決心，隔天就透過兩名武家傳奏上書朝廷。[35]

慶喜的奏疏措詞老套，先是追溯了自己家族服侍天皇的悠久歷史及所受的優渥賞賜，接著怪罪自己在當前國家有難的情況下無德無能，因此請求大政奉還，希望借助天皇明智的決斷。只要所有人團結一致確保國家安危，相信日本將能與外國列強平起平坐。十一月十日，慶喜進宮，由明治天皇下達大政奉還的敕許。

王政復古的大號令直到一八六八年一月三日才正式宣告，然而一切早有定論——原則上，天皇將是日本今後唯一的統治者。我們無從得知明治對此作何反應，他甚至沒有留下任何一首和歌，使我們得以一窺他當時的心境，就如維多利亞女王在登基當天曾在日記裡寫道：「我還很年輕，對很多事情都沒有經驗。但是我確信幾乎沒有人像我這般充滿善意且真心渴望做出恰當而正確的舉動。」[36]不過，睦仁應該有意識到自一六〇三年始於家康的德川幕府時代即將終結，這是時隔五百多年來天皇首次在沒有將軍的情況下親自治理國家。[37]

同一天，岩倉具視根據敕命得以解除蟄居重新上朝。此前，一些了解岩倉王政復古計畫的人曾將其構想比作建武新政，當時（一三三三年）後醍醐天皇也推翻了幕府親自掌政。但玉松操不同意這種看法，他認為王政復古的浩大規模只有神武天皇建立日本國一事可以比擬[38]。

自源賴朝首次創建幕府已有六百七十多年，德川幕府建立以來也已經過了二百六十多年。

大約一個月後，駐日的外國使節都收到一封書信：

日本天皇告各國元首及臣民，應將軍德川慶喜歸還政權之請已獲准，內外政事將由朕親裁之。由此，從前締結條約所用大君之稱，自今日起當改以天皇稱。而各國事務之執行將由朕指派。諒各國公使，悉知斯旨。39

上述（經過翻譯的）文書所註明的日期為西曆二月八日，署名為睦仁。

·第十四章·

將軍遁逃

自從日本國內喊出「尊王攘夷」的口號以來，許多人夢寐以求的王政復古終於實現了。政治權力（至少在原則上）收歸朝廷，可是朝廷卻仍未設立行政和立法機關。一八六七年十一月二十七日，朝廷重臣齊聚於攝政二條齊敬家討論基本國策，但未能達成共識[1]。顯然王政復古的支持者並沒有充分考慮過一旦親掌政權可能面臨的諸多問題。

按照朝廷頒布的政令，重要的國事決策以及對外政策應由收入超過十萬石[2]的大名組成會議進行決議，但是要把這些人全部召集到京都顯然需要時間。與此同時，亟待處理的國內外問題堆積如山，朝廷似乎根本無力應付，這個時期的京都基本上可以說是處於無政府狀態。[3]

大政奉還之際，儘管將軍的言行展現出真誠，許多駐留江戶和京都的大名仍對慶喜的決定感到憤慨。他們開會討論大政奉還的優劣，還私下拜見慶喜表示不平。慶喜耐心地說明一個國家不應擁有兩個政權，並勸他們盡快返回自己的藩國，同時再三叮嚀切勿輕舉妄動。然而那些在江戶不論是譜代還是外樣大名卻都無視告誡傾向擁護幕府，甚至出現部分人士拒絕聽從朝廷的命令。許多對政權交替憤怒不已的武士紛紛提倡加強軍備以制大局，更有人企圖慫恿隱身在幕後的朝彥親王恢復幕府政權[4]。

王政復古並沒有為京都帶來和平與穩定。四處流竄的謠言使得氣氛益發緊張。十一月十四日，岩倉具視秘密訪問京都的薩摩藩邸，通知他們應對緊急事態。某位與岩倉關係密切的前官員通知他，一名大垣藩士向老中獻策，建議對薩摩邸縱火，並趁著混亂將天皇劫往大坂城。這個八成毫無根據的謠言促使岩倉匆忙趕往薩摩藩邸請他們提高警覺[5]。

作為幕末一大特點的暗殺也同樣加劇了緊張氣氛。一八六七年十二月十日，對薩長聯盟貢獻良多的坂本龍馬在京都遭暗殺身亡[6]。

這時王政復古的號令尚未正式公布，但幕府已不再掌握政權。京都的朝廷被迫面臨各種實務上的問題。十二月十六日，攝政以下的廷臣召集德川慶喜和在京諸侯重臣進行商議，討論包括如何安排各藩士兵輪流守衛京都和御所、如何籌集建造大宮御所的經費[7]、如何處置所司代及以下的職位以及有關紙幣發行的規定。[8]

原則上，這些問題應該由實力派大名組成的諸侯會議來決定，但是目前迄今為止仍只有幾位現身京都，其餘的人似乎打算在政治情勢穩定前先觀察風向。朝廷最後決定一切暫時照舊；我們幾乎可以想像慶喜臉上露出一抹微笑，從旁靜靜看著公卿們面對陌生的政務感到手忙腳亂的樣子。[9]

十二月十七日，天皇向促成王政復古的三位公卿中山忠能、正親町三條實愛和中御門經之發出敕令，命他們告知薩摩和長州藩暫時停止討幕行動[10]。十二月二十日，慶喜再次上書提出辭職申請，但是遭到攝政二條齊敬拒絕，要求他在諸侯會議得出結論之前繼續留任。顯然朝廷還沒有想好如何處置這位儘管敗陣卻仍實力堅強的人物。

一些歷史學家認為慶喜想利用大政奉還來鞏固自己的地位。就連當時駐日的外國人也都懷疑慶喜的請辭有著不可告人的動機。據薩道義回憶，當英國人聽說「慶喜很早就打算把政權交還皇帝」時，都紛紛表示懷疑：

我們當然不相信。就我們看來他是因為對薩摩、長州、土佐和肥前藩的糾纏不休感到厭煩，並想透過召開列藩會議團結己方勢力。如此一來他便有可能獲得多數票支持將他復職，同時確立比以往更高的威信。[11]

早在一八六七年七月二十三日，兩名幕臣板倉勝靜和永井尚志就想出一個妙計，讓將軍在天皇成年之前擔任攝政，從而避免朝廷和幕府之間的嫌隙[12]，只不過這個提議似乎沒有下文。但就在年底，慶喜的智囊之一西周(一八二九—一八九七)針對未來的政治體制向諸侯會議提出了第一份議案。

提案建議採取三權分立，即政府之權、大名之權和朝廷之權。政府之權意為行政權，其首長將由被稱為「大君」的德川家家主擔任。政府將設置於大坂，由大君任意指派官員治理全國，除了宰相一職須從大名提議的三名候選人中選出。

大名之權即立法權。議政院將分成兩院，上院為大名，下院則由各藩派出一名代表，被賦予討論法律、預算、外交與戰爭及和平等重要事項的權限。上院的議長將由大君擔任，當上下兩院無法達成協議時，相對於上下兩院的議員每人只能投一票，大君有權投下三票，藉此確保他始終握有決定權。此外，大君也有權利解散下院。

至於第三個朝廷之權其實只是形式上的權力。天皇將負責押印承認由議政院通過的法律，但是不具有否決權。[13]

如果諸侯會議同意這份提案，慶喜就會獲得比以往更大的權力。若是再藉由剝奪大名的財產還能更進一步提升大君的權威，也就是把諸大名俸祿的三分之二用於強化國防，剩餘的大部分則作為教育、礦山開採、電信系統和鐵路建設的經費。西周當時寫道：「正如土耳其稱〔統治者〕為蘇丹，俄國稱為沙皇，我邦有何不可稱其為大君。」[14]慶喜想必期待得到多數大名的支持，從而成為擁有絕對權力的統治者。就連日本啟蒙運動的提倡者福澤諭吉（一八三四—一九〇一）也曾贊同這般「大君的獨裁」[15]。我們無法確定慶喜本人真正的期望，部分學者認為他的目的是實現絕對專政，但也有人認為他其實希望建立一個以自己為首的諸藩聯合政權[16]。

一八六八年一月三日正式宣布王政復古，當天一早，擔任敕使的侍從千種有任就被派去通知岩倉具視解除蟄居，要求他立刻盛裝上朝。這時岩倉的姿態想必十分奇妙；由於被判處蟄居者都必須剃髮，因此他就這麼把朝冠戴在光溜溜的頭上，手裡拿著裝有《王政復古大號令》等文書的盒子前往宮廷。岩倉來到天皇面前上呈此書，並表示這份文件是根據天皇的觀點寫成，說完隨後退下。不久後年輕的明治天皇在御學問所召見親王和諸位大名，接著（可能是從簾子後面）發表了王政復古的大號令，宣布廢除關白、攝政和將軍等官職，並建立由一名總裁（有栖川宮熾仁親王）、十名議定和二十名參與組成的新政府[17]。

當天晚上宮廷內舉行了一場重要的御前會議。議長中山忠能首先宣布會議的目的是透過實施徹底的改革來奠定王政的堅固基礎，因此接下來將開放討論。過沒多久，山內容堂率先建議讓慶喜也參與會議，卻遭到大原重德駁斥。但山內不以為意地接著稱讚德川家為日本帶來了兩百多年的繁榮與和平，並表示欽佩慶喜自願放棄繼承自先祖的霸業，只為成就一個更安定持久的政府。接著他暗批有「二三公卿，擁幼沖之天子，行陰險狡詐之舉」，想要抹滅慶喜之功。[18]

岩倉自然不可能對這番批評默不作聲。他斥責山內怎敢在天皇面前如此無禮，做出這樣的指控：「聖上乃不世出之英才，得建大政維新之鴻業，今日之舉悉出自宸斷（天子的裁斷），妄出『擁幼沖天子，欲竊取權柄』之言，何其無禮之甚。」[19]

山內容堂被這個指控嚇了一跳，趕緊為自己的失言道歉[20]，只不過他的失言也並未使在場的其他人傾向支持岩倉。前越前藩主松平慶永（即松平春嶽，剛被任命為新政府的議定）也為慶喜說話，提起幾個世紀以來德川家的輝煌功勞。岩倉隨即打斷松平，強調如果慶喜還有一點責任感，就應該立刻辭去頭銜[21]，將土地和人民交還給朝廷，這樣才算是有助於完成維新大業，如此一來自然有資格列席；然而慶喜在大政奉還之際只「奉還政權之空名，保有土地人民之實力」。岩倉最後反問，怎麼可以原諒慶喜這樣的人甚至讓他參加朝議？[22]

大久保利通是第一個站出來支持岩倉的人。他認為朝廷應該命令慶喜還納土地和人民，如果對方不願服從就加以討伐。大久保一向沉靜寡言，但如今那些同情王政復古之敵的話語似乎已經令他忍無可忍，說起話來變得滔滔不絕。[23]

後藤象二郎隨後慎重地表態支持山內容堂和松平慶永，呼籲王政復古必須光明正大，顯然是在暗喻對慶喜從寬處理。接著發言的其他幾人，包括尾張藩主德川慶勝和安藝藩繼承人淺野茂勳都贊同山內和松平的意見，只有薩摩藩主島津茂久（忠義）支持大久保。這時岩倉注意到中山忠能起身與幾名公卿在一旁低聲交談，於是大聲斥責在天皇面前所有人都應該盡心於議論，他們怎麼可以擅自離席竊竊私語。眼看會議不太可能在短時間內結束，天皇便下令稍作休息。[24]

休憩期間，會場外的西鄉隆盛說道：「只要靠一把短刀就能解決爭議了。」這句話傳到岩倉耳裡[25]，讓他立下一個新的決定。岩倉首先和淺野茂勳溝通，因為淺野雖然表示支持山內，但似乎仍有猶豫。岩倉告訴他，就算會在天皇面前上演流血景象，也必須除掉山內不可。淺野在震驚之餘於是答應支持岩倉，並透過家臣向後藤轉達西鄉的話以及岩倉的決心。後藤迅速權衡一番之後，建議山內退讓，否則將難以避免一場腥風血雨。山內沒有辦法，只好照做。後藤同時也說服松平慶永重新考慮；他之所以改變立場，或許是因為希望能在新政府中謀得一職[26]。總而言之，當天皇返回殿內再次召開會議時，全員都贊同岩倉的看法，沒有一個人反對他要求德川慶喜辭官納地的建議。時至午夜時分，會議宣告結束。

從岩倉成功扳倒堅決擁護德川慶喜的聲勢，可以看出他熟練的交涉手腕，並藉此漁翁得利。也許岩倉對付反對派最有效的武器，就是一口咬定自己採取的每一個行動，包括要求慶喜放棄頭銜和土地在內，都事前經過天皇的批准。然而事實上，明治天皇真的同意嗎？或者說，這完全是岩倉憑空捏造，目的是透過援引一個無法忤逆的權威來壓制這些慶喜的支持者？可惜留存下來的資料並沒有告訴我們真相為何。當時明治的確年紀尚輕——以西方的算法來說只有十五歲——但還不至於年幼到不能擁有獨自的政治見解。以前孝明之所以被自己的兒子激怒，就有可能是因為明治娘家的人或者後宮的女官向他灌輸了激進的反幕思想。但最重要的事實在於明治自始至終親臨會議現場，對他們的激烈討論肯定留下深刻的印象。

到了會議隔天的一八六八年一月四日，新政府的兩名議定德川慶勝和松平慶永前往二條城，通知慶喜天皇已經同意他辭退將軍職務，並要求他交出官位和土地。兩人的轎子才剛進入城內，那些忠於幕府的士兵就圍上來大罵他們是「薩賊」的走狗、背叛慶喜的叛徒。兩人絲毫不理會這些謾罵聲，逕自走進慶喜的房間，讓惡言相向的侍衛退下後轉達了天皇的諭旨。

慶喜畢恭畢敬地接下諭旨，隨後謹慎地表示，他感謝天皇允許大政奉還，且自己本身並不反對辭官納地。然而若是毫無準備就宣布此事，可能會刺激到家臣而引發事端。因此他請求推遲答覆，對此慶勝和慶永都同意了。27

不出慶喜所料，當幕府和駐紮在二條城的各藩士兵聽聞諭旨時怒不可遏，認為一切都是薩摩藩搞的鬼。眼看隨時可能發生武力衝突，慶喜為了化解危機，於是離開二條城前往大坂，並帶著三位來自最堅持擁護他的會津、桑名和備中藩的大名與他同行。

朝廷派和幕府派劍拔弩張，戰爭一觸即發。不過，這時卻發生了一件相當滑稽的小插曲。隨著孝明天皇的一周年忌日臨近，朝廷必須舉辦一定規模的法會；然而財政長官報告說宮廷在這方面並沒有足夠經費。結果，岩倉竟然建議最好由身為內大臣的德川慶喜出錢。要求慶喜辭官納地的岩倉這時卻依然把他當作「內大臣」，實在令人愕然。財政長官於是前往大坂城向慶喜說明情況，請求他資助幾萬兩金。

但他來得實在太不是時候。城裡的人正對王政復古推進派恨得咬牙切齒，慶喜不願意在這種情況下出資（也負擔不起）。然而由於敵不過財政官的百般請求，最終他還是下令撥款一千兩，並承諾由京都的地方長官補足剩餘數目。一八六八年一月二十三日，即幕府和朝廷爆發戰爭的四天前，孝明天皇的法會靠著朝廷視為敵人的幕府所提供的資金順利舉行。

一月十日，慶喜在大坂城會見了英、法、義、美、普魯士和荷蘭的公使，告知他們政權轉移，但強調自己仍然掌管外交事務，因為新政府尚未做好交接的準備[28]。三天後，慶喜宣告對王政復古有所不服，要求朝廷撤回號令。他甚至上書總裁熾仁親王陳述反對意見，表示自己之所以請願將繼承自先祖的政權歸還朝廷，是因為希望順應眾議建立一個符合公正和平原則的政府；然而令他震驚的是，卻有一些藩國的武裝士兵突然闖入御所，試圖與那些前朝受處分的公卿彼此勾結推行改革[29]，使朝廷幾千年來的古老慣例面臨崩壞。即便改革之意出自天皇，但對其勸諫正是身為臣子的責任，更何況天皇年紀尚輕。如今已經能預見天下動亂、萬民塗炭之兆，尤其在外交上將招致艱難局面。如果曲解天皇的聖意，以權宜之計應對外國，則會失去他國的信任，為皇國帶來極大的禍害。[30]

在此之前，德川慶喜一直表現得像一位忠臣，無條件地接受天皇敕令，然而現在他似乎預見到自己的陣營和那些自稱效忠皇權的人之間即將引爆戰爭。慶喜在拒絕接受王政復古大號令之際，以儒家的學說來為自己背書，即君主誤入歧途時，臣子有規諫之責。這也是他在接下來發生的戊辰戰爭[31]中主張的立場。

西鄉隆盛指使浪士在江戶及其周圍地區引發一系列縱火和搶劫事件，加速了幕府和朝廷軍隊之間的衝突[32]。率領薩摩藩的西鄉和大久保此舉的目的在於激怒幕府採取行動，從而獲得向幕府開戰的口實。這一連串事件確實令幕府憤怒，但關鍵的導火線卻是出於一場偶然：一月十七日，江戶城二之丸突然起火，幕府把這一切都怪罪到薩摩浪士頭上[33]。同一天，薩摩藩士襲擊維持江戶治安的庄內藩屯所；兩天後，幕府軍包圍了江戶的薩摩藩邸，要求交出參與一連串事件的犯人，在被拒後向對方開火，雙方互有傷亡。最後幕府軍燒毀了薩摩藩邸。

這個消息在三天後才傳到京都。此時天皇於十二月二十七日（西曆一月二十二日）檢閱了一次由薩摩、長州、安藝和土佐藩約兩千名士兵參與的軍事演習。這次閱兵的目的可能是想透過在天皇面前練兵以提振士氣，或者是反過來希望向年輕的天皇灌輸戰鬥精神（他在這一年第一次嘗試騎馬）。其中薩摩藩軍不僅在人數上佔絕對優勢（一千五百人），裝備亦十分出眾，特別是他們穿戴的英式制服和帽子[34]。閱兵結束後，天皇予以獎賞各藩隊長，並招待士兵們喝酒。

翌日，江戶發生衝突的消息傳到大坂城時，正好德川慶喜才剛寫完上奏書，同意將官位和土地交還新政府[35]。城裡的士兵聽到消息後非常氣憤，慶喜也受到這股怒氣感染而改變主意，決定在正月初一（西曆一月二十五日）率軍進京。

相較於薩長等藩國的同盟軍有五千人，幕府軍的人數則是其三倍以上。當中雖然有部分傭兵，但其他士兵都受過法國教官的訓練，且配有近代的武器裝備。據說，西鄉聽聞幕府和新政府軍在鳥羽（位於大坂和京都之間）交戰時，激動地喊道：「鳥羽一發炮聲，比得到百萬盟軍更值得高興。」[36]只不過與此同時，他肯定也相當顧慮戰鬥的結果。早在開戰前，西鄉就已經針對京都遭受威脅時如何保護天皇安全擬定了一套措施[37]。天皇將喬裝成女官，和皇太后一起坐上女用乘轎，再由薩摩和長州士兵護送到安藝或者備後的安全地帶[38]。很難想像僅靠假髮和厚厚的脂粉是否真能讓明治天皇富有男子氣概的臉龐看起來像個女人，不過皇族裝扮成女性逃跑的做法確實其來有自[39]。

一八六八年一月二十七日，戰鬥揭開序幕。會津和桑名藩的軍隊在進軍京都的途中於鳥羽和伏見遭遇以薩摩為首的新政府軍。幕府軍先鋒部隊的指揮官宣稱他們奉前將軍之命前往京都，假如有人試圖阻擋將以武力突破。對此薩摩軍以槍炮聲作為回答；根據部分文獻記載，當時一發薩摩的炮彈擊中了幕府軍長官瀧川具舉附近的炮車，導致馬匹受到驚嚇而把瀧川甩到地上，並沿著鳥羽街道一路狂奔。突然的炮聲和脫韁的野馬使得正沿著街道縱向列隊的幕府軍陷入混亂，對這場戰鬥而言可以說是個糟糕的開始[40]。

馬匹的竄逃只能算是個意外事件，但政府軍還擁有一項秘密武器，那就是他們肩上所扛的征討叛軍時才使用的「錦之御旗」。早在一八六七年十一月九日，大久保利通和品川彌二郎(一八四三—一九〇〇)前往岩倉村拜訪岩倉具視，討論王政復古的計策。岩倉向兩人出示玉松操提案的錦旗設計圖，請他們依此做出大量成品。於是大久保回到京都後買來紅色和白色的錦緞，由品川運往山口做成錦旗。製成的錦旗一半放在山口，另一半則置於京都的薩摩藩邸保管。[41]

一月二十八日，天皇賜給仁和寺宮嘉彰親王（一八四六—一九〇三）一面錦旗和一把節刀[42]，任命他為奧羽（東北地區）征討總督[43]。這代表那些反對嘉彰親王的勢力將不僅是普通的敵人，更是「朝廷之敵」（朝敵）。德川慶喜一直強力主張自己攻擊的對象並非朝廷而是薩摩，然而錦旗卻使薩摩軍獲得了天皇擁護者的正統地位。錦之御旗被認為是幕府軍敗北的重要因素之一，因為它不僅鼓舞了薩摩軍的士氣，更讓幕府軍對於與朝廷為敵一事感到猶豫[44]。

以征討總督來說嘉彰親王是個奇怪的人選[45]，除了具有皇族血統以外，他完全無法勝任這個職位。一八五八年，十二歲的嘉彰親王於仁和寺出家，在這段期間他似乎都沒有受過任何軍事訓練。總督一職無疑是象徵性的，真正的指揮工作都交由像西鄉隆盛這樣熱衷於戰鬥的參謀[46]。也可能是因為由誰擔任指揮官並沒有多少區別——在日本，戰爭仍然保留了承襲自中世時期的單挑傳統。

不管這次的戰果應該歸功於誰，其勝利卻是決定性的。幕府軍接連敗走，他們雖然企圖進入老中稻葉正邦掌管的淀城重整態勢，卻被拒之門外，在驚愕之餘手足無措。這是第一次有本該效忠幕府的勢力出現背叛行為。第二次則出現在兩天後，守護大坂門戶山崎的津藩突然將炮口對準了幕府軍；就在前一天，朝廷派出手持錦旗的敕使成功說服津藩背棄幕府，轉而歸順朝廷[47]。

嚐到敗北滋味的慶喜於當天傍晚，在大坂城召集重臣和各隊隊長商討對策。大部分的人一致同意請慶喜親自出馬指揮，藉此提高士氣。慶喜爽快地答應了，這讓在場的氣氛活絡了不少。這天夜裡，慶喜溜出大坂城，打算登上幕府軍的軍艦「開陽丸」。但船還沒來，慶喜於是暫時登上美國的軍艦易洛魁號（Iroquois）[48]。第二天一早慶喜便帶著幾位幕閣乘坐開陽丸逃往江戶。幕府軍的殘兵聽說慶喜已經逃跑，紛紛棄城而逃。根據慶喜後來的表述，自己本來就沒想過要跟朝廷作對；從錦旗登場的那一刻起，他就已經完全失去了鬥志[49]。

戊辰戰爭並未就此結束，然而鳥羽伏見之戰的勝利意味著朝廷取得了日本西部和南部的控制權。儘管尚未攻下江戶和北部地方，天皇的政權已然獲得一次重大勝利。

·第十五章·

接見公使

一八六八年二月九日，距離大坂城陷落正好過了一周，明治天皇終於舉行了元服儀式。為了慶祝，朝廷宣布大赦，十九名由於各種原因被禁止上朝的公卿都獲得赦免。朝廷也藉此機會發函給六國公使（即第十三章最後提到的信件），通知他們今後將由天皇在國內外事務上行使最高權力。

這封措辭生硬的正式文件除了強調天皇新的權能之外，還暗示儘管現任天皇的父親強烈反對幕府與外國簽訂的條約，當今天皇卻認同這些條約的有效性。朝廷間接承認了與外國的交流已是無可避免，同時展現出有必要與列強建構和睦關係的意識。[1]

當敕使東久世通禧向公使們出示這封信的翻譯文件，之後「所有人接二連三向使者發問，而他巧妙地加以應答」[2]，現場氣氛就好比現代的記者會。法國公使侯許的質詢顯示出他依然支持將軍，其他公使則承諾會將此事向本國政府彙報。

同一天國內發布了另一份公告，稱世態劇變，因此與外國建立友好關係這件曾經令前天皇憂慮不已的事情已獲得朝廷承認，天下臣民應當盡力遵從天皇的意志。這也可以看作是當局表態將不再容忍針對外國人的暴行。此外，亦將充實軍備以宣揚國威於海外，並根據國際法修改至今條約中的不平等之處。[3]

就在與幕府軍的戰爭即將在箱根關所東側重新打響之前，親子內親王（即和宮）寫信給東海道鎮撫總督橋本實梁（她的娘家親戚），請求洗刷德川家成為「朝敵」之汙名。她強調慶喜完全沒有料到會爆發戰爭，且在被冠上朝敵之名後便立刻返回江戶。考量到慶喜所犯的一連串錯誤，不論受到何種處置都是莫可奈何，但仍希望看在她的份上，免除德川家的朝敵之名。如果朝廷擊潰了德川家，她也做好了自盡的覺悟。她對生命沒有任何眷戀，但想到要與朝敵一同赴死，依然令人難以忍受。親子內親王懇求朝廷答應她的請求[4]；顯然她如今已把自己視為德川家的一份子。

親子內親王的請求當然不可能被完全忽視，但似乎仍不足以影響朝廷的決策。許多大名同意只要慶喜正式道歉，就保全他的家族。岩倉具視也抱持相同意見，還派出一名使者前往江戶敦促慶喜出面謝罪。然而岩倉認為使者帶回來的慶喜書信缺乏誠意，態度因此轉趨強硬。此時，數以千計的薩摩和長州士兵已從海陸兩路逼近江戶城。

慶喜自己也搖擺不定，不知應該投降還是徹底抵抗。二月九日，他致函給英國公使巴夏禮，聲稱對外事務依然掌握在德川政權手中，並表示如果巴夏禮會見朝廷方的代表，就等於違反了兩國之間的條約。然而就在他試圖以這種方式維護自身權威的兩天後，慶喜罷免了堅持主張抗戰的近臣小栗忠順，貌似有意尋求和解。二月十一日，慶喜寫信給願意從寬處置自己的兩名朝臣松平慶永和山內容堂，辯稱鳥羽伏見之戰並未得到他的批准。他不能理解自己為何會遭到追捕，請求兩人居中斡旋[5]。

二月十三日，慶喜第一次在江戶城會見侯許，這樣的會面一共進行了三次。這位法國公使依然強力支持德川政府，相信即便他們在鳥羽伏見之戰受挫，但終會取得勝利。慶喜告訴侯許，自己將盡一切努力捍衛繼承自祖先的領地。他認為天皇如今形同監禁，無法靠自由意志行動，所謂的朝廷政府實際上是受到薩摩和長州二藩的控制。

第二次會面時，慶喜說自己打算隱居並推舉紀州藩主德川茂承為後繼者。二月十五日，慶喜再次上書松平和山內，表明（就如他告知侯許的那樣）有意隱居，因為自己已被冠上朝敵之名，且身體狀況欠佳。他請求兩人為他洗刷朝敵的汙名。

二月二十日，慶喜和侯許最後一次見面。他交給侯許一份聲明書，為大政奉還以來的所作所為辯護。慶喜強調自己不僅打算遵守與外國簽訂的條約，更將對其進行「改善」，暗示修改後的條約會對外國列強更加有利。他或許甚至有意開放讓基督教合法化。[6]然而慶喜表示自己的忍耐也有限度，希望諸國能夠理解；這也許是在間接表明自己對於許多問題都可以妥協，但卻無法容忍外人侵犯德川的領土。侯許對慶喜所言並未展現驚訝的神色，因為這份聲明的草稿正是由他擬定的。

在外國公使中，只有侯許一人拘泥於在大君領導下的穩定政府才能為西方貿易帶來更多可能性。相較之下巴夏禮則迅速地意識到京都的天皇政權最終將統治整個國家，作為敗者的慶喜如今只不過是一介藩國的領主[7]。三月四日，慶喜離開江戶城，前往上野寬永寺內的大慈院蟄居，宣誓從今以後將徹底歸順並專心自省。慶喜將天皇的怒火全部歸咎於自己，並表明已有覺悟接受「天誅」。他唯一的請求便是派遣已經出家的公現親王（一八四七—一八九五）上京向朝廷為自己辯護[8]。迄今為止公現親王除了其皇族的身分以外幾乎沒沒無聞，卻在不久之後成為與明治爭奪皇位的對手。

在慶喜猶豫著該如何採取適當措施自保時，京都新政府內部出現關於將來首都選址的另一場紛爭。大久保利通建議遷都大坂，這意味著摒棄與京都公家緊密連結的舊體制，建立一個全新的開明政府。他認為「大坂之地為外國交際之道，最適於講富國強兵之術，振興陸海軍」；更重要的是能透過讓天皇踏出御所來打破他與天下萬民隔離的長年弊習，在新的都城與其他國外的君主一樣，僅帶著少數隨侍與民眾接觸[9]。

二月十七日，大久保在朝廷會議上提出這個建言，卻遭到以議定中山忠能為首的公卿們強烈反對，認為這是薩長兩藩為了牟取私利而策劃的陰謀。然而這些公家抗議遷都的另一個重要原因，無疑是他們捨不得離開一直以來生活許久的京都[10]。

大久保的遷都計畫沒有立刻得到批准，然而他同時提出的懇切請願並未遭到忽視——他請求天皇離開封閉的御所，親自指揮東征的討伐軍。二月二十五日，天皇自孩提時代以來第一次離開御所，隨身帶著象徵皇位的寶劍和勾玉，坐上蔥華輦（一種天皇行幸時使用的非正式乘轎）前往幕府在京都的權力象徵二條城[11]。天皇抵達時由總裁熾仁親王迎接，接著來到位於本丸的白書院，坐在以簾幕隔開的上段，總裁、議定和參與（高級顧問）坐在中段，下級近臣和其他人則坐在下段。他們在此討論天皇是否適合親討叛軍以及設立大總督（最高指揮官）的問題。朝議結束後，天皇將熾仁親王召至簾內，下達了親征之令：慶喜及其叛軍走卒已逃往江戶城，其暴行益發恣意妄為。天皇不忍見此般四海鼎沸、萬民塗炭之景，已決意親征，因此打算挑選一名合適人選擔任大總督。五畿七道[*1]所有藩國的軍隊都應做好準備，幾天之內將召開作戰會議。一旦發布命令，各部隊應當立刻集結，由諸軍齊心協力獲取這場忠誠之戰的勝利。

三月一日，天皇任命熾仁親王為東征大總督並授予錦旗，由津和野藩的兩隊士兵護衛。熾仁親王與德川慶喜有姻親關係，他因此特地自願擔任東征大總督一職。三月七日，熾仁親王正式與天皇辭別。

熾仁親王發布了數條陸軍法令，如「軍中無論貴賤，寢食勞逸皆同」；「嚴禁亂毀神社佛閣、火燒民家、掠奪家財、強迫買賣之舉」；「若遇外國人暴行無禮等，應捕之上報本隊，驗明其罪，糾至該國公使以求妥當處置。絕不可無故開槍斬殺等，或亂入外國人居所」。這些法令顯然是為了向全世界宣告日本新政府軍是遵守國際公認戰爭準則的正規軍隊，而非一群沿途燒殺搶掠的匪徒。

朝廷希望改善對外關係的意向也明確地反映在允許外國公使覲見天皇的決定上。對此反對的聲音極為強烈，尤其是宮裡的人。松平慶永和岩倉具視於是當面向天皇解釋君主接見外國公使是國際通行的原則。三月九日，天皇發出公告將允許外國公使謁見，同時也解釋天皇之所以異常匆忙地發布決斷，是因為即將率軍親征[12]。從明治願意主動會見外國人這一點來看，他顯然沒有受到其父親孝明痛恨外國人的態度所影響。

公告還附有一份試圖證明接見外國公使正當性的奏摺副本，當中引用了遠古時代日本天皇接見外國使節的例子。儘管這些事例可信度不高，然而看重先例可以說是日本宮廷長久以來的傳統。雖然過去天皇只接見過中國和朝鮮的使節，但奏摺中將這歸咎於當時日本的航海技術尚未成熟。既然如今日本已經和全世界建立了聯繫，如果不遵守國際通用的慣例，將會失信於其他國家。考慮到維持友好的國際關係，就必須做出妥協。[13]

改善對外關係的第一步便是允許外國人訪問京都。薩道義興致勃勃地描述了在古都的見聞，並表示希望外國使節的居館可以從江戶搬到京都（儘管氣候條件不太好），因為「人們都理所當

*1 五畿七道即日本全土（北海道除外）。五畿指近畿地區的五個令制國，除此之外的地區則分為七個道，包括東海道、東山道、北陸道、山陰道、山陽道、南海道以及西海道。

然地認為這裡是這個國家未來的政治中心。」[14]

就在這個時期，於堺發生了一起嚴重的排外事件。軍艦杜佈雷號（Dupleix）上的十一名法國水手遭到土佐藩士殺害。根據日方的描述，這群法國水手（和六名同伴）徘徊於堺的街道上並施加暴行，因此才被正在巡邏的土佐武士襲擊。然而薩道義的描述卻截然不同：「這些日本人虐殺了毫無惡意且手無寸鐵的船員，儘管他們從未做出任何挑釁的行動。」法國公使侯許於是立即寫信，要求處死涉嫌重大的土佐藩士、向被殺害的水手遺族賠償十五萬美元、外國事務長官山階宮親王以及土佐藩大名山內容堂親自道歉、以及從今以後禁止武裝的土佐藩士進入開放的港口。[15]日本也全數答應了。

殺害法國水手的二十名土佐藩士因此被勒令切腹自殺。在親眼見證十一人切腹自殺的壯烈光景後，法國艦長舉手請求中止處刑，侯許也表示希望赦免剩下的九個人。薩道義對此感到遺憾：

在十一人受刑之後，圖瓦爾（Petit Thouars）艦長認為應就此停止行刑的決定著實令人遺憾。明明這二十人皆為同罪，如此一命償一命的方法更像是只為這十一名法國人報仇，而非伸張正義。[16]

薩道義先前曾目睹過一名備前藩[17]官員切腹自殺[18]，並為這種高尚的懲罰形式所折服。十一名武士切開腹部隨後又被斬首的情景，似乎並未令他感到恐懼，這或許是因為當時公開處刑在歐洲相當普遍，甚至還帶有類似於節慶的氛圍。他寫道：

> 比起因切腹場面令人反感而恥於親臨現場，我反而感到自豪，能夠毫無退縮地見證一場由自己盡力行使的刑罰。它並不令人作嘔，而是相當高雅肅穆的儀式，這種做法遠比我國為了娛樂大眾而在紐蓋特監獄前行刑更值得尊敬。[19]

三月二十三日，法國公使侯許和荷蘭代理公使范・波爾斯布魯克(Dirk de Graeff van Polsbroek)進宮謁見明治天皇[20]。下午兩點，天皇身穿引直衣，帶著寶劍和勾玉前往紫宸殿，坐進豪華的帷幕內。副總裁三條實美和輔弼中山忠能隨侍在側，外國事務局總督晃親王[21]和副總裁岩倉具視站於帷幕前，其他級別較低的官員則分別站在左右側。外國事務局副長官東久世通禧帶領法國公使來到天皇面前行禮，天皇接著說道：「貴國國君身體無恙，乃朕之喜悅。望自今兩國之交際日益親睦，永世不變。」[22]

對此侯許的答覆相當冗長，最後他代表拿破崙三世祝福日本繁榮昌盛，天皇能獲得神靈的加持。說完，法國公使退下，換荷蘭公使被領至天皇面前，由天皇下賜同樣的話語之後招待兩位公使享用茶點。隨後原本預定由英國公使巴夏禮覲見，這時他早已離開作為居所的知恩院，正騎馬前往御所。沿途有英國與日本的護衛隨行，中井弘（一八三八—一八九四）和後藤象二郎也在護衛之列。當一行人來到新門前通與繩手交口時，有兩人突然從道路對面衝出來，拔刀襲擊人群和馬匹，沿著隊伍瘋狂砍殺。中井見狀立刻下馬與右方的一名刺客交手，然而對方卻十分難纏，在打鬥過程中中井不小心被寬鬆的袴絆住腳而往後摔了一跤。敵人趁機劈向他的腦袋，但被中井千鈞一髮地閃過，只受了點皮肉傷，同時將刀刺進對方的胸膛。受傷的刺客轉過身背對中井時，又被後藤從肩膀砍了一刀徹底倒地，由中井一躍而起將其斬首。[23]

另一名刺客在殺害多名英國護衛之後，向薩道義逼近，刺傷了他的馬匹。僥倖逃過一劫的薩道義急忙駕馬前往隊伍的前頭保護公使，看見「身穿全權公使華麗服飾的巴夏禮爵士騎在馬上，悠然地站在十字路口中央」。第二名刺客不久後便遭到逮捕。「我們在三條家臣的幫助下對犯人進行了審問。他表示極度後悔，並請求砍下他的頭公開示眾，以向全國人民昭示自己的罪行。」[24]刺客也堅稱沒有其他同夥（儘管後來有三名共犯嫌疑人遭到流放）。京都有許多人都對襲擊者表示同情，因為他們相信如果讓外國人進入御所，將使這塊神聖土地走向衰微，更別提讓外國人拜見龍顏會褻瀆天皇的威嚴。[25]

天皇得知巴夏禮遇襲的消息後深感憂慮，立刻派出政府高官前往慰問。巴夏禮表示這次事件不是針對他，而是對天皇的暴行，想必政府很清楚如何維護君主的名譽[26]。由於巴夏禮的許多護衛都身受重傷，覲見天皇的行程只得作罷。薩道義如此描述：

（知恩院）瞬間變成了一座醫院。傷患們好似即將斷氣般血流如注，耐心地躺在走廊上，等著外科醫生一一為他們治療。只穿著一件襯衫的外科醫們手腳比平常快上好幾倍，迅速而熟練地為每位傷患處理傷口。襯衫和床單被撕成一條條繃帶，一桶桶血水倒光之後又再次注滿。目光所及之處都染上一片令人作嘔的血紅，宛如一場夢魘。就在這時中井砍下的人頭被拿了進來——那畫面真是太可怕了。[27]

巴夏禮以及年輕的翻譯官米特福德（A. B. Mitford）[28]的謁見於是延後到三月二十六日進行。米特福德曾寫道：「哀傷的是我們自己的隨行人員減少了。騎馬的護衛只有兩名，他們手裡握著劍分別守在巴夏禮爵士的兩側。」當英國公使一行人抵達御所時，他們驚訝地發現那裡毫無防備，四周只靠普通的白色圍牆保護。但米特福德仍有所感觸：「儘管外形樸素，御所本身依然散發一股威嚴。」[29]

巴夏禮和米特福德被帶至謁見處，拜見了明治天皇。他們也許是最初親眼目睹日本天皇的外國人：

房間中央可見由四根黑漆細柱支撐的華蓋，上面覆蓋著打褶的白色絲綢，並繡有紅色和黑色的花紋……年輕的天皇就坐在（或者應該說靠在）裡頭的一張高椅上。他身後跪著兩位親王，隨時準備在必要時輔佐天皇……

我們一走進房間，天子就站起來向我們鞠躬致意。他是位高個子的青年，有著明亮的雙眼且神采奕奕。他的舉止相當莊重，與他身為一個歷史比世界上其他王國都要長上好幾百年的古老皇家的後繼者身分極為相稱。他穿著白色的上衣，長長的紫紅色袴下襬拖地，好比宮廷婦女身穿的曳地裙襬。頭上的烏帽子則和臣子們相同，只不過按照慣例在上面加了一根由黑紗製成的細長而扁平的羽毛狀裝飾。我稱之為羽毛是因為想不到其他更好的詞，但其實它一點也不像羽毛。他的眉毛都剃掉了，然後重新畫在額頭上更高的位置；臉頰塗上胭脂，嘴唇也抹上紅色和金色，牙齒則是黑色的。如此形象滑稽卻仍然保有威嚴，這本領確實不小，然而也無法否認是其高貴血統所致[30]。若讓我再補充一句，想必不久之後這位年輕的君主就會把一切陳腐的風氣和古老的束縛，連同其他許多過時之物給一併拋棄。[31]

天皇與英國公使的會面和先前接見法國和荷蘭公使的情況差不多，但這次他額外針對三天前一行人前往御所路上發生的「不幸之事」表示遺憾。巴夏禮禮貌地回答說，天皇的仁慈話語已經使他完全忘記了前日的不幸[32]。米特福德後來寫道，天皇由於年紀尚輕，加上才剛脫離女官所在的後宮，沒有經歷過這樣的情形，因此顯得有點害羞。他的聲音宛如耳語，必須由在他右手邊的親王高聲重述一遍，再由伊藤俊輔翻譯成英語[33]。

這次謁見後過了三天，正向江戶進逼的新政府東征軍和近藤勇領導的約兩百名新選組成員發生第一次衝突，最後由板垣退助領導的政府軍取得了勝利[34]。朝江戶進發的新政府軍最令人印象深刻的或許就是他們在行軍途中唱的一首歌，即品川彌二郎在鳥羽伏見之戰時創作的〈親王大人〉（〈宮さん宮さん〉）[35]。這首歌不僅傳遍日本，甚至還傳到英國，創作於一八八五年的輕歌劇《日本天皇》（*The Mikado*）就曾採用這首歌的獨特曲調和部分日文歌詞：

親王大人，親王大人，馬前隨風飄揚的是什麼，咚咚咚呀咚呀咚。
你不知道嗎，那可是征討朝敵的錦旗，咚咚咚呀咚呀咚。[36]

·第十六章·

五條御誓文

年輕的明治天皇最初具有重大歷史意義的作為，無疑是一八六八年四月七日頒布的《五條御誓文》。在率領公卿和諸侯百官向天地神祇立誓之前，天皇於前一天頒布詔書，宣布恢復長期以來被武家強制中止的各種神道祭儀，其目的顯然是恢復古代「祭政一致」的制度[1]。

這次復古計畫的核心在於重新設立掌管祭祀神靈的神祇官。這個職位早在八世紀初就已成立，但是已經有好幾百年都只是有名無實。如今，神道下的神官以及宮廷和神社舉行的神道祭儀都將由神祇官管轄，神官也將恢復長期以來被取代的各種職責。重視神官職務、強調神道和佛教分離的態度在四天之後變得更加明確；新政府下達一項法令，要求原本作為僧侶侍奉於神社的神官必須放棄僧位與僧官，並脫去袈裟，蓄髮還俗[2]。

千年以來，儘管神道和佛教之間天生存在矛盾，但大多數日本人都同時信仰這兩種宗教。舉例來說，神道認為現世是美好而歡樂的，死後的世界（黃泉）則是污穢和腐敗之地。與此相反，佛教的教義則認為現世充滿了苦痛和磨難，但根據今生的作為卻能在死後前往無憂的極樂淨土。兩者之間根本上的歧異被一般探討宗教的日本人完全忽視，反而以「本地垂跡說」

廣為普及，即主張神道神祇是佛教的佛與菩薩在日本的化身[3]。隨著宣布回歸神武（初代天皇）時期的祭政一致體系，如今佛教作為一種外來宗教也因此遭到排斥甚至迫害[4]。

儘管長期以來佛教扮演的角色遠比神道重要得多，不僅天皇幾乎都會遁入佛門，死後還以「院號」作為稱呼，但皇室從未因此忽視神道。天皇執行的最重要儀式都以神道為主，每到新年也總是從祭拜四方的「四方拜」開始。這個儀式會在元旦當天清晨四點左右舉行，由天皇向自己的屬星（掌管自身命運的星宿）、天地四方的神祇以及父母親的陵墓方向遙拜，祈禱五穀豐收和國家安泰，即遵循神道的現世觀祈求在人世間的恩惠。不過從屬星的觀念可以看出神道儀式深受道教影響；此外朝廷也時常仰賴陰陽師占卜吉凶，通常御所內的重要活動在得到陰陽師的指示之前都不會有任何動作。

明治初期日本人的宗教生活融合了神道、佛教、道教等信仰，當中也包括可以稱為迷信的要素。政府之所以決定特別重視神道以及神祇官自然與強化天皇地位有密切關係；因為根據神道的信仰，天皇正是位居世間頂點的存在。

天皇頒布《五條御誓文》的儀式就完全是按照神道的傳統。當天儀式在紫宸殿舉行，公卿諸侯以下諸多官員各自身穿正裝齊聚一堂，場面想必相當壯觀。一開始先是進行灑鹽水和撒米的除穢儀式，接下來由神祇官的總督白川資訓歌頌降神的神歌。獻上給神明的祭品之後，天皇身著引直衣，在兩位副總裁（三條實美和岩倉具視）及兩位輔弼（中山忠能和正親町三條實愛）等高官的陪同下現身並入座。天皇的寶座面朝南方[5]，右側斜前方則面對神座（神明坐鎮之處），四周還圍繞著描繪四季風景的屏風。

隨後三條實美大聲朗讀祝禱詞，在開頭先向天地諸神祈禱[6]。結束之後，天皇走向神座前方的跪墊鞠躬敬拜，並獻上繫有布帛的楊桐枝。三條接著大聲宣讀了《五條御誓文》：

一、應廣興會議，萬機取決公論。
二、上下一心，盛行經綸。
三、官武一途，迄至庶民，各遂其志，毋使人心倦怠。
四、破棄舊來之陋習，基於天地之公道。
五、應求世界智識，以大振皇基。

眾所周知，御誓文的作者並非明治本人，而是由兩位出身武家的學者由利公正（一八二九—一九〇九）和福岡孝弟起草，再經過木戶孝允的修改而成[7]。部分學者質疑御誓文的重要意義，他們認為這些看似開明的理念實際上隱藏了這份誓文的真正目的：在預定於翌日對江戶城發動總攻擊之前贏得全國人民的支持[8]。

要是因此假設《五條御誓文》意味著政府領導人打算在不久後成立議會顯然是個錯誤，然而御誓文的內容在當時確實相當先進，其概念不管在日本甚至於整個漢字文化圈都是前所未有的。「萬事決於公論」絕非傳統的做法，更遑論認為下層階級（先不論如何定義）同樣享有管理國家的權利。第四條誓文「破棄舊來之陋習，基於天地之公道」的文意更是模稜兩可，非常容易招致自相矛盾的解釋，但是人們通常讚美過去的習俗，拿來與現在的墮落風氣相比較，而不稱之為「陋習」。最後一條強調廣泛追求全世界的知識，看起來甚至和復古的基本理念——借鑑日本的過去而非其他國家——相抵觸。後來，《五條御誓文》明定的原則受到限制，效力遭到弱化，有時甚至被無視；然而它卻從未被否定，持續作為那些希望日本成為近代化國家的有識之士的理想保留下來[9]。

宣讀完御誓文後，列席的公家大名都在誓約書上簽名，以示遵從御誓文的決心。他們「誓死奉戴綸旨，勤勉從事，以安天子之心」。當天沒有到場的公卿大名後來也都進宮簽了名，署名人數前後共計七百六十七人。[10]

那麼明治自己又是如何看待這場儀式？就算他曾和身邊的人提起一些看法，如今也沒有留下記錄。當時天皇還太年輕，起草御誓文時說不定根本沒有人諮詢過他的意見，甚至有可能他是直到三條實美大聲宣讀時才第一次得知御誓文的內容。然而我們也很難想像這個自明治登基以來最令人難忘的儀式以及《五條御誓文》的宣言沒能打動他；正因為天皇既年輕又缺乏經驗，御誓文體現的理想才或許更讓他感動。實際上在統治初期，明治本人確實曾對自己發誓遵守的《五條御誓文》表示贊許。

《五條御誓文》頒布當天，同時也公開了一份天皇的敕諭。他在文中稱頌祖先的功績，安撫萬民，並承諾宣揚國威於海外：

朕以幼弱猝繼大統以來，思慮何以與萬國對立，方可恭奉列祖，朝夕恐懼難堪也。中世朝政衰落，武家專權，表推尊朝廷，實敬而遠之，使百姓之父母，不能知天下心，遂君主僅存名諱。今日於朝廷之尊重，較古時或有倍增，然朝威盡衰，上下相離，隔如天地。如此形勢，朕以何君臨天下？今正值朝政一新之時，若天下萬民，有一人不得其處，則為朕之罪。故今朕願勞身骨，苦心志，以面對艱難，履列祖之足跡，勤於治世，方始盡天職，不背億萬之君義務。

往昔列祖親臨萬機，若有不臣之事，親自為將而征之。朝廷政裁簡易，則君臣相親，上下相愛，德澤天下，國威揚於海外。然近來值宇內大開、各國自四方飛來之時，獨我國固守舊習，不求一新。朕若僅安居於內裏，偷一日之閑，忘百年之憂，恐我國受各國輕蔑，上辱列聖，下苦百姓。故朕在此同百官諸侯共誓，繼列祖之偉業，不問一身艱難辛苦，親營各方，安撫汝等。終開萬里之波濤，布國威於四方，置天下穩如富岳〔富士山〕。汝等僅慣於舊來之陋習，以朝廷為尊，卻不知神州危急。如今朕舉手投足，天下為此驚異非常，生種種疑惑，眾說紛紜。然朕若喪此志，即失為君之道，亦同捨列祖之天下。望汝等詳察朕志，去私見，伸公義，助朕業，保全神州。若可慰列聖之神靈，乃朕此生無比幸事。11

這段內容相當耐人尋味，因為它比起孝明以及任何一位近世天皇寫的書信都截然不同。其主旨在於天皇希望與民眾建立更親密的關係。他譴責武家為自己打造了一個光環，使民眾對天皇一知半解，反之自己也無法理解民眾的感受。但如今他表示打算拋棄天皇的被動角色，主動承擔起治理國家的責任。天皇呼籲國民在即將來臨的大變革中加以配合，像這樣強調與民眾上下一心合作的重要性是他的祖先們從未有過的發想。

頒布《五條御誓文》的隔天，寫有五條禁令的新告示取代了先前幕府的告示牌。前三條禁令與幕府長期以來的規定相似，剩下的兩條則是為了應對當前危機而定下的權宜之策。

第一條禁令依照慣例，規定「遵守五倫之道；鰥、寡、孤、獨、廢疾者，皆有所養；禁止殺戮、縱火、偷盜及其他惡行」。

第二條禁令保留了幕府原來的規定，禁止謀反、通過非正規的途徑上訴、町村居民擅自逃往他領以及其他反抗行為。第三條禁令嚴禁傳播基督教，並利用懸賞方式鼓勵人們向當局舉報任何可疑的傳教人士。

前三條禁令讓人毫不意外，但是剩下的兩條才是重點。第四條顯然想嚇退那些仍然試圖藉由恫嚇或暴力來驅逐外國人的攘夷主義者：

茲王政一新，乃循朝廷條理，與外國交際，依萬國公法履行條約，不可加害外國人。背此者有悖朝命，不僅將釀成國難，乃至失國際信義，傷皇國威信，應處至當之刑。

第五條禁令則可能是為了阻止那些不滿家鄉生活條件的人。畢竟有許多人計劃趁著幕府垮臺，往來藩國之間的限制變得鬆散之時搬到更舒適的土地居住：「嚴禁士民逃離本國。對國家或主家有意見者，可建言太政官。」

比起當著公卿大名的面宣讀的《五條御誓文》，這些遍布全國的告示更加眾所皆知[12]。第四條禁令尤為重要，實則宣告了「尊王攘夷」口號中「攘夷」的終結。

就在這時，西鄉隆盛和慶喜的顧問勝海舟（一八二三－一八九九）正在江戶針對江戶開城進行談判。對此勝海舟曾向英國公使巴夏禮諮商，薩道義如此寫道：

（勝）說他將為了保慶喜一命而戰，並且相信西鄉有能力阻止朝廷下達令天皇蒙羞或延長內戰的諭旨。勝懇求巴夏禮爵士利用自己對天皇政府的影響力，避免這種災難的發生，而大人也確實一再盡其所能。特別是四月二十日西鄉來訪時，他一再強調，嚴懲慶喜及其支持者（尤其在刑罰方面）將有損歐洲各國對新政府的評價。西鄉表示新政府不會處死前將軍，對於教唆慶喜進攻京都的人也同樣能從寬處置。13

江戶無血開城的談判成功，很大程度上歸功於這名外國人的建議。四月二十六日，以橋本實梁和西鄉隆盛為首的約六十人進入江戶城，由新城主德川慶賴在西城玄關恭迎。雙方同意在一周後，即五月四日，把江戶城移交給新政府軍。幕府最後的要塞於是在這天由天皇的軍隊接管。14

這段期間還發生了一件對明治天皇同樣意義重大的事情。四月十四日，天皇離開御所向大坂進發，作為軍隊的最高指揮官踏上親征之途。他坐在蔥華輦上，帶著神聖的八咫鏡，一路上錦旗飄揚。博經親王、三條實美和中山忠能率領二十九名公卿騎馬陪同，熾仁親王則在前方率領前鋒部隊。皇太后和公卿百官身著正裝，目送天皇離開；天皇的坐轎經過堺町和三條通時，沿路民眾都跪著瞻仰此番盛儀。晚上八點，隊伍抵達石清水八幡宮，天皇在神社住了一晚。隊伍行進的速度緩慢，直到四月十六日下午才抵達大坂的東本願寺別院。15

四月十九日，天皇在天保山沿岸檢閱艦隊時第一次看到瀨戶內海，這可能是此次出京旅行途中最令他激動的時刻。他在安治川邊登上一艘小船順流而下，士兵則沿路守在兩岸。中午時分，天皇抵達天保山。隸屬於佐賀藩的軍艦電流丸鳴放禮炮向天皇致敬，隨後，一艘停泊於此地的法國軍艦也發射禮炮，電流丸則像是回應一般再次鳴炮。用過午餐後，天皇觀摩了軍艦演習。這想必是明治一生中最愉快的時光；他不僅走出了御所的封閉世界，還目睹一望無際的大海，並受到海軍如雷貫耳的鳴炮歡迎。

但戊辰戰爭尚未結束。北方的戰鬥仍在持續，榎本武揚率領幕府艦隊前往北海道，江戶城則依舊在彰義隊的威脅之下。江戶開城後，一些仍支持被廢黜的前將軍的黨羽組成彰義隊，以上野寬永寺為活動據點。鎮壓這些叛亂分子還需要一些時間，但是(就當下情況而言)政府顯然暫時脫離了嚴重威脅[16]。

與此同時，年輕的天皇正在大坂悠哉度日。五月二十二日，他接見了手持維多利亞女王書信的英國全權公使巴夏禮，與其同行的人還有海軍上將開帕爾(A. B. Keppel)、米特福德、薩道義、使館成員以及海軍軍官。謁見的地點在東本願寺別院。有鑑於先前巴夏禮及其隨從曾遇襲，這次的警備措施也特別嚴格。薩道義對這次會見留下了一段廣為人知的描寫：

在房間深處一頂由黑漆柱支撐的華蓋之下，簾子高高卷起，天皇就坐於高座上。我們排成兩列前往房間中央，右邊一排是由海軍上將帶領的海軍軍官，左邊則是由公使領頭的使館職員。所有人都先鞠了三次躬，第一次是在走向房間中央時，第二次在壇下，第三次則是登壇之後。壇上相當寬廣，能輕易容納所有人。我們每次鞠躬天皇都會從華蓋下起身。外國事務局總督和另外一位高官就跪在天皇玉座的左右。

玉座前方兩側各放著一隻木刻的小獅子。這些都是具有年代的古物，極受日本人的崇拜。玉座後方可見廷臣站成兩排，頭戴黑色的紙帽，身穿五顏六色的華麗錦袍。天皇站起來時，其臉部從眼睛以上的部分都會被遮住，但他一旦移動我便能清楚看到他的全貌。天皇的臉色蒼白，也許是化妝的緣故。他的嘴型不佳，也就是醫生所謂的「突顎」，但是大致上輪廓相當工整。他剃掉了眉毛，重新畫在距離原處兩三公分高的地方。天皇身披寬鬆的黑色肩衣向後垂掛，如斗篷一般的白袍，還有寬大的紫色長袴……

巴夏禮爵士向前一步，將女王的國書提交天皇，天皇顯然有些害羞生怯，不得不由山階宮[17]代為接下。他的職責是從天皇手裡接過國書。接著陛下忘了該說什麼，經左邊那位大人的提醒才勉強說出第一句話，伊藤（博文）隨即念出事先準備好的整段翻譯稿。而後巴夏禮爵士逐一介紹我們，再由海軍上將引見海軍官員。天皇表示希望上將麾下的艦隊一切順利，接著我們一如開始的時候鞠了躬後退至前廳，並暗自慶幸一切都進行得很順利。[18]

有關這個時期天皇接見外國人的情況，日本人少有記述，原因無疑是出於敬畏。五月一日，大久保利通被召至天皇留宿的東本願寺，並在日記中提到自己身為一介武夫竟然得以蒙恩覲見天皇，讓他感動得流下喜悅的淚水。他克制不住激動的情緒，以至於當天剩餘的時間都在喝酒[19]。五月九日，木戶孝允和後藤象二郎也獲召前往東本願寺拜謁天皇。木戶在日記中寫道：

> 天子問天下之形勢、海外萬國之大勢……
>
> 布衣之身，於咫尺間奉拜天顏，數百年未曾聞之。感淚滿襟。今日只浩歎中興之大業實行未果。午後，天皇於簾內觀覽角力〔相撲〕。[20]

此外，橫井小楠（一八〇九—一八六九）也在給家人的信中描述關於七月十三日謁見天皇的印象：

> 陛下有張長臉，皮膚偏黑，聲音宏亮，身材修長。長相也許普通，但給人的印象卻是氣宇不凡，令我備感惶恐而喜悅。[21]

明治待在大坂的日子遠比待在御所時自在許多。儘管他仍必須持續向學，但多半還是很享受相對自由的生活。五月四日，他從簾後觀看了一場日本劍術的表演，接著學習《大學》以及兵法書《孫子兵法》和《三略》[22]。五月九日，明治上了一堂講授《孫子兵法》的課，並從這天開始每天都要學習各種日本和中國典籍（上級公卿也可以隨意聽講）。顯然天皇的教育一直都是他身邊的人最關心的課題之一。

大坂之行使得天皇至少在其近臣和部分外國人眼中變成一個可見的存在。不過如今德川慶喜已經甘願接受處分，所有人便都認為天皇作為政府軍總帥的職責已經結束，計劃讓他在近期內返回京都。大久保利通自然很不高興，因為他希望都城遷往大坂，擔心天皇回到京都之後又會跟以前一樣與臣民隔絕[23]。

五月二十八日，天皇啟程離開大坂。這一次比出京時走得快，隊伍在隔天便抵達京都。天皇的轎子一進入御所的大門，雅樂的樂師和舞者們立刻奏起慶祝天皇凱旋的〈還城樂〉。

這天天氣特別晴朗，一般市民都為了一睹天皇歸來的風采蜂擁而至。原先懸掛於宮門上方象徵天皇親征的錦旗已經全部撤下，明治天皇如今迎來了自己的首次凱旋。

·第十七章·

親王叛亂

天皇從大坂返回京都不久，隨即頒布了將由天皇親自處理一切國事的公告[1]：

> 主上年幼，故迄今住居後宮[2]，然依先前御誓文及主上所思慮，今後移居前殿，每日出御學問所[3]，為萬機之政，聽輔相[4]奏聞。亦不時親臨八景之間[5]，清暇之時研習文武，申時（約下午四點）歸前殿。以此順序為每日要務。

參與橫井小楠在信中（前文已有引述）表示，自己十分景仰天皇事必躬親的態度。他曾描述明治早朝時是如何坐在八疊[*1]大的房間中央有兩張榻榻米高的玉座上埋首於政務，身旁唯一的擺設便是菸草盆[6]。兩三名近習[7]在距離他約兩公尺遠的地方伺候，其他近臣則在門檻的另一側待命。議定和參與會根據情況單獨或是集體上前彙報。橫井記述道：「如此盛舉，實千餘年絕無之事。」[8]

與此同時，政府體制也宣布重組，將分為行政、立法和司法三個部門。顯然提出此案者是以美國或歐洲國家為範本9，然其目的並不是要仿效外國，而是為了履行《五條御誓文》。儘管肯定沒有人期望（或者要求）能在近期內實踐民主，讓任何人都有平等的機會參政（當時只有親王和公家大名有資格成為一等官）*2，但這次改革確實為那些有能力的武士甚至平民打開了通往二等官的仕途10。官員將由選舉產生，任期四年後輪替11，並允許連任；所有人包括大名、農民和商人在內，無論階級都要為新政府納稅，用以整備軍隊、維持治安，有官位者則必須將俸祿的三十分之一作為稅金繳納。

這段時期還公布了許多其他規定，有的針對特定情況，有的則是較為廣泛的通則。這一切的規定，都是為了建立一個不亞於西方先進列強的現代化國家。

戰鬥依然尚未結束，特別是在日本東北部和北部地區。一群高級公卿被派往動亂地帶擔任司令，即便他們從未接受過任何軍事訓練（將來也不會以此為業）。例如，著名的西園寺公望（一八四九—一九四〇）儘管學識淵博，卻不具備軍事方面的才能。六月十五日，他被任命為北國鎮撫使，並於隔日啟程前往越後國。西園寺想必與其他被指派為司令的公卿同樣都只是個掛名的大將，然而這些任命表明了當時人們依然抱持著文武應當兼備的思想。12

*1 疊為日本計算面積的單位，一疊相當於一張榻榻米大小，約一．五五平方公尺。

*2 日本在明治時期的官階，一等大約相當於陸海軍中將、省部級正職文官，二等官則相當於陸海軍少將、省部級副職文官。

在此時期參戰的公卿中最為神秘的人物要數能久親王。他生於一八四七年，是伏見宮邦家親王的第九子。一八五八年，十一歲的能久親王在江戶上野的天台宗門跡輪王寺剃度出家，獲賜法號「公現」[13]，並於一八六七年被任命為輪王寺門主，能擔任如此要職以他當時的年紀來說算是相當少見。要是沒有意外的話，他的餘生想必將在祈禱和冥想中度過，然而在宣誓臣服朝廷後便離開江戶城蟄居於上野寬永寺的德川慶喜卻拜託公現上京一趟，為自己和天皇居中斡旋[14]。

一八六八年三月三日，慶喜的特使拜訪了別稱輪王寺宮的公現親王，請求他會見熾仁親王為自己求情，卻遭拒絕。輪王寺宮表示自己從小便出家為僧，已經不諳世事，沒有能力在國家大事之間擔任仲裁。再說，自己雖然熟悉誦經念佛，但在與他人交涉並說服這點卻毫無經驗。如果真有必要，也應該另尋人選。[15]

第二天，慶喜親自拜訪輪王寺宮，正式請求他上京。輪王寺管理人覺王院義觀代替親王回應說，除了輪王寺宮的父親年事已高，加上他一旦去了京都可能就很難再次回來，屆時無疑會使江戶人心動搖，因此還是找人替代比較妥當[16]。從義觀提到如果輪王寺宮不能平安回來將使江戶人心「動搖」這點來看，輪王寺宮在江戶似乎備受愛戴或者至少具有一定的知名度，這也許是因為他和皇室關係緊密。

慶喜只好不情願地離開。然而三月五日，慶喜引見義觀並告訴他，政府軍的東征大總督熾仁親王已經離開京都，正率軍朝江戶攻來。慶喜再次請求輪王寺宮親自進宮一趟，為了說服他還在隔天送出一封同樣主旨的信。到了七日，山岡鐵舟（一八三六—一八八八）等幕閣也聯名致函義觀。慶喜等人的鍥而不捨表明了他們認為只要輪王寺宮到京都求見天皇，以他崇高的地位不可能會被朝廷拒絕，而這將是慶喜獲得天皇原諒的絕佳機會。三月九日，輪王寺宮最終同意在三月十三日動身赴京，並帶著與他平常出巡差不多人數的六十幾名隨從同行，其中不僅包括僧侶和武士，還有一名醫生、一名法律顧問、一名秘書、一名廚師、三名茶道家以及抬轎人。儘管如此，對於當時像他這樣身分的人來說，這個排場算是很節制的了[17]。

三月十三日大約上午十點，輪王寺宮的乘輿啟程離開上野。隨行家臣的親戚不分老幼都來送行，大概是擔心親王會就此被迫留在京都一去不復返，因而為離別感到十分悲痛。許多江戶市民皆被輪王寺宮到京都為德川家求情的無私精神所打動，紛紛在道路兩側含淚鞠躬目送轎子離去。

三月十七日，輪王寺宮一行已比原定計畫晚了兩天抵達小田原，但親王由於身體不適無法繼續前行。兩天後，政府軍的先鋒部隊挺進小田原，由來自薩摩、長州和大村藩的藩士以及一名大總督的特使和義觀見了面。他們詢問義觀往赴京都的目的，並質疑為何要帶這麼多武士隨行。在經過幾次問答後，特使命令輪王寺宮滯留小田原等候大總督的指令，還堅持要求隨侍的護衛返回江戶。輪王寺宮於是聽從命令遣返所有武士，只留下僧人。[18]

三月二十六日，一名薩摩藩士通知輪王寺宮大總督將於次日抵達駿府（靜岡），請他趕往現場。隔天清晨輪王寺宮便在滂沱大雨中啟程離開小田原，正當一行人經過箱根湯本村時，遇上一群正朝小田原進發的薩摩士兵。士兵們宛如嘲笑親王一般高聲歌唱：「親王大人為何冒雨上京，咚咚咚呀咚呀咚。」[19]

士兵走近輪王寺宮的轎子，不停試著用刺刀和槍托戳弄轎門。當一行人來到原本預定當作休息所的房屋附近，卻發現周遭圍滿了士兵，因此只好暫時前往一間寺廟避難。重新啟程時，路旁出現了更多士兵，無禮的程度也比先前有過之而無不及。親王一行本來打算在箱根的一間寺院裡享用午餐，當天早上還為此準備了便當。然而該間寺廟同樣遭到士兵佔據，於是他們只好餓著肚子繼續趕路。隨著天色漸暗，大雨也絲毫沒有停歇之意。一名先被派去三島打探的人回來報告說親王預定留宿的屋宅也駐紮著士兵，而且沒有其他的地方可住。最後輪王寺宮總算找到一間寺廟過夜，並不得不把本來已經提前送往三島裝有餐具與其他日用品的箱子取回來，直到接近黎明時分一行人才終於吃上晚飯。[20]當天晚上，隨從們都只能穿著外出用的服裝睡在戶外。

三月二十九日，經過漫長而艱苦的跋涉，輪王寺宮一行人終於抵達駿府。他被邀請住在總持院，但親王卻嚴正拒絕，因為聽說附近神社的神官已結成一批義勇軍，並對輪王寺宮不懷好意。面對一個至今大半生都在隱居的人竟抱持如此強烈的反感實在令人費解，但神官們很有可能早已接獲風聲，得知親王此次是應前將軍的懇託而出行。

三月三十日，輪王寺宮與熾仁親王會面，並上呈慶喜的陳情書，表示前將軍現在為表恭順正蟄居於上野，請求對其從輕發落。熾仁親王回答說，正是慶喜令人不齒的反叛行為招致朝廷下令征討，事到如今已經沒有挽回的餘地。熾仁的部下也主張即便慶喜已宣稱歸順朝廷並隱居於寺廟，仍不足以構成中止征討的理由；畢竟慶喜在陳情書中為自己過去行徑所做的種種辯解，不就證明了他依然不願服罪？[21]

對此輪王寺宮答道，自己這次前來請願並不單單是為了慶喜，更是因為政府軍的攻勢已使江戶市民陷入恐懼，他擔心天皇若得知此事會為之憂心。這番話似乎打動了眾人，儘管心存疑問，他們還是同意會考慮他的請求。

四月五日，輪王寺宮再次會見熾仁親王。輪王寺宮詢問慶喜應該怎麼做才能證明自己是真心臣服，熾仁則表示這必須徵詢參謀的意見。儘管他身為大總督，但顯然參謀才是實質上的決策者。熾仁的部下簡明扼要地表示慶喜必須交出江戶城和艦隊。輪王寺宮認為這很合理，便表明將派使者向慶喜轉達他們的要求，自己則按原定計畫繼續上京。但熾仁反對這麼做，認為輪王寺宮已經完成使命，沒有必要再前往京都[22]，應盡快返回江戶並由輪王寺宮親自將臣服的條件告訴慶喜。兩天後，輪王寺宮於是啟程返回江戶。

關於這段期間輪王寺宮的感受並沒有留下記錄，然而身為一名親王，他想必為薩摩士兵的無禮以及熾仁不由分說地命令他返回江戶感到惱火。這些怨氣再加上他原本就對以薩長兩藩為首的慶喜征討軍有所不滿，也許可以解釋他後來為何會與仍在抵抗政府軍的勢力聯手[23]。

回到江戶後不久，彰義隊的領導者便試圖與輪王寺宮接觸。彰義隊是三月四日在德川家的家廟上野寬永寺由德川家的擁護者集結而成的組織。而覺王院義觀正是彰義隊的熱心支持者，或許就是在他的影響下才讓輪王寺宮有了協助彰義隊的念頭（雖說是被動的）。許多藩士用血將自己的名字題寫在彰義隊的名冊上，發誓要洗刷德川慶喜的汙名，並剷除他們視為「君側之奸」的薩摩藩士。[24]

在政府軍佔領江戶之前的這段時間裡，彰義隊得到舊幕府的授權在街上巡邏。也許這時他們確實有助於維持秩序，但是當政府軍一來，彰義隊就轉而挑起事端，有時甚至出現掠奪行為。熾仁親王下令解散彰義隊，對此包括勝海舟和山岡鐵舟在內的前幕府官員也都表態支持，認為彰義隊的行徑只會陷慶喜於不利，然而他們的規勸卻毫無效果。義觀痛罵山岡「今日之事，名雖朝廷，實乃薩長所為」，譴責他被薩摩愚弄，如今有志之士集結於上野欲報效主君是理所當然的事；彰義隊不僅是為了前將軍一人，更是為了守護「東照宮以來歷代之靈宮」。義觀最後還指責山岡是一名「忘恩之賊臣」。[25]

輪王寺宮的存在使得政府軍很難向上野的彰義隊據點發起進攻。假如他在戰鬥中受傷或者死亡，情況將變得極為尷尬，因此他們請輪王寺宮的父親寫信催促他回京都向天皇請安。彰義隊的成員得知此事後強烈反對，很顯然只要親王一走新政府就會趁機對寬永寺發動總攻擊。他們向輪王寺宮發出通告，表示如果親王試圖離開上野，彰義隊的所有成員都將在寺廟山門前切腹自殺，他將不得不跨過他們的屍體才能離開。[26]

江戶市民也同樣懇求親王不要去京都，因為他們相信只有這樣才能使江戶免於戰火。輪王寺宮猶豫不決，一會兒決定留在上野，沒多久又改變了主意。一些僧侶建議他到比較安全的京都去，其他人則大力反對，認為他一旦回到京都就會被迫還俗，而這將是天台宗的一大損失。大總督也發信命令親王立刻離開上野以便發動攻擊，但這封信卻遭到義觀攔截。

最終熾仁親王再也等不下去了。七月四日淩晨，政府軍發起了攻勢。戰鬥異常激烈，人數劣勢的彰義隊被迫撤退。中午過後不久，薩摩軍隊佔領了寬永寺的黑門。當天早上，輪王寺宮和平時一樣到大堂禮佛念經。當槍炮聲響起，他身邊的僧侶勸他趕快離開，但親王一直等到念完經才走。在此期間，僧人們拿出幾件讓親王在緊急時刻穿的外出服。他於是脫下袈裟，換上了便裝。

輪王寺宮能往哪裡逃呢？幾位隨行的僧侶與他四處彷徨，很擔心會被抓住。親王似乎沒有想過要向政府軍投降，也許是覺得比起自首還不如咬牙忍耐。在途中，一名長期受寬永寺照顧的商人主動表示要帶他們前往安全的場所避難：

他們跟隨他走進一處農舍。裡頭只有一個狹小的房間，而且並不是親王適合待的地方。他們打開儲藏室，看到成堆的農具、稻草和乾草，一旁的角落則鋪著約一平方公尺的木板，地板前面則是泥土地。僧侶們把親王安置在木板上，自己則恭敬地坐在前方的泥地上。當親王表示有些許寒冷，他們便借來兩床髒兮兮的棉被。親王注意到僧侶們猶疑的神色，告訴他們不必擔心，隨即拿起被子蓋在頭上。此時已是淩晨三點。由於蚊子太多，親王整晚都無法入睡。27

第二天早上，一名隨侍的僧侶為輪王寺宮準備了早飯。雖然餐具又髒又破，但他還是做了一些飯糰和味道不太好的味噌湯。「親王說，要不是遇到這種情況，自己永遠不可能知道老百姓的味噌湯是什麼味道。他勉強喝了一口，然後笑著推開了。」28

輪王寺宮似乎能夠笑著接受艱苦的逃亡生活，然而政府軍卻下令各分隊四處搜索彰義隊的殘黨，大總督也命令任何知道輪王寺宮下落的人都必須立即上報。部分軍隊包圍了紀州大名的宅邸進行搜索，因為他們認為輪王寺宮可能向嫁給紀州藩主的妹妹求助。這些行為使親王藏身的寺廟院主確信無法信任熾仁親王，於是勸輪王寺宮由海路逃往北方，安排人手護衛喬裝的親王前往品川登上榎本武揚的軍艦29。

這天夜裡，輪王寺宮與隨從乘著小船搭上軍艦長鯨丸，在船上受到了殷勤的接待。榎本從主艦開陽丸趕來，他遣散眾人後詢問輪王寺宮是否想前往熾仁親王所在的指揮部。若是如此，他可以派出一隊人抱著必死的決心護送親王；但如果親王決意要去北方，他也樂意聽命。輪王寺宮表示自己所待的上野的寺院已經被戰火吞噬，如今無處可去；江戶不管哪裡都很危險，即使投靠熾仁親王也不能保證安全。因此他寧可前往北方在不受戰爭波及的天台宗分寺避難，直到新政府軍平定全國。榎本同意遵從親王之意，但是為了不重蹈南北朝時期的覆轍，他請求親王寫下一份聲明，證明這確實是他本人的意志[30]。由此可見榎本這時已經預見輪王寺宮很可能會作為一個派系的領袖與明治天皇爭奪國家的統治權，正如十四世紀日本也曾有過兩位天皇各據一方彼此對峙的時代。

根據無法證實的消息來源，輪王寺宮的聲明是按詔書的格式書寫的，他還任命榎本及其下屬擔任未來新朝廷的要職[31]。如果這是事實，那說明輪王寺宮已經在這時自立為天皇[32]。文獻中所呈現的輪王寺宮給人相當矛盾的印象，他由於害怕捲入戰爭才逃到北方，但北方正是反新政府勢力的核心地帶，而我們實在很難把看似天真的輪王寺宮與後來和抵抗軍合作的他聯想在一起。無論親王是否有自覺，一位皇族的加入都讓反叛勢力得以高舉象徵正統的錦旗。[33]

五月，北部和東北的藩國組成反政府聯盟，並於六月二十二日簽署盟約[34]。一個月後，輪王寺宮出現時，同盟成員懇請他成為聯盟的「象徵」，並希望他擔任軍事領導，但親王以自己只是一介僧人而拒絕了。八月五日，輪王寺宮就任同盟盟主。當天舉行的列藩會議起草了一份關於親王地位的聲明，內容共有七條規定。其中前三條如下：

一、親王殿下暫居白石城。
二、開銷由前幕府在奧羽的土地收入負擔。
三、彰義隊將繼續保護其安全。

輪王寺宮於八月三十日遷入白石城。在各藩的集會上，他發揮了名實共存的盟主角色[35]——仙台和米澤藩主被選為總督，同時還決定了參謀以下的職位，一個與京都對抗的「朝廷」已然成形。根據菊池容齋（一七八八—一八七八）[36]的筆錄，從八月五日起，北方的年號改為太政元年，輪王寺宮則即位為東武皇帝[37]。由於沒有其他的證據能證明這段文字的可信度有多高，但它的存在本身卻表明當時的人們認為這樣的發展似乎合情合理。

輪王寺宮直到戰爭結束前都一直待在北方。一八六八年十一月二日，在同盟折損了大半兵力，勝負已見分曉之際，親王寫了一封道歉信為自己對抗京都朝廷的行為深感後悔[38]。這時謠傳同盟的殘黨計劃將輪王寺宮綁架至駛往外國的船隻，並下令對他嚴格監視，然而事實上親王一直都在仙台（後來待在白石），並於十一月底啟程前往東京。隔月，輪王寺宮被裁定為「失大義」，將交由其父親處置，且必須立刻奔赴京都閉門思過[39]。一八六九年十一月十七日，他結束悔過並恢復親王地位。在此朝廷對一名（不願是否出於自願）曾經擔任叛軍重要人物的親王展現了極大的寬容；同一年輪王寺宮出國，先去了美英，後來又去德國學習軍事[40]。一八七二年，親王被封為北白川宮，晚年即以這個稱呼為人知曉。一八九五年，他在擔任近衛師團長出征臺灣期間因病逝世。

一八六八年十月一日，另一位具爭議性的皇族朝彥親王由於涉嫌參與推翻政府的陰謀而被流放至廣島。早在去年他就已經因為形跡可疑被勒令閉門思過，到了一八六八年八月，有人密告他企圖恢復德川家政權，計劃派榎本武揚的艦隊將士兵送往各個登陸點發動謀反[41]。經調查後發現罪證確鑿，於是朝廷剝奪了他的親王稱號、官銜以及仁孝天皇養子的地位。然而這些懲罰卻逐漸減輕，一八七二年二月，他得到赦免並旋即恢復了身分。[42]

這段時期最著名的反抗行動無疑是榎本武揚的反叛。江戶開城五個月後，榎本武揚率領八艘軍艦叛逃。他先在平潟把輪王寺宮送上岸，接著繼續駛往蝦夷（北海道），打敗了駐守的松前藩和弘前藩士兵，並以位於箱館的要塞五稜郭為據點。一八六九年一月十四日，榎本透過英國和法國公使向朝廷發出請願書，請求委任他開拓蝦夷。一月二十六日，岩倉具視回信給兩國公使，說榎本言行不一，無法免除他叛國者的罪名[43]。這番嚴厲的答覆可能是促使榎本宣布成立「蝦夷共和國」的原因之一，但蝦夷共和國也只不過得到了當時恰好駐紮在箱館的英法兩國分艦隊有條件的承認。一八六九年六月二十七日，這個嘗試集結幕府支持者按照幕府傳統生活的國家最終宣告失敗，榎本向黑田清隆率領的政府軍投降。然而在伴隨明治維新發生的所有起義中，這算是持續了最久的抗爭。[44]

這是緊接著明治維新之後發生的最後一起挑戰朝廷權威的大規模叛亂，但此後仍有一些規模較小的類似事件。格里菲斯(William Elliot Griffis)曾寫道：

一八七一年又出現一次嘗試，企圖擁立一名新天皇並恢復舊制……一切都按照老套的方式計劃，首先是控制某個具有皇室血統的親王。有了天子在手，篡奪者們就能以其名義為一切的所作所為染上神聖而合法的色彩。[45]

一八七一年四月的另一起陰謀，是兩名公卿(外山光輔、愛宕通旭)眼看物價飛漲導致民生困頓、京都自從遷都東京以來日益衰敗，以及最主要對國內猖獗的外國人和外國勢力感到憤怒，因此密謀推翻政府，企圖完成孝明天皇未竟的攘夷事業[46]。他們拉攏了包括朝彥親王的家臣在內的一些公卿，根據格里菲斯的說法，這些人「計劃在東京縱火，把天皇帶回京都，並完全顛覆政府制度」[47]。其中一名謀反者甚至建議炸毀京都府的府治，殺死裡面作惡多端的官員；另有一人則提議將外國人逐出神戶。幸運的是，不法分子在實施計畫之前就被逮捕。即使在被捕之後，外山和愛宕仍公然蔑視朝廷頒布的法令，顯然怙惡不悛。兩人因此在一八七二年一月十二日奉命自殺。他們的追隨者也受到了懲罰，有的被降為平民階級，有些人則被判處終身監禁。[48]

除了這些貴族高官的陰謀之外，民間亦是起義頻傳，光在一八六八年就發生了一百二十六件，其中許多都發生在上野國一帶[49]。這些抗爭活動通常受到前幕府的支持者或其他有心人士煽動，不過他們反抗的目標大多並非中央政府，而是富商或者地方藩政，因此部分起義就結論來說反而有利於新政府[50]。

對於這些不滿朝廷統治的聲音，我們不清楚年輕的明治天皇究竟知道多少。但他肯定大致掌握了當時的情勢[51]，並對輪王寺宮和朝彥親王的行動有所耳聞，畢竟這兩人可都是立於公家頂點的仁孝天皇養子。人們會向他報告政府軍在北方取得節節勝利，並保證事態盡在掌控之中。然而，這時明治的注意力可能已經從戰事轉移到即將到來的即位典禮和江戶之行；比起遙遠北國的戰況，這兩件事對他的影響更加直接。但正如明治天皇心裡也很清楚，直到徹底剷除幕府東山再起的威脅之前，鎮壓行動將會持續。

・第十八章・

東都江戶

一八六八年十月十二日，舉行了明治天皇的即位大典。儀式原定於去年十二月舉行，但因國內情勢不穩，不適合舉行盛大的儀式，也沒有時間做足準備，因而決定延後[1]。由於眼前有其他更要緊的國務，政府直到一八六八年六月才開始研擬典禮的細節。岩倉具視命令現任神祇官官員的前大名龜井茲監（一八二四—一八八五）查閱過去文獻，裁定「皇國神裔繼承」的規範。岩倉相當確信至今為止所謂的傳統禮儀其實大多都是照搬中國的模式，因此更應趁著維新改革之際修改禮儀規範，從而為後世的即位典禮樹立榜樣。

到了八月，龜井茲監和福羽美靜（一八三一—一九〇七）接到正式命令，為即位典禮制定一套新的流程。這時福羽提出了一個顯然不符合古老傳統的建議：他提到昔日德川齊昭曾送給孝明天皇一個地球儀，希望藉機讓天皇認清世界大局，激發他向海外宣揚國威的雄心壯志。福羽表示如果把地球儀作為即位典禮的焦點，必能喚醒在場百官的崇高志向，加深其見識，同時讓大眾對典禮留下莊嚴的印象[2]。他還提議典禮上的祝禱詞應當體現萬民的祝賀之情。而這也正是岩倉所期望的——即廣納一般國民進入迄今專屬於高級公家的儀式體系。

儀式舉辦的時間自然先諮詢過陰陽師。根據他們的判斷，典禮應在十月十二日的早上八點舉行。被指派擔任儀式上不同職務的官員們根據自己對日本古籍的理解就現行規範提出了種種變更，宮廷則提前派人前往主要神社祭拜，祈禱典禮當天無風無雨[3]；使者也被派往神武天皇、天智天皇和前三代天皇的陵前報告即位典禮將於近日舉行。

典禮經過精心安排，參加者的每個動作都按照計畫進行。當天一早天皇就穿上束帶裝，這種裝束與神道的神官所做的打扮很相似，意味著日本將拋棄中世以來唐制禮服的傳統。十點左右，天皇從清涼殿出發，穿過長橋來到儀式的舉辦場所紫宸殿。先由兩名女官在前面引路，接著另兩名女官各自捧著神劍與勾玉[4]。天皇身後跟著一名官員捧著放有笏的盒子，另一人則負責托著束帶的下襬。天皇抵達宮殿後從後方進入帷幕內就座，這時眾人都還看不見他。兩名女官將神劍和勾玉置於天皇左邊的桌子上，然後退下。一名官員向天皇奉上了笏。接下來隨著一聲鑼響，兩名女官拉起簾幕，天皇於是現身在眾人面前。群臣在衛官一聲令下隨即伏跪在地，一名官員向天皇獻上御幣[5]，再由神祇官的長官上前接下。儀式結束後又是一聲致敬，全體再次鞠躬。接著宣命使[6]冷泉為理走到指定的位置，手持宣命，大聲宣告新天皇繼位，並祝福天皇福壽綿長、國家繁榮。

宣讀完畢後，一名樂師唱起古老的歌謠：

無數黃沙子
綿延遍海涯
祝君千萬壽
為數亦如沙[7]

歌曲結束後，隨著伏原宣足的口令，全體再次鞠躬。熾仁親王跪行至天皇御前，報告即位大禮已經結束。隨著一聲鑼響，女官將簾子放下，天皇再次從眾人的視線中消失並退出宮殿。議定和參與來到小御所向天皇祝賀典禮圓滿成功。其他列席的官員在聽到退堂的鼓聲後各自散去，典禮正式於正午時分結束。這時雨停了，天空突然放晴，所有人把這看成一種吉兆感到相當高興。官吏們被允許放假一天，民眾也都放下手邊工作一同慶祝。[8]

為了更加鞏固天皇與國民之間的關係，天皇的生日在這時被定為國家節日，即天長節[9]。把天皇誕辰定為節日的做法最早可追溯到西元七七五年，但這種習慣早已中斷許久。而選擇在此時復興這一慣例，無疑是另一個希望回歸古老傳統的例子。

十月二十三日，政府宣布年號由慶應改為明治，同時今後將改採一任天皇只用一個年號的「一世一元制」[10]。「明治」二字出自古代中國經典《易經》中的一段：「聖人南面而聽天下，嚮明而治。」新年號公布的前一天，天皇親自來到內侍所，從學者建議的年號候補中以抽籤選定。天皇當時多半沒想到自己同時也抽出了一個後世對他的稱呼。至今為止日本天皇幾乎都像明治的父親和祖父那樣，會以住處或者死後的謚號作為名稱。「明治」意為「開明的統治」，這個稱號確實完整體現了他的治世；他的父親和祖父所使用的稱號儘管帶有吉祥之意，卻與他們的時代不太相符。

即位典禮一結束，這位年輕君主下一個重要任務便是訪問東京。這次行幸早在九月就發出公告，同時宣示天皇認為「海內一家東西同視」，因此將重新命名江戶為「東京」，意即東之都。該次行幸的官方理由則是因為自今春以來，東部的民眾長期飽受戰火煎熬，天皇一直都希望能親自慰問當地百姓[11]。這次出訪在岩倉具視看來非常重要，他堅持行幸的日期應在即位典禮的隔天正式公布。十月十二日，岩倉提交一份名單，針對誰將陪同天皇訪問東京、誰將在天皇行幸期間留在京都處理政事和保衛都城都做了安排。

但也有一些人認為此事操之過急，畢竟朝彥親王的陰謀曝光和前幕府艦隊的脫逃都證明東部地區尚未徹底平定。然而作為最初提出遷都東京的提案者，江藤新平（一八三四—一八七四）強力主張天皇必須立即訪問東都。他說，東部人民長期慣於接受幕府的恩惠，對於天皇慈愛的恩澤仍相當陌生。隨著幕府垮臺，這些民眾就好像失去了主人一樣，不知該心向於誰。如果因為擔心叛軍的艦隊而推遲行幸東京，新政府不僅會失去國內外的信譽，甚至可能因為錯過這次博取民心的難得機會招致不測之禍。江藤的能言善道再加上岩倉的政治才幹，使得許多人都傾向將行幸的日子訂在最近。[12]

儘管如此，反對的聲音仍未止息，有些人擔心北部尚未徹底平定會帶來危險，也有些人考慮到政府自鳥羽伏見之戰以來的鉅額經費，深怕天皇行幸的開銷會使本已捉襟見肘的國家財政雪上加霜。京都市民則擔憂此次出訪將是遷都的前奏（當時大久保利通以贊成遷都東京為人所知）[13]。

另一方面，東京居民熱切地盼望天皇到訪的日子趕快來臨。隨著幕府解體，這座城市已經失去了原本的政治地位，人們擔心它會被逐漸遺忘。但這種擔憂似乎並不僅限於當地居民。薩道義曾在日記中寫道：

> 由於與進出的商人和商家購買物品的大名都返回各自的家鄉，人口自然減少了。江戶的衰微令人惆悵，因為它曾是遠東最美麗的城市之一。儘管沒有宏偉的公共建築，但市街鄰近海岸，周邊則有許多供大名遊賞的庭園。壯闊的護城河環繞著城堡，由巨大石塊築起的雄偉城牆與松柏的優美樹影相互輝映；市內亦隨處可見田園風景，這一切都給人留下了偉大的印象。[14]

薩道義傷感的筆觸似乎是在惋惜這座城市會在將軍和大名離開之後失去它的偉大以及

迷人之處。武士居住區看上去非常荒涼，甚至一片死寂。如今東京復興的唯一途徑就是被選為日本的首都，而這正是大久保所期望的。十月二十八日，當他從擔任東征大總督參謀的東京回到京都，此後便極力勸說天皇立刻行幸東京。朝議最終決定將啟程的日期定在十一月四日。隔周，從東北傳來了好消息：仙台藩已於十月底向政府軍投降。

天皇的鳳輦於是按計畫啟程。當天早上八點，天皇來到紫宸殿，在此乘上鳳輦，帶著三種神器之一的八咫鏡離開御所。以岩倉具視、中山忠能和諸侯們為首的隨行隊伍人數高達三千三百人，八咫鏡的護衛則由水口藩主加藤明實擔任。皇太后和淑子內親王在道喜門目送他們離去，住在京都的公家大名則在南門外的道路兩側為天皇送行。沿途行人不分男女老少皆向經過的鳳輦致敬，儘管當時並沒有像往常一樣特別勸告要保持道路淨空，圍觀的群眾仍自動表現得肅然起敬且秩序井然，表達敬仰的拍手聲亦是不絕於耳。15

隊伍向東前行來到粟田口，在天台宗門跡的青蓮院做短暫停留。天皇在此享用了午膳，並隨後換乘適合長途旅行的輕便板輿。隊伍穿過蹴上坂來到東山另一側的山科，天皇還在途中遙拜了天智天皇的陵墓。大約下午兩點，隊伍抵達大津，天皇在宿場稍作歇息，八咫鏡則安置在另一個房間裡。

這時權中納言大原重德騎馬追了上來，建議天皇立即返回京都。據大原所言，伊勢神宮的外宮豐受大神宮於十月三十一日舉行祭祀儀式時，神宮的大鳥居突然倒下；神官認為這是天照大神發出的警告，因此火速派出使者通知朝廷。從一開始就反對天皇行幸東京的大原希望藉此阻止隊伍前行，然而岩倉卻不為所動。他答應會親自獻上祈禱，說完便把大原打發回京都[16]。

這一天，天皇派人向沿途所有神社獻上幣帛（實際上對路上經過的每一站都這麼做了）。此外還針對老人、孝子、貞婦、忠臣以及對公共事業有貢獻者發放獎勵金，並救濟那些生病、遭遇不測或者極度貧困的人。這些善舉所費不貲，不過幸運的是，此次行幸的大部分費用得到了京都和大坂富商的贊助。

隊伍沿著連接京都和東京的東海道穩步前進。一路上北方各藩降服的消息不斷傳來：十一月六日會津藩投降，七日庄內藩投降；長岡藩於十九日投降，盛岡藩則於二十二日投降。如今還在反抗政府軍的，就只剩下蝦夷的榎本武揚了。

年輕的明治又是如何看待第一次如此勞師動眾的這趟出行呢？雖然和歌是他後來主要表達情感的方式，但明治似乎沒有把行幸東京的心得用和歌記錄下來。不過我們偶爾還是能從其他地方找到一些線索，得知他對哪些事物特別印象深刻。十一月十一日，天皇曾停下來在乘輿裡觀看農民收割稻子。岩倉具視向農民要來幾根稻穗呈至天皇面前，這時尾張藩的大名作了以下這首和歌獻給天皇：

稻穗爻爻令人憐
陛下子民何其苦

根據記載，天皇向這些農民賞賜了糕點，以慰問他們的辛勞。[17]

十一月十四日，天皇在靜岡海邊的潮見坂首次遙望太平洋。這可能是日本史上第一次有天皇親眼看見大海。天皇在這時並沒有表態，但木戶孝允則不禁激動地說道，從今天開始皇國的榮光將普照四海[18]。第二天，天皇坐船渡過濱名湖，看著平靜的湖面似乎讓他相當愉悅。這時岩倉作了一首和歌，還很謙虛地沒有在當中加入任何自身的感想：

浪風新居徒虛名
只見御船渡靜水[19]

旅途中還有很多其他有趣的體驗。為了方便天皇渡河，以水流湍急著稱的大井川上搭起了一座木板橋，而在渡過安倍川時則使用架在小船上的浮橋。這些對天皇來說都是前所未有的體驗，然而最令他難忘的想必還是在十一月二十日仰望的富士山。這可能是第一次有天皇見到這座在日本文學中備受稱頌的山峰。明治於是命令每一位侍從在抵達東京前作出一首歌詠富士山的和歌。

十一月二十六日，天皇一行抵達東京。由大總督熾仁親王、三條實美和東京府知事在品川迎接。在一群身著正裝、佩帶寶劍的親王以及公家大名的簇擁下，天皇進入了東京。如此盛大的演出是根據岩倉具視的提議，因為他認為長期生活在武家統治下的關東民眾已經變得「野蠻」，而要控制並緩和其性情的最好方法就是讓他們見識一下宮廷的服裝與儀禮[20]。一行人首先在增上寺做了短暫停留，並讓天皇重新乘上鳳輦。隊伍從和田倉門進入江戶城，自此江戶城成為皇居，同時改名為東京城。數以萬計的民眾抱持敬畏之心觀看天皇入城，一想到今天見到了天子，便感動得淚流不止[21]。

但戰事仍未結束。實際上在十二月十日，政府軍於蝦夷敗給了榎本武揚的軍隊。然而幾乎所有人都認為叛軍已經無法再對新政府構成嚴重威脅[22]。十二月十五日，熾仁親王將錦旗和節刀奉還天皇，意味著東北部反抗政府軍的勢力已被弭平。

十二月十七日，天皇向東京市民下賜大量的清酒，用來慶祝此次行幸。分發的清酒數量共兩千九百九十桶，連同五百五十只裝酒的錫壺以及一千七百隻魷魚乾，總計金額為一萬四千三十八兩。東京市民於是狂歡了兩天，這件事甚至成為明治文學最初期的題材。漢詩人大沼枕山（一八一八—一八九一）就曾以此作了一首七言絕句：

天子遷都布寵華，
東京兒女美如花。
須知鴨水輸鷗渡，
多少簪紳不顧家。[23]

「布寵華」指的正是發放清酒這件事。在京都的公卿看來，當下「鴨水」（京都的鴨川）的魅力已不如「鷗渡」（東京的隅田川），以至於他們都把繼承自祖先的家園拋諸腦後。事實上，在一月十日宣告天皇將於下個月初返回京都時，身為公卿代表之一的三條實美卻站出來反對。他主張國家的興衰很大程度上取決於關東人心的向背，如果天皇這麼快就返回京都則必失民心。他還強調東京的繁榮影響了國家整體的繁盛，縱使京都及其周圍地區陷落，只要東京還在則國家無虞。[24]

滯留在東京期間，明治天皇與一些對他個人來說極為重要的人見了面。他接見了現稱為親子內親王的和宮，兩人也許談起了她已經去世的兄長孝明天皇。明治還與時任水戶藩主的慶喜之弟德川昭武（一八五三—一九一〇）會面。昭武曾在法國留學一年，天皇因此詢問他一些國外的情況。他的描述顯然讓明治印象深刻，在這之後也經常召見昭武請教有關西方的事情。一月初，只有十五歲的昭武接獲命令前往蝦夷，作為水戶藩主討伐箱館的叛軍[25]。之所以派昭武出場顯然並不是因為他的軍事才能，而是他的家世——目的是希望藉由表明政府軍側有德川家的人（末代將軍的弟弟）存在，進而從精神上動搖支持榎本武揚的前幕府勢力。

人在東京的期間，明治與駐留橫濱的外國外交官開始針對一些事務進行交涉，例如解除在新政府與叛軍發生衝突期間的局外中立政策、征討箱館的叛軍、關於日本基督教徒的處置以及紙幣的發行等。但談判進行得並不順利。以令人敬畏的巴夏禮為首的外國代表團拒絕考慮任何可能會威脅到絕對貿易權的要求——不論是在箱館還是其他地方。

一八六九年元旦，東京互市場（交易所）於築地鐵砲洲開放，並設立外國人居住區。武士若沒有書面許可不得進入此區，這種規定很可能是為了消除外國人對帶刀武士的恐懼，卻也必然地貶低了武士的地位。不久，武士被賦予保護外國船隻的任務，這是他們萬萬沒有想到的。大沼枕山曾作了一首詩描寫武士們的困境：

小揚州為新島原，
關訶邦士護蠻船。
勸郎莫帶兩條鐵，
勸郎須帶十萬錢。[26]

一八六八年冬，政府拆除築地鐵砲洲一帶的大名宅邸，將該區劃為外國人的居留地，同時在附近新設一處命名自京都島原的遊廓（妓院區）。詩中的最後兩句表現了對新島原的妓女而言，金錢比顧客的身分地位更為重要。對於武士來說，這與數年前堅持攘夷如今卻得保護外國人的處境同樣令人屈辱。

一月四日和五日，天皇接見了外國使節，表明他希望更加促進日本與諸國之間的良好關係。按照西方的外交慣例，君王接見外國使者並設宴招待一點也不足為奇，然而這在日本卻是史無前例的創舉。尤其如果我們想到孝明（他認為外國人光是出現在神聖的日本國土就是對神明的可怕褻瀆）才駕崩不到兩年，這一切將更加值得驚訝。年輕的明治天皇不僅主動與外國人接觸，還對他們非常友善。

一月十日，天皇初次登上日本戰艦視察艦隊的演習。在這之前三條實美和岩倉具視就經常勸他坐船從橫濱出海，但天皇的外祖父中山忠能卻表示反對，擔心神劍和勾玉會在海上遺失。天皇雖然最終決定登艦，不過他出發時把神劍和勾玉留在濱離宮，並派重兵把守。當天皇登上富士艦，一艘美國軍艦鳴放了二十一發禮炮，富士艦隨即作出回應。天皇的侍臣（包括議定中山忠能和參與大久保利通）都被炮聲嚇了一跳，但是明治本人卻是泰然自若，甚至還露出些許愉悅的神情。日後當他聽到附近傳來爆炸聲或者類似的聲響時都表現出同樣的鎮定，這與他孩提時代一聽到炮聲便暈倒的傳聞形成了鮮明的對比。

天皇的海上之行極為成功。晴朗的天氣加上天皇顯而易見的好心情，被認為是未來日本海軍發展的好兆頭。第二天，天皇立刻下達諭旨，稱「海軍之儀乃當今之急務」，應更加「講究精勵」。

一月十五日，輔相岩倉具視和外國事務副知事東久世通禧拜訪了橫濱的英國公使館，希望說服對方放棄在新政府和前幕府支持者之間維持中立的政策。日本政府之所以如此迫切，主要是為了盡快解決美國製造的裝甲艦石牆傑克森號(Stonewall Jackson)的所有權問題。這艘船當初是由幕府訂購，然而在還沒交貨前內戰就開始了。列強對此採取中立而不願把船交給任何一方。新政府曾多次要求外國人解除中立政策卻都遭到拒絕，石牆傑克森號就這樣一直停泊在橫濱港。岩倉和東久世主張戰爭實際上已經結束，外國沒有理由繼續保持中立。根據薩道義的描述，巴夏禮這時回答說其他公使們雖然「願意接受戰爭結束的宣言，卻不願交出石牆傑克森號；為了確保扣留船隻的合法性，他們無意撤回中立通告。」[27]對此岩倉再次重申天皇政府從未想過利用石牆傑克森號作為攻擊榎本武揚的手段，倒不如說他們反而決定對榎本從寬處置。

巴夏禮竭力勸說其他外國公使。多虧他從中斡旋，公使們最終同意解除中立政策[28]。我們很難理解岩倉說出「天皇政府」根本不打算用石牆傑克森號去攻擊榎本這番話的真正意思，畢竟當中立政策一解除，政府便跟美國買下這艘船派往箱館，在海上進行了英勇的戰鬥。不過事實證明岩倉在這時許諾會對叛軍從寬處置並無虛假；一八六九年六月二十七日，榎本投降後被判服刑三年，於一八七二年獲得特赦，並旋即就任北海道開拓使。

其他參加反叛的藩主也同樣得到寬待。東北的戰事結束後，天皇頒布詔書宣稱賞罰不應由他一人決定，為確保公平正義將廣集眾議做出決斷。會津藩大名松平容保本應以謀反罪判處死刑，但因此獲得減刑。事實上不僅松平，該提議也適用於其他所有反叛大名。沒有任何一位與政府針鋒相對的大名遭到處死，松平雖然獲判永久流放至鳥取，但是過沒多久就被免除處分。其他大名儘管被沒收了原先的領地，卻幾乎都在之後獲賜新的封地。堅持認為應該處以死刑的只有木戶孝允一人，他表示自己並不憎恨叛亂分子，但痛恨這些人犯下的罪行，也無法忘記許多忠誠的士兵因他們而死。木戶無法認同為了寬容而扭曲法律，然而他的話並未動搖其他政府官員；在當時，從寬處置才是主流。[29]

一月二十日，明治啟程從東京返回京都，承諾春天會再次來訪。回程的隨從人員比起來的時候減少許多，共計兩千一百五十三人，說明敵對分子的威脅已然降低。一路上他再次仰望富士山並欣賞了靜岡沿岸三保松原的景色。如今他有充分的理由感到滿足：在他離開京都不到三個月時間裡，東北已經徹底平定，儘管箱館仍有叛軍抵抗，但是就連許多外國公使也都認為新政府已經獲勝，兩百多年來作為幕府根據地的江戶現在也落入天皇手中。不僅如此，天皇的鳳輦沿東海道行進的這番壯舉無疑提高了他在京都以外地區的民眾們心中的威望[30]。二月三日，天皇的鳳輦回到京都，按預定剛好趕上六日舉行的孝明天皇忌日儀式。三天後[*1]，明治的新娘一條美子進宮，為這個日本歷史上最重要的年份之一，劃下完美的句點。

*1 這天在和曆是明治元年十二月二十八日。

・第十九章・

剛、毅、木、訥，近仁

一八六九年的初始遠比近幾年來都還要沉浸在一股歡樂的氣氛中[1]。按照往例，京都御所在元旦當天舉行了傳統的慶祝儀式。而在東京，當地的公卿大名和百官齊聚於東京城互相拜年，英國和美國的公使也發來新年的祝賀。

二月十四日（和曆一月四日），輔相、議定、參與等高級官員被召至宮廷聽取岩倉具視宣讀天皇的詔書。天皇憂慮自己德行不足，可能危及傳自祖先的萬世一系皇統。長年累月的戰事使得生靈塗炭，但幸好多虧了百官將士的努力，讓臣民得以找回安穩，這令他備感欣慰。天皇接著展現自己延續祖先偉業的決心，並希望臣民不須有所忌諱，指正他的錯誤。[2]

這份詔書的措辭大體遵循傳統，擬定內容時多半沒有問過天皇的意見[3]，但他顯然希望參與今後政府的所有決策。自此以後明治不僅會出席內閣會議，更親自處理無數公務，幾乎持續到他去世為止。天皇通常不會在會議上發言，然而他的存在卻大幅提高了會議的嚴肅性和重要性。

佳節氣氛很快就被硬生生地打斷了。二月十五日下午兩點左右，參與橫井小楠乘轎從宮廷返家途中，在寺町通遇上幾名暴徒朝轎子開槍。橫井逃出轎子想用短刀自衛，然而他大病初癒，因而無力對抗被當場刺殺。儘管橫井的家臣和僕人奮力追趕，犯人還是逃之夭夭。

天皇聽聞暗殺的消息極為震驚，立即派出一名侍臣到橫井家了解情況，並向在襲擊中負傷的家臣和僕人下賜四百兩金補貼他們的醫藥費。翌日，天皇指示熊本藩主細川韶邦務必厚葬橫井，並賜與三百兩金的喪葬費用。這般迅速而溫馨的舉動令人印象深刻，比起後來其他人（甚至是比橫井更親近的人）遭到暗殺時他表現出的冷淡態度更是形成了鮮明對比。明治這時之所以展現發自內心的關懷，可能是因為他還年輕。日後隨著他身為一名君主的自覺漸趨成熟，這類自發性的行為於是逐漸由一種鮮少展露個人情感的公正無私態度所取代。

經過大範圍的搜索加上封鎖所有京都出入口等措施，刺殺橫井小楠的犯人最終在高野山被逮捕。兇手宣稱刺殺的理由是因為橫井與外國人勾結並企圖在日本推廣基督教，是個卑鄙叛國賊[4]。這群犯人被關押在福岡藩大名位於京都的宅邸，卻在不久後成為人們同情的對象。福岡藩大名請求對他們從寬發落，邸內也有許多人力勸上頭特赦，甚至連政府的公訴人都開始搜索橫井可能行為有偏差的證據，希望藉此為犯人辯護。這類同情心顯示新政權在開明的外表下依然潛藏著過去的排外情緒，剷除任何親近外國的人士都將獲得原諒。四名犯人直到一八七〇年十一月才被處刑。

當然，橫井的目的並不是要讓日本人全部改信基督教。他是一名不折不扣的儒學者（也是為明治講學的保守派元田永孚的老師），而且從未背棄儒家的教誨。橫井早年熱心於攘夷思想，但是後來轉向實學（詳見第二十一章）[5]。這使他改為支持外國學識的輸入，包括西方的經濟和政治理念。基督教並不是他的思想基礎，然而正如這個時期一名西方權威所言：「基督教對橫井來說代表著實用或者講求理性的道德體系……比起那些出現在他之後的日本思想家，橫井更加敏銳地注意到西方科技和經濟力量與基督教的密切聯繫，並將其理解為近代化和其背後道德體系之間的關係。」[6]犯人聲稱他們擔心純粹的日本傳統信仰遭到外國勢力玷污，以此拒絕承認橫井的思想對新生日本的價值。

橫井是個走在時代先端的人物。喬治・桑塞姆（George Sansom）在研究橫井的政治思想脈絡後，認為他「甚至發展出世界大同以及四海一家的思想，並提倡所謂『一個世界』的理論」[7]。傳統的儒家教育或許的確會培養友愛世人的觀念，但這並非德川時代末期日本儒學的典型特徵。殺害橫井的犯人在年輕時作為武士所吸收的儒家思想讓他們認為自己的暴行是可以被允許的；根據儒家的教誨，無論是寬容還是不寬容都自有其合理性。

年輕的明治天皇所學象徵了當時人們認可的正統儒家思想，包括研讀中國思想經典以及部分日本史的相關著作。天皇每個月要接受六堂《論語》和六堂《日本書紀》的課程，不久後學習的範圍則會擴展至《論語》以外的四書五經以及日本的典籍——北畠親房所著之《神皇正統記》[8]。此時明治的導師們仍沒有打算讓他了解世界地理或歷史知識，更別提探索科學了。

當時在教育上對現代做出的唯一讓步，便是允許明治每個月騎六次馬。兩年前明治第一次騎馬時就展現出濃厚的興趣，隔年還欣賞了很多次馬術表演。作為天皇少數親近的友人之一，木戶孝允曾在日記中描寫天皇是如何在馬術場揭開御座前的簾幕，命令他現場騎馬。木戶的表現非常出色，天皇因此在他的食物盤上放了一枝花，還下賜許多清酒，讓木戶喝得醉醺醺的[9]。不久，天皇就迷上了騎馬。這令侍臣們相當苦惱，他們認為天皇應該多把時間花在讀書上[10]。年輕天皇的行為顯然與他父親趨於靜態的生活模式形成鮮明對比，孝明不僅從未騎過馬，更幾乎沒離開過御所一步。而明治的行動力或許也解釋了他為何與保留日本傳統武藝精髓的武士階層關係親密。

一八六九年二月二十五日，天皇出席了一場馬術表演，並身穿白衣和紫紅色的袴騎在馬背上。其他的騎手除了大名（他們的教育自然是以武藝為重），還包括像三條實美和明治的外祖父中山忠能等公卿。人們之所以鼓勵天皇騎馬本來是為了讓他擺脫從小由女官帶大而養成的陰柔氣質，但現在周圍的人卻都被他騎馬的熱情所感染。明治對一個人的評價有時甚至取決於對方在馬術上的表現。

天皇的教育是大臣們極為關心的問題。木戶的日記尤其在接下來的十年裡一再表露他對此格外擔心。岩倉具視也意識到年輕的天皇身邊必須有適合的顧問。一八六九年三月七日，岩倉在寫給三條實美的信中強調培養「君德」（即君王道德）的重要性。「今大政維新之初，天皇年少缺乏經驗，故輔導之任一日不可或缺。」[11]岩倉建議從公卿、大名和賢士中選出真誠嚴謹、器識高遠以及通曉和、漢、洋學之人。他認為天皇聰敏且明德兼備，當他掌握了要領，即為政府所需之君。

然而對此一開始並沒有稱得上具體的計畫。一八七一年，天皇的學習內容增加了一些與近代相關的素材。課程表每十天制定一次，十天裡有四天他都在學習《西國立志編》，這是塞繆爾・斯邁爾斯（Samuel Smiles）的著作《自助論》（*Self-Help*）在幾個月前才剛出版的日文譯本。年輕的明治——他一直以來接觸的書籍幾乎都僅限於儒家經典以及描寫日本皇室神聖血脈的著作——想必對書中關於像班傑明・富蘭克林一樣靠自身天賦和努力最終克服貧窮和階級障礙的描述感到相當訝異。此外天皇還必須每天學習德語[12]，但是沒多久就因為公務過於繁忙而中止。

儘管引進了新知識，傳統文化依舊盛行於宮廷。一八六九年三月九日，宮廷舉辦了明治即位以來的第一場音樂會，天皇和皇后都親自出席。所有的演奏者皆為宮廷成員，包括前左大臣在內的八名公卿負責演奏笙、六名公卿演奏篳篥、中山忠能等六名公卿演奏笛子、三人演奏琵琶、另有五人演奏箏。當時的宮廷仍相當看重演奏雅樂樂器的技能，就如同在平安時期一樣。

明治似乎沒有學習任何樂器，但是他從小就在父親的指導下創作和歌，並且終身以此為趣。三月六日，明治參加了自己即位以來第一次舉辦的御歌會。他以「春風海上來」為題創作了以下和歌：

千年亙古春之息
輕風吹拂海岸邊

皇后也以同樣的題目進行創作：

沿岸浪霞躍四方
風止水靜春將至[13]

這些和歌並沒有展現出作者的個性，天皇和皇后不過是完全按照千百年來無數的宮廷歌人所採行的方式表達春天來訪時的喜悅。兩人並未使用獨創的語彙或意象，創作這些韻律準確的和歌只是為了展現他們精通於傳統宮廷文化。

宮廷傳統的另一面反映在三月二十日發出的簡短公告上，權大納言橋本實麗的女兒夏子在這天被冊封為典侍。第二天，天皇接見夏子並下賜清酒[14]，隨後還賜給她絹綢作為禮物。當時這個女孩只有十二歲，以天皇的妃子來說實在太過年輕；四年半之後的一八七三年十一月十二日，她為天皇生下一個女兒，並在同一天死去。

天皇和皇后的婚姻相當幸福美滿，但兩人似乎很早就意識到皇后無法生育。即便天皇不願和其他女人同床共枕，他仍有義務留下能繼承皇位的後代。大約從這個時期開始，明治便與精心挑選出的公家女子共度良宵，希望當中至少有一兩人能夠懷孕。這些女性幾乎都只有十幾歲（橋本夏子去世時才十六歲），出身無可挑剔，卻沒有受過什麼教育，唯一追求的目標就是替皇室生兒育女。她們為了爭寵勾心鬥角，然而就算有人幸運地懷上天皇的孩子，她也不太可能享受當母親的喜悅，只因孩子將被帶離她的身邊，並作為皇后的親生孩子扶養。不過，我們從明治的母親中山慶子的例子便能得知皇室子女的生母依然能在朝廷享有很高的地位和禮遇。即便孩子死了，她還是能過得衣食無缺，儘管接下來的日子可能相當孤獨。[15]

明治共有十五名子女，分別由五位不同的側室所生。從留下的照片來看，這些梳著僵硬髮型以及身穿傳統衣裝的女性看起來幾乎長得一模一樣。我們很難說天皇是否特別偏好誰，不過當中有兩位權典侍（圓祥子和小倉文子）服侍他的時間比其他人都長得多；圓為明治生了八個孩子，其中四個活了下來。在歐洲，庶子沒有繼承王位的權利，但是根據日本的特殊傳統，皇后生的小孩和那些「借用」另一名女性的子宮來到世上的孩子並沒有什麼區別。

關於明治的性生活一直流傳著各種謠言，直至今日依然有人驕傲地宣稱自己是他的庶出子孫，但這些主張通常毫無根據[16]。謠傳天皇經常被漂亮的藝伎所吸引並要求她們與自己共度春宵，這種事或許確實發生過，但是就連那些最熟悉明治天皇的人也都沒有留下能證實這番推測的記述。天皇身邊總是配有六名出身公家的年輕妃嬪，若有人不合他的意也很容易就能找到候補；他根本沒必要從其他地方尋找對象。

我們不難想像一個還不到二十歲就被迫承受生子壓力的年輕人，可能遲早會因為耽於肉欲而疏忽了學習。木戶的日記尤其從一八七四年開始，就經常提到天皇的教育停滯不前，暗指天皇的心思都在其他事情上。那一年，天皇的侍講們要求木戶敦促天皇用心鑽研學問，以便配得上他繼承的皇室血統。這也許是在間接地建議明治不要花太多時間在女人身上。

雖然這個時期關於天皇的教育已經有了一份詳盡的計畫，內容包括中國經典、日本史以及歐洲歷史和德語，但天皇的學習進度卻非常緩慢。木戶在見過教授日本史的福羽美靜和講解德國法律的加藤弘之（一八三六—一九一六）之後，於日記中表示所有人都相當擔心天皇的學業，還因此希望他充分利用與皇室的良好關係制定更完善的學習計畫，並協助陛下更致力於向學。木戶提出了自己的看法，得到眾人同意。因此，他決定直接向陛下諫言[17]。

天皇對自己的親切態度顯然推了木戶一把，他規勸天皇比以往更加努力地實現「天職」。一年後，木戶毫不委婉地對天皇說：「陛下如不盡天職、戒遊樂，則臣等杞憂不堪。」[18]

另一個讓眾人掛心的問題則是天皇酗酒成性。木戶描述有一次在中山忠能家看完狂言表演[*1]之後，在場的一些人擔心天皇在隨後的酒宴上可能「喝得太盡興了」[19]。許多服侍過天皇的人，包括侍從高島鞆之助（一八四四—一九一六）都曾證言天皇的酒量過人。根據高島的回憶，天皇無論前天晚上喝得多醉，隔天一早也不曾展現出宿醉的樣子。天皇不僅體格健壯，而且似乎睡得比普通人少。他一旦醒來（不管是否只睡了四五個小時），就會馬上前往辦公處準備上工。高島欽佩地提到：

> 陛下勤奮非常，每朝甚為早起，隨即前往辦公處，日理萬機直到午後五六點才回後宮休息。有時不願離開，並下令召人就此小聚，對著侍臣們促膝長談，直至深夜。等到陛下即將就寢，便立刻從後宮取來被褥。吾等侍臣則於走廊上值夜，已是不足為奇之事。[20]

皇后亦非常擔心天皇飲酒過量。這能從她創作的和歌中略知一二：

*1 日本傳統藝能之一，主要是以對話構成的喜劇，題材多取自民間並運用諷刺手法抨擊貴族武士，因此廣受平民歡迎。

春花秋紅酒滿盈
望君舉杯知節度[21]

皇后提到「春花」和「秋紅」，似乎是因為這兩個季節正是舉杯暢飲的時節（現在也依然如此）。明治年輕時喜歡喝清酒，後來卻改喝法國葡萄酒和香檳。他的酒量驚人，卻時常不知節制。從一八八六年起擔任侍從的日野西資博回憶說，明治曾一次喝掉兩瓶香檳。他喝得醉醺醺的，路都走不穩，因此他們總是竭力限制他喝酒[22]。只要桌上還有酒，他就不會離開餐桌。通常晚上十一點前明治會回後宮休息，但據說他有時甚至會喝到深夜。

不過幾乎所有的文獻記錄都證實明治每天很早就到辦公室處理公務。儘管有時會怠於學業，令木戶等顧問感到失望，但是他對自己的工作抱有強烈的責任感，從未忽略國事。明治身為天皇的高度自覺讓外國評論家留下深刻印象，他們紛紛表示稱讚並拿他和歐洲在位的君主相比。

查理斯．萊曼（Charles Lanman）於一八八二年寫下的一段評論，便是對明治的典型讚美：

不同於許多歐洲王子和王族，明治並不耽於享受，而是以提高自身修養為樂；為了獲取知識，他不辭辛勞也不怕麻煩。他還很年輕，卻時常親臨樞密院的會議……明治經常視察行政部門，並出席人們希望他露面的各種公開場合。他一方面致力於學習文學和科學，一方面訂下規定嚴以律己，每天花上數個小時進行鑽研。據說明治個性聰明、果斷、進取而有抱負。自登基以來，他便謹慎地為自己身邊安排了全國最優秀的政治家，這些人毫無疑問對他的成長功勞不小。因此幾乎可以肯定，本世紀日本的皇冠戴在了一個最配得上這份最高榮譽的人物頭上。[23]

萊曼接著讚揚明治「熱切地希望能跳脫偏見，從其他國家吸取一切他認為有利於國家繁榮的事物」，並認為他與彼得大帝驚人地相似。也許木戶會覺得這些讚美之詞有些過頭了，然而任何人只要熟悉歐洲皇室的缺點，可能都會對明治盡責的態度感到欽佩。

日本人則注意到明治性格中的其他優點。他的簡樸和不喜誇張為人們所津津樂道。一名侍從回憶說，明治的毛筆用到頭都禿了，墨也磨得只剩最後一點（磨墨也是他自己來）。他長年穿著同一件飾有盤扣的舊式軍服，儘管其他人早就換成更加近代的款式，而軍服本身也修補過很多次。當軍靴穿舊了而變鬆時，侍從雖然準備了新鞋，他卻下令修補舊鞋。明治很清楚修補衣服和鞋子的成本有時比買新的還要花錢，但他依然堅持「能修好繼續用的東西就拿去修一修」的原則[24]。許多回憶錄的作者都曾提到宮殿老舊的簾子和發黑的紙門，這些都是明治堅持節儉（以及用蠟燭而不用電燈）的結果。

儘管沒有一位侍講認為明治有學者風範，高辻修長（一八四〇—一九二一）仍回憶，明治聽課時全神貫注，任何不懂的地方，總是要問到懂為止。[25]加藤弘之每週為天皇講授一堂憲法和國際法的課，只可惜天皇必須優先處理繁忙的公務，因此課程總是落後於加藤定下的進度。於是，他只好安排每天增加一小時的上課時間，夏天於每天早上七點，冬天則是早上八點半，請天皇動身前往御學問所。明治的勤奮確實令人激賞；他總是早上五點就起床，在御學問所等候老師的到來[26]。

加藤摘錄並翻譯了一些西方的憲法書籍，其中包括立法、行政和司法的三權分立，市鎮和鄉村的自治，以及十八世紀末至十九世紀中期的歐洲憲法史等等。起初，加藤用自己翻譯的德國權威學者——特別是約翰．布倫奇特（Johann Bluntschli）——的文章作為教材，但他擔心天皇一昧依賴譯文，可能無法真正理解含意。加藤因此決定改讓天皇研讀德文版的原書，但過沒多久就發現天皇顯然沒有時間（也可能是沒有天賦）學習外語。不過，加藤依然認為天皇是一名用功的學生：

先帝生性極為認真踏實，從不願半途而廢，在刨根究柢之前絕不停止。舉例而言，若陛下對今日所言有不明白之處，翌日便會加以追問直到完全理解為止。儘管學習進度緩慢，但陛下一旦掌握就永遠不會忘記，並且總是能加以活用，如此本領始終令我驚嘆不已。作為一名教育家我多年來接觸過許多學生，卻從未遇見像陛下這樣不為應付考試，純粹為了學術修養而勤學之人。27

許多認識天皇的人也會提到他驚人的記憶力。海軍將領有地品之允（一八四三—一九一九）曾憶道：

對於宮中種種儀式、典禮或其他歷史事實，陛下無一不知，也從未忘記自己接見過的任何一人的名字，不論對方的身分多麼卑微。陛下總是記得出席陸海軍學校以及大學畢業典禮之際，那些受到表彰的優秀學生，或是在他面前演講過的人物……請人共進晚餐時，陛下能描述上次相見時的情景，以及當時討論之事，就如同久遠的記憶呈現在眼前一般栩栩如生。28

這段話出自天皇剛駕崩時有地的回憶，因此或許有些過於誇張。然而即便如此，明治的記性之強也是毋庸置疑的。他顯然算不上一名知識分子，不過身邊的人對他的評價讓人想起《論語》裡的一句話：「剛、毅、木、訥，近仁。」

明治「剛毅」的個性尤其展現在他對參加軍事演習特別積極。他甚至騎馬揮劍，親自統率士兵。初次演習時，天皇不畏狂風暴雨冷靜沉著的姿態據說使全軍受到極大的鼓舞。冷靜是他治世的一貫作風，不管環境多麼惡劣與悲慘，他也從未抱怨或者自怨自艾。

在這段期間，由於明治仍是個缺乏經驗的年輕人，因此別無選擇只能依靠圍繞在他身邊的傑出人才。儘管這些人對他畢恭畢敬，而且無疑尊他為君主，可是他們在政治、軍事以至於文學和哲學方面的廣博知識也可能反過來使明治望而生畏。正如木戶曾抱怨過的，天皇似乎對學習缺乏熱情，而這也許正是因為他感到自己永遠無法達到他們那樣的成就。

到目前為止，明治幾乎沒有機會展示自己的氣魄。假如他年紀輕輕就死去，或者像父親一樣沒有活過三十六歲，人們可能只會模糊地記得他是維新時期的一位君主。然而長壽再加上兢兢業業，最終使這位青年成為漫長的天皇系譜中最著名的人物。

·第二十章·

英國公爵來訪

至少對明治而言，一八六九年最重要的事情就是第二次東京行幸。去年的出訪相當成功，然而當京都市民得知天皇向東京居民賞賜了清酒等禮物後，卻覺得受到輕視。回到京都後，天皇也趁著新年向京都市民賞賜了同樣數量龐大的清酒[1]，或許是想藉此撫平民眾擔心這座古都很快就會被東都取代的危機感。

然而這些舉措並沒有使人們放下對於都城即將遷往東京的憂慮。三月七日，岩倉具視在一份聲明中特別觸及此事，提到遷都的傳聞讓京都和大坂人心極為動搖。江戶去年確實改名為「東京」，但是這絕不意味著天皇有意遷都。相反地，天皇這麼做是基於「四海為家」的思想，希望對東西兩地一視同仁。更何況京都是自桓武天皇以來的千年古都，歷代天皇的山陵也都在這裡。從今以後就算再過千年也不會有遷都一事，因此京都完全不存在被拋棄的風險。天皇希望將帝國統治之恩澤遠播蝦夷甚至是千島群島，因而覺得有必要再次前往東京，以便將新政府的恩惠擴展到那些仍未受天皇仁慈所感化之處。岩倉承認朝廷中有人建議遷都，但他本人是徹底反對的。如果天皇以其睿智的決斷下令遷都，他也只能接受，不過作為一名臣子無法表示贊同。[2]

不論是否是作為遷都的前兆，天皇第二次東京行幸的計畫漸漸成型。三月二十日，宮廷宣布為了參拜伊勢神宮，天皇的乘輿在前往江戶時將於中途繞道。這個決定改變了此次行幸的性質，也就是不僅止於廣布天皇恩澤的政治目的，也披上了宗教色彩，展現出天皇和神道之間益加緊密的關係。十天後，另一份公告宣布了天皇啟程的日子（四月十八日），並下令一路上的歡迎儀式一切從簡。熱衷於行幸的官員不得干擾來往於路上的行人，或者打斷農耕作業。這種對質樸的強調也許是為了與傳統上聲勢浩大的大名隊伍作出區別，至於農業的部分則暗示了明治此行的另一個重要目的——接觸正在勞動的子民。

四月一日，天皇向叛亂尚未告終的北部人民頒布特別的諭旨：「四海之內莫非王土，苟生於本邦，朕視之皆如赤子，一民不得其所，則內心深感苦惱。」[3]這段話雖然用詞帶有儒家色彩，卻又與以往天皇的口諭迥然不同。我們很難想像孝明天皇會因為「一民不得其所」而感到煩惱，但這位年輕的天皇不僅親近自己的子民——每一位不論地位高低，或是住在何處的日本人——而且還時時掛念他們的幸福，不願做出任何可能干擾他們日常生活的舉動。

拉近天皇和國民之間距離的另一種方式，便是開放皇居的庭園。四月四日，東京城內的吹上御苑前所未有地對外開放三天，欣喜若狂的市民們於是蜂擁而至，結果造成八人在混亂中喪命，多人受傷。對此天皇捐出三百兩金作為遺族以及負傷者的撫恤金。[4]

明治按照計畫啟程，由包括三條實美和他的外祖父中山忠能在內的高級公卿陪同。隨從中還有一群自願護衛天皇，不請自來的「親兵」。一名當時住在日本的英國人約翰·布萊克(John Black，一八二七—一八八〇)曾如此描述這些親兵：

他們認為自己尤其充滿了「古代日本之魂」，並以「效忠於天皇，置夷人於死地」為信條。這些人紛紛來到天皇面前，懇求他不要離開這座神聖之都，也不要與夷人接觸以免玷污了自己。眼看陛下不願回應他們的請求，他們愈是認為如今唯一的選擇便是跟隨陛下出行，一路保護他的安全。這群人數量約為兩千，個個身強體魄，隨身攜帶鋒利的刀具，故而任其所為。他們就這樣朝著都城集合。5

和前次行幸相同，天皇一開始沿著東海道前行，來到關之後則沿著伊勢街道前往松坂留宿。隔天一行人抵達伊勢神宮的外宮豐受大神宮，在此過了一夜。第三天早上，天皇穿上正式場合專用的黃櫨染長袍，乘著轎子來到神社，慎重地進行參拜儀式。用完午餐後，天皇為了參拜更加重要的內宮而再次出發，文武官員全都身著正裝尾隨其後。經過短暫休息，天皇沐浴更衣，於下午兩點在內宮舉行祭祀儀式。

這是歷史上首次有天皇前往參拜神道信仰中最重要的神社，神祇官因此奉命提出一份新的儀式流程。神官將明治比作古代的神武天皇和景行天皇[6]，同時盡其所能地讚美他的智慧和美德[7]。

在明治準備離開時，津藩的繼承人藤堂高潔覲見天皇並獻上一個望遠鏡和一些糕點[8]。這個望遠鏡似乎就如同天皇即位典禮上扮演著重要角色的地球儀，意在希望擴大年輕天皇的視野。如今天皇可說是越來越熟悉這塊堪稱日本人心靈故鄉的伊勢地區。

拜訪過伊勢神宮以後，天皇接著前往熱田神宮。而後隊伍在岡崎折回東海道，繼續朝東京前進。旅途期間並未發生任何變故，但北方不斷傳來的戰報還是讓眾人擔心不已。榎本武揚的三艘軍艦襲擊了停泊在宮古灣的政府軍軍艦，福山城也落入敵人之手，位於箱館的叛軍很可能會進攻本州。從這時一直到六月二十七日榎本武揚投降、五稜郭的大門向政府軍開放之前，打擊叛軍的軍事行動進展緩慢，成為眾人心頭一塊放不下的大石[9]。政府軍柔性勸說榎本投降，有時甚至贈以禮物。榎本的一些手下不堪長期戰鬥和物資匱乏，紛紛以百人單位投降，但榎本拒絕背棄對德川的忠誠，一直咬牙苦撐到最後。

明治才剛在東京安頓下來，就立刻恢復了熟悉的日常生活：學習中國和日本典籍以及騎馬。他的個人生活非常平穩，沒有跡象顯示他參與了這個時期的政府決策，但是政府卻以他的名義發出諸多布告。比方說在五月十五日，根據敕令新設了負責編修日本歷史的部門。敕書的內容如下：

修史乃萬世不朽之大典。舉祖宗之盛舉，《三代實錄》[10]以後斷絕，豈非缺典哉。今鎌倉以降武門專權之弊已除，政務一新，故開史局，繼祖宗之芳躅，施文教於天下。任〔三條實美〕總裁之職，以速正君臣之名分，明華夷內外之關係，以扶植天下綱常。[11]

新政府如今面臨許多問題，其一便是打擊北部叛軍的行動進展緩慢且耗資巨大，政府為籌集戰爭費用而發行的紙幣並不為民眾所接受。起初為了平衡紙幣與金本位貨幣之間的差額，政府規定一百二十兩紙幣可兌換一百兩鑄幣，結果造成許多投機分子蓄意操作貨幣市場；政府隨即宣布紙幣和鑄幣等值，這下卻又導致劣幣驅逐良幣的局面（簡直就是格雷欣法則（Gresham's law）的最佳範本）[12]。明治新政府採取的政策和應對措施正如實地反映了其不成熟之處，以及國家仍面臨的許多重大問題。

懲罰罪犯的方針同樣在極端嚴厲和相對寬容之間搖擺不定。五月二十六日，軍律首先明訂違反結黨禁令者將處死黨首，其他人則判處閉門思過；攜帶武器或軍服脫逃的士兵將處以死刑，若在逃跑前上繳武器和軍服，初犯處以監禁五十天，再犯則處以流放；針對無端勒索金錢或者強制買賣將按情節輕重，處以死刑或者流放[13]。後來軍隊又下令斬首在東北地區對抗政府軍的叛軍首領，那些已死之人則將進行模擬處決，誅滅親族。這些苛刻的措施顯然與會對榎本武揚從寬處置的承諾相互矛盾。

六月二日，公議所[*1]決定廢除基督徒的死刑，將懲罰改為鞭刑。然而舊政權的精神並未就此消亡：六月七日，會議否決了禁止切腹自殺的提議[14]，幾周後又全體通過不禁止佩刀的決議。另一方面，八月表決廢除了各種形式的酷刑，包括梟首、當眾遊街和鋸首。

減輕對基督徒的處罰也許是因為在意一直以來反對打壓基督教的外國列強的眼光，而阿伊努人也同樣成為列強同情的對象。政府察覺到蝦夷的地方官員時常虐待阿伊努人，這使得部分阿伊努人對釋出善意的外國人抱有更多好感。擔心列強會以解放阿伊努人為名義煽動他們起身反抗的新政府為了防患於未然，便開始鼓勵日本人移民北海道。

針對外國人的暴力行為仍舊頻發，這些事件讓英國公使備感憤怒，強烈要求政府緝拿犯人。五月十四日，議定德大寺實則（一八三九—一九一九）和蜂須賀茂韶登門向英國公使道歉，但對方卻不解其意，於是由輔相三條實美、議定正親町三條實愛和參與大隈重信拜訪公使進行懇談。第二天政府頒布法令，嚴禁任何針對外國人的暴力行為。然而群眾的排外情緒持續高漲，襲擊外國人的事件依然層出不窮；眼看因此大為光火的外國使節似乎隨時準備挑起戰端，這讓早已為內政問題忙得焦頭爛額的明治政府相當驚慌。[15]

關於這個時期天皇的行動，除了經常出現騎馬相關的記述以外幾乎沒有其它記錄。他還在繼續學習中國典籍，正跟著侍講研讀《詩經》和《孟子》[16]。天皇有時也會檢閱軍隊、觀看炮彈射擊。當政府軍終於如願以償擊敗榎本，天皇接見並慰勞了凱旋而歸的海陸軍將領。我們不清楚明治是否知道當時所有的政治進展，但他確實參與了這個時期最重要的事件——各大名將自己所有的土地和臣民還給天皇，即「版籍奉還」。

七月二十五日，天皇發布敕令同意各藩版籍奉還的上書，至於那些沒有提出申請的藩國也被命令立刻奉還版籍。早在該年正月，包括薩長在內的四大藩便連署請願奉還版籍，其他藩國也紛紛仿效。最終，有二百七十四位藩主將各自的土地和人民歸還中央，並獲任為各藩的知事[17]。政府還廢除了公家諸侯的頭銜，改以「華族」通稱。至此日本終於向行政統一邁出了一大步。

八月十五日，政府進一步重組，設置了更多機關。三條實美被任命為右大臣，岩倉具視和德大寺實則出任大納言，天皇的外祖父中山忠能被任命為神祇官首長的神祇伯。其他在王政復古扮演重要角色的人物也都在新政府中出任要職。

與此同時，政府也正為天皇職能的另一個重要發展做準備。一八六九年初夏，英國公使巴夏禮接獲消息，表示維多利亞女王的二兒子愛丁堡公爵計劃指揮軍艦葛拉蒂號（Galatea）造訪日本。早在去年，公爵就乘坐這艘軍艦開始環遊世界，雖然他主要是對諸國進行儀式性的訪問，卻在澳大利亞遭一名愛爾蘭裔愛國者襲擊，差點喪命。愛丁堡公爵是首位訪問日本的歐

*1　日本於明治初期設立的立法機關。由各藩和學校選出「公務人」（後改稱「公議人」），並享有提案權。

洲王室成員，但除此以外他短暫的訪日幾乎沒有什麼值得回憶的部分。

公爵即將來訪的消息傳到朝廷，當時的一份記錄這樣寫道：

「進步派」希望這次天皇能下定決心，盡量遵照外國君主在這類場合的慣例；然而強硬的「反對派」激烈地反對天皇自降身分。他們認為這等於承認了外國王子與作為神之後裔的日本皇室地位相當。18

幾個月後，英國公使才終於收到朝廷的回信。信中表示天皇得知英國王子即將來訪的消息後「甚為欣喜」，還說「如果王子殿下同意下榻於海岸的離宮濱御殿，將是天皇無盡的喜悅。」約翰．布萊克在著作《年輕的日本》(*Young Japan*)詳盡地描述了此次訪問的背景，他尤其認為重要的部分，是在宮中進行正式謁見之後，「天皇招待由英國公使和一名英國使館翻譯陪同的王子前往皇居庭園內的一處茶屋，進行了對等的談話。」19

對英國公使巴夏禮來說，日本接待英國王子的方式顯得極為重要，堅持「天皇應該平等地對待和自己同樣具有皇室血統的王子」。他還強調「假如他們(日本人)的安排最終於我而言有任何貶低之處，我將婉拒他們的接待。」中國的清政府已經拒絕提供愛丁堡公爵「合適的接待」，因此他只能以私訪的名義訪問中國。岩倉具視曾告訴巴夏禮，王子的接待問題使政府費盡心思。這個問題首次提出時，所有人對應當遵循的接待禮儀意見不一。然而，大多數明智的見解都認為就算必須犧牲一些古老的觀念和習慣，這仍是一個向外國示好，展現願意與其增進交流的絕佳機會。因此，為了以符合英國條件的方式接待王子殿下，天皇勢必得採納全新的禮節。[20]

明治天皇史無前例地在東京城接待了公爵一行。布萊克寫道：「此後其他的王族顯貴受到了更友善的歡迎，但這也要等到朝廷和整個國家已經習慣了這些改革，並不再為此議論紛紛之後。」[21]

謁見於九月四日舉行。每個階段都經過精心安排，一切就從向漢神祈禱公爵平安到達開始[22]。公爵踏上橫濱的那一刻鳴放了二十一聲禮炮，而他自橫濱前往東京沿途的所有道路都經過修整並打掃得乾乾淨淨，還事先向守護土地的道祖神獻上祈禱保佑公爵一路平安。一路上的警備態勢堪比天皇行幸的陣仗。根據米特福德所述：「街道兩旁房屋二樓的遮雨窗全都用紙封緊，以免有人伺機偷看這位尊貴的賓客。」[23]此外在抵達目的地時也舉行了祈禱儀式：「王子殿下抵達江戶當日，預計將在品川舉行驅邪除魔的宗教儀式；到達接待地點時則將由一名皇族親自迎接，並問候他的健康。」[24]

在歡迎愛丁堡公爵的九項程序中，第八項是「當王子殿下即將進入皇居大門時，舉行稱為

『幣』的儀式。」米特福德在回憶錄中解釋：「『幣』是一種驅邪儀式，會使用一根形似蠅拍，上頭綴有麻製流蘇的道具。」[25]沒有任何英國人反對這個儀式，然而美國代理公使波特曼（A. L. C. Portman）向美國總統提交了一份題為《愛丁堡公爵的淨化儀式》（*The Purification of the Duke of Edinburgh*）的報告。根據福澤諭吉的自傳，這份報告是這麼寫的：

> 日本是一個狹小而偏僻的國家，非常自傲且自大，居民因此習慣視外國人為畜生一般的低等生物。事實上，當英國王子入城謁見時，他們在城門口為王子舉行了一個淨化儀式……這是當地一種古老的儀式，而日本人之所以為愛丁堡公爵舉行這個儀式，正是因為在他們眼裡一切外國人，不管是王家貴族還是普通平民，都跟動物一樣污穢。[26]

也許波特曼只是想說些挑撥的話來吸引總統的注意，但他似乎距離真相不遠。一八六八年二月，朝廷討論了天皇接待外國公使的禮節問題，最後決定可以允許外國人進入皇居，但是為確保聖域的潔淨，必須在皇居四個方向的大門舉行驅邪儀式。愛丁堡公爵進入皇居前舉行的儀式也具有同樣的目的：「幣」的儀式不是為了保護公爵免受惡靈糾纏，而是為了避免皇居受到外國人的污染[27]。當福澤諭吉從一名美國公使館翻譯那邊得知此事時完全笑不出來。他寫道：「這實在令人羞愧，我聽完之後並沒有笑，反而想哭。」

顯然沒有英國人對儀式所代表的意義感到質疑，公爵與天皇的會面也進行得非常順利。公爵進入皇居，一下馬車就有一群高級官員簇擁上來，引領他前往會客廳。天皇就站在房間裡的臺座上，並說了幾句歡迎詞，公爵也禮貌地答覆。隨後天皇邀請公爵到庭園裡進行更深度的交談。米特福德如此回憶：

諸位親王和朝廷高官紛紛走上前向公爵致意，隨後公爵被引領至皇居庭園一處小巧的紅葉御茶屋，桌上擺著茶和各種精美的點心。不久後公爵便受召前往瀧見茶屋，天皇正在那裡等著他。同行者只有我、巴夏禮爵士和開帕爾上將。[28]

巴夏禮一直十分擔心公爵與天皇的會面。他寫道：「我為年紀尚輕的天皇感到可憐，他想必因為過於害羞吃足苦頭，而他的臣子們也很擔心王子會認為天皇是個枯燥乏味的人。但王子殿下自己也是相當害羞。」[29]根據記錄，明治與英國王子的會談雖無亮點，卻也是中規中矩。天皇為能接待一位來自遙遠國家的王子表示極其榮幸，並期待王子待久一點，以慰旅途的勞頓。王子則感謝天皇的親切招待，並說相信女王陛下知道了也會很高興。天皇鄭重地告訴王子，一想到此次訪問將有助於鞏固兩國之間的友誼就十分振奮人心。天皇請公爵想到什麼儘管提出來，這樣自己才有幸為他效勞。王子回應道，政府的款待沒有絲毫不足，甚至超出了預期。他一直希望訪問這個聞名已久的國家，而這次參訪並沒有讓他失望。就算在今天，我們也不難想像諸如此類的官方談話。

從一開始，愛丁堡公爵阿爾弗雷德早有覺悟這次會面可能會很沉悶。米特福德在回憶錄裡也並未掩飾自己的無聊感受，承認自己無法「對獻上的鑽石鼻煙盒產生絲毫的藝術熱情」。這個鼻煙盒是王子告別前送給天皇的紀念品，開帕爾這麼描述它：「一個漂亮的金盒子，盒蓋上有他自己（公爵）的肖像，四周則圍著一圈鑽石。」[30]相較之下天皇送給英國客人的禮物則有美感多了[31]。王子還請求天皇親自創作一首和歌，準備回國後獻給維多利亞女王。他收到了下面這首含有政治寓意的作品：

造福人民之治世
必保天地皆永恆[32]

兩位年輕人對這次會面的感想並沒有留下記錄。對阿爾弗雷德來說，明治可能是一個難以理解但並不野蠻的國家的統治者，並對這個人不感興趣，不過他大概還是很感激自己停留期間所受到的招待[33]。對明治而言，他也許因為初次與歐洲王室見面而過於緊張，因而沒有對這位英國王子留下什麼印象，但他很清楚自己必須討好對方，以免有損日本和強國英國之間的關係。不論這次會談的內容如何，這種平等接待外國王子的態度確實為日後開啟了一個極為重要的先例。

愛丁堡公爵離開後一個月，由馮．佩茨（Antony von Petz）男爵率領的奧匈帝國使節團抵達日本，開始條約的談判工作。男爵也帶來了禮物：一架送給皇后的鋼琴，和一座送給天皇的奧地利皇帝等身大雕像[34]。日本與奧匈帝國締結條約時（這次交涉進展異常快速），據說明治寫了一封「敬稱奧地利皇帝為其『兄長』的親筆信」[35]。布萊克對此表示：「除了中國皇帝，迄今為止天皇從未向任何國家的君主寫過類似的信。」在歐洲人看來，如今明治天皇已經成功將世界上的各國君主都納為他新的親戚。

·第二十一章·

帝師元田永孚

一八六九年，明治第二次行幸東京時，京都市民都把這當作是遷都的前兆。在岩倉具視強調絕不會遷都之後，人們總算暫時安心，但隨後又因為得知皇后也計劃前往東京，不安於是再次膨脹。儘管政府極力否認，但市民逐漸認定遷都的危機確實存在，紛紛前往神社向神靈求助，祈禱皇后不要離開京都。一想到天皇和皇后將離開京都，當地人心惶惶，地方官員擔心市民會因此結黨抗議，屆時群起激憤的民眾很可能導致無法預期的事態[1]；在他們用盡全力的說服下，才終於緩和京都居民的情緒。

京都市民將皇后的東京之行看作即將遷都的證據。不管這種觀點是否正確，一八六九年十一月八日，皇后的乘輿還是在四個藩國的精兵守衛下離開御所，經過十九天的愉快旅程後抵達東京。新的環境顯然讓皇后備感舒適，不久她就在吹上御苑宴請政府的高官[2]。

早在一八六九年上半年明治天皇即將二度訪問東京時，曾向京都市民宣告自己會在明年春天返京，並於冬季在京都舉行大嘗會[3]。這項聲明撫平了眾人的疑慮，然而實際到了一八七〇年春天民眾卻被告知天皇必須延後歸來，理由是因為國內的叛亂尚未平定以及政務繁忙。

一年後的一八七一年五月十四日，天皇宣布今年冬天大嘗會將於東京舉行。五月二十四日，天皇派出大納言德大寺實則擔任敕使前往京都孝明天皇的山陵報告世界情勢，以及天皇由於國事繁忙而不得不延後返回京都。德大寺同時覲見了皇太后，告訴她天皇的歸期將會推遲數年。4

實際上，除去一次數日的短暫停留外，天皇直到一八七七年都沒有返回京都。這段期間，政府並未發出遷都公告，但是當明治最終回到京都時，官方文書中已經將這趟旅途稱為「行幸」（意指從御所外出），而不是一八六八年使用的「還幸」（意為返回住處）5。一八七七年，東京已然成為具有實質機能的日本首都，這裡不僅有天皇和所有的政府機關，也是外國公使館的所在地。然而政府之所以沒有正式發表這個事實，也許是因為擔心京都民眾的反應。明治死後被葬在京都，他的兒子大正天皇在一九一五年的即位儀式也同樣是在京都舉行，這些都暗示了人們在某種程度上仍認定京都才是國家的首都。只要官方沒有發布任何公告加以澄清，我們依然可以說京都如今仍是日本的首都。

官方在解釋明治無法返回京都時強調了國事的緊迫性。這並非全然不正確，但我們卻很難看清天皇在國家推行的諸多改革中所扮演的具體角色。《明治天皇紀》中特別提及他的條目，大部分都只描寫他花了多少時間騎馬，或是學習中國古典的進度。

騎馬已成為天皇的一大愛好。有一陣子他幾乎每兩天就要騎一次，而且每次都花上將近整天的時間。即使是那些希望他鍛鍊身體的人，也都覺得年輕的天皇實在太過熱衷於騎馬了。議定中御門經之（當時在京都）在得知天皇如此頻繁地騎馬之後，便寫信給岩倉具視請他建議天皇將頻率限制在一個月六天左右[6]。這次勸告似乎有些效果，然而天皇對騎馬的熱情依然有增無減。

明治在這個時期主要集中學習儒家典籍，同時師從神道學者平田篤胤的孫子平田延胤（一八二八—一八七二）研讀《日本書紀》[7]。一八七一年七月十七日，明治天皇最重要的侍講元田永孚首次在天皇面前登場。

元田在一八一八年生於熊本藩的一個中階武士家庭，在舒適的環境下長大。十五歲時他決定學習聖賢學說以報效國家，不到二十歲便與包括橫井小楠在內的許多學者結為親交，並向他們學習朱子學。早在一八四七年，元田就曾向父親講述自己基本的哲學觀：

> 今本無須多言，然臣子之道在於忠孝，忠孝之道在於明理，明理在於實學。實學之外，皆虛文腐儒，不足以明忠孝之道。今日以此實學事奉父君，他日亦欲以此實學事奉國君。[8]

在今天，所謂「實學」是與理論或者哲學知識相對的「實際學問」，例如工程學或醫學，但是顯然在元田的時代並非如此。這個詞可以追溯到朱熹（一一三〇—一二〇〇）所提倡的儒學，它與佛教和道教不同，不以高尚的道德修養本身為目的，而是追求如何以之為國家服務。後來這個詞衍生出很多不同的概念，然而不論詮釋為何，其核心都強調了思想與實踐的統一性。[9]我們不難看出這種哲學顯然比儒學者的抽象思考還要更適合一位近代化國家的統治者。

由於熊本藩主並不贊同這種儒學流派，元田的父親擔心與之有所牽扯會阻礙兒子的前程，於是要求他放棄實學。元田一開始拒絕，但這時他和家人陸續遭受疾病侵襲，讓他自然而然地疏遠了實學的老師，並最終與父親和解[10]。一八五八年，元田繼承父親的衣缽，擔任熊本藩主的近臣，於一八六〇年藩主過世後跟隨其繼承人前往江戶。他積極參與藩政，一開始在橫井小楠的影響下支持「尊王開國」。作為一名大眾眼中食古不化的保守派，他採取的立場可謂十分開明。

第一次長州戰爭期間，元田提倡「公武合體」並加入熊本藩的軍隊，但在第二次長州戰爭則反對出兵。熊本藩不顧元田的建議，派兵出征卻損失慘重，使得人們對他能正確判斷政治形勢的眼光有了極高的評價。元田的地位一路穩健向上，一八七一年被任命為熊本藩主（現在稱為知事）的侍讀（講師），並和藩主一同前往東京。[11]

這個時期聽過元田授課的人都稱讚他的熱情。元田和許多儒家學者不同，比起強調對字句的解釋，他更重視是否能提高實際的修養。一名在一八七一年首次聽他講課的弟子如此回憶：

先生〔元田〕舉古今之實例，唯加深理解之餘，更沁入肺腑，不勝感動。其一舉一動，總為遵聖賢之道；於青年血氣之我等，言談舉止、容貌態度皆極盡美好，宛如渾然無瑕之寶玉。然何等無一絲不自然之窮屈，堂堂風采之間，慈愛及溫暖難以言喻。12

大約在這個時候，元田草擬了一份建議書，作為知事的意見上呈朝廷。篇幅雖然很短，卻受到極高的讚譽：

當此維新之際，輦轂〔天皇的座車〕之下凶徒逞暴意，皆因朝威未振。朝威未振則因王政之實未立。仰願自今起，陛下御臨南殿，令諸大臣奏議於前，取其公議，親裁萬機，則公明正大之治體相立，人心始服。地方若不服政化，乃未得地方官之人。宜登用人才，普施政教，廢臣等向來世襲之知事。故，謹請罷免。13

這份建議書包含了兩個要點，一是希望在天皇面前討論立法事宜，由天皇親自進行裁斷。前文已經提到，明治相當積極地參與內閣討論以及其他甚至不太重要的會議。頻繁地出席這類會議具體展現了他的敬業精神，而這很可能是因為受到元田的激勵。第二點則是建議盡快廢除官吏的世襲，但這並沒有辦法很快實現。

所有看過建議書的人都對元田讚不絕口。建議書最終到了大久保利通手裡，他大為感動，承諾將立刻上奏天皇。大久保當時正在為天皇尋覓新的侍講，於是向熊本藩知事詢問關於元田這號人物。知事坦承自己不敢斷言元田是否適任，但他的人品絕對沒有問題。有了知事的背書，元田於一八七一年七月十七日就任天皇的侍讀。二十一日，他第一次為天皇講解《論語》[14]。自此以後，元田每個月向天皇講授十二節《論語》，後來還教授《日本外史》[15]。他持續為天皇授課，直到一八九一年去世為止。

當元田首次得知自己被選為天皇的侍讀時非常吃驚，很擔心自己的能力不足。元田認為自己年紀太大（當時五十三歲），無法像正值壯年且活躍於政壇的西鄉隆盛、大久保利通、木戶孝允和板垣退助那樣為政府效力。他建議挑選更年輕的人才擔任此職，認為如果接受了任命只會自取其辱，強調自己打算回到熊本。[16]然而元田尊敬的藩士下津休也（一八〇九—一八八三）出面阻止：「這萬萬不得。元田的學問、德行加上西鄉的膽識，將無人可出其右。請你務必接受。」[17]這番稱讚讓元田無法拒絕到底。他在日記中記錄了第一次拜見天皇的情形：

著衣冠，膝行進，於三間[18]外稽首拜龍顏，復膝行而退。此乃親近聖上之始，心中敬畏喜悅交集，感激不能自已。畢後，面會德大寺實則，傳侍讀專務之旨，受任官相當之待遇。余初謙退，不敢當此任，然大命既降，不欲復辭，乃決然奉之。[19]

一些同時期的人認為元田是個頑固的保守派[20]，然而他卻贏得了天皇的絕對信任以及政府重臣毫無保留的欽佩。極少讚美別人的大久保利通在提到元田時說：「只要他在陛下身邊，我就放心了。」副島種臣也說：「元田閣下是成就陛下至上君德的功勞者。說起明治時代第一的功臣，非(元田)閣下莫屬。」[21]儘管如今元田已經幾乎被人遺忘，但他對天皇的影響，似乎比天皇身邊任何一位著名的政治家都還要深遠。

成為帝師之後，元田再次燃起對實學的熱情，這意味著他重新回到孔子和孟子的基本學說。元田主張所謂的「道」不應該從別處，而是從《六經》[22]中尋找。他承認西方科學技術的價值，並鼓勵日本人以「格物」的精神加以學習。「格物」這個詞出自《大學》，意為「究事物之理」。元田相信西學在人倫關係方面無法做出貢獻，人們只能從《六經》中尋找指引。他還說道：「方今，厭漢籍之陳腐，專喜洋書之新工，然恐此亦終成洋文癖之曲學。」[23]

在江戶幕末時期，佐久間象山首次提出東方道德觀與西方科學技術的結合。這個觀點成為明治尤其在晚年的主要觀點，且其中很可能也有受到元田理論的影響。

元田除了為天皇講課，還撰寫了一些與國家宗教相關的文章[24]，但他最為人所知的則是參與了一八九〇年《教育敕語》的起草工作。這份文書大幅提倡儒家的倫理思想，以及「忠君愛國」的原則，而後者正是元田政治思想的結晶。

天皇在元田等人的指導下接受傳統的道德教育，但他對外則越來越受到西方的影響。

一八七〇年四月二十八日，天皇於閱兵期間首次在日本人和外國人面前公開露面[25]，而他所學的儒家經典自然沒有提到過這種場合。顯然這是大久保利通希望天皇表現得像一名現代的歐洲君主，才極力堅持請明治走出深宮，進入公眾的視野。

根據一八七一年曾覲見天皇的奧地利男爵許布納（Alexander de Hubner）所描述，一名侍從坐著一輛「香港製的輕便馬車來接他。也許這是宮裡唯一的一輛，因為宮廷應該不太需要大型馬車，畢竟天皇從不外出。」。他還在注腳中補充道：「幾個月後，在充滿改革精神的大臣們建議下，天皇坐著一輛敞篷馬車出現在臣民面前，讓所有人大吃一驚。這年（一八七二）夏天，人們看見他坐著出租馬車穿越橫濱的街道；身為神子的天皇身穿一件奇怪的歐式軍服，看起來既像水手又像大使。」[26]

明治的軍服在胸前點綴著獨特的金色盤扣，雖然其靈感來自歐洲，卻讓這位奧地利男爵不禁發笑。國外早已看不到類似的款式，但天皇仍舊繼續穿著這件軍服。每天早上離開後宮時，明治便會換上西式服裝，通常是軍服或大禮服。他的飲食也開始加入典型的西方料理和飲料，我們甚至能確切知道他第一次喝牛奶和食用牛肉的時間[27]。

很自然地，歐洲人開始感嘆日本人摒棄傳統服裝改穿洋服的突兀舉措。無數的漫畫描繪出日本人穿著不合身西服的彆扭模樣，他們看起來不僅毫無美感，還非常滑稽。然而曾為越前藩大名工作的日本通格里菲斯卻有一番不同的見解：

不管藝術家和那些對日本人的獨特和奇異之處情有獨鍾的人會怎麼說，日本人自己卻洞察人性，並理解真正的穿衣哲學。他們期望被當成人，而且是文明人，並被視作與西方同等的存在。他們知道，如果繼續穿著傳統的服裝，自己和國家將永遠不會受到嚴肅的對待。

很快地我們就看到服裝上的變化，改變的不僅是士兵和武士，還包括政府官員甚至天皇本人……可以肯定的是，摒棄武士裝束加速了古老而野蠻的封建風俗的衰退。事實上，服裝的革命在很大程度上幫助日本獲得全世界的認同，被視為與各國平等的國家。28

一八七一年十二月明治訪問橫須賀時，私底下拍攝了一張和隨行人員的合照。儘管天皇身著傳統服飾，但是其餘二十名隨從除了三人以外全都穿著西服。29

過去的風俗習慣在表面上繼續受到尊重，但仍接二連三地以不適合近代國家為理由遭到駁斥甚至禁止。比方說在一八七〇年三月六日，政府下令禁止染黑齒和剃眉，儘管這些本是高級公卿在元服時不可或缺的傳統。兩個月後，政府又禁止以死囚的屍體試刀，武士也不得再以「不敬」為由懲戒（甚至斬殺）平民。30

明治很快就適應了舶來品以及接見重要外賓時需要注意的禮儀。他知道自己應該握手、微笑（一開始他老是記不住），同時禮貌地問候客人一些無關緊要的問題。熱心的宮廷職員很快就掌握外國人的行為舉止，並想盡辦法讓客人感到放鬆；他們盡量以歐式料理招待客人，當發現外國貴賓在覲見時不喜歡脫鞋，便在榻榻米上鋪了層地毯。[31]

為了緩解外國人見到佩刀武士時的緊張情緒，早在一八六九年就有人提議讓武士可自由決定是否佩刀。贊成的一派認為如今社會趨於安定，日本有幸脫離了動盪與暴力的時代，因此作為亂世象徵的刀劍已不再是必需品，而是僅止於正裝的配飾。然而其他人卻立刻站出來為佩刀辯護，強調佩刀代表了皇國的尚武精神，是神州正氣之所在。他們反問，難道一個擁有大和魂的人會放棄佩刀嗎？這些主張頗有分量，因而提案被一致否決。[32]

只不過到了一八七一年九月二十三日，政府頒布散髮脫刀的許可令，允許武士剪髮和隨意佩刀，並且可以選擇穿軍裝或者簡便軍裝。包括木戶孝允在內的幾名政府高官都已經把頭髮剪短；看起來幾乎沒有人反對這類象徵近代化與開明的措施，就連宮裡的侍從和近習也都剪了頭髮。

儘管新政府主張在開明的新體制之下日本已經找回法紀和秩序，暗殺行為卻依然持續。任何人只要開口提倡非傳統的觀念，就得時刻面臨被刺殺的危險；即便是那些最勇敢的人，一想到自己隨時可能成為刺客的刀下亡魂也不禁感到退縮。以倡導啟蒙而著稱的福澤諭吉認為自己的處境異常危險，他在自傳中寫道：「沒有什麼比活在暗殺的陰影之下更令人厭惡不安，更令人恐懼的了。這種滋味只有親身經歷過的人才能理解。」一八七一年，福澤創辦的慶應義塾遷移至三田時，他在住處打造了一個暗門，以防萬一暗殺者入侵時自己無處可逃。[33]

明治初期最令人震驚的暗殺事件，便是長州藩士大村益次郎（一八二四—一八六九）之死[34]。大村曾在緒方洪庵於大坂創辦的私塾學習荷蘭語，後來又到長崎學習西醫。一八五三年，他受伊達宗城之邀前往宇和島講授蘭學與兵學。這段時期來自外國列強的壓力已經越來越大，大村因此奉藩國之命回長崎學習打造軍艦和航海的技術。一八五六年，大村陪同大名前往江戶，並在當地成為幕府蕃書調所（研究與教授外國學問的機構）的教師。他在橫濱隨美國傳教士赫本（J. C. Hepburn）學習英語，並逐漸地獲得了軍事專家的美譽。一八六一年回到長州之後，大村著手改革軍隊，同時主張除了武士之外平民也必須進行作戰訓練。第二次長州戰爭（一八六六）期間，大村訓練的軍隊大敗幕府軍，且在推翻幕府的鳥羽伏見之戰中同樣表現亮眼。一八六八年，大村再次率領軍隊鎮壓了彰義隊。

明治維新後，大村就任兵部大輔（國防大臣），致力於創建一支近代化的軍隊。他取得了巨大的成功，以致人們經常稱他為「日本陸軍之父」。大村最值得注目的構想便是向平民徵兵，但此舉卻激怒了武士，認為這將威脅到他們的特權地位。大村對彰義隊的討伐也令他樹立了不少敵人，特別是那些心懷不滿、依然不願放棄昔日攘夷理想的武士。他顯然有十足的理由被暗殺者盯上。

一八六九年八月中旬，大村為設立訓練士官的學校而前往關西視察。他很清楚自己有可能遇刺，友人木戶孝允也察覺到這一點，於是為他安排了嚴密的警備措施。大村得知一些可疑分子正尾隨他來到關西，因此格外小心地盡量保持低調行動。然而十月八日當晚，大村正與同伴在京都的旅宿放鬆時，有八個人（多為長州藩士）突然闖入，在黑暗中進行一番駭人的廝殺。[35]大村身中數刀，靠著躲在蓄滿髒水的澡桶裡逃過一劫。而後他腿部的傷逐漸惡化，最終被送進大坂的醫院。為他治療的荷蘭籍名醫鮑德溫（A. F. Bauduin）建議立即截肢，但當時像大村這樣的高級官員若要進行手術必須得到政府的批准。許可書遲遲沒有下來，十二月初，大村因傷重去世。[36]

刺殺大村的刺客在遭到逮捕後被判處死刑，但最後卻改為緩期執行。跟當初橫井小楠遇害的情況相同，許多人相當同情這些刺客，尤其身分較高的武士也認同暗殺者們的觀點，認為大村的兵制改革是對武士階層無法容忍的冒犯。這群犯人直到一年後才被處死。

接著遇刺的重要人物是參議廣澤真臣（一八三四—一八七一）。一八七一年二月二十七日，廣澤在家中遇害。刺客的身分不明，刺殺動機迄今成謎[37]。廣澤遇刺令天皇相當悲傷，並對逮捕犯人的進度緩慢感到失望，因此頒布了一道諭旨：

故參議廣澤真臣遭變，朕既不能保庇大臣，又使其賊逃逸。自維新以來，大臣遇害者已及三人。此朕之朝憲未立，綱紀不肅所致，令朕甚憾焉。詔令天下嚴加搜索，必捕此賊。38

為了使西方國家相信自己是個遵紀守法的文明國家，日本付出了無數努力，然而兩年之內接連有三名政府高官遇害，這肯定令年輕的天皇感到相當難堪。接下來三十年間又發生了多起暗殺事件，使得西方列強對日本留下負面印象，也因此很難說服外國撤銷治外法權。

不過，日本依然繼續朝著近代化大步邁進。鐵路和通訊網很快地往全國各地延伸，國內幾乎每天都能看到新的西方事物，不管是物品、服裝、食物、機械還是照片。儘管這些舶來品非常受歡迎，卻還是無法阻止人們偶爾憶起在動盪的幕末令他們激動不已的熱血時刻。

年輕的天皇與許多同時代的人一樣，並沒有因為受到新事物吸引便捨棄舊有之物，而是在生活中為兩者確保了各自的位置。他喜歡京都勝過任何其他地方，但是他知道新生日本必須告別古都的傳統重新開始。相較於孝明天皇全面拒絕接受西方文化，他的兒子卻成為近代日本最具象徵意義的領導者，勇敢地從西方汲取有助於日本走向近代化的一切。只不過即便如此，天皇也從未忘記傾聽元田有關東方亙古智慧的教誨。

・第二十二章・

廢藩置縣

一八七一年最重要的政治事件，無疑是八月二十九日宣布的「廢藩置縣」（廢除藩國，設立縣制）。當天早上，天皇將在維新和新政府下表現最積極的四藩——長州、薩摩、肥前和土佐的知事召至皇居，感謝他們在一八六九年主動提出版籍奉還，同時請他們為接下來的廢藩置縣大業盡一份心力。右大臣三條實美宣讀了天皇的詔書，內容提到「內以保安億兆，外以對峙萬國，故今廢藩為縣，務去冗就簡，除有名無實之弊，更張綱紀，政令歸一，以示天下之所向」。其中「有名無實之弊」指的正是將國家分成各個藩國，分別由大名統治的封建制度。

從封建制度轉為中央集權的過程順利得不可思議。八月二十九日當天，天皇先是召見了率先提議設立府縣以取代藩制的四藩知事，並稱讚他們的建言[1]。到了下午，天皇請來五十六位駐東京的藩知事，透過詔書（由三條實美宣讀）宣布這項偉大的改革。大名們一同伏跪在地以示服從天皇的諭旨。第二天，這則消息被通報給人在藩國的大名置於東京的代表。八月三十一日，外務卿岩倉具視向各國公使發函，告知日本已廢除藩國，並代以縣制。

九月四日，岩倉會見了英國代理公使亞當斯（F. O. Adams），親自轉告他廢藩置縣的實施。

亞當斯對岩倉達成如此精彩的壯舉表示祝賀，還說如果是歐洲政府，沒有幾年時間外加使用武力，根本不可能成就類似的重大改革。[2]

版籍奉還的動力來自各藩本身，但廢藩置縣則是一道加諸於各藩身上的敕令。要摧毀一個自十二世紀末就已存在（雖然幾經改良）且保證了大名及其家臣許多特權的制度，就算遭到大力反對也不足為奇，但當時卻沒有一個人挺身抗旨。這基本上算是精心籌劃的結果；大久保利通是這項計畫的主要支持者之一，他為了爭取西鄉隆盛的協助遠赴薩摩。西鄉作為維新建設的中心人物加上清廉正直的人格而備受尊崇，是實現廢藩置縣不可或缺的助力。一旦獲得西鄉的支持，必定能影響許多原本可能站出來反對的大名。

到了這時，如大久保利通這樣的行政官員以及山縣有朋（一八三八—一九二二）等軍人都已經意識到廢藩的必要性。山縣剛剛結束一年的歐洲之行回到日本，他在歐洲學習了各種不同的軍事制度。儘管政府眼下看似沒有受到動亂威脅，但無論任何政府都需要足夠的軍事力量來應對各種可能的突發事態。格里菲斯曾評價當時的日本政府「沒有國家軍人，有的只是一股精神力量，因為這場改革的推動完全是出於對天皇之名無止盡的的崇拜心理。」[3]

此外政府的財政也非常緊迫，資金的調度已是燃眉之急。對改革派而言，唯一的解決方法便是以中央支配地方的府縣制取代相對自治的藩國制，然而要實施這個政策並不容易。武士階層可能會為自己的權利而戰，而大部分的平民根本不知道有比大名更上位的權威，因而如果大名抗旨，他們也不太可能反對。大名的影響力滲透了領地內的每個角落，支配著每位領民的日常生活。

當廢藩的公告傳至越前藩主所在的福井時，格里菲斯正好在場：

在福井城，我有充分的機會見證這份詔書對封建制度產生的即刻效果。有三幅光景讓我留下了深刻的印象。

第一是發生在一八七一年的七月十八日（陰曆）接到天皇詔書的那個早上。在地方政府的辦公室裡，現場交織著錯愕、壓抑的憤怒、恐懼、不祥的預感以及忠誠之心。我聽到有人在議論要殺死由利（公正）。他是朝廷派駐當地的代表和一八六八年《五條御誓文》的起草者。

第二個場景發生在一八七一年十月一日城裡的大廣間，越前藩主召集了好幾百名世襲家臣，命令他們將對藩主的忠誠昇華為愛國心，並發表了一次崇高的演說，敦促他們從關心地方轉為思考國家利益。

第三個場景則是在第二天早晨，依我推測城中全部近四萬的民眾都聚集在街道兩旁為越前藩主送別。他將離開繼承自祖先的城堡，作為一名毫無政治權力的紳士前往東京定居。[4]

其他大大小小二百七十個藩國，多半也都上演了類似的場景。大名們喪失了世襲的特權，得到的補償只是一個名義上的頭銜——自己原先統治的領地的知事。然而他們竟然平靜地接受了廢藩置縣，不禁令人感到難以置信。相較於明治維新只是置換了日本社會的頂層而沒有改變結構，廢藩置縣卻帶來更大的衝擊：將近兩百萬人（武士階層）失去了原來由大名支付的俸祿，如今將面臨永久失業的窘境。幾年後，政府向這些人支付一筆補償金，希望他們能以此重新開始。然而大多數武士並不習慣做買賣，也不諳其他新時代能賺錢的職業，沒多久就把錢花個精光，有些人甚至因此不得不從事卑微的粗活。大沼枕山的漢詩〈車夫篇〉正是在描寫一位這樣的武士，詩的體裁採用了車伕和顧客對話的形式：

車夫何早起？拂拭車上塵。
車客猶未到，結束立淩晨。
昔日胡為者？三千石幕臣。
出門乘輿馬，揚揚上士身。
今日渾忘此，快載商賈人。
東西南北挽，終日得數緡。
妻子待薪米，余錢能飲醇。[5]

確實後來有許多武士在政府部門找到工作，並在接下來的五十年甚至更長時間裡成為知識階級的中樞[6]，但還是有很多人從未適應時代的變化。昔日作為武士今天卻成為車伕（或者從事同等的勞力工作）的人物形象在當時的文學作品裡相當常見，甚至還謠傳有出身武士階層的年輕女子在吉原的妓院裡謀生。

這次改革顯然加強了天皇的權威，至少在原則上，天皇取代了幾乎獨立自治的無數封建領主，成為整個國家的唯一統治者。想必他個人也對這般變化有親身體會，然而不久之後發生的另一個改變對他的影響可能更為直接。下令廢藩置縣的同一個月內，宮內省和內廷發生了劇烈的人事變動。此前，只有上級公家（堂上華族）才能在宮裡任職。為了維持自古以來的世系，這群人在行事上總是墨守先例和傳統。天皇生活的後宮同樣由公家出身的女官管理，她們大多從前朝起就在宮裡任職。這些女官保守而不知變通，甚至利用自身對天皇的影響力來阻礙改革[7]。就連像三條實美和岩倉具視這樣出身公家的政府重臣也對此深感憂慮，想試圖改變現況，但幾個世紀以來形成的習慣並沒有辦法說改就改[8]。

前來東京推動廢藩置縣的西鄉隆盛認為是時候做出改變了。他主張應該換掉「性格柔弱華奢之舊公卿」，改由「剛毅清廉之武士」出任天皇的顧問。在諮詢過大久保和木戶之後，西鄉正式向三條和岩倉提出建議，並催促他們立刻做出決斷。八月十九日，政府下了決定：由薩摩藩士吉井友實（一八二八—一八九一）擔任宮內大臣，全權掌管宮內省和內廷改革事宜。一直以來提倡改革的公卿德大寺實則進入宮內省擔任天皇的近侍。

改革案很快就被提交上來。自此以後，不論是出身公家還是武士階級都可以被任命為侍從。眾人期待就算只是讓一兩名武士擔任侍從，也能藉此打破長年以來的陋習。侍從還有一項新任務，即不時向天皇提供來自各方的新舊資訊，高級侍從也必須協助天皇培養見識。而改革還不止影響了天皇一人；皇后及其他女官也被認為有必要熟悉日本、中國和西方的古今大勢，因此允許她們今後在天皇接受講課時於一旁聆聽。[9]

天皇的侍從中，像三條西、裏松和綾小路等公家的姓氏於是被村田新八等武士之名所取代[10]。九月十五日又罷免了多數女官，由一群新的年輕女性取而代之[11]。西鄉隆盛曾在一八七二年一月二十日給舅舅椎原與三次的信中以滿意的口吻寫道：

> 行諸多變革，最喜之事為主上身邊侍奉之事。此前非華族之人不得出御前，偶有士族〔武士階層〕之宮內省官員亦不能出御前。此等弊習今日悉改，侍從亦可自士族召入。公卿武家華族與士族皆同，士族出身之侍從更得恩寵，實為可喜之事。
>
> 主上厭居後宮，自晨至晚出於外殿，學和漢洋之學問，次同侍從討論，修業無寸暇。較之大名等人，衣著亦簡；較之眾人，修業學習格外努力。顯然今日主上之意欲已非昔日可

比，令三條、岩倉兩卿稱是。主上本為英邁之資，身體至極強健。公卿言，近來未有主上如此壯健。天氣宜時，主上每日習馬，兩三日內召御親兵小隊調練，此後隔日調練，亦有人言主上欲親率大隊，自任元帥，實為難得之事也。[12]

月底，改革了原先的太政官制，廢止左大臣、右大臣、大納言等職位。政府被重新分為三個部門：以天皇為首的正院（最高機關）、左院（立法）和右院（行政）。

國內這些重大改革一旦完成，政府就能對國際事務投入更多精力。其中的首要事項便是勘定北方的邊界。為防止俄國人捷足先登，蝦夷（於一八六九年九月改稱北海道）的開墾迫在眉睫。政府將北海道和千島群島劃分成十一國八十六郡[13]，派遣許多重要官員負責當地的經營管理。一八六九年十月五日，大國魂神被奉為開拓北海道的守護神，並舉行了鎮座祭[*1]。各地的知名寺廟也都鼓勵門徒移居新天地。

日俄邊界的主要問題在於薩哈林島（日本稱為樺太）。兩國都有居民住在島上，要劃分國界並不容易。一八七〇年三月，日本政府設立了樺太開拓使，然而在雙方尚未建交的情況下無法展開任何談判。三月四日，寺島宗則（一八三二—一八九三）、大隈重信和伊藤博文會見美國常駐公

*1　日本神道的儀式，在選定的地點建造社殿，並對鎮座的祭神進行祭祀。

使查理斯·德隆（Charles E. De Long，一八三二—一八七六）討論樺太島問題。德隆強調該邊界的劃分對其他國家也很重要，因而自告奮勇要充當兩國的調解人。他指出美俄關係親密，並承諾假如委託他接下這項使命，他將為尋求解決方案不遺餘力[14]。日本接受了德隆的建議，但條件是必須以緯度來劃定邊界：將北緯五十度以北歸為俄國領土，五十度以南則為日本領土。

儘管德隆充滿自信，但他的交涉卻沒有任何結果。島上的日俄居住者之間依然不斷發生小型衝突，但日本仍未決定應該採取何種策略。可能的選擇至少有三種，一是向俄國定居者支付一定費用請他們離開，然後接收整個島嶼；二是把島嶼一分為二，讓俄國定居者搬到邊界線以北，同時補貼他們搬家費用；三則是把整個島嶼讓給俄國，由日本索取相應的補償。[15]

一八七一年六月，副島種臣被派往樺太島的俄國控制區與俄方進行交涉。出發之前天皇告訴他說：

我邦最近魯邦（俄國）之壤土，應交誼最厚。尤如樺太之地，彼我人民雜居往來，各營其利，我國豈不盡心於保全此地之道哉。嘉永五年（一八五二年），魯帝派全權使臣議定疆界，然互有事由，其議未成。而後慶應三年（一八六七年），於彼得堡暫結雜居之約。朕密察方今樺太之形勢，言語義脈不通，致民心疑惑，偶生爭隙釀仇怨，恐終使兩國失懇親之道，故議定境界為當務之急。此非獨朕之深憂，魯帝亦嘗勞心。所以委爾種臣全權，以定疆界。切望爾機宜從事，以保兩國人民之慶福，促兩國交誼益厚綿延永久。爾種臣篤體斯旨。[16]

值得注意的是，天皇表示沙皇和自己一樣都希望和平處理邊界問題。他強調和平是彼此的共同願望，雙方都希望自己的臣民能夠不受干擾地過上安穩的生活。這番陳述說明天皇不僅意識到自己身為君主對臣民的責任，也認為與他國君主互相配合是比較理想的做法。

接下來幾個月，副島和俄國公使比索夫（Evgenii Karlovich Biutsov，一八三七—一九〇四）多次見面，然而會談毫無進展，樺太問題懸而未決[17]。一八七三年二月，北海道開拓次官黑田清隆上書天皇，極力主張日本全面放棄樺太島。他認為把資金用來開墾北海道廣大的沃土，遠比用來開發荒蕪的樺太島要好得多。他強調樺太產出的穀物、煤炭和漁獲利益就連要維持島上居民的生計都很困難，並稱讚俄國在一八六八年因為類似的原因將阿拉斯加賣給美國人是英明之舉。[18]

這個問題直到一八七五年五月才得到解決，當時全權公使榎本武揚和俄國全權公使亞歷山大・戈爾恰科夫（Alexander Gorchakov）簽訂一份協議，約定日本天皇會放棄樺太全島並將權利讓與俄國沙皇，而後者則出讓千島群島十八個島嶼的權利作為補償。此外，訂立兩國邊界以群島最北端的占守島和堪察加半島南端的洛帕特卡角之間的海峽為區分。[19]

與此同時，天皇的注意力集中在一些距離日本很遙遠的事情上。普法戰爭（一八七〇年七月—

一八七一年五月）爆發後不久，日本政府便派出四名資深藩士前往視察。他們抵達歐洲時，普魯士已經連戰連勝並包圍了巴黎。四人於是前往巴黎開始針對作戰雙方各自的長處和缺點、使用武器的優劣、勝敗的原因以及歐洲的總體情勢編寫詳盡的戰事報告，他們無一例外都對普魯士軍隊的實力和戰術感到十分震撼。迄今為止，日本在組織近代化軍隊上都遵照法國的模式，然而法軍的戰敗使日本改變學習的典範：從此以後，德國軍隊成了日本陸軍的楷模。[20]

天皇對這場戰爭格外感興趣。多年後，曾是軍官的高島鞆之助回憶天皇當時認真地檢查交上來的普法戰爭報告，並仔細地詢問顧問交戰雙方採用的策略。戰爭結束後不久，一艘德國軍艦來到橫濱，艦長向天皇獻上一些戰爭時拍的照片，並表示希望允許他親自進行講解，天皇於是欣然同意。據說明治津津有味地聽著艦長描述照片中的情況以及戰爭的結果，看起來「龍顏大悅」[21]。

這件事具體發生的時間並不明確，但天皇為了這樣的目的而接見一名外國人顯然是前所未聞的[22]。之後，天皇又一次打破常規，接見了獲得升遷的英國代理公使亞當斯。天皇表示自己樂見亞當斯的工作態度獲得其君主的認可，不過也對他即將離開感到十分遺憾；自己雖有惜別之意，但不會加以挽留，希望他在歸國後好好保重。[23]天皇的話語本身並無特別之處，卻表明日本宮廷已經迅速適應了歐洲宮廷的作風。

自普法戰爭中勝出的普魯士國王威廉一世在一八七一年一月於凡爾賽宮加冕為德意志皇

帝，並透過書信向明治天皇告知此事。後者回信表示祝賀，並附上兩本大和繪畫帖，作為前年秋天皇帝贈送的戰爭畫冊的回禮。日本和歐洲儘管依舊相距遙遠，但顯然日本在全球已然扮演了舉足輕重的角色，以致天皇能隨時掌握如他「親戚」一般的歐洲君主們的最新消息。

一八七一年十二月二十三日岩倉使節團出訪美歐，無疑是這時拉近日本與世界其他國家距離的最重要事件[24]。一八五八年七月日本與美國簽訂的通商條約規定可以在一百七十個月（約十四年）後重新修訂條款，因此現在正是一個恰當的時機，派遣使節團訪問曾與日本締結條約的各個國家[25]。這些條約包含治外法權和協定關稅，由於皆侵犯了日本自主權，因而大為日本人所詬病，紛紛希望可以通過談判剔除這些令人討厭的條款。

一八七一年二月，當時駐華盛頓的伊藤博文寫信給多位政府高官，建議盡快派出由優秀官員組成的使節團前往歐美考察各國的外交關係、貿易和關稅現狀，事前為修訂條約做好準備。伊藤期望使節團能夠成功說服各國相信日本已是一個成熟的近代國家，不應被視為法紀和財政均不可靠的落後之地。使節團的主要目的是贏得西方列強的信任，並傳達日本政府希望修改條約的意志。

一八七一年五月，政府命令參議大隈重信和大藏省（財政部門）官員吉田清成（一八四五—一八九一）研究為修約派遣使節團出訪是否可行。他們得出結論認為應該派遣使節團，於是太政官上呈了兩份理由書請天皇裁斷。

理由書在一開始便主張各國之間的關係應該以平等為基礎，質疑日本為何會被迫和外國簽訂不平等條約，接著將一切責任歸咎於幕末官員的懶散和姑息。維新之初，人們期望希望收回日本的權利，擺脫條約帶來的恥辱，然而條約早已生效且暫時無法修改。如今正是與外國政府協議修訂條約，建立對等友誼關係的時候了。有鑑於條約的修改是基於國際法進行，因此日本的制度或法律若有任何不符合國際法規定的地方都必須改正。這可能需要一年或者更長的時間，但條約上規定的修訂日期是從一八七二年七月一日開始，因而提供了一個改善現況的絕佳機會，儘管這將是一場困難的挑戰。各國的外交官肯定都會優先考慮自己國家的利益，假使日本的制度、法律或者宗教存在任何與普世價值相悖之處，都很有可能受到抨擊，甚至堅持要日本接受國際的做法，作為修改條約的交換條件。日本自然不會輕易接受，結果必定造成雙方在談判桌上的對峙。

外交使節團則可能有助於避免這種窘境。使節團成員將對各國進行友好訪問，表明希望日本的改革能更加增進與各國之間的情誼，同時告知日本政府的目的在於改正條約，並提議對此進行交涉。向歐美派出使節是政府找出讓國家得以躋身國際的最好辦法；隨團出訪的專家將會考察各國的制度、法律、經濟與教育等層面，來判斷日本該如何引進這些寶貴的經驗。使節團會為日本人帶來在各方面改革國家的機會，進而說服列強相信日本已是個文明開化的國家。[26]

第二份理由書則舉出了國家需要改變的一些要點，包括法律、外國人的行動和居住自由、振興教育促進開化以及弭除宗教自由的障礙。

假如事情真如理由書所主張的那樣順利進行，且使節團也沒有執著於修改條約，那麼這次出訪想必會因為獲得空前的成功而備受讚譽，但日本還是有許多歷史學家認為使節團沒有促成條約修改是一次慘痛的失敗。不過當時的外國人並不這麼認為；他們多半讚揚使節團的訪問是日本歷史上光輝的一頁。格里菲斯在一九〇〇年寫道：

也許一八七一年最值得注目的事件，就是向基督教世界派出了一個龐大的使節團。關於這件事可以毫不誇張地說，是沃貝克(Guido F. Verbeck)一手促成的。

一八七一年十一月二十一日，沃貝克先生在東京寫下一段話：「政府將派出一個非常優秀的使節團前往美國和歐洲……我誠摯希望並且祈禱這個使節團能為基督教帶來，或者至少更接近我們渴望已久的寬容……其中有八九人是我以前的學生。我們祈禱這次出訪將有令人滿意的結果，並在神的祝福之下獲得宗教自由的恩惠。這是我一直以來努力追求的目標。」[27]

據沃貝克回憶，岩倉在一八七一年十月二十五日要求他登門拜訪。當時岩倉的第一個質問便是：「你有沒有寫過一份意見書，然後交給自己手下的高官？」[28]岩倉在此指的是幾年前沃貝克寫給大隈建議他派遣使節團出訪歐美的意見書。岩倉表示自己直到三天前才聽說這份意見書，現在正在請人翻譯：

最後他告訴我，這恰恰是他們打算執行的最重要事項，而且將完全按照我的規劃執行……使節團會根據我在意見書中的建議進行組織……使節團於是在岩倉和天皇留意到我的意見書之後的兩個月內出發了。[29]

格里菲斯補充道：

使節團的主要目的是確保移除條約中的治外法權條款，好讓日本能作為一個主權獨立的國家獲得全面性的承認。然而美國公使德隆閣下在使節團出發前告訴我，他們並沒有獲得天皇的全權委任。[30]

讓學者們爭論不休的焦點在於，修改條約究竟是不是使節團的主要任務。那些認為是的人強調使節團在外國逗留許久且所費不貲，並描述成員們返回日本後的沮喪情緒。也許所有人的確都熱切地盼望修約，但這顯然不是最初的目的。說不定只是陪同使節團前往華盛頓的德隆很不負責任地對日本人說了一句：「是時候要求美國修改條約了。」他多半認為假如這件事成功了，將有助於提高自己在日本的聲望。日本使節團滯留於美國的期間，所到之處都受到超乎尋常的熱情接待，使他們更加深信談判的時機已經成熟[31]。

然而使節團抵達華盛頓後，國務卿卻指出他們帶來的國書並不包含修改條約的權限，使得大久保和伊藤不得不返回東京重新請求一份國書。儘管耗費了大量的時間、精力和經費[32]，岩倉卻認定單方面與美國改訂條約反而會對日本不利。根據條約中的最惠國條款，日本向美國做出的任何讓步都將適用於其他國家，而且還不一定能獲得補償。他於是決定中止與美國關於條約修訂的談判，改在將來等各國代表齊聚一堂的場合再行交涉。岩倉、木戶和山口尚芳拜訪國務卿，表示使節團不能單獨與美國進行協議，因此他們將回到最初拜訪各國進行友好訪問的任務。使節團在美國逗留了六個半月（包括在華盛頓長期等待的時間），之後才前往英國和其他歐洲國家。但是這些時間並沒有白費，只要看過久米邦武詳細記載使節團旅途見聞的《米歐回覽實記》就能清楚地了解到這一點。

哲學家兼歷史學家的三宅雪嶺認為，使節團的行動在離開美國後就墮落為毫無目的的漫遊。儘管成員們對此心裡有數，但是他們卻別無選擇只能繼續前進。在文明國家的所見所聞令他們著迷，以為這樣就能知曉世界情勢並因此深感慰藉，但這卻無法掩蓋他們的失敗，甚至不能騙過他們自己[33]。然而在久米記下的長篇記錄中，我們看不到一絲沮喪的情緒；不論使節團成員是否有意為之，他們的確是在幫助日本成為一個近代國家。

由於經濟因素，西方國家並不願意修改不平等條約。繼續控制日本的進口關稅對他們有利，如果日本施壓，他們也能以暗殺歐洲人的事件仍在繼續，所以無法相信日本會公正地懲罰罪犯為由加以拒絕[34]；或者他們也可能主張先解除對基督教的限制，再來談條約修改的問題，儘管這類保證超出了使節團的權限。雖然沒成功修改條約相當令人失望，但事實上使節團已經出色地完成了原先的任務。假如他們沒有抱持更大的野心想修改條約，就不會浪費好幾個月的時間等伊藤和大久保從東京回來，也就沒有人會質疑他們的成果了。

無論如何，這些人以無法透過其他途徑獲得的親身經歷認識了西方，並有幸視察處在繁榮和樂觀時期的西方各國。他們可以將這些知識——不論是先進的機器、政治型態或者僅僅是在歐洲人的歡迎會上學到的禮儀——應用於日本。從這個角度來說，岩倉使節團取得了莫大的成功，天皇和全體日本國民都將與他們共享通過漫長旅程帶回的碩果。

・第二十三章・

初次巡幸

當岩倉使節團在華盛頓焦急地等待大久保利通和伊藤博文從日本回來之時，日本正醞釀著派出另一個「使節團」。其目的與岩倉使節團原本的任務很相似：考察所到之處的情況，同時讓各地民眾感受到日本新政府的威望。然而最大的不同在於這個由天皇率領的使節團不會出訪國外，而是前往日本國內的偏遠地區。

一八七二年六月三日，政府發出公告表示天皇計劃於近期從海路訪問中國和西國地區[1]。作為實際巡幸前的準備，當天還進行了一場排演[2]。天皇對這次成果相當滿意，不久就將出發的日子定在六月二十八日，並表示希望這次巡幸能開啟天皇巡迴日本全國各地的先例。

在這之前提出的一份官方文書，解釋了此行的特殊意義：自中世時期以來，天皇一直被武家禁錮在御所的高牆之內，因此這次巡幸象徵了一個全新時代的開始。天皇將藉機遊覽全國，觀察各地的地理、情勢以及風土民情。至今為止沒有讓天皇有機會熟悉自己的國家是個重大的過失，如今正是彌補這個錯誤的時候。天皇會乘船遊覽大阪、兵庫、下關、長崎、鹿兒島、函館、新潟以及其他沿岸城鎮，這趟旅行將有助於他謀劃治理國家的方策。不幸的是，在一些窮鄉僻壤，人們仍未感受到朝廷的恩澤，這意味著天皇的影響力尚未完全滲透。假如不抓住眼前的機會改變這種情況，對於國家未來的疑慮將會逐漸擴大，成為走向開明和進步路途上的嚴重阻礙。[3]

世間對天皇的評價實際上甚至比這份文書描述的還要不容樂觀。明治時代初期，許多平民，甚至可以說絕大部分的平民都對天皇不感興趣[4]。察覺到這點的大久保利通很早就敦促天皇學習歐洲君主的做法向人民展示自己，他確信將天皇從躲在高牆和簾幕後面的神秘形象轉為親近臣民的可視形象，在政治上是不可或缺的。

天皇所接受的教育並未把他培養成一位公眾人物。歐洲人早期的描述說明他在陌生人面前異常害羞，以至於說話的聲音低得幾乎聽不見[5]；人們會對他多半是從宮中女官那裡學來的奇怪步姿指指點點[6]，身上的服裝和妝容則顯得格外另類。天皇個人形象的轉變以及在人民面前露面的決定並非他本人的意願，只是附和了大久保等顧問提出的建議。

為天皇賦予「人性」的嘗試最初並沒有取得顯著的成功。從東京到京都的路上他都沒有公開露面，民眾最多只能看到他乘坐的鳳輦。然而早在一八六八年，天皇的形象就已經透過錦繪的形式（一種廣受平民喜愛的多色木版畫）傳遍大街小巷，意味著公眾對天皇的關注已經萌芽。[7]

這些進展確實令人欣喜，但並不完全符合計畫。大久保本想把年輕的天皇塑造成一位堪比路易十四的君主，希望以此作為創立君主立憲制的過程之一。然而，日本傳統的君主制並不適合培育巴洛克式的莊嚴偉大；以路易十四來說，「歐洲專制主義的政治手段非常直觀，藝術和權力體現在國王出訪時的遊行隊伍、宮廷的假面舞會、富麗堂皇的宮殿建築和花園之中。國王藉由這些藝術形式成為一個可視的形象。」[8]相較之下，日本的君主制則不具視覺性；人們不僅看不到天皇本人，就連圍繞著御所的白色圍牆也與凡爾賽宮周圍的宏偉建築和花園沒有絲毫的相似之處。

不過，我們在閱讀描寫路易十四及其宮廷生活的文章時，還是會覺得有些地方與明治很相似。「在同時代人的眼裡，國王被視為聖人而受到崇敬。」[9]孩提時的路易就以其嚴肅沉著給外國使節留下了深刻印象：「威尼斯特使就曾指出，在一六四三年當時只有五歲的路易便很少在別人面前露出笑容，而且動也不動一下。」[10]路易似乎接受過西班牙宮廷禮儀的訓練，據說他的岳父，西班牙國王費利佩四世，在謁見時也會「如同一尊大理石雕像一般」靜止不動，這與外國人記述覲見明治天皇時的印象驚人地相似[11]。明治在接見時的不動狀態顯然既是出於禮儀又是因為害羞，但是在法國或者西班牙，國王如雕塑般的形象卻是一種戲劇性的演出。一名學者這樣寫道：「因此，應該把國王的不苟言笑和難為肉眼所見看作是宮廷這座舞台的戲劇效果。一旦人們很少有機會看到費利佩，反而能使他的公開露面顯得更加光彩奪目。」[12]

當路易成長至與明治登基時相仿的年齡，他展現了身為模範統治者的一面。「這位年輕的國王在一六六〇年代的形象，正是一位獻身於國事和臣民福祉的君主。」[13]然而，路易對國民表面上的關心在不久之後就被日益膨脹的自戀和驕傲所代替。相比之下，明治天皇從登基那一刻起對國民的關愛便與日俱增稱，直到他結束統治為止。

兩位君主之間的相似之處儘管耐人尋味，卻都只有片斷且維持不長。日本並不像法國會為君主在各地打造騎馬雕像，也沒有描繪君王擁護宗教或者戰勝外敵的華美畫作，更不存在為了提高形象而委託同時代或者後代的人創作的詩歌、戲劇和音樂作品。當時的法國甚至成立了一個機構負責向民眾宣傳國王的理想形象；然而明治的榮光根本不需要這樣的單位，他的榮耀源於長期的統治以及對日本人民深切持久的關懷，而不是建立在經過美化的形象上。

也許諾伯特·愛里亞斯(Norbert Elias)對路易十四的評價最能體現這兩位君主的相似之處：

> 毫無疑問，路易十四以自己的方式成為西方歷史上的「偉大人物」之一，影響極其深遠。但他本人的才智和天賦並不出眾，頂多算是平庸，而談不上偉大……
>
> 剛才提到與路易十四的「偉大」有關的悖論表明了一個有趣的情況：有時最重要的任務並不如我們預期，是由那些具有獨創性或創造力，抑或是具備旺盛精力與行動力的理想人才所完成，而是歸功於沉著穩健的平庸之人。路易十四正是屬於這種情況。14

大久保想把明治變成一位像是路易十四的君主只能說是誤入了歧途，值得慶幸的是他並沒有成功。不過他相信天皇必須站出來成為日本人民視若嚴厲慈父的存在顯然是個正確的想法。

一八七二年的巡幸從六月二十八日一直持續到八月十五日，全程都非常順利。這次出行不同於路易十四的巡遊甚至是德川時代最盛期的大名行列，一切都計劃得更加慎重。除了盡量不阻礙各地的交通，也讓人民得以跟往常一樣專心工作，無須修路或者遮掩髒亂，更不需準備進獻天皇的貢品。畢竟巡幸的目的在於讓天皇看到國家真實的現況，而不是經過巧妙偽裝的波特金村莊(Potemkian Village)[*1]。

反對天皇巡幸的意見主要來自那些仍然留在京都的公卿。當天皇的外祖父中山忠能聽說巡幸這般大事將在國內人心未定的情況下執行時感到相當震驚，很擔心這次巡幸可能造成的後果。皇居裡的變化也讓京都的高級公卿橋本實麗(一八〇九—一八八二)驚愕不已。六月二十日，他前往東京謁見天皇，在恭敬地行禮後抬起頭來卻發現天皇穿著西服坐在椅子上。橋本後來還注意到走廊鋪了地毯，侍從等宮中官員也都不必脫鞋，工作時都坐在椅子上[15]。

橋本並非唯一一個為宮廷西化速度之快感到不安的人，但是天皇根本沒空顧及他們的心

*1 出自俄國歷史的一段典故。據說在一七八七年俄國女皇葉卡捷琳娜二世親自視察克里米亞之際，其寵臣波特金為了讓女皇一行人對自己征服的土地留下好印象，於是命人火速在聶伯河岸兩側打造臨時的村莊來騙過女皇等人。而後「波特金村莊」便引申為專門用來給人虛假印象的建設和舉措。

情，在六月二十八日早上四點準備踏上巡幸之旅，並第一次穿上日後天皇最具代表性的服裝——綴有掛扣的燕尾服[16]。這番穿著不免遭到保守派臣民的批評，天皇逗留長崎時就曾有人向他提出抗議，懇求他停止穿西服。對此宮內卿德大寺實則與西鄉隆盛討論該如何應對，於是西鄉引見了該位人士並吼道：「你可知當今世界情勢為何？」把那個人嚇得趕緊退下。[17]除非時間回到三、四年前仍有許多武士高喊攘夷的時代，這樣的抗議或許還有可能受到重視。

啟程當日天皇騎馬從皇居出發，在濱離宮稍作歇息後，於早上五點三十分乘坐小船登上停泊在品川的軍艦龍驤號。隨行者包括七十多名隨從（其中包含西鄉隆盛及其弟西鄉從道）以及一隊禁衛兵。天皇一踏上軍艦，樂手便奏起歡迎的樂曲。十二年前，當第一支日本使節團遠渡太平洋前往美國時，使節團成員曾不斷抱怨在當地受到刺耳的「胡樂」（指外國的音樂）折磨，但是現在日本海軍卻為天皇演奏了類似的旋律。其他的歡迎儀式包括在主桅杆升起一面錦旗、懸掛信號旗，由水手們行站波禮以及鳴放二十一響禮炮[18]。除了第一項，其他所有禮儀皆是在過去不到十年內學自西方海軍的做法，如今卻已經牢牢成為日本海軍傳統的一部分。

巡幸的第一站首先參拜了伊勢神宮。六月三十日上午，由龍驤號率領的艦隊停靠在鳥羽灣，天皇一行人便從這裡出發前往伊勢神宮所在的山田。隊伍由當地官吏領頭，其次是工部省、海軍省、陸軍省等官員，以及兩名捧著神劍和勾玉的侍從。天皇親自騎馬前進，兩側各有一名侍從護衛，隊伍前後各有一半的禁衛軍嚴加戒備。隨行的官員都身穿燕尾服，佩帶洋劍以步行前進。道路兩側迎接的民眾都為天皇簡樸的穿著感到吃驚，這和過去大名隊伍色彩豔麗的打扮簡直有著天壤之別。民眾跪在道路兩旁，就如同在敬拜神明一樣雙手合十。在巡幸期間，所到之處都上演了相同的隊伍排場以及迎接模式。

第二站接著前往大阪。一艘在航行途中相遇的俄國軍艦鳴放了二十一響禮炮，以示對龍驤號上錦旗的敬意。等天皇抵達住宿地點時已是晚上十點，大阪市民紛紛挑燈迎接，三呼萬歲[19]，住在松島居留地的外國人也沿著道路點燃篝火，並脫帽向天皇致意。

七月五日，天皇離開大阪，登上開往京都的河船。這是他三年多來第一次回到這座古都。抵達京都時天色已暗，但是街道兩側的每戶人家門口都點著燈籠，照亮了通往御所的路。京都民眾在路邊拍手迎接，據說那些親眼見到天皇的人全都因此激動得熱淚盈眶。[20]

在京都短暫停留的期間，明治見到了自己的家人——外祖父中山忠能、姑姑親子內親王和淑子內親王[21]。他在參拜父親孝明天皇的陵墓時並沒有穿西服，而是換上了傳統的束帶正裝。而後天皇參觀了一場展示京都物產的博覽會，當中陳列的物品包括傳統的西陣織，以及新發明的碾米機和西式雨傘。他順道拜訪當地的一所中學，參觀學生們在課堂上如何回答有關標點符號、算術和外語的問題，此外也造訪了一間原先專門教授貴族子女外語（英語、德語和法語）和手工藝的學校，如今這所學校也開放給一般民眾的子女入學。明治在接見外國人教師之後下達一段口諭：「盡心於生徒教育，朕甚嘉之。望汝等勤勉，生徒亦研學不怠」。[22]

自此以後，天皇每次巡幸都不忘視察當地的物產與拜訪學校，並在校內觀摩化學等實驗以及聆聽學生們用日語和外語進行演講，除此之外還會前往野營地閱兵。這些行動讓明治察覺到自己身為天皇最應該具備的典型作為，即鼓勵地方商品的生產、高度關注教育，以及鼓舞軍隊的士氣。他似乎認定近代日本的未來將取決於產業、教育和軍隊的發展。當時的報紙《長崎Express》除了一如以往地表達敬畏和感激之情，還高聲讚揚天皇的巡幸使得市民從頑固的無知中覺醒，不僅根絕了人們心中狹隘的思想，更斬除盤據在通往文明進步道路上的荊棘。[23]

不用多說，天皇無論走到哪裡都受到臣民崇敬的目光洗禮。他也很受外國人的歡迎，其中包括學校的外國人教師，以及被聘請前來傳授日本人西方科學與機械知識的外籍政府雇員。也許這次巡幸最不尋常的事件要數天皇在熊本拜訪外語學校的老師勒羅伊·簡斯（Leroy L. Janes）時，站在二樓陽臺上的簡斯夫人就這麼從上頭朝著走過來的天皇撒下許多花瓣。這種歡迎方式想必對他來說是生涯中僅此一次的特別體驗[24]。

在與大臣們一同用餐時天皇最喜歡與他們分享的趣聞，是他和幾名護衛前往鹿兒島一位外國人家裡訪問時發生的事。住在那裡的老婦人拿出了豐盛的西式佳餚和糕點招待他們，然而（天皇總是在說完後便放聲大笑），「她連我是誰都不知道！」[25]很難想像天皇是在何種情況下會帶著隨從偶然造訪外國人的住家，又或者，即便這個老婦生性好客，她又是如何在短時間內做出一桌豐盛的飯菜？這個溫馨故事的劇本其實相當常見——出身高貴家世的人隱瞞身分來到一戶清寒人家，卻依然受到年邁家主的盛情款待[26]。這裡只差沒在結尾加上一句：客人最後在臨走前送上貴重的禮物給這位慷慨善良的恩人。

天皇坐船離開鹿兒島之後，當地市民被允許參觀他的行宮。在天亮之前便排隊等候的民眾恭敬地收下一小塊天皇跪在膝下的墊子以及他夜裡納涼時平臺上裝飾的杉樹針葉，用來當作除惡消災的護身符[27]。

天皇乘坐的龍驤號從鹿兒島一路開往四國的丸龜，於八月七日抵達的當天下著大雨，還不時伴隨著閃電與強風。第二天放晴之後，天皇從臨時搭建的祭拜所遙拜了崇德天皇的白峯陵以及位於淡路島上的淳仁天皇山陵，這兩位天皇都因遭到流放死於異鄉。同一天，東京傳來通報說以薩摩人為主的禁衛軍發生了內部衝突。西鄉隆盛和西鄉從道於是趕緊乘船返回東京，因為所有人都認為唯有出身薩摩的他們才能平息這場紛爭[28]。天皇則按照原定計畫繼續巡幸，先是短暫逗留神戶，接著踏上返回橫濱的歸途。

回到東京以後，明治仍持續對教育展現極大的興趣。九月三日，第一個公立圖書館在上野開放。第二天，天皇頒布諭旨強調教育的重要性，並公布了各級教育的計畫草案，預計新設八所大學和五萬三千七百六十所小學。所有年滿六歲的兒童都必須上學，從因應性別、城鄉或貧富狀況設立的各種學校中選擇一所就讀。整體教育制度將以法國為典範，這些計畫可以說是為了兌現天皇對於《五條御誓文》中「破棄舊來之陋習」以及「應求世界智識」所做的承諾。29

經過多年動盪，國家似乎終於安定下來了。東京城外圍二十一座用於軍事防禦的城門已經拆除，只留下地基和石牆；專門負責保護外國公使、居留地的外國人和政府外國雇員的警備組織也被一般的警察所取代。然而各地仍有零星的民眾暴動事件不斷發生，此外各種國際問題的重要性也逐漸浮上檯面。

九月二十六日，公布了關於瑪利亞．路斯號（Maria Luz）的判決結果。這艘秘魯商船先前因為在從澳門開往秘魯途中船體受損，於七月九日停泊在橫濱港進行維修。停泊期間的某天夜裡，船上來自清朝的中國勞工跳海脫逃，被一艘英國軍艦救起後送往神奈川當局。這名中國人控訴自己和船上另外兩百三十一名中國勞工受到不人道的虐待，並請求日本政府保護他們。日本政府於是傳喚秘魯船長，並在交出這名逃跑勞工時警告對方應該善待船上的中國人，同時嚴加告誡不得予以懲處。然而船長不僅狠狠地懲罰了這名逃跑勞工，還繼續虐待船上其他的中國人。英國代理公使沃森（R. G. Watson）聽說後親自登上商船查看情況，發現該人說的都是事實：船上中國勞工的際遇幾同奴隸。沃森於是要求外務卿副島種臣負責調查。

副島立刻下令禁止這艘秘魯商船離開港口。經過進一步調查後得知，船上的官員在澳門連哄帶騙地讓這些目不識丁的中國人簽了賣身契，把他們關進船艙加諸各種不人道的對待。初審判定祕魯船長罪證確鑿，並允許全部中國勞工上岸。八月二十七日，朝廷承認了判決，且為求慎重起見也把判決書寄給駐日的各國代表諮詢意見。然而只有英國表態支持，美國領事則以此事件跟自己國家無關而拒絕做出評論。其他國家全都表示反對，他們援引一八六七年十月訂下的橫濱居留地取締規則，質疑日本政府是否有權對發生在領土之外的事進行裁判。主掌裁判的大江卓（一八四七—一九二一）為此請示副島，副島則回應將尊重法庭的裁決。

八月三十日，大江裁定秘魯船長應釋放全部中國人，並特別赦免船長免於鞭刑，允許他出港離開。但秘魯船長依然不肯服輸，試圖證明自己在澳門與中國勞工簽的契約具有合法約束力。九月二十六日，法庭依然維持大江的原判，指稱秘魯船長的行為不僅違反了國際法，也不為日本國法所容。一些商船上的中國勞工聽到判決後大為鼓舞，紛紛棄船逃跑，船長則可能因為擔心自己會有生命危險，便棄船逃往上海。隨後中國的清政府也向日本政府的友好行動表示感謝[30]。一八七三年六月，這件事交由俄國沙皇亞歷山大二世仲裁，兩年後沙皇表明支持當初日本法庭的判決[31]。

十分崇敬明治天皇的格里菲斯曾描述天皇在這次判決中扮演的角色：

睦仁於八月中旬回到橫濱。他在逗留期間與地方長官大江卓就秘魯商船瑪利亞·路斯號事件進行長時間的磋商。該船因為受天候不佳影響停靠此地，船上滿載著中國勞工，他們受人矇騙，實際上與被綁架無異，並且遭到殘忍的對待。直到其中一人游向當時停泊在港口的英國軍艦求助，他們的情況才為人所知。

睦仁不畏「共和政治的惡弊」、秘魯的裝甲艦或是那些落後於時代之人的反對，決心擁護身為人的自由。庭審結束後，中國勞工獲准踏上日本國土，被收留直到北京政府有所回覆。這是日本首次不是為了自己，而是為亞洲人做出的人權宣言。一些外國人嚴厲批評日本政府的行為，甚至預測秘魯軍艦會前來索賠。但事情最終透過仲裁劃下句點，俄國沙皇判定日本的處置是正確的。[32]

格里菲斯指出天皇在處理瑪利亞·路斯號案件時發揮了個人影響力，但這並沒有得到其他同時代資料的證實。假如格里菲斯沒有說錯，那麼此事將是天皇介入司法案件的罕見例子。格里菲斯還寫道：「在法庭的裁判上，英國籍日本古典詩歌翻譯家兼律師的狄金斯(F. V. Dickins)強而有力的辯論發揮了很大作用[33]。他曾讓那些被迫出賣身體的年輕女孩重獲自由，更廢止了束縛她們好幾年人生的古老契約。」

日語相當流利的狄金斯受秘魯政府聘用，針對與中國勞工簽訂的合同是否構成奴役進行辯護。他列舉了日本的妓女買賣，認為如果這算合法，那麼秘魯人也稱不上違法。日本人被這出奇不意的反駁嚇了一跳，審判長大江趕緊宣布暫時休庭。最後大江判決，即使妓女買賣的確證實日本存在奴隸制度，但國內仍禁止向外國輸出奴隸。秘魯船長試圖將中國奴工從橫濱移送國外，就是觸犯了法律。經過這番曲折的論證，大江才總算下令釋放這些中國人。[34]

日本政府感到極為尷尬，因為他們人口買賣的實情就這樣被暴露在法庭上旁聽的外國領事館官員面前。大江因此敦促政府盡快禁止這種現象。十一月二日，政府頒布了嚴禁人口買賣這項具有劃時代意義的法令[35]，所有妓女的賣身契均被廢止，她們背負的債務也以受到不人道的虐待為由全部一筆勾銷。此外一般契約勞工的契約期限也被規定最長不得超過一年。

日本政府在這段時期的一系列行動，也使得它與鄰近的朝鮮和琉球王國之間的關係逐漸複雜化。

近四百年來日本一直在朝鮮設有一個貿易據點，其性質類似於長崎出島的荷蘭商館[36]。設立於釜山的「草梁倭館」由對馬藩全權負責派人駐留，因對馬的地理位置正好介於日本和朝鮮中間，歷史上一直都充當兩國之間的交流媒介。儘管駐留當地的日本人受到嚴格監管，有時甚至得面臨無禮的對待，但由於交易（以易貨貿易為主）的利潤非常可觀，因此他們一直都沒有撤離。

明治初期，日本與朝鮮的關係變得緊張。在得知幕府（在此之前都保持友好關係）被推翻後[37]，朝鮮政府不太願意與明治政府建立聯繫[38]。一八六九年，為了打破僵局，日本政府決定撤下對馬藩前大名宗重正的談判代表一職，改由自己出面交涉。一八七〇年三月，政府派遣兩名外務省官員前往朝鮮通知此番人事異動，卻只得到朝鮮無法收下日本國書的回覆。被惹惱的兩名特使於是在回到日本後，強烈主張征韓（入侵朝鮮）。

同年十月，日本再次派出的使節團同樣沒能取得進展。三名特使要求會見當地官員遭到拒絕，朝鮮當局表示三百年來對馬藩一直都是兩國之間的使者，為什麼現在要打破這個傳統？如果日本想加強兩國之間的聯繫，唯一的方法就是遵守過去的慣例。日本政府又一次地吃了閉門羹。

一八七二年二月，另一批日本政府派出的使節抵達釜山，但稱為「訓導」負責與日本協商的當地官員以生病為由拒絕見面。直到四月使節團代表相良正樹才將書信成功交到代理訓導的手上，並附上自己此次出使目的的聲明。六月，訓導來到倭館，表示會針對他的來意進行充分討論後給出答覆，但是不能保證要等到何時。朝鮮含糊的說法和試圖拖延的態度讓相良等人大為光火，於是不顧規定逕自離開倭館前往地方首府。然而當地政府的代表不僅拒絕接見，還嚴厲指責他們擅自離開倭館、硬闖禁區。[39]

日本人不得已只好返回倭館。使節團成員回到日本後，向外務卿副島種臣彙報了情況。九月十二日，認為基於歷史和尊嚴應當保留倭館的副島向正院上交了一系列提議，於同月二十日獲得天皇批准。其中第一條便明確地傳達他的觀點，指出應當保留倭館作為日本在朝鮮的前哨[40]。

九月三十日，外務大臣花房義質(一八四二—一九一七)為執行副島的提議來到朝鮮。他最重要的任務便是將駐留於草梁倭館的對馬藩家臣全部換成外務省官員，讓倭館置於外務省的管轄之下。倭館如今不再是對馬藩的貿易據點，對馬和朝鮮政府之間的債務也必須結清。談判再次拖延，表面上的理由是因為朝鮮希望在前任訓導復職前暫緩交涉。到了十二月十日，朝鮮表示拒絕受理花房帶來還清債務的物品，也不接受他們派駐的官員。

日本人發現朝鮮與自己不同，他們拒絕接受文明開化的政策，並已經無可救藥地落後於時代，這一印象令日本人更加惱怒。朝鮮依舊不願向西方開放，如今在日本人眼裡朝鮮就跟當初歐洲人所見的日本一模一樣，這使得他們對於朝鮮的落後產生蔑視心態。相較於過去日本把朝鮮視為中國文化的傳揚者加以敬重，對比十分鮮明。[41]

另一個鄰國琉球王國也開始感受到日本新政權崛起的威脅。自古以來這個國家的地位都相當模糊；一一八六年，鎌倉幕府曾經任命島津家的始祖擔任琉球和南海十一個島嶼的「地頭」(領主)。琉球發生內戰時，日本國內的戰亂使得島津家無暇派兵協助，其中一個國王於是在一三七二年派使者前往明朝請求幫忙統一全島，並自願成為明朝的藩屬。明朝表示同意，下賜國號「琉球」。但琉球長期以來與日本的附庸關係並未因為與明朝建立新的聯繫而中斷。

一四四一年，時任將軍的足利義教再次肯定島津忠國對琉球王國的控制權；到了德川幕府時期，琉球王國或多或少都算是島津家的領地，儘管它一直和中國有往來。

一八七二年，鹿兒島縣的參事派遣兩名使者到琉球，承認過去治理不當，並希望改善關係。琉球國王尚泰（一八四三—一九〇一）對此表示同意。與此同時，大藏省官員井上馨認為應該釐清琉球王國的定位。常駐琉球的鹿兒島官員應參事之命，轉達了日本政府的失望之情，原因是自王政復古以來，琉球國王都還沒有進宮朝覲過天皇。他敦促國王應立即派代表前往東京獻上祝賀。[42]

尚泰聽從了建議。十月五日，他派出的三名使節抵達東京。十六日，天皇在多位重臣的陪同下接見了琉球使節。在使節帶來的國書中，琉球國王表示自己身居遙遠的南方小島，聽聞維新盛事感到由衷高興。天皇則回應他很滿意長期以來作為薩摩屬國的琉球宣誓效忠日本朝廷。天皇隨即發布詔書賜與琉球國王「藩王」的稱號，並加封他為華族。此外也向琉球藩王和王妃贈送了大量禮物，包括各種布匹、三把獵槍、一副馬鞍和一對琺瑯花瓶。[43]

儘管藩國隨著廢藩置縣已然消失，琉球國王卻獲得了「藩王」的頭銜，實在有些奇怪。這只能解釋為權宜之計，為的是將琉球王國確實地置於日本的管轄之下。其最終的目的在於將琉球納入日本帝國的版圖，但這個願望要等到一八七九年才得以實現。

明治五年（一八七二）結束前另一件值得注目的事，便是採行陽曆。在改陰曆為陽曆之前的十二月九日（和曆十一月九日）這天，舉行了變更曆法的儀式。當天早上十點在遙拜過伊勢神宮之後，天皇宣布改明治五年十二月三日為次年的一月一日，並向祖先報告了這次改變。隨後他親臨正院，將一份記有改曆理由的詔書遞給三條實美。

天皇首先提到使用陰曆的不便之處。為了符合回歸年的周期，陰曆每隔兩三年就必須插入一個閏月。陽曆則相對精確許多，只需每隔四年增加一天，而且七千年下來的誤差值還不到一日。這般無可比擬的準確性，正是天皇決定採用陽曆的原因。[44]

但天皇並沒有在詔書中提到最有可能促使他改採陽曆的實際主因。從和曆去年九月開始，日本政府採納了按月給付工資的制度。如果按照陰曆，在那些有閏月的年份政府就不得不支付十三個月的薪水，而這對他們來說顯然並不是一件好事。

從十二月三日硬生生地少了將近一整個月直接來到一月一日，想必讓部分日本人感覺就像失去了人生中一段寶貴的時光。不過儘管官方公告不再採行陰曆，日後在舉行宗教儀式或者類似活動時還是偶爾會以陰曆作為基準。但無論如何，今後日本至少在大致上將與西方先進國家生活在同一個時間框架之下。

・第二十四章・
「征韓」論爭

明治六年（一八七三）正月初一的迎新儀式，在某些方面來說是史無前例的。首先，這次新年的日期是依照陽曆而非陰曆，這意味著人們在創作新年和歌時將無法像過去那樣提到山間的霧氣、溫暖的春風、或是小溪的融雪等象徵季節的意象。因為陽曆的元旦天氣還太冷，根本無法看到這類春天的預兆。明治天皇前幾年創作的迎新和歌中有諸如「輕風吹拂海岸邊」、「悠閒暖風」和「春風與日拂大地」的句子，但今年就完全沒有提到自然的景象。

其他儀式也開始與傳統背道而馳——政府中的外國雇員首次被允許拜謁天皇。一月十日，政府又開了一個先例，允許外國公使夫人與丈夫一同進宮向天皇和皇后祝賀新年[1]。一月七日，天皇和皇后一起上了新年的第一堂課，內容包括由元田永孚講解《大學》的第一章。天皇新的學習課程已經擬好；每個月除了六天休息以外，需要學習各十二堂的日本歷史以及《西國立志編》。可以看出明治這一年的學習計畫試著平衡傳統的東方學說和西方的實學。或許會有讀者感到奇怪，為何比起其他重要的歷史或哲學著作，反而是像斯邁爾斯這樣的通俗暢銷書被選為西方讀物的代表？但是這個時期日本人想從西方習得的並不是作為學問的智慧，而是能實際運用的知識。此外，天皇每個月必須出席三場御歌會，除了休息日以外每天學習德語，同時還有練習書法和日文語法的課程。[2]

一月十日，正式頒布了於去年年底決定的徵兵令。年滿二十歲且身體健康的男子必須接受徵召入伍，加入陸軍或者海軍；一月二十二日，規定尼姑可以蓄髮、吃肉、結婚或者還俗；二月一日，天皇在騎馬時身穿西服，並使用了西式的馬具；二月八日，實行了新的郵資制度，國內的信件互寄無論距離皆為統一資費；二月十二日，成立第一家工業企業，負責生產西式紙張；三月十四日，廢止宮中的佛教儀式，所有祭祀都統一採用神道形式，而原先供奉在宮廷裡的歷代天皇靈位和佛像也全數遷往京都泉涌寺。

這一系列動向反映了當時的時代變動有多麼快速，每件事都影響許多人的世俗和宗教生活，同時也預示著未來更巨大的變化。不過，一八七三年之所以成為日本歷史上值得紀念的一年，並不完全是由於這類國內改革，而是因為外交關係出現了劇烈波動。

外交上最初的重大事件起自二月二十七日天皇頒布諭旨，任命外務卿副島種臣為出使中國的特命全權大使。副島的使命在於交換兩國近年締結的條約相關文書，並呈上明治天皇寫給光緒皇帝祝賀其親政和大婚的親筆道賀信。[3]

但副島還有另一個更重要的任務。一八七三年三月九日，天皇下令要他與清朝討論一八七一年五十四名因船舶失事漂流至臺灣的琉球人遭到島上生蕃（高山原住民）殺害的事件應如何處置[4]。天皇在流露出對子民的關心之餘，其實也是在暗中強調(他已有預感清朝不會認同)琉球島民是日本國民。早在去年琉球國王就已經被授予藩王的稱號，副島也正式通知過駐東京的各國公使日本將對琉球負起全部責任，但是清朝卻不願放棄宗主權。天皇的敕命同時間接挑戰了清朝聲稱自己擁有臺灣全島統治權的主張，而這一點只有透過懲罰原住民的罪行才能證明。[5]

派使節前往中國去的計畫，源於一八七二年十月副島和美國公使德隆以及美國將領李仙得(Charles Le Gendre，一八三〇—一八九九)的一次會談。李仙得是美國駐廈門的領事，非常熟悉台灣原住民的問題。對副島來說非常幸運的是，李仙得返回美國途中剛好經過橫濱；接受副島諮詢的李仙得認為日本用兩千兵力就可輕易佔領臺灣，甚至提供了臺灣的地圖和照片。為日本擴張領土的願景感到振奮的副島表示就算是要招募一支萬人左右的軍隊也沒問題，但首先必須試探清政府的想法。他打算迫使清朝做出兩難的抉擇：假如清朝堅持認為自己擁有台灣的統治權，那就不僅要懲罰原住民，還必須賠償被害者的家屬。但如果他們不願對原住民的行為負責，那麼日本便有充分理由進攻臺灣[6]。

三月九日，天皇向副島下賜敕命以及一張自己的照片作為信任的象徵。三月十二日，副島在李仙得(這時他已經辭去美國外交官，改在日本外務省任職)和兩名翻譯官的陪同下[7]登上了龍驤號軍艦(原為石牆傑克森號)，並於當天在輕巡洋艦筑波號的護衛下從橫濱出航。讓副島乘坐規模雖小的海軍中最強力的軍艦出訪中國，顯然是為了給中國人留下深刻的印象[8]；這是日本軍艦頭一次被派往海外[9]。

副島的確具備足夠資格出使中國。他是明治政府所有官員中書法寫得最好的，而且能嫻熟地創作漢詩。這些藝術涵養再加上他熟知中國歷史、哲學和風俗，使他在應對清朝官員時遊刃有餘。此外清政府也很感激他解放了被困在瑪利亞．路斯號上的二百三十二名中國勞工，這同樣對他的出使十分有利。

在航行途中，龍驤和筑波於鹿兒島短暫停靠，副島便利用這個機會拜訪西鄉隆盛[10]。隨後兩艘軍艦又停靠在長崎。三月三十一日，軍艦抵達上海，並接到去年十一月曾在日本受到熱情接待的俄國大公阿列克謝（Alexei Alexandrovich）邀請他參加自己主辦的盛宴。四月八日，一行人從上海出航前往天津，但由於導航出了問題直到四月二十日才抵達目的地。兩天後，副島拜訪了天津府總督李鴻章（一八二三—一九〇一）。李鴻章首先由衷感謝他解救了瑪利亞．路斯號上的中國人，接著兩人交換了前一年批准的友好通商條約。然而根據當時在場的李仙得所述，李鴻章對待副島的態度相當「冷淡」，「對我更幾乎稱得上是粗魯」。當副島向李鴻章介紹李仙得時，李鴻章先是詢問了來歷，並在副島回答後說道：「我們雙方此前已經簽訂過很多條約，事到如今根本無需外國人來告訴我們怎麼做。他在這裡難道有什麼特別的理由嗎？」[11]李鴻章還批評副島的隨行人員身上穿的西裝，對此副島回應：

閣下，洋服或許不美，但極其便利，尤其是在乘坐西式軍艦的時候。要是身穿傳統的服飾，無論如何也無法操縱索具或者大炮。改穿洋服以來，一切都進行得很順利。事實上，載我們至清國的裝甲艦和輕型巡洋艦上沒有任何一位外國人船員。[12]

這是副島第一次體會到清朝官員的傲慢，但是他卻透過將日本近代化的優勢與中國人的頑固保守相比較，巧妙地扭轉了李鴻章的批評[13]。第二天，副島和李鴻章展開一次更密切的會談，針對中日關係進行深度且漫長的討論。副島充分利用自己的中國古典文學知識，批評中國人對外國鄙視和傲慢的態度，說這不符合中國古代聖賢的教導。他的批判顯然奏效，李鴻章在隨後寫給下屬的信中提到，日本自西化以來變得相當強大，反觀清朝已經大幅落後了。

五月五日，副島離開天津，於兩天後抵達北京。他隨即注意到各國公使就覲見皇帝的禮儀問題已和清朝宮廷膠著「百餘日之久」。公使們堅持認為，清廷應該按照列強的慣例，由皇帝站著接待外國貴賓，然而朝廷卻希望外賓遵照中國的傳統，在坐著的皇帝面前行跪拜禮。雙方顯然都毫無退讓之意。清朝自十七世紀在康熙時代迎來鼎盛期，就一路堅持要求歐洲人跪拜皇帝，但想也知道歐洲人並不喜歡隨便下跪。康熙在回應俄國使節的抱怨時曾說：「俄國人在中國，就應該遵守中國人的規矩。反之如果中國使節到了俄國，就應該遵守俄國的禮節。」俄國使節最終還是屈服了；他被迫在謁見皇帝當天於屋簷外淋雨跪拜，而康熙皇帝則高傲地安坐在宮殿裡的寶座上。俄國使節不得不按照要求行三跪九叩之禮[14]。

令副島感到憤慨的是，清朝沒有意識到十九世紀的情勢早已改變，始終認為自己才是世界的中心（中華），還要求外國使節屈辱地遵從過去康熙時代訂下的規範。然而他沒有在回憶錄中提到的是，不久前類似的狀況其實也發生在日本朝廷。一八七二年四月，英國代理公使沃森來到東京，要求謁見天皇並奉上國書。沃森希望日本天皇能改變宮廷接見外國人時的傳統，按照西方的禮節站起來而不是坐著接待外交官，以示互相尊重。當時身為外務卿的副島立刻駁斥了這個請求，還說「外國使節者，入其國從其禮」——這跟現在清廷讓副島覺得惱火的態度幾乎如出一轍。副島當時還告訴代理公使，如果他堅持天皇應該站著接待，就不用想進行謁見了[15]。沃森於是不發一語地離開。

一段時間之後，俄國公使比索夫前來日本討論薩哈林島（樺太島）的歸屬問題，並要求謁見天皇。他向副島表示天皇可以自行決定要站著還是坐著接見，而這種圓滑的態度讓副島相當中意，便著手安排他進行謁見。令所有人感到意外的是，明治這次站著接待了俄國使節。英國公使沃森知道後不禁為自己先前的不知變通感到羞恥，於是再次請求覲見，還強調不在意天皇採用何種禮儀接見。這一次沃森的請求得到批准，而明治同樣又站起身來接見了外國使節。這完全是他自己的決定：天皇顯然希望證明自己並不排斥遵守國際禮儀規範，只要外國使節不再硬性強迫他按照他們的方式行事。據說因為這件事，沃森成了日本忠實的盟友。[16]

與當初在日本的態度完全相反，副島如今跟歐洲人一樣，都不願意按照中國的習慣在覲見皇帝時磕頭跪拜。他確信自己的國家比中國先進得多，因此日本人這次拜訪清廷已不必再像昔日那樣誠惶誠恐。

五月二十四日，副島到總理衙門拜見清朝的外務官員，並劈頭就問為什麼像他這樣的大忙人還得等這麼久才能覲見皇帝。一位官員解釋說因為恭親王病了（在中國和東亞諸國，生病是一個避不見客的絕佳藉口），而且政府內部還在商量歐洲和美國使節提出的接見禮儀。副島接著問，為什麼清政府會覺得在中國禮儀的問題上有必要考慮外國人的意見，並以日本的做法作為對比：「如我國，先自定接使之禮節，以待來使。故凡公使今日到京，明日遂得覲謁。不容異議，以昭我君權。」[17]

副島拿出一把摺扇，上面用漢文寫著他認為皇帝應該如何接見外國使節的短文。副島以儒家觀點說明諸國使節互訪的關係「即朋友之交」，因此謁見時必須以誠實和互敬為重，禮節自然應該按照使節方的標準，而不是接待方。但這個主張顯然和他在日本宮廷時的態度截然相反。

副島在與清朝官員會談之際時常引用中國典籍來證明自己的觀點。例如，他會以「夷亦人國也，以君子待，即君子之為；以蠻夷待，即蠻夷之為」來痛斥中國人對外國人的鄙夷態度，並藉此諷刺中國人沒有（像他那樣）領會自國聖賢的古老智慧。[18]

六月一日，看似康復的恭親王拜訪了副島。為了判別這名熟悉中國典籍的日本人與無知歐洲人的不同，恭親王表示自己相信副島肯定不會反對按規定的禮節向皇帝行禮。副島聽後勃然大怒，回答說自己身為明治天皇的代表，在清朝皇帝面前跪拜將有損尊嚴。隔天，總理衙門宣布同意西方使節的提議，以五鞠躬代替傳統的叩頭儀式。對此副島寫信表示無意遵守這項新規定；如果必須在皇帝面前鞠躬，那他希望皇帝也能以相同方式回禮。李仙得擔心這只會讓中國人變得更加固執，勸他不要把信發出去，但副島卻堅持這麼做，並相信自己的極端言辭能發揮作用。[19]

交涉依然持續。副島決心在謁見時（以特使的身分）與清朝皇帝平起平坐；他還認為自己身為天皇的特使應該被優先接見，因為那些西方外交官只不過是一般的公使而已。副島的這兩個要求雖然在一開始遭到中國人和西方外交官的反對，但他最後卻獲得了勝利——副島得到了與自身崇高地位相稱的榮譽，就連那些西方人也向他祝賀。於是，副島得以領先其他使節獲得清朝皇帝的私下接見。

到目前為止，副島尚未提及他拜訪中國的主要任務——對臺灣原住民的懲罰問題。六月二十一日，他派遣一等書記官柳原前光（一八五〇—一八九四）和翻譯鄭永寧前往總理衙門商討有關臺灣原住民以及中國與朝鮮關係的性質等問題。選擇在這時提起朝鮮，說明了副島已在考慮報復朝鮮先前對日本使節的無禮態度。

在討論臺灣問題時，柳原強調清朝顯然無力控制島上的高山原住民。他指出臺灣原為日本領土，後來才落入荷蘭人手裡，之後又改由國姓爺（鄭成功）佔領。清朝從未領有超過一半的臺灣，其管轄根本沒有擴及住在島嶼東部的高山族群，而他們在兩年前殺害了幾十位遇難的日本國民。日本打算派出遠征軍討伐這些原住民，但由於該地鄰近清朝領土，因此認為還是應該先向清朝知會一聲比較妥當。

清朝代表回應說，他們有聽說琉球子民遭到殺害，但這些人都不是日本人，當時的倖存者也已由清朝官員救出後送返琉球王國。柳原反駁道，琉球自「中世以降」便是薩摩的屬國，因此琉球人作為日本的臣民，理應受到日本政府的庇護。[20]

在隨後的議論中，清朝代表承認自己的統治並未深入臺灣每個角落，「生蕃」並不受清朝控制（相較於納入清朝統治的「熟蕃」）。這次聲明於是成了日本軍在一八七四年四月攻打臺灣原住民的理由。

至於朝鮮，清朝代表聲稱儘管朝鮮國王受到清朝皇帝冊封，但其國內事務與戰和問題都由朝鮮人自己決定。這番說法使副島認定即便日本出兵朝鮮，清朝也不會介入。

在這次出訪的最後，副島謁見了清朝皇帝[21]。他沒有跪拜，而是鞠了三次躬。在副島結束謁見後，皇帝集體接見了俄國、英國、美國、法國和荷蘭的公使。儘管他們手上的國書早在二十幾年前就已出具，卻直到現在才得以呈上，而且在很大程度上還是多虧了副島。

謁見結束之後，各國公使受邀參加一場根據中國禮俗舉辦的正式宴會，然而由於天氣太熱，西方公使們互相討論後決定婉拒赴宴。當清朝宮廷詢問副島是否也無意出席時，副島（他非常熟悉中國禮儀）表示「否矣，必欣然赴宴」。這使得清朝的親王和官員對他留下了好印象，認為謙恭有禮的副島與那些無禮地拒絕皇帝邀請的西方公使相比簡直是天壤之別。但這件事也沒有讓歐洲人因此和副島反目成仇；英國公使威妥瑪（Thomas Wade）曾在副島離開北京前登門拜訪，並代表所有外國使節感謝他解決了周旋已久的接見禮儀問題。[22]

就連清朝也對他的付出表示感謝。當副島的船艦離開大沽（天津的港口）時，港口鳴放了二十一響禮炮，這是中國首次對一名外國人鳴炮致敬[23]。此外在副島於歸途中短暫停留天津期間，仍在為弟弟吊喪的李鴻章還是特地換下喪服拜訪副島下榻的旅宿，兩人就這麼談了好幾個小時。李鴻章也交給副島一封信，稱讚他對瑪利亞·路斯號事件的妥善處理，並希望同處東方的兩國能長遠地維持友好關係[24]。

副島意氣風發地返回日本。他深信，日本現在可以往朝鮮半島和臺灣擴張領土了。副島在抵達橫濱之前停靠的每一站都受到英雄般的熱烈歡迎。他在長崎寫下了一首漢詩，體現出歸國的喜悅之情：

才入本朝風氣醇，

山川秀麗自然真。
卻思曾在北京日，
滿地風沙呑沒人。[25]

七月二十七日，副島覲見天皇，呈上與中國完成簽署的條約及清廷贈送的禮物。天皇慰勞了副島，下賜酒肴。

在副島出訪期間，日本和朝鮮的關係亦逐漸惡化。朝鮮屢次拒絕打開與日本拓展貿易和外交關係的門戶，高傲的態度令日本怒火中燒。朝鮮的實際統治者大院君[26]堅決不對西方開放，並對日本發生的變化感到質疑。他堅持兩國之間的關係應該按照過去三百年來的慣例進行。

事態在七月迎來重大危機。負責倭館事務的當地官員發現有並非來自對馬藩的日本商人進出倭館，於是在倭館門口張貼了「潛商禁止令」[27]，同時強烈譴責這種違背三百年來傳統的行為。他們也對這些頂著西洋髮型、穿西式服裝的日本人表示失望，認為「此則不謂日本之人」。朝鮮堅持以對馬藩作為中間人是兩國貿易不可改變的傳統，決不允許來自日本其他地方的人參與貿易，然而如今這些人卻自由進出倭館，說明日本已經變成「無法之國」。他們嚴正交代在倭館的日本人向上級轉達朝鮮當局的不滿，以免將來後悔莫及。[28]

許多學者都指出當時朝鮮並無意中傷全體日本人，而是特別針對那些前來倭館做生意並打破了傳統朝日貿易原則的日本商人[29]。這種說法聽來十分合理，但當時日本人顯然不這麼認為。對日本名譽的侮辱，特別是「無法之國」這個詞使得全國群起激憤，主張出兵朝鮮的呼聲益發高漲。天皇得知這些情況後非常苦惱，下令三條實美著手處理朝鮮事宜。[30]

三條在內閣會議上提交報告，詳細報告朝日之間發生的所有不愉快衝突。一八七一年，政府派使節前往釜山想通知朝鮮廢藩置縣的消息，並希望會見相關官員，討論日本國內改革可能對兩國關係造成的影響。然而日本使節沒能見到朝鮮方面負責倭館事務的訓導，因為對方不下二十次以生病為由拒絕會面。好不容易等訓導從首都回來後，他表示日本的要求必須等官方開會討論後才能決定。日本使節於是詢問需要多久時間，得到的答覆卻是六到十年。[31]三條也提到最近一次事件則是豎立在倭館門口充滿侮辱性言詞的告示。

三條說，以自身所見，無法想像日本將來可能還會受到什麼樣的屈辱。自維新以來日本一直努力想做一個好鄰居與朝鮮保持友好，得到的回報卻只有羞辱。為了保護在朝鮮的日本僑民，日本應該派出軍隊，有必要的話再隨時增援。三條最後在會議上尋求贊同。

西鄉隆盛率先發言。他反對派遣部隊，認為這只會讓朝鮮人民在恐懼之餘懷疑日本企圖併吞朝鮮，儘管這並非日本的原意。政府應該先派一名全權公使表明意圖，看能不能說服朝鮮；如果朝鮮不聽或是對使節有任何無理舉動，他們的罪過將昭然於世，到時再出兵攻打即可。西鄉更在最後提議由自己擔任特使。[32]

西鄉的提案得到了大多數重臣的支持。不過當時有些政府中心人物正在國外或是無法出席這次會議[33]。即便到了這個時候，三條實美仍像往常一樣優柔寡斷，建議發電報給岩倉，請他立刻回國參加討論。到了八月三日，西鄉寫信向三條施壓，要他務必執行會議上的決定。八月十六日，沒有收到回信的西鄉親自登門拜訪三條，振振有詞地表達自己的觀點：如果要等到岩倉回來，將會錯失行動的寶貴時機。朝鮮肯定會對派出的使節痛下毒手，屆時日本便有了名目能出兵討伐犯人。此外近年日本國內情勢出現不穩跡象，很可能導致動亂發生，因此更應該讓積累的不滿情緒轉向國外，並藉機宣揚國威。[34]

三條意識到自己無法勸阻西鄉，便於八月十七日召開內閣會議。會議上最後決定按照西鄉的提議向朝鮮派出使節，但唯一表示反對的黑田清隆則認為處理日俄之間的樺太島爭議才是當務之急，並主張由自己代替西鄉擔任朝鮮特使。[35]

八月初，為了躲避盛夏的酷暑，天皇和皇后離開東京前往箱根的宮下。後來天皇一直都不願以任何私人原因離開東京，但顯然酷熱的天氣讓他這次不得不妥協。天皇很享受周圍的環境和食物，特別是捕自河裡的魚（他不喜歡吃海魚）和剛從土裡挖出來的小芋頭[36]。只不過，他其實不太適合在這個時候離開首都；由於討論依然持續進行，這讓希望請求天皇裁斷的政府官員被迫在這段當時算是相當遙遠的路途上來回奔波。八月十九日，三條來到宮下，直到二十三日為止每天都去拜見天皇。儘管會議已同意派遣西鄉出訪朝鮮，但三條仍然備感猶豫，希望岩倉能趕緊回來提供建議。我們不清楚三條和天皇討論了什麼，但天皇最終判斷這件事應等到岩倉歸國進行審慎討論後再向他報告結果。三條匆忙回到東京，將天皇的意思轉達給西鄉。

我們很難判斷到底是明治自己要求等岩倉回來，還是三條在見面時說服了天皇。假如確實是天皇下的決定，那麼這將是他迄今為止最重要的政治決斷。當時許多日本人都熱切地盼望和朝鮮開戰，但這對兩個國家而言都是一場災難。即便先不談道德問題或是侵略將對朝鮮人民帶來多少苦難，當時日本的軍事力量還不夠強大，並沒有十足的把握能打一場速戰速決的勝仗。戰爭對對雙方來說，代價可能都太高了[37]。

七月二十九日至八月十七日期間，西鄉寫了五封信給板垣退助。起初他反對板垣立刻對朝鮮用兵的計畫，認為軍隊應該用來防備俄國從北部入侵。若不先伺機挑釁便貿然與朝鮮開戰的話，很有可能會引來國際的抨擊，因而他才主張最好先派出一名特使。西鄉在第一封信的末尾寫道：「如公然遣使，則十之八九遇刺，伏請遣余前去。雖不如副島君優秀，赴死之事定可完成。」[38]

在八月十四日的信中，西鄉這樣寫道：

如不藉機引戰，將再無時機可尋。以此溫順之論誘朝，則必創出戰之機，然若視余未戰先死為不幸，或生姑息之心，此計必敗。今生死只有早晚之別，望以迄今厚情成全此事，如此死後亦不忘感激。[39]

對於信中反覆出現「死」字，某位歷史學家認為這意味著西鄉與其說是想找到解決朝鮮問題的方法，還不如說是渴望赴死。西鄉曾於六月二十九日寫信給舅舅椎原與三次，表示自己自五月初以來一直飽受疾病所苦。傳統的漢方治療完全沒有效果，他甚至已經放棄希望，覺得自己的病大概治不好了。天皇曾派御醫和一名德國醫生為西鄉診治，這才多少緩解了他的痛苦[40]。八月二十三日，西鄉在寫給板垣的信中提到自己「視死如歸」。雖然他接著承諾不會匆忙赴死，但似乎決意無論如何都要命喪朝鮮，也許是因為他寧願戰死沙場也不想毫無意義地死於病痛[41]。

從西鄉的信及其在會議上的發言可以明顯看出，他認為自己死在朝鮮能為日本提供一個發動戰爭的合理藉口。然而，一些學者想為西鄉的好戰傾向開脫，強調他其實是個希望說服朝鮮妥協的和平主義者。作為提倡和平的證明，他們指出西鄉主張派往朝鮮的使節應該身穿宮廷裝束，且不帶一兵一卒或任何軍艦。然而，除非西鄉在給板垣的信中故意扭曲了自己的真實想法（有一位學者確實這麼認為[42]），否則他顯然期望發動戰爭。他在朝鮮的死不僅可能點燃戰火，還能滿足他為國捐軀的心願。對於那些痛恨失去地位，意圖發起叛亂的士族階層而言，出兵朝鮮也能讓他們獲得作為軍人討伐外敵的身分。雖然西鄉警告若不即刻採取行動將喪失千載難逢的機會，但今天大多數人肯定很感激當年他的計畫受挫[43]。

八月三十一日，天皇為了迎接一周前抵達橫濱的義大利國王的侄子熱那亞公爵而回到東京。九月九日，天皇接見了琉球國王尚泰，又於九月十二日接見李仙得將軍。九月十三日，岩倉具視結束長達二十一個月對海外十二個國家的親善訪問後回到東京。

岩倉的歸國並未平息征韓論的呼聲。十月十五日，內閣會議再次決議派遣西鄉前往朝鮮，但是反對的聲音卻逐步升高。木戶孝允在九月三日的日記中寫道：

四點，至三條公處，談論西鄉參議所提出兵臺灣討伐朝鮮之建言云云。朝廷已欲決議，不堪深憂。今萬民困苦，新令履下，民益迷惑，去年來蜂起數次，政府習以為常。論現今方略，無非以治內政為急，云外交義務，無先於保護唐太〔樺太〕人民……制罪何必論時機之遲速？今當以治內政為第一。[44]

木戶提到內政和外交上的利益衝突，正是後來國家政策辯論的焦點。在木戶以及其他岩倉使節團的成員眼中，日本與西方列強相比仍是破綻百出，因此他們確信現在不適合與朝鮮開戰。木戶由於生病無法參加會議，於是岩倉掌握了反戰派的主導權。他意識到自己需要大久保利通的支持才能阻止西鄉被派往朝鮮。大久保一再拒絕擔任參議，然而只有參議才能參加內閣會議。結果，就連在國外期間與大久保有過衝突的木戶也加入說服的行列。大久保最後點頭同意，但條件是副島也必須擔任參議[45]。這讓人百思不得其解，因為副島根本稱不上盟友，而是堅定的征韓派。也許大久保是希望即便最後決定派人出使朝鮮，也應該選擇無意送死的副島，而不是一心赴死的西鄉。

十月十二日，明治任命大久保為參議，副島也在隔天接到了同樣的任命。十月十四日，岩倉在會議上表達自己的觀點。他認為日本現在面臨的三個重大問題，便是解決與俄國的樺太島爭端、懲罰臺灣原住民以及出使朝鮮，但其中又以第三個最為次要。西鄉反對說，樺太島和臺灣問題並不緊急，而朝鮮問題則關係到天皇和國家的威望，因此不能拖延。假如朝廷認為樺太問題最為緊迫，那麼自己願意擔任使節前往俄國。在爭論的過程中，雙方的陣營逐漸變得清晰，有四人（板垣、後藤象二郎、副島和江藤新平）支持西鄉，三人（大久保、大隈和大木喬任）支持岩倉[46]。

十月十五日，三條實美表態支持西鄉，似乎意味著西鄉被派往朝鮮已是勢在必行。但當天晚上三條寫信跟岩倉說，自己因為不知道西鄉會做出什麼事來感到不安，所以又改變了主意。十月十七日大久保偕同木戶請辭，藉此抗議西鄉派的勝利；岩倉也以生病為由沒有出席十月十八日的會議。第二天，不知如何處理西鄉提議的三條由於精神過於緊繃而倒下。

天皇聽說三條發病，便派出各兩名御醫以及德國醫師為他診治。同一天稍晚，天皇親自探望三條，並隨後拜訪岩倉命令他代替三條擔任太政大臣。十月二十三日，岩倉上奏反對出使朝鮮的意見書，並請求天皇裁定此事。他強調，日本必須充實國力趕上國際水準，才能與其他國家平起平坐。如今距離維新才過了四五年，並不適合與外國起衝突。岩倉估計使節一到朝鮮就會引發戰爭，因此應該等日本實力充足之後再派遣使節，否則只會招來災難。[47]

隔天的十月二十四日，天皇下達裁決，表示贊同岩倉的意見[48]。征韓論就此平息，西鄉及其支持者（江藤、後藤、板垣和副島）全部以生病為由辭去參議一職[49]。天皇對此感到非常難過，但這卻避免了與朝鮮之間的戰爭[50]。

・第二十五章・

江藤新平之死

一八七三年波折動盪的政治情勢註定使得明治的私生活黯然失色，但仍有相當戲劇性的展開。這年五月，(前權大納言葉室長順的女兒)權典侍葉室光子被證實懷孕五個月，舉行了繫上托腹帶的儀式。七月一日，光子為備產從宮裡搬到宮內省的一處御用宅邸。一八七三年九月十八日，明治的第一個皇子出生。但孩子是個死胎，他的母親也在四天後去世。1

十一月二日，橋本實麗之女權典侍橋本夏子也繫上托腹帶，並提前搬至兄長實梁家待產。所有人自然都對即將到來的分娩極為小心，尤其不久前才剛剛發生過葉室光子與其嬰孩死亡的憾事。然而在十一月十三日，夏子出現嚴重的妊娠毒血症，情況急轉直下，岩倉具視、德大寺實則等官員得知消息後立刻趕到現場。他們徵得天皇同意，讓醫生施以人工分娩，然而不論如何努力，女嬰依然夭折，橋本夏子也在隔天死去。

失去最初的兩個孩子肯定令明治悲傷不已，在得知自己臨幸過的兩名公家女子年紀輕輕就去世時多半也十分痛心，但他似乎沒有對外顯露一絲的個人感受。

一八七三年五月五日，一場意外的災難襲擊了天皇及其他皇族。一名粗心的女官忘了完全將灰燼熄滅，導致宮中的庫房發生火災。儘管衛兵試圖撲滅大火，然而強風助長了火勢，並隨著原先江戶城內的建築一棟棟延燒，最終導致皇居陷入一片火海。天皇和皇后安全逃離，大部分的貴重品(包括皇室的神器)也都倖免於難，但是許多重要的公文典籍全都付之一炬。天皇被迫暫時遷至前紀州藩邸的赤坂離宮，並在此生活了十幾年，直到一八八九年宮殿重新建成為止。

為了使離宮適於天皇居住和辦公，勢必需要進行部分改建，然而天皇卻下令一切從儉[2]。大部分廷臣都認為應該盡快重建皇居來取代遭大火焚毀的舊城，但是天皇在五月十八日給太政大臣三條實美下了一道諭旨，表示國家財政有其他需求，不應在這個時候把錢拿來重建宮殿，「勿為朕之居室，損民產，苦黎庶。」[3]天皇所受的儒家教育培養了他的克己精神，使他一生都不喜歡奢侈和炫耀。

也許天皇這個時期的最大樂趣在於參加軍事演習。一八七三年四月二十九日，他率領近衛隊前往下總國。當天早上六點，天皇騎馬從皇宮出發，號角聲隨即響起，四隊衛兵舉槍向他致敬。而後天皇舉劍，下令部隊出發。隊伍走了大約三十公里，中途只有幾次短暫的休息。到了目的地後，士兵搭起帳篷，讓天皇和軍官們一同過夜。

那天夜裡外頭刮起狂風暴雨，帳篷搖搖欲墜。陸軍元帥西鄉隆盛在意天皇是否安全，便前往天皇的帳篷查看。天皇相當鎮靜地答道：「只有漏雨令人困擾而已。」[4]這個廣為流傳的軼事被認為展現天皇和西鄉之間關係親密，而當代的學者們也樂於承認這一點。儘管天氣不佳，天皇仍認為這裡是理想的演習場所，便將此地重新命名為「習志野原」以彰顯其重要性。

六月十二日，天皇觀摩近衛隊在臨時皇居的御苑內進行實彈演習，這是臨時皇居內首次響起槍聲。有人提議為天皇搭建一個看臺，他卻表示不需要，並坐在松樹下的一張椅子上觀看操練。

從一八七三年十月天皇拍攝的官方照片中，我們可以近距離一睹這個時期年輕天皇的風采。這些並非他最早的照片；如前所述，早在一八七一年十二月於橫須賀造船廠拍的照片裡面就有天皇的身影。

一八七二年五月，攝影師內田九一為天皇拍了一組照片，當時他身穿傳統的宮廷服裝，且仍未蓄鬍[5]。這些照片原本是要用來分送給各國首腦，作為岩倉使節團出訪時收到的元首照片的回禮，然而官方卻宣布這些照片來不及在大久保利通（從美國暫時歸國）返回華盛頓前準備好。也有可能是大久保對於照片中的天皇一點也不像近代國家的君主而感到失望，所以才決定不要拿來分送給其他國家[6]。

明治在一八七三年十月八日拍的照片明顯要時尚一些，照片中的他穿著日後天皇具代表性的西式軍裝[7]。明治坐在一張西式椅子上，表情有些僵硬，旁邊的桌子上則放著他的刺繡三角帽；（同年三月剪短的[8]）頭髮呈現中分，臉上開始長出後來照片中經常見到的鬍子。他兩手交疊放在劍柄上，看起來仍略帶稚氣，表情卻非常嚴肅。[9]

天皇外表的改變，是為了讓自己在世人眼中更像一名現代君主。皇后和皇太后也加以仿效，在外表上做了類似（儘管很細微）的改變——一八七三年三月，她們不再以黛點眉或者染黑齒。就連那些古老的建築也不免發生變化；一八七三年二月，長期以來作為皇室在京都的住居而受到崇敬的京都御所交由京都府管理，並於翌月被「借用」為博覽會會場，展示了許多迄今為止從未公開的皇室珍寶，展期為九十天。

這段期間「留守政府」[10]頒布的許多新法令似乎都是為了向世人展現日本人願意並有能力採行國際慣例。官方正式允許日本人和外國人結婚，甚至釋放了近兩千名拒絕改變信仰的隱匿基督徒，從而為日本與西方在這方面長年以來的爭論劃下休止符。[11]

然而改革也招致尤其以下層階級為主的強烈反感與暴動。不過，一八七三年最初的大規模暴動卻源於一場單純的誤解。去年十二月頒布的徵兵詔書中使用了「血稅」一詞作為「兵役」的委婉說法，北條（岡山）縣的農民卻因為按字面上解讀，以為服兵役是要搾取人民的鮮血。加上有傳聞說在附近的村子裡看到身穿白衣疑似醫生的人，使得誤會更加擴大。不久，為此激憤的三千多名村人在鄉下起義，然而他們的首要目標卻是一個穢多（賤民階級之一）的村莊，並放火將之燒毀。襲擊的理由是這些穢多以前順從聽話，如今卻趁著新體制變得盛氣淩人；暴民們也對徵稅建設小學、剪西式髮型和屠牛表示強烈不滿。從這些具體的埋怨我們可以清楚地看出，對徵兵制的誤會其實只是暴動的導火線，其本質則是在對政府追求近代化的多數改革表達憤恨難平的情緒。[12]

另一次暴動發生在北海道。漁民們由於漁獲量大減，便群起抗議要求減稅。這場暴動由黑田清隆攬下全責並釋放了所有被捕的人之後才隨之平息。更大規模的起義發生在福岡縣，當地農民憤怒地站出來反對那些過度哄抬米價的奸商，將導致歉收的旱災歸咎於貪婪的商人褻瀆了山神。暴動於六月十六日開始，幾天之內便席捲全縣，參加人數據說達到三十萬人。暴民們四處縱火、毀壞房屋、割斷電線、燒毀官方名冊、甚至殺害每一位見到的官員。六月二十日，暴民進入福岡和博多，並在隔日攻擊並放火焚燒了縣政府。這場暴動最後在鄰縣士兵的幫助下才好不容易鎮壓下去。對貪婪米商的怨恨是這次暴動發生的直接原因，但其規模之大或許說明人民壓抑在心中對於新體制變革的不滿，多少轉化成了對封建時期難以言喻的懷念之情而爆發出來。[13]

數百人在這次暴動中喪命，然而假如征韓派成功在朝鮮發動戰爭，傷亡人數顯然遠不只如此。幸運的是，這一年直到年底沒有再發生任何騷亂。《明治天皇紀》在一八七三年十二月三十一日最後的條目中提到，受雇於文部省的德國醫師霍夫曼（Theodor Hofmann）建議這一年飲酒有些過量的天皇從清酒改喝葡萄酒，並且一個晚上最好不要超過一瓶[14]。我們不難想像明治失去了最初的兩個孩子和他們的母親，心裡肯定悲傷欲絕，加上征韓與反對派之間的鬥爭可能也讓他感到筋疲力盡。酒於是成了天皇隨手可得的慰藉。

一八七四年新年伊始便有一項創新：皇后第一次與天皇一起參加朝拜。一月四日，天皇親臨正院聆聽各部門的報告和建議。即便喝了再多酒，天皇也從未忽略自己看重的職責，例如參加這些會議；光在這一年，他前往正院的次數就超過四十次。此外他仍繼續接受侍講的指導，皇后也會和他一同聽課。雖然原本計劃讓天皇繼續學習德語，卻由於他極度反感而作罷。如果明治真的學會德語，那麼日本宮廷的第一外語很可能就是德語而不是英語了。

一八七四年一月十三日，岩倉具視與天皇共進晚餐之後，在坐上馬車離開臨時皇居的途中於赤坂遭到八九名刺客襲擊。受傷的岩倉在逃跑當下不慎跌進壕溝，然後爬到岸上躲進一旁的灌木叢裡。此時，刺客聽到有人接近便立刻逃跑了。[15]

天皇和皇后聽到這個消息後非常震驚，雙雙趕去探望正在宮內省處理傷口的岩倉，天皇也命令他暫時先待在宮裡療養。一月十七日，天皇得知犯人尚未逮捕歸案，於是召見三條實美、大久保利通和大木喬任，向他們強調事件的嚴重性，並質問為何刺客仍逍遙法外。

當天晚上便逮捕了五名刺客，剩下的四人也很快被捉拿歸案。他們都是高知縣的士族，也是板垣退助的追隨者，對岩倉阻止板垣和西鄉隆盛的征韓計畫感到憤怒，於是企圖除掉岩倉來改變朝廷的政策。七月九日，這幾名犯人被判處剝奪他們的士族身分並斬首[16]。

在某種程度上，征韓危機已於一八七三年十月告一段落，然而這個問題依然在許多士族階層的心中引起波瀾。大部分士族仍未在新政權下找到工作，經濟上的困窘加深了無法向鄰國報侮辱之仇的憤慨。與朝鮮開戰也許可以使他們擺脫經濟上的困境，說不定還能化解昔日讓大藩之間反目成仇的恩怨，然而這個機會卻被奪走，許多士族因而開始造反。

早在一八七四年二月，佐賀縣的士族就出現叛亂的跡象。一些人成立了「憂國黨」，反對政府推動近代化，提倡攘夷以及回歸封建制度。他們強調加強軍事力量的重要性，認為應該實現這個目標之後再來征韓；一旦解決了內部的分裂、國家再次壯大之時，日本不僅應該征服朝鮮，還應該出征中國、俄國和德國[17]。那些認同憂國黨的人，大部分都是年近四五十歲並強烈懷念過去幕府統治時代的士族。

佐賀的另一個政黨[18]「征韓黨」則主要由二三十歲的年輕人組成，他們大體上擁護新政權的改革，但是不滿政府沒有按照多數參議決定的結果向朝鮮派遣使節。征韓黨在第一階段主張履行這項決議，然而他們的最終目的卻是征服朝鮮。兩黨縱然有許多觀點截然相反，最關心的卻都是士族階層面臨的困境。對當時的士族來說，要解決這種悲慘而無所適從的狀態似乎已別無他法。兩黨都積極拓展新成員，並自一八七四年初開始為了發動叛亂籌備武器和物資。征韓黨在佐賀雖然僅有約兩千人，但他們宣稱在鹿兒島、高知等地都有許多同志。

江藤新平早已辭去參議一職，卻因為接到命令要他繼續在政府工作而滯留東京。江藤在征韓問題上失敗，然而他繼續忙著處理任職司法部長時期自己提出的計畫。江藤並沒有喪失使他從最低階的士族爬到參議之位的出眾能力；他向來支持成立國會，並主張尊重人權，是一月十七日向左院提交設立民選議院請願書的連署人之一。[19]然而一月十三日，就在遞交請願書的四天前，他違背政府的命令，突然離開東京前往佐賀。江藤不顧東京友人的警告[20]，決定應征韓黨之請擔任他們的領袖，從而走向了無法挽回的悲劇結局。如此睿智開明的人，竟然會跟一場毫無勝算的魯莽行動扯上關係，實在令人費解[21]。

江藤告訴板垣退助和後藤象二郎自己打算回佐賀，讓那些頭腦發熱的征韓黨人士冷靜下來；但是另有消息指出，江藤私下裡對認識的人表明「第二次維新」的時機已經到來[22]。也許江藤一開始並不想徹底謀反，但是隨著他的歸來，征韓黨的反政府情緒已經達到最高潮，逼得他不得不那麼做。

岩倉遇刺事件之後，緊接著又傳出佐賀情勢不穩，對此感到不安的大久保決定將佐賀縣權令[*1]換成自己的心腹岩村高俊（一八四〇—一九一五），並命令他控制情勢。傲慢無能的岩村可以說是最糟糕的人選，他根本完全搞不清楚佐賀的情況，甚至還無意中為自己樹敵，使情況更加

*1　僅次於縣令的地方長官。

惡化：岩村在前往佐賀途中偶然與佐賀士族島義勇（一八二二—一八七四）同船，這個人曾擔任侍從以及秋田縣權令，這次是應三條實美的要求前往佐賀平息局面。然而在船上交談時，岩村對佐賀士族的侮辱加上宣稱會把所有叛亂分子一網打盡的傲慢發言激怒了島，讓他決心協助江藤對付這名蠻橫的新權令。[23]

大久保一再接到佐賀衝突一觸即發的警告。他認為自己有義務盡快鎮壓暴動，於是決定親自到九州視察狀況並採取有效措施。在他出發四天前的二月十日，大久保受邀與天皇共進晚餐；二月十三日，大久保在謁見時向天皇表明自己的擔憂。

同一天，在佐賀的江藤與征韓黨人士磋商後發表聲明，宣稱如果不懲罰朝鮮對日本的傲慢無禮，國家將喪盡威信。縱容這類恥辱只會招致其他國家的輕視，他和同夥發誓要為天皇和無數日本人雪恥，即便犧牲生命也在所不惜。如今政府已派軍試圖妨礙他們的志業，迫使他們挺身對抗，如同當年堅持大義而與幕府對抗的長州。[24]

到了隔天的二月十四日，江藤決定進攻舊佐賀城的政府軍，成立新政府。他似乎相信那些心懷不滿的薩摩和土佐士族會前來支援[25]，但是唯一幫助征韓黨的卻只有島義勇和他率領的憂國黨。

二月十六日凌晨，戰鬥開始了。叛軍的首要目標是舊佐賀城內的縣政府辦公室。駐守的政府軍人數不多且備戰資源不足，直到二月十八日才好不容易突破重圍，留下許多傷亡者逃往筑後。

這是整個反亂期間叛軍唯一一次的勝利。江藤不久就意識到自己嚴重失算；他原以為戰鬥一旦開始，薩摩和土佐的同志就會一同響應[26]。二月十七日，三條實美在給各地方長官的公告中指出佐賀叛亂士族企圖以征韓、封建之說煽動他縣的支持者，卻全然宣告失敗，就連鹿兒島也不為所動。儘管有人謠傳土佐（反政府情緒的另一溫床）將發生暴動，但都僅止於傳聞而已。

二月十九日，大久保抵達博多設立指揮部，並發出征討佐賀暴徒的公告。翌日，政府軍進攻佐賀縣；二十二日，兩軍在福岡和佐賀邊界附近交火，政府軍攻破了叛軍的防線。二十三日，江藤認為再抵抗下去只會增加犧牲者，於是決定解散征韓黨軍隊並說服同伴[27]。他表示自己將到鹿兒島尋求支援，如果鹿兒島不願出手，就前往土佐，假如土佐也不肯相助，那麼自己也還有其他計畫（他沒有透露詳細內容）。當天夜裡，江藤和七名追隨者乘坐一艘漁船逃往鹿兒島，想請求西鄉隆盛幫助自己再次起義。

江藤的逃亡重挫了佐賀士族的士氣，但他們仍頑強抵抗。最激烈的戰鬥發生在二月二十七日，由政府軍再次取得勝利。第二天晚上，一直宣稱要死在佐賀城的島義勇和幾名親信逃往鹿兒島，拒絕向政府軍投降。三月一日，政府軍兵不血刃地進入佐賀城。一些地方仍有零星的交火，但等到奉敕命擔任征討總督的東伏見宮嘉彰親王抵達時，叛軍已經完全放棄了抵抗。三月三日，兩天前抵達佐賀的大久保向正院發出電報，通知叛亂已經鎮壓。[28]

三月五日，政府發出逮捕江藤和島的通緝令，上面附有他們的體貌特徵[29]。諷刺的是，創立警察組織的江藤現在卻正被警方追捕；就連政府高層也有人對這些逃亡者深表同情。三條在寫給大久保的信中為島辯護，認為島雖然確實參與了叛亂，然而他始終效忠天皇，絕非奸邪之徒。四月五日，江藤被捕後，木戶在給三條的信中寫道，江藤是提倡征韓論的首要人物，何不讓他擔任攻打臺灣時的先鋒[30]。

二月二十七日，江藤一行人進入鹿兒島。第二天他們拜訪西鄉，卻被告知西鄉人在宇名木溫泉。三月一日，來到宇名木溫泉的江藤與西鄉密談了三個小時。當天晚上大約九點，江藤一度離去，但又在隔天再次來訪。這一次兩人的談話持續了將近四個小時，有時語氣激烈，連外面都能聽得見聲音。談話的內容並沒有公開，然而西鄉似乎拒絕在這個時候（佐賀之亂顯然已告失敗）或是往後任何時期支援江藤。西鄉或許這麼說道：自己已非政府官員，比起依靠他還不如去找擔任內閣顧問的島津久光求助。但是島津其實早在二月十三日就接到天皇諭旨，要他確保西鄉不會支持佐賀之亂。[31]

三月三日，江藤再次坐漁船離開鹿兒島。那天晚上因為風浪太大，他和少數同夥好不容易才停靠在櫻島。第二天，他們到飫肥（位於今日宮崎縣）拜訪小倉處平（一八四六—一八七七）。剛從海外留學歸國的小倉是征韓論的支持者，他向這群逃亡者表示歡迎，並將他們藏匿在附近（後來他為此被判處監禁七十天。）[32]

三月十日，江藤等九人躲過政府密探的追捕，乘坐小倉為他們雇來的漁船前往土佐，一路上海陸交錯的逃亡行程充滿了艱辛和危險。江藤最終抵達高知，見到了一直十分信任的林有造。然而林的態度卻非常冷淡；想必他已經注意到追兵就緊追在其後。不願牽連林的江藤當天晚上就離開高知，在淒風冷雨的山中彷徨了三天三夜。江藤也曾說自己打從出生以來，都從未經歷如此艱難的情況。[33]

不知為何，江藤似乎希望回到東京，向自己的前同事透露發動佐賀之亂的本意。屆時如果他們還是認為他有罪，就打算自殺[34]。三月二十八日，他穿過土佐和阿波交界的山嶺來到一座海邊的村莊。江藤希望找到一艘船把自己載回東京，卻被一名警衛盯上，要求他出示證件。剛開始江藤想假裝成大阪商人，不過隨即又改變想法，稱自己是政府派來搜索襲擊岩倉具視的犯人的密探，並要求對方代為送信給岩倉。江藤在這封寫於三月二十七日的信件中說自己人在土佐，但由於戒備甚嚴無法返回東京，希望岩倉能做出指示讓他回去。[35]

警衛打開信封，發現裡面寫著江藤的真實姓名。他現在確定自己眼前的人是名通緝犯，卻不知道應該如何逮捕一位不久前還是參議的大人物。最後他邀請江藤到村裡下圍棋，支開了他身邊另外兩名同伴。江藤手執白棋，警衛則執黑棋。當兩人分別落完一子，警衛正要下第二顆黑子時，突然大喊「江藤閣下，江藤閣下」，聽到暗號的捕吏立刻從隔壁房間衝了進來，喊著：「江藤閣下，請容我們逮捕您！」[36]他們的逮捕宣言既滑稽又莫名禮貌，但還是把江藤如罪人般五花大綁。江藤沒有抵抗。

捕吏們對江藤相當親切，到高知本來只需三天的路程，他們故意慢慢地走了五天。這也許是顧慮到他人生所剩無幾的最後時光。江藤和兩名同伴從高知乘坐軍艦，途中又經過陸路於四月四日抵達佐賀，隨後被關進一所臨時建造的牢房。

針對江藤、島[37]以及其他佐賀之亂的起事者在四月八日召開審判，隔日便宣告結束，速度之快令人難以置信。這其實是大久保的指示，他極度希望盡快結束訴訟，所有人都很清楚江藤等人將獲判有罪。審判長河野敏鎌(一八四四—一八九五)曾是江藤的下屬，是江藤把他提拔到現在這個位置的，然而在整場審判期間他對江藤的態度都非常粗暴，以致江藤一度怒喊：「敏鎌你這傢伙！你怎麼有臉出現在我面前？」[38]據說河野聽後低下了頭。然而在四月十三日他仍下達了相當殘酷的判決，特別是考慮到刑法的舊典和(由江藤公告的)新典其實都沒有懲罰叛亂者的先例。或許人們都從沒想過有一天會發生這種罪行。河野在宣判時引用了中國法律，江藤和島被剝奪了士族身分，並處以梟首示眾。征韓及憂國黨的領導人也判處斬首，但免受首級示眾之辱。

江藤在聽到審判結果的瞬間似乎想說些什麼，但話還沒說完就被拖離法庭，當當天遭到處刑。砍頭通常由非人(賤民階級之一)操刀，然而征討總督東伏見宮親王認為這對像江藤和島這樣的功臣有些失禮，於是改由一名武士為他們行刑。在死前，江藤作了一首辭世的和歌：

武士揩淚染袖濕
心思沉浮只為君

江藤的首級示眾了三天。他死時只有四十歲，距離他離開東京，踏上悲劇的佐賀之行正好過了三個月。

大久保在四月十三日的日記中表示對審判結果感到滿意：「今日圓滿結束。實在安心。」可見他毫無對江藤的憐憫之情。後文提到「江藤醜態，令人搖頭」，也許是在針對江藤被拖離法庭前的叫喊行為。有一陣子，東京街上還販賣著江藤首級示眾的照片，到了五月二十七日東京府當局才下令加以回收。但是據說大久保仍將該照片掛在內務省的會客室裡。[39]

已知的資料並沒有記錄天皇對這次審判和江藤之死作何反應。也許跟已被鎮壓的佐賀之亂相比，他這時更關心臺灣局勢的發展。自從一八七三年六月副島種臣與清朝官員會面討論如何懲罰殺害了琉球臣民的臺灣原住民以來，這個問題就一直毫無進展。一八七四年一月，大久保和大隈就當時的形勢提交了一份報告。他們的結論是，有鑑於清政府的聲明，生蕃地區不屬於任何國家，因此日本政府有義務為遭遇暴行的臣民復仇。

二月六日，大臣和參議們接受了這個決定。木戶沒有參加會議，這說明他依舊反對任何形式的外侵[40]。三月，大隈重信、參議兼外務卿寺島宗則、駐清朝全權公使柳原前光以及陸軍大輔西鄉從道在大隈邸會面，討論派兵征討臺灣原住民一事，並決定於三月十八日從熊本出兵，但計畫並未實現。四月三日，天皇召見大隈說明詳細情況。此時佐賀之亂已經徹底平定，政府已有餘裕對臺灣採取軍事行動。

四月六日，天皇全權委任西鄉從道處置臺灣原住民，命令他嚴懲那些殺害日本國民的罪犯。天皇也在另一份諭旨中表示，如果讓這些原住民為所欲為，他們的危害將更為擴大。「今朕行膺懲之意，在於教化彼野蠻，安我良民。汝察此旨，為事之際恩威並施，鎮定之後教導土人，使其開明，行於我政府有益之事業。」[41]

但是，木戶再次反對出兵臺灣。他指出佐賀之亂平定才沒幾天，竟然就有人喊著要侵攻臺灣，令他十分驚訝：「張國威於海外，開版圖於異域，人情豈不喜哉。然政府之務，自有內外本末之別，緩急先後之序，今三千萬民眾未享政府之保護，蒙昧貧窮之人未能持權利，國非國也。」木戶接著說，在某些方面目前的政治體制甚至不如封建制度，人們對新政府缺乏信心並非沒有原因。自維新以來，幾乎年年發生動亂；儘管自己多次提出建言卻不受重視，軍事將領如今已經踏上征途。事到如今他已無法留在意見如此相異的內閣之中，否則就是在欺騙自己和世人。即使無病在身，他也無法繼續留任，何況考慮到當今自身病情，他又該如何貫徹自己的正義？[42]

儘管木戶反對，攻臺計畫卻穩步進行。西鄉從道和大隈重信已身在長崎，準備率領軍隊前往臺灣。但由於英美兩國認定臺灣是清朝領土且極力反對此事，大臣和參議們決定先過問清政府再做進一步行動。大隈接到命令返回東京，西鄉從道則留在長崎待命。西鄉從道強烈抗議任何拖延，認為軍隊已經準備出發，任何延後都將影響士氣，屆時後果將比佐賀之亂還要嚴重。如果真要下令他停止行動，他將奉還天皇授予的委任狀，自願成為一名叛徒攻打生蕃的巢穴，以不會拖累國家的方法解決這一切。大隈努力勸他不要這麼做，但是從道完全不聽。當天夜裡，西鄉從道下令軍艦離港，並裝載上燃料和淡水。大隈向正院發出電報，表示士氣高漲，他已無法駕馭。[43]

四月二十七日，從道派出日本駐廈門領事轉交信件給清朝的閩浙總督李鶴年，表示為了尊重彼此的友好關係，在此事先通報出兵臺灣的意向。他解釋自己將奉天皇之命率兵前往臺灣，若船艦經過清朝領海也絕無惡意，希望清朝不要介入。他打算懲戒那些桀驁不馴的生蕃，確保他們不再胡作非為。如果有生蕃潛逃到清政府控制區避難，還請逮捕後交給日本。

顯然西鄉從道迫不及待地想出征臺灣，但他必須等候東京的批准。五月二日，他最終決定不再等下去，千餘名士兵於是分別乘坐四艘軍艦駛往臺灣。緊接著在五月十七日，大隈也從長崎出發。他因為和美英兩國洽談購買兩艘作戰用的商船而耽誤了行程[44]。

清朝對日本侵略臺灣自然感到極為不滿，他們申明臺灣是自己的領土，並一再要求日本撤軍。清朝聲稱擁有臺灣和琉球的主權，並派出兩艘軍艦。五月二十二日，抵達臺灣的清朝軍艦艦長和西鄉從道會面，要求他做出回應。從道回答說，兩國之間的談判事務都應該由日本駐清朝公使柳原前光處理。對他而言，針對原住民的軍事行動稱得上已經告一段落；士兵們如今正忍受著酷暑的煎熬，而他只是在等候可以凱旋日本的命令。

儘管討伐行動確實幾近結束，但日本軍隊並沒有立刻撤退。他們不僅得跟生蕃戰鬥，還必須對抗熱帶的炎熱和疾病。關於台灣問題與清朝的談判還在繼續，但是日本早有預期談判隨時可能破局。如此一來，日本是否應該向清朝宣戰？包括山縣有朋在內的大多數將領都持反對意見，認為日本還沒準備好，但有兩名少將覺得日本沒有什麼好怕的。他們覺得清朝在使用拖延戰術，同時也整裝備戰，日本不該讓清朝有機會先發制人。七月九日舉行的朝廷會議宣布，將努力尋求和平解決的方法，但如果清朝先開戰端，就只有迎戰一途。45

中國是日本文明千年來的榜樣，和清朝開戰的可能性自然造成不小的恐慌。但另一方面，一些人認為清朝已經不再是以前的中國，因此日本應該履行必要的職責，例如取代弱化無能的清朝，教化臺灣原住民。46

八月一日，天皇派遣大久保利通前往中國，與清政府斡旋臺灣問題，但談判進行得並不順利。十月二日，清政府拒絕日本覲見皇帝的請求，指稱日本一方面集結軍隊準備進攻，一方面又要求覲見皇帝的做法根本是一種侮辱。十月十日，大久保發出最後通牒，但是清朝又巧妙地延遲答覆。雙方就這樣不斷地重述相同的主張。

十月三十一日，日本和清朝最終達成了協定。根據條約，清朝願意承認日本進攻臺灣的行為合法，並賠償日本人員傷亡、修路、建房等費用；兩國間敵意濃厚的往來文書將被撤回銷毀；清朝會確保航海安全以免遭受台灣原住民的攻擊，日本軍隊也將在十二月二十日撤離臺灣。47

從清朝返回的大久保於十二月九日和其他對出兵台灣有功的軍官一同謁見了天皇。天皇感謝他們的努力，並下賜禮物。十三日，天皇透過代理宮內大輔萬里小路博房賞賜大久保一萬日圓，但大久保予以婉拒。他表示與清朝交涉成功並非自己一人的功勞，應該歸功於天皇的英明領導；同時提到征討臺灣原住民所費不貲，而且皇居也仍未重建。

十二月二十三日，天皇在各方迫切請求之下，總算同意重建皇居。不過這並非為了他自己，而是因為臨時宮殿過於狹窄，導致許多公務無法正常執行。

這一年在愉快的氣氛中結束。政府只付出些許的代價便平定了危險的佐賀之亂，入侵臺灣也達到了真正的目的，即讓清朝承認琉球為日本領土。然而兩次勝利都說不上是完全解決了問題的根源，不僅佐賀之亂成了更加嚴重的西南戰爭的前奏，與清朝的紛爭也在二十年後導致甲午戰爭的爆發。

一八七四年十二月三十一日，岩倉具視向天皇遞交該年最後一份文書，內容概述了自一八五三年海軍准將培理率領艦隊來航後日本經歷的許多變化。他認為廢藩置縣和派遣岩倉使節團出使歐美等創舉之所以能成功，都歸功於天皇在國家面臨危難之際的英明決斷。然而同一時間也發生了許多不幸的事件；事實上，也許可以說只有在經過了二十年動盪的現在，國內才真正迎來安定，四海也趨於平靜。最後，岩倉提出建議作為總結：

陛下誠宜於此時，銳意勵精，鑑前慮後，愛重諸名臣，責之以大計，委之以重任，使其協同一致，各效其才竭其能，整內治外，以貫徹當初之聖意，顯復古之成績，雄峙宇內之成否，端視陛下今日如何駕馭。48

・第二十六章・

早蕨之典侍

一八七五年，也是明治統治以來的第八年，可以說是最平靜的年份之一。一月一日，按照慣例舉行了慶賀新年的儀式。第二天，明治到青山御所向皇太后請安。四日，他出席了正院宣告新年政務開始的「政始」儀式。明治先在那裡分別祭拜了伊勢神宮、賀茂神社和冰川神社，隨後聽取來自各部門的各種報告，例如「為保衛人民」而派駐全國各地的警員人數，以及即將實施的郵政匯票制度；去年也修建了許多學校，現在全國約有一百二十九萬七千一百一十二名小學生，約占日本總人口的二十四分之一；大藏卿大隈重信向太政大臣提交了未來六個月的財政預算，並預測扣除開支後，將有近四千萬日圓的盈餘。[1]簡而言之，日本的一切似乎都在朝好的方向發展。

天皇仍繼續自己的學業，每個月接受福羽美靜、元田永孚和新上任的西村茂樹（一八二八—一九〇二）[2]講課。此外，他還師從元田和長炗練習書法。

除此之外，天皇的日常生活更是行程滿檔：參加各式各樣的儀式（例如歷代天皇的忌辰）、會見外國使節、嘉獎有功的臣民、觀摩軍事演習和創作和歌。這一年的第一場御歌會以「都鄙（都市與郊區）迎年」為主題，天皇的作品相當簡單易懂：

都城鄙里皆同慶
喜迎新年弗遠近[3]

一月二十一日，權典侍柳原愛子[4]在青山御所內一處特別搭建的建築裡產下了天皇的第二個女兒。前兩位嬰兒的不幸夭折讓眾人有些沮喪，因此這次看似健康的女嬰令人們感到無比欣慰。接下來的幾天，陸續有客人來宮裡祝賀。二十七日，天皇為剛誕生的女兒取名為薰子[5]。她將住在梅御殿，因此也稱作梅宮。薰子的出生和命名都告知了神靈，宮裡也舉辦了宴會。所有人紛紛為其長壽以及皇室子孫的繁榮獻上祝福，天皇也與嘉賓分享自己的喜悅。

二月日本爆發了天花疫情，天皇和皇后都率先種痘，使得那些原本可能害怕注射外國針劑的日本民眾也有了打疫苗的勇氣。就連幼小的內親王薰子也順利接受注射。二月二十日，薰子在母親愛子、外祖父柳原光愛和舅舅柳原前光的陪伴下第一次進宮。此後她經常被帶進宮廷，雖然她的父親無疑希望盡可能每天見到自己的女兒，但讓剛出生的皇女住在宮裡將會破壞規矩。明治自己也被迫在很小的時候就離開父母，由外祖父母照顧，如今他不得不遵守同樣的規定。按慣例，薰子將與外祖父母一起生活到五歲。

薰子的母親柳原愛子是明治的側室中最著名的一位。一九一二年，齋藤溪舟在描寫明治後宮的著作中，形容「早蕨局」（愛子的「源氏名」6）是所有宮廷女官的榜樣7。她不僅容貌秀麗且充滿知性，雖然一絲不苟卻又不失溫柔。後宮沒有人不仰慕愛子，並承認她的言行完美無缺。

愛子和其他的權典侍一樣，即使在宮中也非常神秘。宮裡其他女官經常被鼓勵多參加活動，或是偶爾陪皇后外出，然而權典侍極少離開宮闈，更幾乎從未曝露於陽光之下，因此氣色多半十分蒼白8。權典侍的官位比大部分服侍天皇的女官都還要高（其中有些人後來被擢升為典侍，登上最高位），然而她們周圍總是彌漫著一股神秘的氣氛。官位低於權典侍的山川三千子曾寫道：「用世俗的話來說，權典侍就是小妾。她們主要的工作就是照顧天皇，並在陛下入後宮時輪流服侍他。」9

權典侍負責照顧天皇的個人需求以及日常起居，例如穿衣或者沐浴。但她們最重要的職責，正如山川三千子所暗示的，是夜裡在枕邊侍奉他。這是一項經過公認的特別職務，她們也是唯一領有化粧補助的女官10。然而決定由誰侍寢的人並非天皇，而是女官長11。天皇似乎沒有特定偏愛的對象，如果有天皇不中意的側室，她可能會被解除職務，然而這種事情極少發生。天皇的最後八個孩子（生於一八八六年至九七年間）都是他和權典侍圓祥子所生，由此可以看出天皇十分寵愛她，但也可能只是因為她的生育能力特別強。包括小倉文子在內的幾位權典侍則都沒有懷上明治的孩子。12

柳原愛子作為薰子內親王的母親享有極高的待遇，然而她的第三個孩子（未來的大正天皇）出生時卻異常難產，伴隨著歇斯底里和痛苦的尖叫，宮裡後來便不再讓她侍寢[13]。但愛子仍被擢升為典侍，敘任從二位，死後還追贈從一位，這一切都源於她是皇太子的生母。[14]

薰子內親王在產後一年半便染上腦疾，儘管御醫竭力搶救仍不幸去世[15]。皇室的下一個孩子一直要等到薰子誕生兩年後才出生，不難想像這時明治有多麼焦急地希望趕快聽到權典侍繫上托腹帶的消息。

在此期間，明治每天和平時一樣，接見外賓、騎馬、偶爾頒布與政事相關的法令。他還不得不閱讀官員提交的文件，並陳述自己的意見。例如在二月底，明治收到岩倉具視一份內容很長的建議書，其中強調日本仍然比不上西方列強的強盛，這無疑是岩倉對自己視察國外的體驗進行反思的結果。[16]正是因為他察覺到日本在軍事和工業上的落後，才極力反對派遣西鄉隆盛出使朝鮮。在這份建議書中，岩倉認為反而應該警惕俄國對中國的威脅，並引用了中國典籍裡的一句話：「唇亡齒寒」[17]。他建議加深與清朝之間的交情，共同構築抵禦俄國入侵的防線，兩國應該像車的兩輪或者鳥的雙翼一樣，互相扶持。這份建議與眾不同，因為當時的日本官僚不僅將清朝視為爭奪朝鮮半島控制權的假想敵，也把對方看作一個自大又無能的國家，可以公然挑戰其臺灣主權而不會受到任何懲罰。

岩倉還在建議書中提到自己如何佩服天皇的英明決策。他乞求天皇從今以後能親自處理一切國事，將智慧慷慨地施予眾人，如此一來想必萬事皆成。只有國家在天皇恩澤下完全統一，日本才首次能與外國平起平坐，以期建立萬世不移的帝國大業。[18]這並不僅僅是奉承之語；也許因為有過出訪國外的經驗，岩倉似乎開始確信天皇應當（至少在原則上）擁有至高無上的權力。在這一點上，岩倉顯然與支持逐漸實現民主政體的木戶、大久保和伊藤等人的意見相左，但他心目中的專制統治並非依照歐洲模式，而是以古代日本為模範——作為神之後裔的天皇沉著地君臨於國家的頂點，絲毫不為底下的政治鬥爭所煩憂，將智慧傳授給諸位大臣。[19]

岩倉會認為天皇必須擁有無上的權力，可能是因為察覺到一些重臣對政府展現出敵意。島津久光身任左大臣，但長期以生病為由拒絕上朝，並且一貫地反對任何改革。他尤其無法接受現在大多數官員以西服作為日常裝束。另外，回到鹿兒島的西鄉隆盛絲毫沒有返回東京的跡象，依然無聲地向政府施壓[20]。

四月十四日，天皇在正院向大臣及參議等重要官員宣布將設立元老院和大審院[21]，同時決定開設地方議會。這些措施顯然是在為政府採行議會制做準備。詔書內容如下：

朕即位之初，會群臣，以五事誓神明，定國事，求萬民保全之道。幸賴祖宗之靈、群臣之力，得今日之小康。回顧中興日淺，內治之事當振作更張，朕今擴誓文之意，茲設元老院，以廣立法之源；置大審院，以固審判之權。又召集地方官，以通民情圖公益，漸次立國家立憲之政體。冀汝等俱同漸進。22

四月，岩倉又上呈了一份長篇大論的建議書，敘述「宇內萬國之人，其風俗異，其言語殊途，然均是人也」23。讀者可能會覺得這是自明之理，但它卻是岩倉分析至今日本與外國之間關係變化的引言。岩倉接著說，過去德川家康閉關鎖國，只向少數的中國和荷蘭商人開放長崎一地，這種做法已經不再可行。日本已無法忽視西方列強取得的成就，以及為其繁榮和強大做出貢獻的各種技術：陸上有蒸汽火車行駛，海上有汽船航行，電報則使他們能在一瞬間橫越萬里取得聯繫；昔日遙遠的距離如今近在眼前，東西方已宛如近鄰。岩倉和十年前那些狂熱的攘夷派截然不同，認為日本必須認同他國人民具有的優勢，並學會與之共存。

儘管岩倉擔心俄國在領土上的野心，但這個時期日俄已簽下協定，長期爭論不休的樺太島歸屬問題貌似即將獲得解決。條約規定日本天皇放棄樺太全島，俄國沙皇則將千島群島的十八個島嶼讓渡給日本作為補償24。不久，沙皇在仲裁秘魯商船瑪利亞．路斯號事件時做出了有利於日本的裁決，這讓那些原先視俄國為最大敵人的日本人也多少改變了想法25。兩國間的關係似乎正往好的方向改善，明治向沙皇表達了自己的感激之情。

獲得千島群島使得眾人的注意力更加集中於北方。一八七五年七月，三條實美、木戶孝允和大久保利通奏請天皇巡幸北海道，以了解當地的風土民情。他們相信只要天皇決定巡幸北海道，國民便會把焦點放在陛下遠大的構想以及行動力上，自然就不會再對瑣碎的事情議論紛紛。三條認為藉此機會將能擴展皇威，帶領無知的人民走向開化。[26]

在這個時期，政府也開始將目光轉移到國土另一端，要求琉球王國遵循日本的習慣。七月，一名使者來到首里城，命令藩王尚泰斷絕與清朝的附庸關係：從今以後琉球王國將不再派遣使節前往中國朝貢或是祝賀清朝皇帝登基，也不能接受清政府的冊封；此外也應當採用「明治」作為年號。但琉球人卻不願切斷與中國的歷史聯繫。

日本殘存的攘夷情緒如今也以反對進口外國商品的形式展現出來。進口商品導致貿易失衡和貨幣流出的問題，而左大臣島津久光正是排外派的代表人物，包括天皇的外祖父中山忠能也有參與其中。天皇傾聽了他們的訴求，並承諾會認真考慮，然而不論是關於貿易逆差、上朝時穿的服裝，還是使用陽曆的問題，願意理會島津抗議的官員卻越來越少[27]；畢竟任何禁止外國商品輸入的舉措肯定都會引來西方國家的不滿。

大久保利通也為日本的貿易赤字感到擔憂，於是積極地展開了縮小逆差的計畫。兩年前大久保曾雇用一名美國人引進牧羊業，並建設了一間生產毛毯的工廠，希望以此降低日本的羊毛進口量，同時開發那些迄今貧瘠的土地。他從全國招收學習牧羊的學生，並在九月親自視察過下總國印旛郡（位於今日千葉縣）的一塊原野之後，決定在此地開設牧羊場。可惜的是，這個計畫未能幫助扭轉貿易逆差。

一八七五年九月，這一年最驚心動魄的事件就發生在朝鮮的江華島。根據日本的資料[28]，日本軍艦雲揚號在執行測量對馬海峽的任務時，在駛往中國行經朝鮮半島西海岸之際碰上淡水短缺的問題。九月二十日，這艘船停泊在江華島外，由艦長親自乘坐小艇尋找可以上岸並獲取淡水的地方。然而一行人卻突然遭到槍擊和炮轟，雲揚號於是也以炮火回擊。艦長本想登陸質問，然水位太淺無法靠岸，加上手邊兵力不足對作戰不利，便調頭回到船艦並下令停止開火。第二天淩晨，日本人發動了攻擊，經過一番短暫而激烈的交鋒後佔領該島。在這次戰鬥中日本有一人死亡，朝鮮則損失了三十五人，另有十六人被俘。九月二十八日，雲揚號返回了長崎。[29]

這起事件本身只是一次雙方僅有數十人參與的小衝突，但日本政府卻有意將其誇大，甚至以此為藉口要求朝鮮做出讓步。江華島事件的消息傳回國內後，朝廷召開一場御前會議，決定派出一艘軍艦前往釜山以保護當地日本僑民的安全。天皇為事態的發展深感不安，便召見岩倉請他詳細說明事件的來龍去脈，同時下令把此事當作國家大事謹慎處理。

幾年前，木戶孝允曾反對派遣西鄉出使朝鮮，因其覺得比起懲罰朝鮮對日本的侮辱行為，先增強內部的國力更加重要，但他現在卻改變了看法。木戶先前認為出兵攻打朝鮮的理由並不充分，但是這次向日本軍隊開火是顯而易見的敵對行為，他甚至還主動提出要擔任特使。木戶在寫給三條實美的信中說到：

我政府於朝鮮國修好，用力已久，國論紛紛連歲不止。前年政府變革及昨春佐賀之亂皆因此起，今又生一大事變。(中略)昨年，琉球藩民等受暴逆，故施臺灣蕃地處分之舉，況今日之事，辱我國旗。且朝鮮國與臺灣相異，我官民在留其國，不可不問此。(中略)先舉朝鮮事變之始末，以之問清國政府，令其代我處理。若清國政府不肯，則委之與我，乃始以此事詰問朝鮮國政府，行妥當之處分。而彼若終不應，則茲始問其罪。(中略)若朝廷委我以一切機敏終始從其事，當竭誠盡力，不損我帝國榮光。

江華島事件使民眾議論紛紛[30]，然而政府卻耽於國內事務而無法立刻採取行動。特別是左大臣島津久光向天皇上書攻擊太政大臣三條實美，強調如果不照他的建議罷免三條，日本將淪為西方列強的奴隸。他強烈建議天皇應親自掌控政府。[31]

島津的指控相當模稜兩可，天皇為此困惑不已。十月二十二日，天皇召見島津駁回他的建議，並說三條對國家一直盡忠盡職，自己非常信任他。島津久光於是答道，如果自己的建言不被接受，就只有辭職一途。對此天皇表示考慮到朝鮮危機，他無法批准島津請辭。

天皇在這次以及當時的其他爭論中都展現了一股毅然決然的態度，表明他年少不懂事的時期已經結束。當然，天皇在下決定之前會先諮詢大臣，尤其是木戶，但最後真正做出決斷的還是他自己。

十一月一日，右大臣岩倉具視和參議聚集在三條家開會。他們決議派出使者前往朝鮮，以及一名特命全權公使駐守中國以便確實掌握情況。十一月十日，天皇任命森有禮為駐清朝全權公使，而他的任務便是向清政府說明原委後，刺探朝鮮為何會向只想獲得淡水的日本人發動攻擊。

十二月九日，決定了派往朝鮮的特使人選。雖然木戶一再毛遂自薦，卻在這時腦溢血發作，因此由陸軍中將兼參議的黑田清隆代為前往。三條指示黑田「求相當我國旗受辱之賠償」，但同時也希望他強調日本政府並未放棄與朝鮮改善關係。江華島事件可能只是某個地方官員的獨斷決定，並非出自朝鮮政府，關鍵在於找出是誰下的命令。如果朝鮮願意與日本重新修好並廣開貿易，特使有權接受此讓步，以代替對雲揚號的賠償。但是，如果朝鮮政府拒絕承擔襲擊雲揚號的責任，且無意恢復兩國舊交，特使亦有權根據情況採取適當措施。[32]

一八七六年一月六日，黑田帶領兩艘軍艦、三艘運輸船和三個連共約八百名海軍士兵[33]前往朝鮮。這是日本海軍所能提供的最大程度的護航，但艦隊的裝備極差，跟美國海軍准將培理在二十三年前率領來日的軍艦根本無法比擬。為了應對萬一談判破裂，日本還秘密制定了

準備。陸軍增援的計畫。軍人的休假均被取消，陸軍卿山縣有朋亦前往下關，為可能到來的出征做

日本艦隊停泊在距離漢城約三十二公里的江華島外。一月十六日，日軍向江華府練武堂行進，在那裡與兩名朝鮮政府代表見面。黑田起初察覺到朝鮮國內情勢不穩，認為與朝鮮取得共識的希望渺茫，因此要求增派援軍；但政府拒絕了他的請求，認為過早展示軍力可能會讓朝鮮國民感到懼怕，阻礙和平協商的機會。

兩國代表的第一次會談持續了四天。談判雙方態度都相當友善，卻只是不斷重述相同的論據。日本想知道為什麼自己訂立和平友好協議的願望一再被拒；反過來，朝鮮則質問為何日本天皇要使用與清朝皇帝對等的頭銜，從而讓朝鮮處於藩屬的地位。日本否認對朝鮮主權有任何非分之想，接著質問自己的船隻在江華島受到攻擊的理由。朝鮮代表回答說因為日本海軍穿著歐式制服，因此他們誤以為是法國或者美國人[34]。朝鮮毫無道歉之意，只是不斷重申地方官員沒有認出日本船隻。日本代表接著追問為何朝鮮政府沒有告知地方官員日本船隻懸掛的旗幟，並堅持要求提出道歉；然而朝鮮代表表示自己只負責接待，並沒有道歉的權限。

談判一天天拖延下去，中間甚有幾度被朝鮮代表和其政府之間的協商打斷。然而一八七六年二月二十七日，日朝之間最終締結了友好協定[35]。簽約儀式結束後，日本向朝鮮贈送了禮物，不僅有傳統的綢緞織品，還包括一門大炮、一支六發式左輪手槍、一枚懷錶、晴

雨計和指南針。這些禮物（綢緞除外）與日美首次簽訂條約時美國送給日本的禮物出奇地相似，而且協議本身具有的意義也相當雷同：日本正在打開朝鮮鎖國的大門，與其建立外交和貿易關係[36]。一名西方學者後來評論道：

正如西方列強對日本所做的，這個國家現在依樣畫葫蘆，毫不受良心苛責地引誘朝鮮簽字放棄其行政主權和關稅自主權，並和歐洲人一樣，讓朝鮮境內的日本人享有當初被批評為踐踏公平正義的治外法權。[37]

當條約簽訂的消息傳到駐東京的各國使節耳裡，他們紛紛請求覲見天皇以示祝賀之意。天皇於是在芝離宮設宴招待，公使們一一表示樂見簽約並期待日朝關係能越來越友好。[38]

與此同時，日本國內幾乎每天都有細微的改革，而且都比江華島事件更大幅影響了日本人的日常生活。舉例來說，三月十二日正式規定星期日為休息日。政府一開始對這個措施有所顧慮，擔心民眾可能會認為這是出於對基督教的尊重。然而為了使日本趕上西方先進國家的腳步，政府最終還是冒著被當成在討好基督徒的風險加以推行。一個月後，星期六下午也列入放假時段。

三月二十八日，政府頒布禁止一般國民（身穿大禮服或者穿著制服的軍人和警察除外）帶刀的廢刀令，違者將被沒收佩刀。多年以來，人們不斷爭論到底該遵循傳統允許士族帶刀，還是將其視為不符合近代化國家的野蠻行為予以禁止。現在這個問題終於得出結論，而這肯定也讓每次看到刀就精神緊繃的歐洲人鬆了一口氣。

四月四日，天皇、皇后和皇太后到岩倉家做客，並欣賞了能樂。雖然京都御所也曾上演過很多次能樂，尤其皇太后特別喜歡這種技藝，然而能樂長期都和幕府有著緊密關聯。根據儒家認為賢明的統治者應該重「禮樂」的傳統，幕府將能樂作為「樂」加以弘揚。隨著幕府垮臺，能樂的未來變得岌岌可危；一些演員跟隨德川家流落至靜岡，但因為沒有觀眾，大多數都被迫轉行，只剩下極少數的人仍在東京堅持表演。那些依舊住在城裡的前大名偶爾會以能樂來招待賓客，但是一旦這些大名回到各地之後，能樂演員便完全失去了庇護。儘管當初愛丁堡公爵訪問日本時曾欣賞過能樂（維新以來的第一次演出），但演員們根本等不到下一次外國貴賓來訪；他們需要養家糊口，卻遲遲等不到演出的機會。

寶生九郎（一八三七—一九一七）可能是當時最著名的能樂演員，他在一八七〇年宣布引退，並認真考慮過該轉行當一名商人還是農夫。當時還有在上演能樂的舞台，就只有在京都由金剛流經營的能樂堂，以及一八七二年梅若實（一八二七—一九〇九）在東京淺草建於自宅的舞台。但兩個舞台都很少安排表演。

因此，天皇在岩倉家欣賞能樂對於復興能樂有著重大意義。岩倉在歐美旅行期間，曾多次被邀請觀看歌劇，並得知這是歐洲戲劇中最著名的形式（當地人邀請岩倉觀看歌劇，可能是覺得即便語言不通，至少能讓他欣賞音樂。）岩倉在觀看歌劇時想到了能樂，於是在歸國後要求兩名使節團成員制定復興計畫，使之成為一種適於招待外賓的娛樂節目。

包括梅若實和寶生九郎在內的演員因此得以在天皇面前表演。除了皇室成員以外，觀眾還包括四位前大名、三條實美、木戶孝允、大久保利通、大隈重信、伊藤博文、山縣有朋等政府要員。在表演完既定的劇目《小鍛冶》、《橋弁慶》和《土蜘蛛》之後，寶生九郎還應天皇要求表演了《熊坂》。據說天皇當時看起來興致勃勃。而後在岩倉準備的西式晚宴上，天皇親自為岩倉等大臣和參議斟酒。

這是天皇第一次在東京觀賞能樂。他似乎由衷地喜歡這種藝術形式，偶爾興致特別好時，他會哼上一兩段唱詞，甚至還會教女官們怎麼唱[39]。在這個能樂宛如風中殘燭的時刻，天皇的熱情無疑是這種藝術得以保存的重要因素之一。此後，天皇無論是到國家重臣府邸還是華族家做客，通常都一定會欣賞能樂。

不久之後的四月十四日，明治再次到一名顧問家裡做客。當天他前往飛鳥山賞櫻並視察造紙廠，順路拜訪了位於染井村的木戶的別墅[40]。天皇把木戶召至面前加以讚揚：「汝孝允，自維新伊始，鞅掌國事，今幸國家太平，此因汝等輔贊之功。朕茲親臨，一同歡欣。」[41]

天皇下賜木戶五百日圓、一對薩摩燒大花瓶、一對銀盃和三箱葡萄酒。他還接見了木戶夫人，在遊覽庭園後和其他客人一起享用午餐。這是天皇第一次到士族宅邸做客，木戶自然非常高興[42]。

幾年前宣布的天皇巡幸全國的計畫，由於各種各樣的緊急事態而暫時推遲，包括是否派特使前往朝鮮的爭議、佐賀之亂、出兵臺灣以及最近的江華島事件。但現在這些問題都已解決，天皇的北方之行於是再次浮出檯面。

天下已大抵太平，但仍不時有民眾掀起抗爭（例如五月初就曾在和歌山發生過一次），顯示出國內依然殘留著不滿的情緒。五月，木戶向天皇提交了一份長篇的建議書，開頭便大膽地主張「政府乃為人民所設之所，人民非供政府使役者也」。在描述了維新之前的社會情況後，木戶認為在武家統治的七百多年裡，人民一直受到政府的壓迫，但是天皇「以至仁之睿智發維新之令，一掃積年之惡習」。這可以說是人民的一大福氣。[43]

讀到這裡，讀者可能會期待木戶將力勸天皇採取更強硬的措施，根除那些過去遺留下來的陋習。然而木戶並沒有這麼做，他反過來警告改革不應該過激。例如，隨著廢藩置縣的施行，地方官員通常是派自外地，因為他們比起出身當地的官員在處理地方事務時更能保持中立，也不用那麼害怕會留下子孫必須背負的壞名聲。

木戶實際上是在請求至少保留一項過去的「積習」。五月十九日，他在拜訪三條實美之後於日記中寫道：「妄想時興日變，數百年之慣習若輕易破除，必有枘鑿不容之患。」[44]

停發士族俸祿的舉措尤其使木戶深感不安：「萬不得止，則希望緩延手續，開其生路，行寬大措施。」

木戶支持改革，但討厭操之過急，希望有更人性化的考量。他想必把這些想法告訴了天皇，因為與當時其他顧問相比，木戶被天皇諮詢的次數最多。

我們無從得知明治對此又是如何反應。他的時間大部分都被與穩步推進現代化直接相關的事情所佔據。例如，天皇在五月九日參加了日本第一座公園上野公園的開園儀式，當時內務省提供的輕食也象徵著新時代的來臨，包括白葡萄酒、香檳和冰淇淋。[45]

六月二日，天皇終於啟程前往東北地方巡幸[46]。他帶了二百三十名隨從，包括內閣成員、史官、侍從和醫生。一行人於當天下午三點抵達巡幸的第一站草加。天皇剛在住宿處安頓下來，埼玉縣令等官員便正式前來歡迎。第二天天皇於淩晨四點起床繼續前行。在蒲生村附近，天皇命令馬車停下，以便他觀摩農民插秧。農民們都穿上了自己最好的衣服，男女分別用白色與紅色的紅色帶子固定住袖襬，頭上則戴著斗笠，插秧時的歌聲也迴盪至遠方。天皇看得入神，讓整列隊伍的人一直等待直到他看夠為止。[47]

當天下午，隊伍抵達第二站幸手市。天皇派人請來縣令，詢問他有關縣裡的情況。縣令描述了當地的地形、生活條件和特產品；他說縣民最大的憂慮在於河川的氾濫。天皇接著問民眾對以金錢代替農產品繳納地租的制度是否心存不滿。縣令回答說，大部分民眾歡迎這項新制度，但是希望可以分多次繳納。而後天皇在巡幸期間召見當地官員時，岩倉和木戶也一定都會隨侍在旁。

一路上天皇幾乎每到一個地方都會視察小學，聆聽學生朗誦，並向成績優秀的學生贈送獎品（通常是字典或者地圖）。除了在教室內的授課，他也會觀摩孩子們在室外上體操課。儘管這些參觀並沒有特別引起天皇的興趣，但他總是對所見所聞露出十分滿意的樣子；也許是因為很高興看到年輕一輩勤於鍛鍊身心，甚者他可能認為參觀學校和工廠也是自己身為君主的職責之一。

顯然只有當附近有一些特別引人注目的景點時，巡幸才看起來不僅僅是在履行君主的義務。比方說天皇在參觀日光東照宮時，花了許多時間仔細研究建築、雕像以及來自日本國內外的寶物；他也瞻仰了德川家光的靈廟，並要求把記載德川家康事蹟的相關書目送到自己的下榻處以便研讀。當天晚上，天皇還請隨侍的諸臣以日光山八景為題創作和歌。天皇在參觀與德川家有淵源的景點時，並未顯露絲毫的猶疑，甚至出資修復一些德川家廟的建築。

天皇所到之處，都受到民眾夾道歡迎。許多人將這時的心情寄託於和歌中，希望有一天能讓天皇看見自己的作品。這些農民心裡非常清楚，如果通過正當途徑獻歌給天皇只會被當地官員擋下，讓這些和歌永遠沒機會到達天皇那裡。因此他們有的懇求侍臣將和歌獻給天皇，有的則把寫下的和歌放在最可能引人注意的地方。侍從長會收集並整理這些和歌，然後在晚餐過後拿給天皇過目。

天皇也不忘視察路上每一處地方的特產，或者傾聽當地的農民哼唱農歌。各地傳承自古代的字畫骨董以及年代久遠的農具更是讓他耳目一新，看到新開墾的農田或是邁向工業化的工廠也總是令他十分雀躍。他在仙台還參觀了伊達家收藏品的公開展覽，其中包括一幅支倉六右衛門的油畫肖像（支倉曾於一六一五年訪問羅馬，畫中的他正在朝拜耶穌受難像）和一本支倉從歐洲帶回來的拉丁文羊皮紙書[48]。天皇會收下來自當地官員和一般民眾贈送的禮物，例如古川的小學生送的一籠螢火蟲，或者偶爾買些自己喜歡的當地特產。

在巡幸的最後一站函館，天皇也許碰到了此趟旅程最令他感興趣的事物。前往函館醫院視察時，那裡正好在進行觀察蟾蜍血液循環的實驗。他透過顯微鏡觀察蟾蜍的血液循環，這是他首次使用這種儀器。當參觀完學校回到旅宿時，現場已經為天皇陳列了許多當地的物產，其中還包括阿伊努人的生活器皿和衣服。有五十多名阿伊努人也在這天前來謁見天皇。到了晚上，庭院裡點亮了數百盞紅燈籠，市區裡每一所房子也在屋簷下掛起燈籠，連停泊在港口的船隻也是燈火通明。海岸邊的街道上設置了整排的燈籠，附近的村莊則燃起篝火。

七月十七日，天皇參觀了政府軍與叛軍最後的戰場五稜郭，並爬上壁壘，還向一名當地官員詢問當時的戰況。而後他也接見了約五十名前來函館瞻仰巡幸隊伍的阿伊努男女，並且觀看他們表演的舞蹈。

從函館返回橫濱的路上波濤洶湧，幾乎所有人都暈船了。然而除此之外，這次巡幸堪稱完美。雖然旅途中木戶孝允擔心天皇缺乏運動，曾多次勸他下來步行或是騎馬，卻都沒有成功，由此可知天皇在一路上似乎極少離開自己的馬車或者鳳輦[49]。然而更加令人擔憂的問題在於沿途的地方官員不斷提到士族階層的憤恨不平甚至出現騷動；這種鬱積的不滿最終將在這一年結束前夕完全爆發。

·第二十七章·

士族反亂

到了一八七六年後半，現代化的步伐依然快速，絲毫沒有減緩的跡象。九月四日，天皇的專用船艦迅鯨號在橫須賀造船廠下水。第二天，連接京都和神戶的鐵路全段開通，經由大阪連接這兩個城市的火車開始運行。九月七日，天皇向元老院頒布諭旨，下令在廣泛研究各國的法律之後，起草一部憲法草案。九月九日，天皇面前送來了《東京日日新聞》及《橫濱每日新聞》兩份報紙，此後，每天都會有報紙被送上來供天皇閱覽。每一個新的發展——不論是交通的發達、政治進展還是資訊的普及——都在暗示著日本社會即將迎來的變化。

天皇和各國首腦之間的聯繫也更加緊密。舉例來說，在十月一日天皇去信尤利西斯·格蘭特(Ulysses S. Grant)總統，祝賀為紀念美國獨立一百周年而舉辦的費城世界博覽會開幕。兩天後，天皇從俄國沙皇那邊收到他一直很想要的聖彼得堡冬宮的照片和設計圖，希望能作為修建新皇居的範本。

並非所有國民都對這些新的趨勢感到喜悅。許多士族仍固守原先的尊王攘夷思想，痛恨政府將日本推向近代化國家所做的種種努力。他們為試圖讓外國人可以在日本這塊「神州」之地購置房產、自由居住於居留地以外地區的政策感到憤慨；而同年稍早頒布的廢刀令更是令他們氣憤無比，認為這公然違背了日本（尤其是武士階級）傳統。許多士族陷入的經濟困境，也同樣為這股憤怒火上加油。

佐賀之亂首次以暴動的形式表達了這股怒火，卻在熊本鎮台的支援下遭到政府軍鎮壓。[*1]熊本的「愛國」團體的領導者們意識到，如今駐軍兵力不足的這一刻可能正是發動襲擊的好時機。當時熊本有四個「黨」，其中敬神黨（更為人熟悉的名字是「神風連」1）和學校黨反對改革，希望恢復被明治政府摒棄的武士傳統；另外兩個黨，即實學黨和民權黨，則支持近代化2。此時天皇計劃出訪國外的訛傳更使神風連的憤怒達到了頂點3。

十月，神風連的首領太田黑伴雄（一八三五—一八七六）經過數次神道的占卜儀式4之後，終於獲得神明同意發動起義。太田黑一直以來都與他縣與自己有志一同的士族保持聯繫，而他也深信熊本的勝利將促使其他人陸續響應。將這些人連接在一起的契機，正是對明治維新以來發生的變化（尤其是士族階級的地位）的痛恨。其中又以神風連的成員最為極端；他們並不滿足於制止西方影響的傳播，甚至決定將穿著西服或是使用西曆等西化的痕跡也全數抹去。例如，當不得不經過電線下方時，一些神風連的成員會以白扇遮頭迅速通過，以此保護自己不受邪惡

*1　鎮台為明治初期日本陸軍最大的編制單位，於一八八八年改由師團制取代。

的外來事物影響。許多人還會隨身攜帶鹽，一旦看到僧侶[5]、穿西服的日本人或者碰到葬禮便撒鹽驅邪。有人甚至認為紙幣是模仿自西方，擔心自己受到污染，於是拒絕用手觸碰而是用筷子接下。[6]神風連在意識形態上的堅持使他們在接下來與政府軍的戰鬥中遭受致命的打擊——他們拒絕使用現代武器，而是用刀和長矛對付持有槍炮的士兵。

十月二十四日深夜，約兩百名神風連成員秘密集合，並迅速編成小隊，分別負責不同的任務。一支小隊襲擊了熊本鎮台，乘對方不注意殺死許多守衛，還放火燒毀步兵和炮兵的營房；另一隊則衝進電報局，破壞他們痛恨的外國設備，即便這意味著切斷包括盟友在內的對外聯繫；還有另一隊人襲擊了縣令安岡良亮、鎮台司令官種田政明和參謀高島茂德的住居。種田和高島被殺，安岡則是身負重傷，宅邸也被焚毀。

神風連進行了一場無差別的殺戮，他們毫無預警地襲擊營房，許多身穿睡衣手無寸鐵的士兵因此束手就擒，但這卻未能讓神風連以俘虜取代屠殺。即使面對那些傷勢嚴重毫無還手之力的士兵，他們依然毫不手軟。這次戰鬥使得鎮台兵的傷亡人數超過三百人；與神風連不同，鎮台士兵大多都是應徵入伍的農民，當神風連的武士在屠殺這些膽敢奪走他們軍人身分的卑賤農民時，似乎感受到某種特別的快感。

一開始反亂者看似大獲全勝，然而一旦陸軍軍官們從突襲中反應過來，便開始集結剩餘兵力，利用人數和近代武器的優勢徹底擊潰襲擊者。暴徒們在炮火面前一批批地倒下；太田黑身負重傷，命令手下把自己的頭砍下來，他們也照做了。大部分的倖存者都選擇切腹自殺，將日本的傳統堅持到最後一刻。凌晨時分，反亂軍點燃的火勢受到控制，槍炮聲逐漸停止。戰鬥結束了，然而市民們卻陷入恐慌，逃離此地者終日不覺。直到十一月三日，緊急狀態才宣告解除。7

神風連的反亂一無所獲，只造成本來可能為國家或者世界做出貢獻的五百多人不幸喪生。位於熊本大社境內的櫻山神社有一百二十三名神風連成員在此長眠，每座墓碑上都刻著一個人名及其卒年，不管這個人是死於戰鬥還是自己了結生命，兩列的墓碑都不禁讓人聯想到如櫻花轉瞬凋零般象徵武士壯烈之死的比喻。遊客今天站在墓碑前，可能會為他們不惜犧牲一切追求無望志業的精神所感動，而忘記他們曾極端殘忍，且這些年輕人（大部分都才十幾二十歲）為之獻身的理想其實毫無理性可言。

儘管如此，一百八十人左右的神風連志士還是證明了假如抱著必死的覺悟出其不意地發動襲擊的話，以少勝多不無可能，至少可以使對方陷入恐慌。這次暴力行動的經驗在日本全國反政府士族之間迅速傳開，不久便有人下定決心號召少數同志發動類似的叛亂。8

十月二十五日，神風連反亂的消息傳到朝廷。岩倉具視和木戶孝允立刻向天皇報告，但由於熊本的通訊被切斷，他們並不知道詳細情況。第二天，與熊本鎮台的通訊恢復後，三條實美和大久保利通向天皇提交了一份較為詳盡的報告。為了獲得第一手資訊，政府立刻派遣官員前往九州，由陸軍少將大山巖代替已經犧牲的種田出任熊本鎮台的司令官。

十月二十三日，在發動叛亂的前夕，神風連派出一名使者前往福岡縣的前秋月藩，向同樣心懷不滿的士族同胞揭露計劃已久的起義行動，呼籲他們一同參與。秋月的士族對於拒絕接受島津久光的建議以及不願停止西化的政府大為光火，因此早就與神風連和萩的不平士族有所聯繫。干城隊（秋月士族這麼稱呼自己）[9]政治思想的獨特之處在於支持海外擴張，也難怪政府拒絕征韓會激怒他們。

以宮崎車之助為首的秋月士族於是決定呼應神風連發起叛亂。十月二十六日，人數不滿二百人的秋月士族準備舉兵[10]，但其實並非所有人都同意這個決定。有些人強迫軍隊解散，然而志士們群起激昂，如今只有軍事行動才能滿足他們躁動的心。秋月士族在隊伍前頭高舉寫有「報國」兩個大字的白色旗幟列隊出發[11]。然而過沒多久，接到密報後趕來的政府軍擊潰了干城隊；十一月一日，大部分深感疲憊和勝利無望的干城隊領導者最終都選擇自我了結。

第三次叛亂則發生在萩。前原一誠過去是吉田松陰門下的傑出學生，曾在位於萩的松下村塾接受吉田指導，後來又到長崎學習西方知識，並活躍於長州和明治的軍隊。他在戊辰戰爭期間表現尤為英勇，而後被提拔為兵部大輔；一八七〇年稱病辭職，但實際原因是不滿木戶孝允向朝廷提出的有關前大名待遇的建議。此外，他也無法認同政府首腦的政治觀點，尤其是提倡近代化的主張。前原開始考慮發動叛亂，並希望聯合如神風連等反政府勢力的力量。[12]

聽聞神風連起兵後，前原於十月二十六日召集一批親信，宣布改變國家政體的時機已經到來。他建議向山口縣發動突襲，在獲得一致贊同下發布檄文，呼籲有志之士一同響應。十月二十八日，前原的支持者聚集在一起開始進行戰鬥準備，雖然人數只有大約一百多人，卻決定在當晚就採取行動。聽聞萩出現動亂預兆的山口縣縣令於是派出一名官員通知前原，熊本的叛亂已被鎮壓，命令他立刻解散隊伍。

前原隨即意識到叛亂註定失敗：突襲是成功的唯一關鍵，然而縣令已經察覺到這次計畫，還向鎮台部隊請求支援，事到如今就算攻擊山口也沒有任何意義。前原只好改變方針，拉攏日本海沿岸地區的士族一起進軍東京，在距離天皇最近之處自殺抗議。

前原及其支持者一路上一邊搶奪武器等物資，一邊朝山口縣東北海岸的須佐進發。前原在須佐召集了更多人，將他們編列為殉國軍[13]。他計畫從須佐乘船到石見國的濱田，然而風浪太大，他們由漁船組成的小型艦隊無法出航，只好被迫返回萩。這時前原發現自己藏匿的彈藥都被投入了水裡，領悟到自己已毫無勝算，於是和幾名支持者偷偷溜出萩，最終於十一月五日遭到逮捕。殉國軍的其他成員則被政府的陸軍和海軍合力殲滅。

其他地方同樣抱有不滿的士族眼看反亂終將失敗，紛紛放棄起兵。十二月三日，熊本、秋月和萩的叛亂領導人接受審判並處以極刑。士族叛亂暫時告一段落，但從茨城和三重發生的農民暴動可以看出，國內的不滿情緒依然十分高漲。

十二月三十一日，木戶孝允作為政府裡最不諱言的官員，向太政大臣三條實美和右大臣岩倉具視提交一份意見書，指出最近發生的士族和農民暴動是因為政府施政不力，但最終的責任卻另有歸屬——自一八七三年以來，國內的大部分麻煩都起源於薩摩；他還以支持征韓和征臺作為薩摩帶來不良影響的例子，認為政府一直不得不與薩摩亦步亦趨。木戶對薩摩武士言行的苛刻解讀，也許與他出身長州有關，但這顯然不是全部原因。木戶同情那些因社會動盪而饑寒交迫的農民，他們只能以竹矛武裝自己來表達心中無處發洩的悲憤。

木戶為改善農民福祉提出了一個包含六大項目的計畫。比如說，第一項建議「節諸省之經費，止不急之工事，以休養民力」；另有一項則是「察民情之如何，勿妄發法律規則，使之束縛」。木戶在最後也對那些主張延緩設立民選議院的人透露出一絲不耐：「以人智未進為由，稱開設民選議院尚早，然而施政於民，則不問人智開或不開，不論事適不適合，我定之事即施於民，而又急其所成，此非激進哉？」[14]

就在木戶提交建議書的第二天，宮廷嚴格按照傳統習慣，舉辦了一八七七年的迎新儀式。天皇如今邁入二十六歲了。一月四日，天皇宣布地租稅由百分之三降至百分之二．五，希望藉此減輕人民的負擔。木戶孝允在日記中寫道：「平生仰願，實屬榮幸。此後惟願睿旨貫徹，致人民幸福。」[15]但國庫收入減少也導致行政部門必須縮減經費，天皇因此要求各部門厲行節儉。

在天皇這番決策背後，可以隱約察覺到大久保利通的存在。一八七六年十二月二十七日，他向三條實美上書，認為當前急務便是紓緩民困。新政府不僅沒有幫助農民，連考慮相關問題的時間也沒有。近來全國各地爆發的農民起義就是他們生活困苦的證明。一直強調農業為立國之本的政府，有責任讓農民過上體面的生活。[16]大久保建議將稅收降至百分之二，並預測農民生活的改善將帶來普遍的富裕。天皇宣布的百分之二·五想必是個折衷方案。

一八七七年一月四日的官方記錄寫著天皇「前往乘馬」。這件事本來是不須特別一提的固定行程，但是從這天開始，天皇著魔似地迷上騎馬，幾乎每天都從下午兩點一直騎到日落。天皇不僅在東京勤於騎馬，當月下旬行幸京都時也是如此。

一月二十四日，天皇啟程前往京都。這次行幸的官方目的在於祭拜畝傍山的神武天皇陵、參拜京都的泉涌寺以紀念孝明天皇逝世十周年，同時祭拜京都和奈良地區的歷代天皇陵墓。[17]往返的時候預定經由海路來回東京與神戶，然而去年巡幸從北海道返回時的驚濤駭浪多半讓天皇記憶猶新，因此明治似乎不太情願往返都走海路，還試圖說服顧問們至少同意回程改走陸路。但他們建議為了能盡早返回東京，希望天皇同意利用比陸路更快的海路[18]。天皇只好接受，只不過（從他這個時期創作的和歌可以看出）他似乎仍然對海上的波濤心有餘悸。第一首和歌創作於一月二十一日，正好是出航前一天；這天海上掀起了巨浪，原訂於隔天的出發時間也因此延後：

聽聞海風今呼嘯
青色海原立高波

第二首和歌似乎是在船上創作的：

昨今激烈海風吹
出船只得暫停留[19]

一月二十四日早上，天皇一行人乘坐火車到橫濱，登上軍艦高雄丸。當天早上，高雄丸在兩艘軍艦（春日號和清輝號）的護衛下出航。天皇在這天創作了以下和歌：

不問強風與駭浪
航行大海立輕煙[20]

這首和歌說明不論天氣如何，天皇都對船艦充滿信心，然而洶湧的波濤還是超出了他的預期。不斷翻湧的海浪和猛烈的東北風雨讓船身過於搖晃，於是他們決定暫時停泊在鳥羽港直到風浪減弱。天皇又作了一首和歌描述當時的心情：

海上風起掀高浪
無奈只得掉船頭[21]

暴風雨持續了好幾天。直到一月二十七日，船艦總算重新出航，於隔天抵達神戶。上岸並在郵局短暫休息之後，天皇騎著馬前往火車站，一路上受到道路兩側民眾的熱烈歡迎。天皇從神戶坐火車到京都，於東本願寺（天皇的臨時休息所）小憩之後在沿途民眾簇擁之下朝御所前進。天皇回到兒時生活的地方，肯定深有感觸，不過如今能窺探其心境的文獻就只有這首和歌：

今訪昔居花之都
難掩欣喜望初雪[22]

皇后和皇太后在常御殿裡迎接天皇。當天稍晚，天皇會見了其他皇室成員；一月二十九日，他在御學問所接見了京都華族，也向親王、內親王以及上位華族贈送禮物，一時顯得京都好似又找回了往日的榮華。不過自從天皇遷往東京，御所便陷入荒廢的狀態[23]。

在御所參加儀式的人們自然不會知道，這天夜裡有一群年輕人（「私學校」的學生）突襲了位於鹿兒島牟田村的陸軍火藥庫，就此點燃西南戰爭的導火線。

私學校學生（在西鄉隆盛創辦的私學校[24]就讀的士族）暴動的直接原因，是因為聽說政府陸軍省擔心形勢不穩，決定派出一艘汽船準備將鹿兒島的陸軍火藥庫的彈藥轉移至大阪。接下來一周他們繼續進攻各地的陸軍火藥庫、造船廠和兵器局。造船廠次長一再請求鹿兒島縣令派出警力支援卻遭到無視；二月三日，次長關閉造船廠，懷疑縣令之所以拒絕救援是因為擁護襲擊者。兩天後，私學校的學生佔領了造船廠，並開始製造武器和彈藥。

在這些行動背後，隱藏著以請求派遣使節出訪朝鮮被拒的西鄉隆盛為首的鹿兒島士族所懷抱的失意和憤怒。他們回到鹿兒島之後，認為士族需要特別的教育才能有效地保衛家鄉；鹿兒島在這些人眼裡幾乎就像是一個獨立自治的國家。一八七四年六月，西鄉在位於鹿兒島城山山麓的舊薩摩藩馬廄遺址設立了一所學校。不久在市內創建了一間小規模的分校之後，便逐漸往縣內其他各地廣設分校。西鄉隆盛是這些私學校的精神領袖，他親自擬寫的教旨被張貼在每一所學校內，其中一條便是「尊王憐民為學問之本旨」，即究天理、為民面對困難、履行統治者的義務才是士族的本分[25]。

私學校主要著重於閱讀漢文典籍，尤其是兵書的重要性，同時強調傳統的武士教育[26]，而沒有關於國學（例如神道或者和歌）或西洋知識方面的指導。其目的是為了讓士族們有所自覺，儘管他們被東京政府忽視，卻是日本傳統文化的唯一捍衛者。私學校雖然強調學習的重要性，其性質更像是一個政治社團；學生們學會忠於一套行動綱領，而不是對學問的純粹追求。

一些出身市外的鹿兒島士族其實並不願意到私學校上學，然而迫於社會壓力只好配合班上的其他學生。私學校暗中獲得了縣令的支持，一些學生因此得以在當地的政府部門任職。

一八七六年十二月，政府派出警官中原尚雄等人[27]前往鹿兒島刺探私學校策劃顛覆行動的動向，然而才剛抵達就遭到私學校的學生捕獲，指控他們是政府派來的間諜。他們後來甚至被冠上更加重大的嫌疑，即此行的目的是為了暗殺西鄉。中原因為不堪折磨，被迫認罪[28]。儘管他事後翻供，但是這個消息卻在鹿兒島廣傳開來，就連西鄉本人也相信政府想要除掉自己[29]。這件事讓私學校的相關人士有了很好的藉口，可以主張他們是為了保護西鄉才發動叛亂。

天皇一直都知道鹿兒島事態的發展，卻沒有打算趕回東京或是擔任指揮鎮壓叛亂。相反地，他繼續在京都視察學校、釀酒廠和各種工廠，甚至包括位於二條河東邊的畜牧場。他參拜了許多神社，還在皇后、皇太后和姑姑淑子內親王的陪伴下，於桂宮欣賞能樂[30]。即便鹿兒島的情勢正在急速惡化，天皇仍持續進行這些悠閒的活動（以及參拜祖先的墳墓）。

二月六日，鹿兒島的緊張情勢傳到東京，掀起一陣極大的驚訝和恐慌。這些消息和內務省官員林友幸（一八二三—一九〇七）先前提出的評估報告完全相反；當時他在視察完鹿兒島返回東京後，向木戶報告說並無異狀[31]。為了掌握急速變化的局勢，林於是再次請求朝廷派遣自己前往鹿兒島。三條實美、木戶孝允和伊藤博文同意了林的請求，並命令海軍大將川村純義（一八三六—一九〇四）與其同行。他們尤其擔心騷亂蔓延至地理上毗鄰鹿兒島或其他有相同意識形態的地區[32]。考慮到事態的嚴重性，他們建議林、川村等人乘坐高雄丸盡快趕往鹿兒島。

二月七日，高雄丸從神戶出發，兩天後抵達鹿兒島。一名使者向當地官員彙報他們到來的消息。不久，縣令大山綱良來到船上，告訴林和川村私學校的學生之所以情緒激動是因為聽說政府企圖暗殺西鄉，且事實上全縣上下都為此憤怒不已。大山還轉達了西鄉的請求，希望川村（與西鄉有姻親關係）能上岸會談。對此林表示政府絕不可能向鹿兒島派出刺客，並要求大山和西鄉一起平定騷亂。[33]

大山剛離開高雄丸，就有七八艘小船逐漸靠近，每艘船上都坐著十幾個荷槍實彈的人。他們試圖登上高雄丸，但是船長立刻砍斷纜繩，下令將船駛往櫻島。當天稍晚，大山再次帶來西鄉迫切想和川村見面的口信。林回答說，在騷亂平息之前他不可能允許川村上岸，同時警告大山攻擊政府船隻是不敬的行為。在命令大山退下前，林也表示鑑於目前事態的發展，高雄丸將立刻返回東京。[34]

二月十二日，高雄丸返回神戶。迎接他們的是山縣有朋和伊藤博文，這兩人在京都接獲鹿兒島的消息之後，便奉命前來會面。當晚，他們在神戶的一家旅館裡討論出兵鹿兒島的計畫，戰爭的爆發眼看只是時間早晚的問題。

·第二十八章·

功臣？叛臣？

一八七七年二月是日本近代史上最值得紀念的幾個月份之一。這個月爆發的西南戰爭是日本最後一場內戰，也是維新功臣之間的較量。戰爭不僅威脅到政府首腦所期望的民主進程，甚至關係到政權本身的存亡。戰爭勃發之初，沒有人能預料到薩摩的反亂終將失敗；假如薩摩真的取勝，日本的政治情勢無疑會被全面改寫。

從叛亂出現預兆開始，明治天皇就一直掌握著事態的最新情況，而且他對收到的消息並非漠不關心；然而這段時間，天皇在京都的生活似乎完全沒受到鹿兒島突發事件的影響。他參觀學校、聽學生朗誦、向優等生賞賜購書的獎金，剛開始甚至幾乎每天都去騎馬。有時他會離開京都，例如，二月五日他視察了新開通的京都—神戶鐵道上的所有車站。木戶孝允的日記也記錄了當天沉悶刻板的儀式：

> 九時，御乘車至大阪停車場〔車站〕。（天皇）抵達，兵隊整列奏樂，諸官員奉迎。於停車場內設置御座，各國公使等列御座下左方；太政大臣欠席，其餘為始皆列右方。式部頭

〔宮內廳官員〕引介大阪知事，知事引書記、總區長等進御前，上陳祝辭。天皇敕語應之。[1]

兩天後的二月七日，明治行幸大和國參拜先祖神武天皇的山陵，這是他長久以來的願望。途中天皇在宇治川的橋上停下隊伍，觀看數十艘小船撒網捕魚的情景。當晚天皇在宇治川旁的旅宿賞月時，創作了這首和歌：

眾兵盡知宇治川
浮月映現朝日山[2]

第二天，天皇前往平等院鳳凰堂，參觀這座名剎的建築和珍寶。隨後天皇來到奈良，駐蹕於能夠欣賞附近山巒美景的東大寺。

二月九日，明治參拜春日大社。神社舉行了神道儀式，天皇還聆聽了神樂演奏。下午，明治前往參觀東大寺和法隆寺的寶物展覽，並在庭院欣賞金春流演員表演的能樂《石橋》[3]。

當天稍晚，天皇參觀了東大寺正倉院珍藏的國寶。這座建築通常是大門深鎖，這一天卻敞開迎接客人。天皇尤其對著名的古老沉香「蘭奢待」非常感興趣。據說十五世紀的足利義政和十六世紀的織田信長都曾取下蘭奢待的薄片，作為彰顯自己地位的象徵。回到下榻處後，天皇表示希望能獲得一小片蘭奢待，博物局長於是切下一塊兩吋長的薄片獻給天皇，由天皇將其分成兩半，其中一塊拿來焚燒，使得「薰煙芬芳，充溢行宮」[4]，剩下的則被帶回了東京。

二月十一日，根據陰曆這天是神武天皇即位的日子[5]，天皇參拜了神武天皇的陵墓。這裡在一八六三年被指定為神武天皇的山陵，並在孝明統治期間進行修復，後來卻遭到忽視，直到現在才重新獲得應有的尊重。天皇祭拜山陵後，欣賞了吉野郡國栖村自古流傳下來近似於雅樂的舞蹈，隨後還參觀用來製造著名的三輪素麵的機器。

二月十二日，明治拜訪了和菅原道真有淵源的遺址，他在流放的路上曾經過這個地區。據說當天早上「白雪霏霏，崇高之氣滿天地」；天皇似乎有點捨不得離開大和國這塊歷史悠久，皇室祖先最初建國的神聖之地，希望能再多待一天。但是宮內卿表示臨時改變日程將勞師動眾，且鹿兒島情勢瞬息萬變，勸天皇應早日還幸東京。天皇立刻同意了。

在面對鹿兒島傳來的緊急消息時，天皇異常鎮靜。可想而知，他的大和國行幸之旅並非只是消遣活動，儘管天皇或許高度重視祭拜神武天皇以及其他天皇的山陵，但除此之外，此行（如同先前的九州和北海道巡幸）還有一個至關重要的作用，即拉近和民眾之間的距離。天皇之所以決定不顧內戰的威脅按原定計畫訪問奈良，很可能是聽從了木戶孝允的建議。木戶在二月十日的日記中描述完鹿兒島的嚴峻情勢後寫道：「余本有所動搖，然還幸之御願，必不可俄然變化。若還幸前有暴動之事，則應留駐京都。」[6]

無論如何，當天皇悠然地繼續自己的大和之旅，四處拜訪學校、紡織廠和帝陵，宮廷近衛部隊以及東京和大阪鎮台的軍隊正被派往九州。二月十二日，陸軍卿山縣有朋接到來自熊本鎮台的急報，便立即向太政大臣三條實美提出戰略意見。山縣警告，鹿兒島的形勢相當急迫，若是發生暴動，就很難預料事情的發展跟結果，絕不可輕忽大意。而且一旦鹿兒島展開行動，很有可能會引發日本各地的共鳴。

山縣承認自己無法預測萬一鹿兒島爆發全面叛亂，對方會採取何種策略，但他列舉了三種可能性：一是利用汽船突襲東京和大阪；二是攻擊長崎和熊本鎮台以便控制九州；三則是固守在鹿兒島，同時密切留意全國各地的動向靜待出擊的時機。正如山縣所推斷，西鄉採取了第二個方案，也就是襲擊熊本鎮台，而對此山縣認為最好的對策莫過於集結海陸聯軍直接攻擊西鄉軍隊的核心鹿兒島城。一旦拿下這座城，摧毀各地叛軍將變得輕而易舉。[7]

二月十三日晚上八點，三條離開京都，半夜才趕到天皇在奈良的下榻處。他請求天皇同意出兵鹿兒島，在得到准許後於淩晨兩點退下。三條於是根據敕命下令位於神戶的海軍少將伊東祐麿立即行動，乘上軍艦春日號前往長崎。這時龍驤號也早已在長崎待命。

先前當鹿兒島出現情勢不穩的跡象時，岩倉具視曾向大久保利通建議如果鹿兒島發生動亂，應該盡速派出一名使者告誡西鄉隆盛和島津久光。在私學校的學生奪取彈藥武器的消息傳出時，岩倉更自告奮勇擔任特使前往鹿兒島。然而大久保並不同意，認為天皇此時正出訪西部，讓身負重責大任的岩倉離開首都並非明智之舉。但隨著鹿兒島情勢緊迫的報告接連傳入東京，顯然需要做點什麼來阻止私學校學生們的暴行。大久保於是決定到京都拜見天皇。由於仍不清楚西鄉和島津會採取什麼行動，岩倉決定先不公布將派征討軍前往九州。

此時天皇正繼續遊覽關西地區的名勝。二月十四日，他身穿正裝參拜住吉神社。之後，他換上輕便的服裝參觀據說豐臣秀吉曾經造訪的茶屋。接著天皇一行來到大阪，鎮台士兵沿路列隊向他致敬，街道兩旁的住家都掛上了國旗、燈籠和色彩鮮豔的三角旗迎接天皇的到來。抵達鎮台本營之後，先由陸軍向他鳴炮致敬，隨後天皇接見了山縣有朋和木戶孝允。午餐過後他來到大阪英語學校，聽學生用英語朗誦，以及觀摩理科的實驗。接著天皇來到大阪師範學校，同樣先是參觀教室，並贈送禮物給優秀的學生。最後一站則是大阪造幣局，他在此接見許多高官，晚餐則享用了一頓西式料理。

即使天皇還年輕，這樣一天下來也肯定會感到疲累，而剩下的旅程同樣為他帶來不小的負擔。十五日，在行程結束之餘，天皇向來自市內小學的優秀學生們出題詢問他們關於六位天皇(景行、仁德、後白河、後宇多、正親町和後陽成)的功績；短暫休息之後，他又給一群來自鄉間的小學生出了有關日本地理的題目。十六日，天皇在離開大阪之前，參觀了一家藍染工廠和其製造過程，並於同日返回京都。

此時是明治生涯中最重要的幾個時刻之一，只要是傳記作者都無不希望能找出辦法一窺他當時的心境。明治是如何看待一個像鹿兒島這麼重要的縣如今竟然企圖脫離國家統治，甚至帶動其他縣一起呼應叛亂？當他知道政府軍可能將和自己特別愛戴的維新功臣西鄉隆盛兵戎相見時又是作何感想？也許明治之所以如此投入巡幸之旅，正是為了將這些疑慮揮出腦海；他待在京都的剩餘日子裡所表現出的低落，可能也是出於同樣的原因。

二月十六日，從東京來到神戶的大久保與伊藤博文和川村純義見面。三人進行了長時間的討論，之後由大久保和伊藤前往京都會見三條實美。第二天，他們（以及木戶）來到御所，在天皇出席的情況下進行數小時的磋商。隨後趕到的山縣也參加了討論，最終他們決定派遣一名使者前往鹿兒島。天皇召來熾仁親王，命令他擔任敕使。熾仁於是計劃在二月十八日乘坐汽船明治丸出發。當船正要離開時，熊本鎮台傳來消息，告知「鹿兒島暴徒先鋒，既闖熊本縣內抵達佐敷，隨時將開戰端」。熾仁出發的日期因此延後。

十四日，以西鄉為首的薩摩軍隊進入熊本。所有的資料都顯示西鄉不願走上戰爭一途，卻也已經無法控制被暗殺謠言激怒的鹿兒島士族。十二日，西鄉與參謀桐野利秋和篠原國幹連署寫了一封信給鹿兒島知縣大山綱良，告知他行軍的目的是為了到東京質問政府幾個問題[8]。第二天，大山依次去信三條實美和幾名縣令，通知西鄉及其護衛會在上京途中經過各縣，並暗示西鄉將對刺殺他的陰謀表示不平[9]。各鎮台也收到了同樣的信。

在收到答覆之前，薩摩軍便進入了熊本縣。這支約有一萬五千人的軍隊由七個步兵大隊以及炮兵和輜重部隊組成[10]，其中大多數都持有近代武器。即使收到西鄉的軍隊已經越過縣境進入熊本的消息，天皇在京都的生活依然平靜如水。例如在二月十八日，天皇到天龍寺村參觀愛國詩人山中獻（一八二二—一八八五）的山莊。午餐後，他觀摩了大堰川捕捉鯉魚的情景，視察了一間造紙廠。

當天晚上，太政大臣三條實美認為鹿兒島私學校的學生明顯意圖造反，便和木戶、山縣、大久保以及伊藤進行協商。隔天早上，他將情況上奏天皇，天皇於是下令鎮壓叛軍，任命熾仁親王為征討總督，由陸軍卿山縣有朋和海軍大輔川村純義協助作戰，同時宣布自己將留在京都直到平定叛亂。

薩摩軍離開鹿兒島那天，地面的積雪有六七吋厚，這是普遍溫暖的九州五十年來罕見的大雪。儘管西鄉的軍隊經過嚴格的訓練且紀律嚴明，但行進時的光景肯定相當古怪。西鄉、桐野、篠原等高級將領由於尚未辭官，因此都穿著跟敵人政府軍一樣的制服；其他軍官則穿著海軍、巡警，或是一般文職人員的制服。軍官的手臂上戴著顯示所屬分隊的袖章，身上繫著一條縮緬或者木綿製成的和式腰帶，於左側腰間插著一把刀，右手則拿著一面鮮豔的紅旗。普通士兵的穿著更是奇特無比，其中又以剛從國外回來的村田新八拔得頭籌，竟身穿燕尾服搭配高禮帽騎在馬上。[11]

薩摩軍的目的是攻下政府在九州南部的軍事據點熊本城。這裡的許多衛兵皆跟去年慘遭神風連屠殺的士兵一樣，都是受到徵召入伍。他們士氣低迷，所有人無不對西鄉享譽全國的威名感到惶恐。

熊本鎮台不能指望當地的熊本士族伸出援手，因為他們當中有不少人和西鄉軍有所勾結，城裡士兵的唯一希望就只有堅守城池並等待政府軍的救援。當時城內發生的火災導致大半儲備的糧食都化為灰燼，但為了應付接下來可能持續數周的圍城，他們被迫向附近的村莊徵糧。二月十九日，鹿兒島縣令派出的信使向熊本鎮台司令官谷干城（一八三七－一八九九）出示三份文書，分別是西鄉說明上京意向的信件、縣令的回覆以及中原尚雄關於西鄉暗殺計畫的供述書。鎮台司令官拒絕接受這些文件，並告訴信使如果西鄉軍想強行通過熊本城，守城兵將不得不出面制止。此時西鄉軍的先鋒距離他們只有不到八公里遠。

二月二十一日，雙方第一次交鋒。部分西鄉軍試圖強行攻入熊本城，卻遭守城的衛兵以炮火擊退。谷司令向位於大阪的征討軍總部發出電報告知開戰的消息，由山縣轉告給人在京都的三條實美。三條回覆要求谷激勵士氣堅持下去，一舉殲滅叛軍。山線也承諾第一旅和第二旅的援軍將於二十五日抵達。

二十二日，西鄉軍開始從兩面夾擊熊本城。二十三日他們發動了猛攻，卻未能前進一步。他們意識到城內的農民兵並沒有想像中的不堪一擊，於是做好了長期圍城的準備。

二十二日晚上，月色煌煌如晝，連長陸軍少佐乃木希典（一八四九－一九一二）率領小倉第十四步兵連與叛軍展開激戰。叛軍高喊口號，抽出佩刀展開近身廝殺，政府軍因為承受不住攻擊而被迫後退。當晚的戰鬥極其激烈，政府軍的護旗手不幸戰死，隊旗丟失。乃木見狀驚駭萬分，拼死返回戰場試圖奪回連隊旗，但是遭到部下勸阻。征討總督認為當時形勢不得已所以並未深究，然而乃木卻從未忘記此事；三十五年後，乃木為贖罪而自盡。

與此同時，熊本士族開始陸續向西鄉的軍隊倒戈，他們數落政府一味崇洋而忽略日本傳統，認為這將使日本無法重振昔日的雄風。隨著同樣抱有不滿的士族加入，西鄉軍的勢力很快地就暴增至兩萬人左右。毫不意外地，尊王攘夷的思想在這些不平士族之間廣泛普及，他們不僅痛恨西化政策造成自己處境的變化，還受到神風連成員視死如歸精神的鼓舞。西鄉本人其實並不反對西化（喬治・華盛頓是他心目中的英雄），然而私學校的學生之間卻凝聚出強烈的攘夷意識，從他們唱的一首歌中便不難看出這一點。歌曲的開頭是這樣的：

此地不論今昔亦神國
俄羅斯、美國、歐洲
受愚蠢夷風魅惑
無心於日本的混亂

引進異國法律……

他們不僅駁斥外國帶來的影響，甚至質疑維新本身：

欲廢除大名之時
說是要回歸昔日
實則瞞天大謊……

歌裡還特別針對大久保和三條進行攻擊：

何來如此叛國之心
向無恥外夷出賣國家
甚至下令捨棄刀劍武器
乃古今未聞之法令……

歌曲的末尾表達了武士對死亡這一宿命的迷戀，這與其他國家以勝利為基調的戰歌形成鮮明對比：

今日正是最後的死亡之旅
拯救數萬生靈
至少盡武士之力
事已至此　忍無可忍[12]

戰火正式一觸即發，但西鄉仍堅稱自己的目的只是為了到東京向政府提出質疑。他主張自己的行動一切透明公開，也在事前就已經通知沿途將經過的縣和鎮台。然而熊本鎮台卻不讓他通過，因此他別無選擇，只好起身奮戰。

二月二十八日，鹿兒島縣令大山向三條和岩倉送出一封陳情書，解釋西鄉為何被迫開戰。大山對政府下令平定鹿兒島感到震驚，並堅持認為西鄉「且開學校，導以忠孝，故往年雖有佐賀之亂、熊本及山口之變，鹿兒島縣內未見些許動搖。然以何嫌疑而下暗殺隆盛等命令，其理由不能不知。又隆盛等東上之際，隨行之徒攜帶兵器，乃因有暗殺之命，途中異變難測，不得已而為之」，並請求政府立刻發出敕諭安撫縣民。[13]

但是當岩倉接到這封信時，政府早已宣布征討逆賊。憤怒的西鄉寫信給熾仁親王，說如果一再無視自己的請求，他將不擇手段強行通過熊本。

熊本城的攻防持續了五十四天之久，直到四月十四日才化解圍攻。在這段期間，守軍與外界的聯繫幾乎完全中斷，僅偶爾有信使偷偷逃出敵人的封鎖線，向外報告城內的情況。三月四日，木戶從大阪征討總部回到京都，向天皇報告了詳細戰況以及未來目標。天皇聽說戰爭正朝著對政府軍有利的方向發展時大鬆一口氣，卻也因為想到西鄉被當成叛徒的心情而十分難過。天皇對一名曾經盡忠職守的臣子表現出來的真情，令木戶大為感動。[14]

對比歐洲君主在這種情況下可能做出的反應，明治顯得相當富有同情心。他們在得知自己曾經寵信的人現在竟帶頭發動叛亂時，多半會怒斥這個人忘恩負義，而從沒考慮過被迫走上造反之路的人所承受的痛苦。明治對西鄉隆盛的寵信或許甚至讓他希望雙方之間的對決仍有可能避免。事實上一直要到三月九日，天皇才解除了西鄉、桐野和篠原的官階和職務。

反過來看（這部分也與歐洲典型的叛軍首領不同），完全沒有跡象表明西鄉對明治天皇有所不滿，或是他希望以另一種政體來取代君主制。西鄉似乎認為天皇親政是政府的理想形式，即便那代表了專制統治。[15]與他一同作戰的士族們也都抱持同樣的觀點；對他們來說，這場戰爭的最終目的是為了剷除天皇身邊的奸邪小人，以免他受到不好的影響。

其實，天皇身邊如木戶孝允等人，也沒有（像戰時經常發生的那樣）將叛軍首領描繪成叛徒或者忘恩負義者。木戶曾坦言西鄉絕不是如足利尊氏高舉叛旗對抗後醍醐天皇那樣的奸惡之輩；相反地，他只是「識乏而不知形勢，為一朝之怒所激，以至亡身害國。隆盛之所業固惡，然政府亦當反省。」[16]

熊本城攻防戰顯然是一次決定性的戰役。如果熊本城被攻陷，讓薩摩軍進入肥前，那麼九州全境等於將落入叛軍之手[17]。但假若叛軍在熊本吃了敗仗，就意味著戰鬥不會持續太久，因為叛軍不太可能撤回鹿兒島打持久戰[18]，只不過政府的援軍卻遲遲不出現。雖然農民兵的堅韌出乎意料之外，但叛軍隨後便模仿普法戰爭期間普魯士人對梅斯的圍攻，包圍了熊本城[19]。

由一百名精心挑選的警員組成的「拔刀隊」為政府軍帶來了第一次勝利，他們手持利刃成功突襲政府兵連日難以攻下的堡壘[20]。三月十五日，政府軍向田原坂的敵軍據點發動攻擊。這是自戰爭開打以來最為激烈的戰役，雙方均傷亡慘重。二十日，政府軍取得突破性進展，攻下了位於山頂的堡壘。據說當時「賊兵斃者數百，死屍塞路，壕水為赤。」敵軍四處逃竄。這之後熊本城的攻防又持續了三個星期，戰爭則一直持續到九月底才終止，但田原坂的勝利早已預示了雙方的勝敗；薩摩武士儘管驍勇善戰，終究還是敵不過政府軍在裝備物資以及人數上的優勢。

自戰鬥打響以來，天皇似乎就無法思考戰爭以外的事情。除了接見前來拜謁的人之外，他變得很少前往御學問所，只顧著每天聆聽三條實美彙報最新戰況，其餘大部分時間則都待在常御殿與後宮的女官相伴。三條、岩倉、木戶等天皇的謀臣始終費盡心機想提升天皇的君德，因此更加憂慮他在國家危難時的表現。他們一再懇求天皇移駕御學問所，但都沒有成功。三月二十日，三條在與木戶討論過對策之後，直接前往後宮規勸天皇，這才讓天皇同意改正自己的行為。從二十一日開始，他將每隔一天前往御學問所聽取戰事報告。天皇將侍講元田永孚從東京召來，詢問他相關的地理知識（元田是熊本人），並請元田講述日本和中國歷史上的著名戰役。[21]

三月二十五日，天皇在木戶的建議下騎馬巡幸京都市區。自從決定滯留京都後天皇總是拒絕走出深宮，令木戶非常擔憂，因而提議天皇到街上散散心；儘管外頭有些風雪，但也總比一直窩在宮裡好。曾經那麼熱愛騎馬的天皇，自從開戰以來就只有在御所內騎過兩次。當天上午十點，天皇在木戶以及多名侍從和官員陪同下騎馬出了南門。街道上泥濘不堪，讓天皇的衣服沾上些許髒污。也許木戶希望天皇騎馬的身姿能鼓舞京都民眾，畢竟熊本的戰鬥才持續了一個月，民眾已經開始出現厭戰的情緒。[22]

叛軍至今依然頑強抵抗，不讓政府軍解開熊本之圍。政府擔心一旦軍隊露出破綻，可能會誘發國內其他地方的士族想趁機與政府一較高下，最終導致體制瓦解。四月四日，三條、木戶、大久保和伊藤商討後決定，如果未來幾天形勢沒有好轉，他們將奏請天皇移駕至離戰場更近的下關。[23]

三天後，他們甚至考慮踏出更果斷的一步：請求天皇親征。儘管已向民間徵兵，但士兵人數依然不足，而且大眾對戰爭局勢抱有疑慮，只有天皇親自掛帥才能喚起民眾熱情。

這時，熊本城內的情況正持續惡化。糧食和彈藥嚴重短缺，士官們早晚只能喝粥，中午吃小米飯，工兵則三餐都只有小米飯。唯一能慰勞士兵心靈就只剩煙草，然而這些「煙草」實際上也不過是茶葉而已。城裡的糧食估計頂多再維持十八天。

四月十二日，參軍黑田清隆指揮手下的政府軍發動總攻擊，成功擊潰部分叛軍。指揮叛軍的隊長永山彌一郎眼看大勢已去，選擇自盡。不久，守城軍聽聞援軍趕來，便下令士兵出城廝殺，企圖與政府軍展開前後夾擊。下午四點，陸軍中校山川浩帶領第二旅衝破敵軍的防線。城內的士兵高舉旗幟，大聲疾呼，歡聲響徹整個熊本城。對熊本城的圍攻終於解除。

四月十五日，黑田進入熊本城，山縣則於隔天抵達。這場戰爭至此已經造成七千五百人死亡，熊本市內有近九成的地區化作斷垣殘壁。即使在熊本城取得勝利，戰鬥又持續了五個月，但叛軍的資源正在急速地消耗。叛軍節節敗退，只能憑藉著西鄉出色的指揮才使全軍免於被包圍和殲滅的命運。偶爾西鄉甚至能打敗處於優勢的政府軍[24]。

這段時間明治越來越無心學習。五月，他命令元田返回東京。元田在離開之前，向天皇講述了什麼才是君主應有的行為。儘管他的措辭非常委婉，但意思卻再清楚不過：「有德則可為人君；無德不可為人君。」[25]天皇不僅荒廢了學業，連太政大臣和參議要見他一面也不容易。天皇曾同意按時前往御學問所，但也只會在早上現身，下午便回到後宮放鬆。

五月二十六日，長久以來與病魔持續鬥爭的木戶孝允離開了人世。他的死對天皇是個沉重打擊，卻沒有讓他脫離毫無幹勁的狀態。七月，三條實美覺得如今木戶去世，自己對天皇的教育責任比以前更大了；他認為目前最好的辦法，就是讓元田永孚和福羽美靜來京都繼續授課，但是要召見他們必須獲得天皇的敕許，而以現狀來說這並不容易。不過最終兩位侍講還是來到京都，由三條奏請天皇接受他們的指導。天皇同意，宣布從今以後將努力學習，然而最後他還是連一堂課也沒有上。

七月二十八日，天皇從京都啟程返回東京。由於擔心會影響到在九州作戰的軍隊士氣，他已經把行程推遲了好幾次，但是政府機能分隔兩地造成的不便又令他不得不趕快回去。在從神戶返回橫濱的船上，天皇望著高聳入雲的富士山，創作了三首和歌，其中一首是：

船路向東乘青波
喜見蓊鬱之富士[26]

他用鉛筆在筆記本上匆匆寫下三首詩，然後撕下，遞給擅長和歌的侍從高崎正風

（一八三六—一九一二），請他直言不諱地做出評價。高崎恭敬地拜讀過後，認為第二首尤其傑出。天皇於是問他其他兩首的問題出在哪裡。高崎回答說，其他兩首沒有問題，只是不如第二首好。天皇接著要高崎解釋第二首好在什麼地方。隨著談話的深入，天皇變得越來越有興致；他拿出幾首自己之前創作的和歌，高崎則對每一首都認真地評論了一番，結果就這麼展示了三十多首作品。這除了有助於消磨船上的時光，更重要的是，由於戰爭而情緒低落，對一切都提不起勁的天皇，可能從這個時候開始重新燃起了對生活和天皇職責的興趣。[27]

七月四日，權典侍柳原愛子舉行了繫上托腹帶的儀式。有鑑於天皇的前三個孩子都不幸夭折，御醫認為應該確保這次能在最佳的環境下生產。因此，考慮到愛子素來體弱多病，所有人決定不把愛子送到京都待產。九月二十三日，就在西南戰爭結束的前一天，愛子在東京的梅御殿[28]誕下一名男嬰。

西鄉最後抵抗的據點位在城山，這裡正是他開辦第一所私學校的地方。當時西鄉身負重傷，身邊只剩下四十個人。他朝著皇居的方向正襟危坐，由副官別府晉介為其介錯，砍下了他的首級。戰爭結束了。

·第二十九章·

大久保利通遇襲

至少就天皇而言，一八七七年剩下的大部分時間都在處理西南戰爭的善後工作。參加戰爭的諸位將領和下級士兵一同凱旋，對勝利貢獻良多者皆被授予獎章。西鄉隆盛的行為沒有得到原諒，但許多人對他表以同情。西鄉死後的第二天，天皇請皇后以西鄉隆盛為題創作一首和歌。她寫下：

薩摩水岸大浪平
始於分歧終感傷[1]

薩摩叛亂的結束意味著不會再有人為了這場不受歡迎的戰爭犧牲。天皇曾到醫院探訪正在治療的傷患，一些人失去了手臂或者手指，有些人則是失明。感到十分痛心的天皇召見五名傷殘人員，他和藹地詢問他們負傷的時間地點，以及現在還疼不疼。接著，天皇神情哀傷地摸了摸他們的傷疤，傷患們不禁低頭哭泣表示感激。在場的山縣有朋等人看到天皇如此悲天憫人，立刻站直並敬禮致意，同時感動得潸然淚下。[2]

在這個時期和後來天皇與臣民接觸的記錄中，一再出現「感泣」的字眼，也就是「感動得落淚」。顯然一百年前的人比現在更容易掉眼淚，即使武士落淚也不會被視為懦弱。十年前隱匿於御所高牆後的神秘天皇，現在已經化身為一個慈愛而值得敬畏的存在，他關愛臣民的每個動作，都使人們感激涕零。

天皇返回東京之後，又恢復他在京都變得怠惰之前的日常生活，像是固定在每天早上從十點開始參加三十分鐘的內閣會議[3]，或是晚上在內廷找值班的侍臣談天。十月四日，這天高崎正風和元田永孚隨侍在側，天皇在談話之餘拿起毛筆寫了幾個大字，其中包含一段序以及一首和歌：

今夜集臣於面前執筆，撰眾文字示之

漫漫秋夜未生厭

挑燈隨興任揮毫

根據《明治天皇紀》，「兩人（高崎和元田），感泣睿慮，不覺拜伏」。皇后問高崎是否以和歌回贈，他立刻作了下面這首和歌：

瞻仰墨跡顯御心
感淚不禁濕衣袖

元田覺得自己不能保持沉默，於是創作了兩首絕句。天皇非常喜歡這樣的夜間談話，此後便不時與那些侍候自己的人進行和歌的交流。十月十二日，侍從荻昌吉畫了一幅葫蘆圖。另一名侍從山口正定在畫上題詩：

葫蘆飲酒當知趣
顏回秀吉何醉心

據說天皇和皇后看到這首詩都笑了[4]。這種對他們感情融洽的記述十分罕見而溫馨。

在長期荒廢學業之後，天皇於十月二十三日在御學問所和元田永孚花了一個小時一起讀書[5]。包含這類閱讀在內，明治總算重新開始聽講課程；元田相信這些典籍闡釋了君主應有的德行與風範，他除了對內容進行詳細易懂的解釋，也會拿來與近代歷史相比較，並列舉歷代有德君主的例子。元田一直嘗試——而且通常都能成功——激發天皇的興趣，儘管剛開始他並不知道什麼內容能特別引起天皇關心。某天晚上，天皇在讀了周宣王受姜后勸諫所感動而決定勵精圖治的故事之後，請皇后以「感諫勤政」為題創作一首和歌[6]。明治特別仰慕那些衷心接受規諫並改過自新的君主。

儘管長期忽視學業，天皇如今重新找回自我反省的意識，並樂於接受顧問的批評，這些都使元田非常感動。十二月十三日，學習課程變得更加充實[7]。不久前，在青山御所的一次賞菊大會上，天皇公正而英明的觀點給元田留下深刻印象，尤其是他對海外諸國的看法。元田從未聽過天皇如此侃侃而談，甚至希望能讓外國人也聽到天皇這番話語。[8]

明治對騎馬的熱情也重新復燃。一開始顧問們樂見其成，但後來又覺得他過於熱衷了，擔心天皇會因為疲勞過度從馬上摔下來。岩倉具視曾為此勸過天皇，但是沒有效果。就連在一八七八年一月初連日的雨天也能沒阻止天皇每天到皇居御苑騎馬，絲毫不介意腿上沾滿泥濘。馬廄裡的車伕和馬伕也都累得筋疲力盡。一月十二日，兩名值班侍補[9]土方久元和高崎正風向天皇提出諫言，「(天皇)溫顏聽之，言終稱所申為善。以來馬場之事，任聽馭者意見。」兩人見天皇如此樂於接受勸諫，感動地退下了。[10]

第二天，天皇在土方陪同下一起去騎馬。在經過一處松樹林時，土方的馬突然失控，差點從馬上摔了下來。天皇立刻追上來問道：「土方是否無恙？」前一天他才剛被勸諫，今天就發生了同伴差點落馬的事故，內心不免有些動搖。那些事後聽聞天皇此番言行的人無不由衷地讚美他寬宏大量的品德。

這個時期，明治與外國元首之間的關係出現了微妙的變化。他在給法國總統麥克馬洪（Patrice de MacMahon）的回信中自稱「保有天佑踐萬世一系之帝祚日本國皇帝睦仁」[11]。天皇從未在寫給外國人的信中使用如此尊貴的頭銜，反而是中國皇帝曾在國書中自稱「大清朝大皇帝」，且尊稱明治為「大日本國大皇帝」[12]。將他國君主視作與自身對等的存在，對清廷來說是前所未有的讓步。

此外，明治似乎開始自發性地關注日本歷史，不論是一八七七年九月美國人摩斯（Edward Morse）發現的貝塚，還是自身統治時期具有重要歷史意義的西南戰爭[13]。他尤其對自己的祖先重新產生了濃厚的興趣。

一八七八年的新年，在一如既往的宮廷儀禮、互相拜訪和交換禮物以及御歌會下揭開序幕。一月下旬，天皇頒布諭旨，強調農業為立國之本。既然諸多叛亂已經平定，各種治國的基本政策如今再次得到重申。

關於天皇的疑問，我們偶爾能從文獻中得到一些提示。明治之所以從善如流，似乎是在鼓勵身邊的人對自己的行為提出異議（當然是以極為尊敬的語氣）。例如二月三日儘管是星期天，侍補山口正定仍請求覲見天皇。山口冒著惹怒天皇的危險，奉勸天皇在喝酒的時候應更加節制，以免去年罹患的腳氣病重新復發[14]。今年才剛剛開始，天皇就因為參加新年祝宴等慶祝儀式而過度放縱，不僅在一月十日的宴會上一直喝到淩晨三點，三天前甚至喝到淩晨五點。山口懇切地勸諫天皇少喝一些，尤其應該避開深夜時分。

天皇欣然接受了這番「諫言」，據說從此人們再也沒見他在酒席上喝醉過[15]。然而沒有任何蛛絲馬跡能解釋明治為何變得如此酗酒。一直到後來，仍然有許多認識他的人證實明治很喜歡喝酒，曾參與西南戰爭的陸軍少將高島鞆之助便如此回憶：

當時宮中崇拜剛健勇武之氣概，陛下酒量甚強，不時會召集中意之侍臣大與酒宴。儘管說來羞愧，余酒量略差，因而一概推辭。然山岡鐵舟與中山大納言（忠能）皆為酒豪，每逢設宴必獲召見。陛下龍心大悅，以驍勇之物語為酒餚隨千杯入腹，似乎再無如此極樂。陛下所用之酒器並非一般小杯，而是如飲水茶碗般巨大，且每斟必滿。[16]

一八八六年起擔任侍從的日野西資博也提到，天皇即便已經喝過餐後咖啡，但只要餐桌上還有酒就一定會喝完才離開。[17]

天皇的主要儒學顧問元田永孚則做了一次性質迥異的規諫。當時（一八七八年二月）有人提議按照歐洲的做法，讓一部分林地隸屬於皇室。但是元田反對這個提案，認為皇室的維持並非靠土地，而是藉由「至德大仁」來維繫民心，就像古代政府針對土地也只收取一小部分的租稅。接著，在談到君民的權利時，元田表示若人民完成了義務，君主就該給予他們應有的權利；若君主以德治國，則人民也應加以服從。然而如今政府卻想奪走人民的土地據為皇室己有，這等於是在與人民爭奪權利，將有損君權。最好的辦法便是向國民徵收皇室保護稅作為部分地租，如此一來「施至德大仁愛育人民，則人心思慕敬重帝室愈深，至天下悉舉我私有土地之貢租，以供帝室。苟失人心，悉有天下之土地，然民皆起而奪之。」[18]

天皇採納了元田的意見，皇室徵收林地的計畫被擱置。這個例子表明儒家的規諫仍然有用，但不時也會發生有意勸諫的人因為懾於天皇的優秀品德而把話吞了回去。有一次，天皇要求侍從把自己的鞋拿去修補。這名侍從私底下詢問侍補佐佐木高行和高崎正風，天皇為何要選擇修補而不是直接換雙新的。他們回答說，這件事雖然看起來微不足道，卻體現了君王的美德，因此意義重大；如果天皇是出於節儉而下令補鞋，那麼這種行為確實值得欽佩。但如果是因為吝嗇，就有些遺憾了。高崎於是詢問了天皇的本意，結果天皇表示自己正打算把這雙鞋送給侍從藤波言忠，卻發現有些破舊，於是才下令拿去修補，好讓藤波省下一筆錢。得知天皇如此愛護自己的侍從，高崎不禁感動得熱淚盈眶。[19]

四月二十三日，天皇向東京府捐獻了兩萬日圓，用以建造一座治療腳氣病的醫院，這件事體現了天皇君德的另一面。他自己去年飽受該疾病之苦，因而同情那些和自己一樣患病的人。如果天皇的病情復發，御醫們很可能會建議他按照慣例前往異地療養。預見這一點的岩倉具視於是建議天皇在地勢較高且空氣清新的地方修建一處離宮。天皇卻回應道：

轉地療法可行，然腳氣病為全國人民之疾患，非朕一人之病。移居之事朕可行之，然全國之民不能悉遷住處。故為全國民眾，欲慮其他預防之法。且巡幸東奧之際，視彼地之鎮台兵，皆屯營高燥之地，然惱腳疾者數十人。思之，擇居處非必免此患之法。聞該病不存西洋各國，只存本邦，果其然，則其原因應在米食。朕聞有漢醫遠田澄庵者，其療法絕米食，食小豆麥等，必有道理，不可妄斥漢醫之固陋。洋醫漢醫各有所取，和法亦不可棄。[20]

對此，岩倉「敬服而退」。後來大久保利通再次提議天皇搬遷，也得到了同樣的答覆。我們無法確定天皇是否真的做了這番論述，如果是的話這可能是他有記錄以來第一次發表如此長篇大論。七月十日，天皇贊助修建的醫院開業，他後來也另外捐獻資金設立了東京第一所精神病院。

明治至死都不太喜歡醫生，尤其討厭身體檢查。去年他罹患腳氣病的時候，也沒有及時跟御醫反映異狀，因此等御醫察覺時病情已經相當嚴重。強壯的體魄使天皇通常不太注意自己的健康，至於宮裡的醫生也依然依賴傳統甚至不太文明的治療方法。例如，一八七七年八月親子內親王染上腳氣病時，御醫能給出的最好處方就只有療養。她於是去了箱根，在三個星期後的九月二日離開人世，享年只有三十三歲。[21]她身為先皇的妹妹和將軍的妻子在經歷種種不幸遭遇之後卻迎來如此悲慘的結局，似乎加深了明治對醫生的不信任。佐佐木高行花了整整兩個小時才讓他同意固定接受健診。

顧問們的多次進諫以及他（在一開始的反抗情緒之後）願意聽從建議的態度，似乎為天皇帶來全新的成熟風範。他尚未完全擺脫早年在御所所受教育的影響，但幸運的是，天皇周圍有一群才能出眾的人，他們展現了指導天皇所需要的毅力，甚至是勇氣。

在這些顧問當中，最有才華卻也最不受歡迎的，可能是內務卿大久保利通。對天皇負有直接責任的他，無疑是政府中權力最大的人。一八七三年大久保從歐美歸國，自此以後他的目標便是從政治和經濟上增強國力，使日本可與西方發達國家比肩而立。大久保通常採用高壓政策，因而招來左派（認為他的保守做法阻礙了民權的發展）和右派（將拒絕征韓和西鄉隆盛的失敗怪罪到他的頭上）支持者對他的反感，認為當大多數日本人（尤其士族）正處在水深火熱之時，大久保卻過著窮極奢侈的生活。全國各地心懷不滿的士族一邊喊著令人想起幕末時期尊王攘夷派的口號，一邊將憤怒全部發洩在他一人身上。

石川縣的一群士族於是開始醞釀他們的暗殺計畫。這是一個令人意外的陰謀策劃地，畢竟加賀藩在維新中並沒有扮演特別重要的地位，而前田家更曾經領有所有大名中數一數二的百萬石俸祿，金澤也一直都是以文化發展為主的重鎮。它的繁榮也許可以解釋，為何在明治天皇統治之初的十年裡日本各地發生不少動盪的時候，唯獨這裡沒有經歷政治的紛擾。

然而當地卻有一些士族對於前加賀藩的溫順策略感到不滿，儘管這讓加賀藩在其他藩深陷政治糾紛的漩渦時仍得以繁榮興盛[22]。他們尤其不滿征韓論遭到駁斥，也很認同反抗政府未果的西鄉的立場。長連豪（一八五六—一八七八）是大久保暗殺計畫的主謀者之一，他曾兩度拜訪鹿兒島並進入西鄉創辦的私學校學習[23]。金澤的反政府活動是以一群名為「三光寺派」[24]的士族為中心，他們並沒有獨自的政治綱領，卻贊成為達到目的而使用武器和暴力，其首領島田一郎（一八四八—一八七八）正是這次暗殺計畫的中心人物。有時三光寺派會和較大型的民權提倡團體「忠告社」合作，這兩個組織的理想迥異，但是在反對以大久保為首的寡頭政治上卻目標一致。事實上在計畫實行後發給報社的斬奸狀中，也有納入一些忠告社的民權思想[25]。

西南戰爭期間，這些人便與西鄉有所共鳴。他們在得知所謂暗殺西鄉的陰謀時憤怒不已，又為西鄉剛開始的勝利感到高興，最後也因為西鄉的敗局已定而痛心疾首。一八七七年四月底，島田一郎和長連豪拜訪了忠告社的領袖陸義猶（一八四三—一九一六），並坦言無法坐視薩摩軍吞下敗仗[26]。他們認為西鄉之所以被逼上絕路，木戶孝允和大久保利通必須負最大的責任，應該盡快除掉這兩人。陸不同意他們的暗殺提議，但說自己會認真考慮，要他們幾天後再來。他原本期望等待能使他們的熱情冷卻，然而他們的決心卻越來越強烈。五月二十六日木戶去世，暗殺計畫自此便只鎖定大久保利通一人。

島田四處招募同謀者。一開始他還謹慎地避免透露自己的意圖，但是到了十一月，他開始毫無顧忌地和未來的同伴討論暗殺計畫，而令人驚訝的是完全沒有人向警察告密。島田想必選擇相信士族之間不會背信棄義，不過為了預防萬一有人背叛，他有時也會聲稱自己已經放棄暗殺大久保。[27]

一八七八年三月二十五日，島田啟程前往東京。從他離家前所作的和歌可以看出，儘管他為了殺死大久保可以賭上一切甚至是性命，但是一想到再也見不到妻子兒女，還是令他痛苦不堪。島田作了兩首離別和歌，其中第二首寫道：「自往早知有今日，將告離別甚悲傷」[28]。雖然島田的和歌造詣並不算高，卻都發自肺腑。難以想像除了日本以外的其他國家會有刺客在出發執行必死的任務前吟詩作歌，但對於清楚知道自己死期的島田來說，這些和歌無疑是他的辭世之作。

島田和長兩人同時從金澤消失自然引起了縣當局的疑心，懷疑極端主義派正在策劃某些陰謀。中央政府也一直都在警惕那些反政府的士族和自由民權運動家，派出無數便衣警察到各地偵查。大久保利通身為內務卿，一手掌控著遍布全國各地的警察網路，但他或許認為不需要過於關注相對安穩的石川縣。

主謀者們抵達東京後的第一個任務便是起草聲明，條列出殺死大久保的理由。他們決定按照幕末時期的慣例，將斬奸狀放在被害者的首級或者屍體上[29]。其開頭如下：

石川縣武士島田一郎等叩首昧死，仰奏天皇陛下，俯告三千余萬人眾。一郎等，熟察方今皇國之時狀，凡政令法度，上非出自天皇陛下之聖旨，下非由眾庶人民之公議，而獨在要路官吏數人之臆斷專權。

從這段話不難看出，策劃陰謀的人（過去和將來的其他謀反者亦是如此）強力主張自己的行為符合天皇的心意，要為天皇剷除身邊妨礙他親政的惡吏，卻又同時自相矛盾地希望以公議的形式聽取人民的意見。這想必是對寫下這份文書的陸義猶所提倡的自由民權思想做出的妥協。

斬奸狀接著指控官吏貪污腐敗、中飽私囊，不顧大部分民眾生活窘迫。他們列舉了五項罪行，分別是一、杜絕公議，抑壓民權，私議政事；二、亂施法令，濫用公權，恣張威福；三、興不急之土木，事無用之修飾，徒費國財；四、排斥慷慨忠節之士，懷疑憂國敵愾之徒，釀成內亂；五、誤外交之道，喪失國權。[30]

謀反者的首要目標雖是暗殺大久保，但聲明中也提到了其他「應斬之人」或者「不能饒恕之人」。前者包括岩倉具視和剛剛去世的木戶孝允，後者則包括大隈重信、伊藤博文、黑田清隆和川路利良。另外還有如三條實美一類的「奸吏」，但是可以預料「斬滅其根本，則枝葉隨之枯落。」[31]顯然島田及其同夥期待隨後會有人繼承他們的遺志，展開第二輪的暗殺行動[32]。

斬奸狀前半段以「願基明治一新（維新）之御誓文，據八年四月之詔旨，改有司專制（寡頭政治）之弊害，速起民會，取公議，以致皇統隆盛，國家永久，人民安寧」作結[33]，其中尊重天皇和主張民權又再一次被相提並論。不過為了證明謀殺的正當性而由陸義猶所起草的這份看似崇高的聲明，這群暗殺者究竟又能理解多少實則令人懷疑[34]；他們的腦海裡恐怕只想著一件事——殺死大久保。

六名刺客在東京齊聚之後，便開始進行縝密的準備。他們確定了大久保前往赤坂臨時皇居的日子、行經的路線、馬車的明顯特徵，當然還有他的容貌。他們選擇大久保的馬車為避開人群通常會走的一條小路作為行刺地點，並確認參議會在每個月四號、十四號、二十四號、九號、十九號和二十九號出席太政官會議，於是決定於五月十四日實施暗殺計畫。行刺前幾天，島田不顧同伴的反對向大久保送出暗殺預告信，顯然是認為除非當事人收到了警告，否則暗殺的理由將不為人知[35]。恐怕大久保並沒有理睬這次威脅；他想必不是第一次收到恐嚇信了。

出發前的最後一刻，島田和長分別寫信給妻子表達自己的決心，並託付她們好好教育孩子[36]。島田的信採用和歌裡的長歌形式，其中有一段包含對大久保的控訴：「進讒言，於我敬畏之君；殘殺盡忠貞之臣；大惡臣集聚，欺上責下，千島換樺太……」[37]

大久保並不如斬奸狀或暗殺者的家書所描述的是個無惡不作的人物。當天早上出發去皇居之前，大久保會見了福島縣權令，表示要貫徹維新大業預計需要三十年，並且平分成三個階段來完成。如今最初的十年已經過去，日本現在即將進入第二階段。大久保認為這一階段非常重要，應當整頓內政、振興產業。他還坦言自己雖然不才，但仍決意盡心盡力帶領日本走過這段時期，至於第三階段只得交由下一代來完成。[38]作為振興產業的第一步，大久保則以開發新土地為例，並在這天早上談起要在福島縣修築水圳的計畫。

為了以防萬一，大久保通常會在馬車裡放一把手槍，但是由於這天晚上他要去參加清朝公使舉行的晚宴，便叫人清理了馬車，把手槍留給下屬保管。或許正是這個舉動讓他賠上了性命。

由於準備充分，暗殺行動進行得非常順利。先由兩人砍傷了兩匹馬的前腳，其他四人殺死車伕後，把大久保拖出馬車，再殘忍地將其斬殺。刺客使勁刺穿他喉嚨的最後一刀甚至還插進了地面。六名殺手將武器在屍體旁擺好之後，便按照計畫走到附近的臨時皇居自首，並向守衛提交斬奸狀的副本。當被問到是否有其他同夥時，他們回答說：「有的。除了官吏以外，三千萬國民都是我們的同志。」[39]

消息很快便傳到臨時皇居。當時元田永孚正在御學問所準備為天皇講授《論語》。一名官員衝進來告訴元田大久保遇襲的消息。天皇接到元田的報告後隨即派出一名侍從到大久保家詢問事情的詳細經過，不久便帶回大久保已死的消息。天皇為此悲痛萬分，派遣宮內卿德大寺實則轉達自己的哀悼之情。皇太后和皇后也分別派出使者前往慰問。

第二天，天皇追封大久保為右大臣，並下賜五千日圓作為喪葬費用。同日稍晚，天皇發表敕諭，感嘆「朕深悼股肱之良臣，此為國家之不幸。」他命令伊藤博文接替大久保擔任內務卿一職，以確保這個重要職位的連貫性。

大久保利通之死就連外國報紙也為其哀悼[40]。他的葬禮十分盛大，堪稱是近代日本史上第一次國葬。政府機關降半旗致哀，軍艦鳴放二十一響禮炮向其致敬。不同於採用佛教儀式的傳統，葬禮完全按照神道的形式，這想必與當時普遍否定佛教的風氣有很大的關係。

伊藤的接任意味著大久保的方針得以延續，只不過斬奸狀的主旨似乎受到了重視。就在襲擊前夕的五月十四日清晨，三名侍補（佐佐木高行、高崎正風和吉井友實）拜會伊藤博文，認為應該新設一個輔佐天皇的官職，並推薦大久保為最佳人選。伊藤同意了，但隨後他們就聽到令人震驚的暗殺消息。

然而在看過刺客留下的聲明後，眾人不得不承認目前的政令確實既非出自天皇，也非出自人民的公議。他們發現當務之急便是盡快讓天皇親政，並決定將這個結論上奏天皇。

五月十六日，侍補們一同謁見天皇，各自表達了自己的意見。佐佐木說，儘管原則上是天皇親政，但實際上他把全權委託給了大臣，結果造成只有幾名重臣獨攬大權的印象，進而激起民眾的不滿，最近發生的暗殺事件正說明了這一點。除非採取積極措施，否則維新大業將化為泡影。能否將日本的威信擴展到國外，完全取決於天皇是否有心付諸實踐，因此建議天皇應該「自今日行親征之實，通曉內外之事」。

接著高崎正風走上前說：「利通在世時，常深憂聖德涵養之事，遭難之前日，亦至臣邸相談此事，此為其深慮之所在……」高崎不禁哽咽著道出自己的觀點，認為天皇「萬機親裁」有其必要性。聽到這裡，天皇的眼眶也濕了。此外，米田虎熊則坦言希望天皇對待政事能像每天騎馬那麼熱心。天皇動容地回應道：「朕嘉納汝等之忠言，爾後加深注意，尚請協力盡輔佐之任。」高崎等人對此感動落淚，隨後退下。[41]

天皇似乎將他們的話銘記在心，而不再對政事表現得滿不在乎。舉例來說，五月二十一日他向兩名侍補表達了自己對當時一些弊端的看法。有些官員會特地修建新的西式屋宅，這對於那些需要和外國使節打交道的高級官員來說也許的確有必要，但是在一般民眾眼裡卻只是在榨取民脂民膏，貪圖私利。因此天皇下令官員暫時不要建造這類新居，只要忍耐個幾年等新皇居落成之後再開始修築屋宅，想必抱怨聲就會自動消失。

不僅如此，天皇也對維新以來政府的職位主要由出身薩摩、長州和土佐三藩的人擔任感到不滿。他認為必須改變這種情況，廣招天下人才，即便是來自遙遠的東北地區也應該讓他們有機會為政府效力。[42]令人震驚的大久保之死以及侍補們的勸諫，似乎喚醒了天皇新的責任感以及對自身權威的意識。

・第三十章・

併吞琉球

一八七八年五月二十三日，天皇決定計畫已久的北陸和東海地區的巡幸將於八月份啟程。他原本計劃在一八七七年出發，作為前一年東北巡幸的延續，卻因為西南戰爭的複雜形勢使得計畫延宕。天皇這次巡幸的目的一如往常，意在親自視察依然陌生的國土和民情。1

根據先前東北之行的經驗，天皇表明這次巡幸不願造成任何人經濟上的負擔，尤其是視察各地學校時，學生不需要特別戴新帽、穿新鞋，或是準備其他特製的服裝。他也表示希望在造訪縣政府時能夠看到當地的地圖、人口統計資料以及賢人善行記錄，同時提交警察局和巡邏警官的人數報告、振興產業的方法、牧場與牲畜的數目以及未開墾土地和已開墾土地的面積。天皇並未把此次旅行當成遊山玩水，他的首要目標也不是為了激發人們的敬畏心甚至是愛戴之情，而是當作自我提升的教育，以便更了解臣民及其謀生之道。同時顧問們肯定希望天皇的到訪能使偏遠地區的人民更加充分意識到他們所效忠的東京政府，從而超越對地域的忠誠度。

當時歐洲君主巡遊時非常重要的盛大排場，在這裡毫無蹤影2。天皇巡幸日本各地的旅程另有一點不同於歐洲君主，即天皇並不想讓日本人熟悉自己的容貌，不管是在旅行時，還是在硬幣或紙幣的圖案上。明治一般乘坐密閉的鳳輦出行，而不是那種人人都可以看見他的敞篷馬車。過去只有高級公家才有機會看到天皇的臉，即便現在他也不願向公眾展示自己。明治的照片數量很少，而且一般無法輕易取得，畢竟他拍照並非為了公開展示。外國公使離開日本時偶爾會收到天皇的照片，但是日本人不管多麼忠誠，都很難獲得君主的照片。

一八七四年，東京開始有人（未經許可）出售內田九一拍攝的天皇照片複製品。這件事使內田靈機一動，他請求政府允許自己販賣所拍的底片。針對買賣天皇照片是否合適的問題，政府內部經過長時間的激烈討論[3]，最終還是決定禁止出售，那些已經賣出的照片則被勒令上交。沒有照片，也沒有其他宣揚自身權威的媒介，充分表明了天皇巡幸的自制特質；隊伍經過時，城鄉街道兩旁的人群也許能瞥見明治一眼，然而他並沒有用鮮豔的服裝或者漂亮的馬車吸引人們的注意，而他的慷慨施贈也只限於向小學生和耄耋老人贈送些小禮物。

就在明治正要出發離開東京之前，發生了一件差點導致巡幸延期的事。八月二十三日，因對俸祿和經費遭到削減而感到不滿的宮廷近衛炮兵隊引發了暴動。參與者只有幾百人，除了兩名士官以外全都是士兵，而且大部分來自以驍勇善戰聞名的鹿兒島或高知地區。在這次短暫的反亂中，叛兵殺害了幾名軍官，還向大藏卿大隈重信的宅邸開槍，並拖著兩門山炮前往赤坂臨時皇居請願。抵達皇居的約九十名叛兵與事先已經接到消息的正規軍發生衝突，最後全數遭到逮捕。

到了隔天淩晨四點，一切恢復平靜，但岩倉具視以及多數侍補考慮到大久保利通剛剛遇刺不久，局勢依然動盪，於是建議天皇推遲巡幸的日期。他們承認這次騷亂的規模不大，卻可能預示著軍隊中存在更嚴重的不安定因素。三條實美和大部分參議表示反對，認為如果因為一次微不足道的反亂就延期，將有損天皇的威望。天皇在諮詢了侍補佐佐木高行之後，決定按原定計畫出行。

八月三十日，天皇一行人[4]啟程。第一天晚上在埼玉縣的浦和過了一夜，第二天上午天皇在接見縣令時，聽到的不是(人們所預期的)縣民過得幸福美滿的報告，而是中津川村居民的悲慘狀況。只有二十五戶與一百二十九人的這個村子非常貧窮落後，村民甚至沒有棉製衣服可穿，而且全是文盲。一旦生病也無藥可醫，死了更沒有可供埋葬的寺廟。他們以黍和稗為主食，而不是稻米；大部分村民甚至不知道世上還有諸如學校、藥局、酒商或者魚販的存在。這個地方距離天皇的住所僅僅數十公里，生存條件卻如此之差，稱得上是明治天皇輝煌統治的一個污點。當地官員表示計劃對通往村子的道路進行修繕，逐漸引導村民過上文明的生活。[5]

天皇對此事的反應並沒有被記錄下來。後來他參觀了當地政府的各個部門、法院以及幾所學校，在學校觀摩學生們上課，並向優秀的學生頒獎。接著天皇造訪了一間產業博物館，欣賞機器模型、礦石和美術品。他對狹山出產的茶葉和高麗郡出產的生絲特別感興趣，因為茶葉和絲綢是日本這個時期的主要出口商品。此次巡幸中，無論天皇走到哪裡，都對各地特產展現高度關心。

天皇一行從浦和來到前橋，路上希望一睹天皇風采的民眾特別多，隨後隊伍便前往松井田町。自從天皇離開東京以來，連日的雨勢讓道路泥濘不堪，有些地方輦轎根本無法通過，因此天皇只好下轎在泥濘中跋涉前行。幸好天皇的腰腿十分有力，不過其他身體能力較差的隨從們卻是舉步維艱，只得拼命在後面追趕。越過碓冰峠當天，天氣終於放晴，他從山嶺上欣賞了壯麗的景色。接下來天皇一路行經輕井澤、追分和小諸，只可惜低矮的雲層擋住了這個地區最為壯觀的淺間山美景。

天皇來到長野，接見了名刹善光寺的住持。天皇不太和佛教的僧人來往，也很少參觀寺院，但他或許認為不能錯過作為長野人民心靈依歸的善光寺。天皇在高田停留時，暫住在當地的一所學校裡，並派侍從到戊辰戰爭犧牲者的墳前祭奠。隨著隊伍離戰場越近，派出使者弔問的次數也就益發頻繁。天皇在高田買了一些當地特產的糖果，連同在長野買的糕點和水果請人送給皇后和皇太后。天皇此舉想必使當地居民開心不已，他花錢購買而不是透過貢品取得糖果的行為也使他與歐洲的君主與眾不同。

高田到柿崎的沿路上大部分都面朝日本海，壯闊的景色似乎讓天皇相當陶醉。然而路程並不輕鬆，狹窄的道路上布滿沙坑，儘管據說路已經修補過，但每當車輪陷進沙裡，小型的馬車總要劇烈地顛簸一番。陽光透過窗戶照射進來，車廂內又悶又熱，陪伴天皇的佐佐木高行實在忍受不了。他得到天皇的許可下車步行，天皇則一如既往地忍耐著顛簸和暑氣。抵達柿崎時，感到很不舒服的天皇甚至顧不得對看病的厭惡，請人喚來御醫。

能回報這番艱辛旅途的就只有沿途的美麗風光。例如來到出雲崎時，天皇興致勃勃地欣賞數百艘漁船在日落時分點亮燈火捕魚的壯觀景象。當然，旅途的痛苦遠遠超過了樂趣；天皇在白天都要在狹小的鳳輦裡保持正座，夜裡還得依照慣例在椅子端正地坐到十點，直到就寢時間才能好好伸展四肢。在出雲崎過夜的晚上，天皇的住處不僅狹窄，而且蚊蟲肆虐。侍從力勸天皇早點進入蚊帳休息，他卻答道：「巡幸專視下民疾苦，若非親嘗艱苦，如何得通下情。朕毫無所厭。」[6]天皇的這番話似乎過於符合儒家理想而顯得不太真實，卻與其他巡幸軼事的記錄有共通之處，展現了一位迄今為止不知疾苦的君主對於臣民的惻隱之心。

抵達新潟之後，天皇驚訝地發現罹患沙眼的病人很多。他回想起兩年前的東北巡幸之際就注意到有不少人患上這種眼疾，還問過御醫是否能夠醫治，得到的答案是貧窮的庶民根本負擔不起治療的費用。現在，天皇發現新潟甚至有更多感染沙眼的病人，便命令御醫調查病因以及可能的治療和預防方法。兩天後天皇收到報告，表示氣候風土以及居住環境衛生不佳都是沙眼傳播的主因，再加上這種病本身就具有極高的傳染性。天皇於是下賜一千日圓用於研究沙眼的治療和預防。

巡幸期間也有一些令人欣慰的事。在長岡，天皇很開心看到這座幾乎毀於戊辰戰爭且一度陷入貧困的城市正逐漸復興。這裡有許多東西令他想起十年前的那場戰爭；曾是戰場的福島村在各處立有紅白兩色的旗幟，分別代表叛軍與政府軍的位置，天皇便能藉此遙想當年戰場上兩軍作戰的情景。7

旅程的大部分時間都很狼狽。長時間的陰雨連綿使得道路泥濘不堪，即使天氣放晴了，暴漲的河水也讓渡河變得困難重重。多年以後（一八九九年），天皇作了一首和歌回憶這次旅行：

越之山路夏亦寒
濡雨前行成往事8

當一行人抵達北陸地區沿岸最險峻的斷崖「親不知子不知」時，整隊人馬已是筋疲力盡。這裡山壁陡峭入海，海浪沖刷著僅有的一條道路，不過一旦安全通過了難關，明治便停下來欣賞這片令人嘆為觀止的美景，從飛濺的浪花之間甚至能望見佐渡島和能登半島的輪廓。9

金澤也在某種意義上被視為危險之地，因為暗殺大久保的刺客正是在此策劃陰謀，民間說不定依然潛藏著不法分子，但幸好最後並沒有發生任何意外。天皇像往常一樣參觀學校、兼六園和一個展出國內外製品的博物館。在小松時，他收到了皇后和皇太后寄來的信和禮物，這想必讓明治體會到一個出門在外的遊子收到家書的喜悅。

從這時開始，旅途變得相對容易一些。天皇一路從金澤出發經過小松、福井、敦賀、大津之後抵達京都。在京都的某天晚上，天皇向隨從講起維新前種種關於御所的歷史與故事。這些不過是十年前發生的事情，聽起來卻宛如遙遠過去的迴響。

天皇原本計劃經過東海地區時前往伊勢神宮參拜，但三重縣卻爆發了傷寒疫情，因此只好把路線改為行經草津、大垣和岐阜再到名古屋。天皇跟往常一樣，每停留一處都要參觀學校和當地的特產。他絲毫沒有顯露倦怠的神色，也沒有表現出想趕快回到東京的樣子。西南戰爭期間一度消失的強烈責任感於此時再次復活，並將伴隨明治的一生。

十一月九日，天皇回到東京。這次巡幸他一共經過一府十縣，總計約一千七百多公里，費時整整七十二天。儘管舟車勞頓，但他看起來氣色很好且興致高昂。這一天被定為休息日，東京到處都是搖旗吶喊歡迎天皇歸來的市民。

一八七八年餘下的時間總體來說相安無事，但就在年底的十二月二十七日，政府突然下令廢除琉球藩。內務卿伊藤博文已經決定將琉球藩降級為縣：琉球將不再是王國，而是變成眾多縣中的其中一個。這一決定的背景與琉球藩拒絕聽從日本要求他們和清朝斷絕來往的命令有關。琉球藩王曾被特別吩咐不得派使者到中國朝貢或祝賀皇帝登基，也不得接受清朝皇帝的冊封，但他不僅沒有把這些放在心上，還秘密派遣一名家族成員到中國尋求清廷支援，甚至命令東京的琉球藩代表請求駐日的中國、美國、法國和荷蘭公使居中斡旋。日本政府收到來自藩代表不下十四封的請願書，要求恢復過去的形式，允許琉球效忠日清雙方，並不斷強調「父日母清」的說辭。[10]

但日本方面則堅持認為「一國奉侍二帝，等同一妻服侍兩夫」[11]。事實上，琉球王國幾百年來一直侍奉著兩位主人——中國和薩摩，並同時向雙方朝貢，這對一個欠缺資源和軍事力量的小國來說是賴以生存的唯一方式。決心斷絕琉球和中國聯繫的日本政府特別不滿琉球藩王的拖延戰術，最終伊藤決定以琉球王的不妥協為由廢除琉球藩。他命令內務大書記官松田道之（一八三九—一八八二）制定一套處置琉球藩的計畫，其中不僅廢藩為縣，還強行要求琉球藩王從琉球遷居東京。經過太政大臣和閣議批准後，琉球王被勒令在一周內表示服從。如果拒絕，日本政府將採取「強硬措施」。與此同時，駐東京的琉球代表也被迫立刻返回琉球，作為結束琉球半自治狀態的第一步。[12]

一八七九年一月，松田道之離開橫濱前往那霸，於二十五日抵達。次日，松田前往首里城會見琉球高官，並大聲宣讀三條實美的聲明，聲稱早在一八七五年五月二十九日，日本政府就禁止琉球隔年派出一次使節團向中國朝貢、派遣特使祝賀清朝皇帝登基，或在王位更替時接受清朝冊封。但琉球卻只把這視為「請求」，迄今仍未正式宣告遵守命令。此外在一八七六年五月，日本曾向琉球派遣法官，本應在此時迅速移交法律事務，但琉球仍將之看作懇求而無遵從之意。這種情況不能再繼續下去，如果琉球依然不願遵守命令，政府將不得不採取適當措施，務必盡速表態。13

松田念完後，將文書交給琉球藩王的弟弟尚弼，並再次口頭警告如果琉球拒絕從命，將會面臨嚴重處分，命他在二月三日上午十點前給出答覆。一月二十九日，松田再次送出一份文書給藩王，請他在提交服從命令的聲明時外加一份起誓文書。畢竟有前例在先，日本政府認為只靠誠信很難確保琉球不會故技重施。松田還要求當天藩王和代表必須一起出席。但是到了二月三日，藩王沒有親自露面，只派出幾名代理捎來回信。

在信中琉球王用恭敬的語氣解釋了自己的艱難處境。如果（像松田所要求）停止向清廷朝貢祝賀、拒絕接受冊封，琉球一定會受到清朝苛責。他治理的這個小國被夾在兩個大國之間實在兩難，希望日本諒察，「舉藩一同伏奉哀願，頓首百拜」。

藩王尚泰絕非值得敬仰之人，但一國之君在一介官員面前伏首懇願，難免有些可憐。然而就松田而言，解決琉球問題的使命感令他毫無同情對方的餘地。松田斥責藩王的信證明他仍拒絕遵守政府的命令，並宣稱將返回東京進行詳細報告，請藩王代理等待進一步命令。官員們懇求他再考慮一下，但松田不僅一口回絕，還追加了一項警告：幾年前日本政府已經命令琉球以明治為年號，但當局仍繼續使用清朝的年號光緒，對此相當不滿的松田於是再次強調禁止這種行為。

第二天松田便返回東京。三月十一日，天皇下令廢除琉球藩，並命令琉球藩王及其繼承人遷居東京[14]。琉球藩將改為沖繩縣，其王室成員則會被授予華族頭銜。再次奉命前往沖繩的松田這次還帶著一百六十多名警察和五百名步兵，但藩王以生病為由拒絕會見。三月二十九日，藩王離開了他生活大半輩子且五百年來一直作為琉球王宮殿的首里城，搬到了太子尚典的宅邸。

尚泰的抵抗似乎發揮了些許效果。四月五日，天皇派侍從富小路敬直前往沖繩慰問尚泰。他私下指示富小路敦促尚泰儘快搬到東京，為了確保他的安全，還派了官方的軍艦明治丸為其護航。

富小路於四月十三日抵達那霸，在三十名員警的護衛下來到首里。尚泰以生病為由拒絕會見這名敕使，並請求讓尚典代替自己接待客人。富小路拒絕，並和松田直接來到尚泰的臨時住處。諸王子和高級官員在門口迎接，富小路則在尚典的帶領下來到尚泰的病榻前。尚泰的枕邊放著朝衣和禮帽（以示對敕使的尊敬），接著便在兩名侍者攙扶下離開床鋪，下跪行禮。

敕使傳達了天皇的旨意，尚泰用極謙卑的語氣表示感謝。當富小路問他是否願意遵旨，尚泰表示將於隔天答覆。

正式的會面結束後，松田離開座椅坐到床邊，對尚泰的病情及過去幾個月來遭受的焦慮深表同情。富小路也說了一些慰問的話。他們離開病房後，一致認為尚泰雖然臉色蒼白，但並沒有任何大病的跡象，只不過似乎也不是完全裝病。15

四月十四日，松田召集前琉球藩的主要官員，要求他們說服藩王給出答覆。尚泰不願輕易離開沖繩，便以生病為由懇求延後上京，卻因松田認為他的病是慢性的，要等到完全康復需要很久的時間而遭到拒絕。十五日，尚泰的弟弟尚弼和二十多名重臣一起請求富小路和松田將日期推遲四五個月，並提出願意先派一位王子到東京去（等同於人質）。十六日，一百五十名琉球官員和王族高官一同請願至少延後九十天出發，卻都被富小路和松田一口回絕。他們主張前藩王尚泰一路上將受到國家級的特殊照顧，因此無須憂慮。

日本政府之所以不肯讓步，是因為擔心尚泰想藉由拖延前往東京的時間，等待清政府向他伸出援手。他們推斷只要尚泰越早到東京去，清朝干預的機會就越小。

尚泰原定四月十八日啟程，但就在出發前一天，尚弼和其他重臣最後一次向松田求情。他們說，延遲九十天不僅是因為顧慮到尚泰的病情，也是由於這次改革已經導致人心惶惶，需要君王親自安撫民眾，讓人民安心回歸日常生活。他們這一次還提議把太子尚典送到東京去。至此松田的態度終於稍微軟化，但堅持沒有理由推遲那麼久，因此請他們縮短期限，並於翌日提出前藩王的出發時間。

松田其實並不擔心琉球可能發生動亂，也打算如果尚泰執意拒絕，即便動用蠻力也要把他帶往東京。然而如果把尚典留在沖繩，當地官員可能擁立他造反，屆時說不定就會引來清朝的干預。最好的方法便是將尚泰和尚典都帶回東京，因此他決定接受先送尚典到東京的提議，而尚泰能否延後出發就交由太政官決定。等尚典抵達東京後，再拒絕讓尚泰延後上京的請求，這樣一來把尚泰帶到東京的責任將由政府的最高機關承擔，屆時再派出敕使到沖繩督促尚泰上京就行了。16

四月十八日，尚弼率領重臣拜會松田。這次他們請求延後八十天上京，並再次提出將尚典送往東京以期獲得許可。松田答道，如果他們的要求少於四十天，就有可能讓敕使富小路同意他留下，但為了表示謝恩尚典必須立刻前往東京。翌日，富小路同意了這個安排，並決定讓尚典和自己一同返回東京。四月十九日，富小路敬直與尚典登上明治丸，離開了那霸。

五月一日，船抵達橫濱。五日，明治接見了尚典及五名隨行人員，他們從門檻外向天皇鞠躬致敬。尚典也在這天向天皇和皇后贈送了禮物，並請求太政大臣允許父親延後上京，卻被拒絕了。一切正如松田所料。

同一天，陸軍少將相良長發和御醫高階經德為了診察尚泰的病情啟程前往沖繩。五月十八日，抵達沖繩的兩人隨松田一同拜訪了尚泰。高階診斷尚泰有神經紊亂和下腹充血的症狀，認為這種病沒有即時危險，但是不太可能在幾個月或者幾年內痊癒。松田聽完後立刻擬定一份文書，宣布政府已經拒絕尚泰延遲出發的請求，他必須在一個星期之內前往東京。前藩王只好屈服，但是希望能給他三周的時間。六十多名來自首里、那霸、久米、泊的官員也提出同樣的請願，卻都被松田嚴詞拒絕了。尚泰啟程的日期於是訂在五月二十七日。[17]

這段期間，清朝終於提出了抗議。五月十日，日本駐北京公使收到一封由恭親王及各大臣連署的信，主張琉球王國幾百年來一直使用中國的年號並向中國朝貢。清朝將其視為獨立完整的國家，因此讓琉球享有完全的政治和立法自由。此外，日清的協約國中也有與琉球簽訂條約的國家，這正說明各國承認其主權，但日本如今卻強行接管琉球。這不僅違背條約，甚將摧毀一個國家，斷絕其祖先的祭祀。這種行為可以說是對中國等國家的蔑視，日本只有立刻放棄侵害琉球主權，才能增進兩國之間的友好關係。[18]

只可惜清廷的立場有些站不住腳。根據一八七四年十月大久保利通和清政府在北京簽署的協定，清朝承認琉球是日本屬國，此外還同意向遭臺灣原住民殺害的琉球漁民的遺族支付賠償金，等於承認了琉球人是日本國民[19]。

外務卿接到清朝的抗議後，表示琉球問題乃日本內政，其他國家不得干涉。但清朝對於勸阻日本還存有一絲希望：五月訪問清朝的前美國總統格蘭特正好預定前往日本。也許他能代替恭親王進行溝通，藉由其威望讓日本人改變心意。

最終在五月二十七日，尚泰從那霸出港，帶著次子尚寅和四十多名前藩臣[20]於六月八日抵達橫濱，住進宮內省為其準備的宅邸。六月十七日，尚泰和嫡子尚典以及約十名前藩臣一同進宮，天皇接見了尚泰和尚典。文獻並沒有記錄明治見到這位遭廢黜的琉球國王時有何反應；他也許對尚泰不肯遵守日本政府的命令感到憤慨，但肯定認為政府已盡力減輕國家可能遭受的損失——這是近代日本難以避免的宿命。同日，尚泰被授予從三位的官階，尚典則獲敘從五位，松田則因為在處理琉球問題上表現傑出而獲頒勳章。日本正是在這時創下日後吞併朝鮮時如何處置被廢君主的先例。

尚泰受到了很好的待遇[21]，相傳他在東京的日子過得比三十一年的君主生涯還要快樂。能擺脫沖繩各派系之間無休止的爭鬥想必令他感到開心[22]，甚至有人認為尚泰來到東京就像首次造訪都會的鄉下人一樣欣喜若狂[23]。然而，他似乎還是很懷念那塊曾經統治過的土地；一八八四年，尚泰獲准前往沖繩進行一百天的訪問。

弘前出身的前士族笹森儀助在日記中記錄了自己在一八九三年滯留於琉球群島的經歷。儘管笹森並非廢君的支持者，但他覺得有必要記錄下民眾依然崇敬尚泰及其家族的事實。該年六月，北白川宮親王訪問了沖繩，他先是讚揚廢王的兒子尚典，並瞻仰了王家的陵墓。儘管親王釋出友善的態度，但尚氏一族卻沒有任何人接受他幾天後舉辦晚宴的邀請。笹森寫道：「這是何等無禮啊！」[24]

而後笹森也對從那霸到首里路上的情景感到相當憤慨：「那霸沿道各家，敷席於門前，男女正列而坐。問其故，本日因知事招請，尚典一族將至，眾人皆為此拜見。」[25]

笹森多次注意到，不管日本人表現得多麼和善，都會被沖繩人看作入侵者。他寫道，沒有一個沖繩人與「來自他縣」的人結婚，也沒有一個「來自他縣」的人在沖繩永久居留[26]。相較之下，就連不同人種的歐洲和美國人都經常加入日本籍並與日本人結婚。他總結道：「土人之情，眷戀復藩，至今日仍未釋然。」

吞併沖繩在日本歷史上很少被提及，尚泰也只被歸為人名辭典中的一個簡要條目而已。他在位期間並非重要的政治人物，最後三十年則默默無聞。但是即便到了現在，一個小國的君主成了大國步向近代化初期小試身手的犧牲品而遭到罷黜的際遇，仍是令人不勝唏噓。

・第三十一章・
格蘭特到訪

明治天皇會見的外國訪客中，大概沒有人比美國前總統尤利西斯・格蘭特將軍給他留下更深的印象。一八七七年，格蘭特將軍（即便在他擔任兩屆總統的任期內，人們也這麼稱呼他）開始了著名的環遊世界之旅。這次旅行的目的主要是政治上的考量；格蘭特在任期間的貪污腐敗已經為他在南北戰爭中立下的赫赫戰功蒙上陰影，因此顧問們認為他不如暫時離開美國一段時間，這樣一來選民很有可能會漸漸忘記醜聞。畢竟格蘭特還野心勃勃地想第三次參加總統大選。

格蘭特夫婦旅行的第一站來到英國，他們甚至以維多利亞女王貴賓的身分住進了溫莎堡。接下來的兩年裡，兩人遊覽歐洲的許多國家，隨後又去了埃及、印度、暹羅、中國，最後來到日本。格蘭特夫婦除了是熱情的觀光客，同時也是備受關注的焦點。正如格蘭特的傳記作者所寫的：「這位身穿黑色西裝的樸素男子是他們國家最偉大的戰鬥英雄，世人都想看他一眼。將軍夫婦象徵了美國的質樸和強大。」[1]

國外知道格蘭特總統醜聞的人並不多（或者只是他們比美國人更寬大地看待貪汙事件），作為偉大軍人、合眾國救星的格蘭特，威望早已深入人心，所到之處均受到熱烈歡迎。倫敦《泰晤士報》

的一篇社論甚至總結「格蘭特將軍將成為繼華盛頓之後美國歷史上最重要的人」[2]。各國的國王、女王和貴族都很高興能會見他，儘管事後不免有人批評他不懂禮節。

不論去到哪裡，格蘭特都一貫維持他美國式的隨性作風。例如在訪歐洲最有權勢的俾斯麥時，據說格蘭特大剌剌地走進首相官邸的庭院，把吸到一半的雪茄隨手一扔，並向一臉吃驚的衛兵回禮。也許格蘭特此次環遊最大的成功不是得到皇室禮遇，而是受到英國北部工人階級的歡迎。他們認為這個人與自己臭味相投，因而對他釋出善意。比起了無新意的國宴，格蘭特當然更喜歡礦工等勞工發自內心的歡迎。在類似國宴的場合，有時他甚至會因為太過沉悶而喝得酩酊大醉。印度總督李頓(Lytton)就曾在信中用嘲諷的語氣描述格蘭特的舉止：

> 在這樣的場合，這位來自「偉大的西方共和國」曾擔任兩屆總統的「尊貴客人」喝得爛醉如泥，表現得比任何一個貴族都還要放蕩。他追著A夫人上下其手、強吻了尖叫的B小姐，還把豐腴的C夫人捏得到處瘀青，甚至撲向D小姐想強暴對方。[3]

格蘭特夫婦從印度前往新加坡，行經西貢、曼谷和香港，接著抵達中國。他們在天津會見了李鴻章總督，李以一句簡單的話歡迎客人：「格蘭特將軍，你我兩人是這個世界上最偉大的人。」後來李鴻章解釋說，這句話是指格蘭特和自己都成功鎮壓了國內的大規模叛亂[4]。

格蘭特在北京期間，總理衙門大臣恭親王請求他利用自己的影響力，解決日清之間有關琉球群島主權的爭端。恭親王譴責日本企圖「消滅一直向中國進貢，並歷來友好的琉球國」。對此格蘭特將軍表示，任何方法只要不會招致國恥或滅國，都勝過戰爭一途。「戰爭，」他說，「是巨大的不幸。只有在沒有其他方法能避免一場更大的災禍時才能使用這種手段。尤其像中日這樣的國家之間若引爆戰爭，更會招來無盡的災難。」5

作為一名戰績輝煌的將軍，格蘭特如此痛恨戰爭以及與戰爭相關的一切令人相當意外。他甚至討厭那些描繪戰爭的畫作，還曾對同行的作家楊約翰(John Russell Young)說：「我從未見過一幅令人愉悅的戰爭畫。儘管我試著欣賞凡爾賽宮陳列的幾幅戰爭畫作，卻只覺得它們令人作嘔。」格蘭特也毫不留情地批評自己在一八四六年參與的美墨戰爭：「戰爭期間，我一直在和良心鬥爭。我從未完全原諒自己參加了戰爭。在這件事上我的觀點非常堅定，沒有比美國對墨西哥發動的那場戰爭更加邪惡的了。當時我就已經這麼認為，只是還年輕，沒有足夠的道德勇氣辭職不幹。」6

格蘭特入伍是因為討厭父親身為皮匠的工作。他進入了唯一有可能獲得良好教育的西點軍校，在美墨戰爭過後除役，卻因為事業處處碰壁只好回頭成為一名軍官，即便他其實厭惡戰爭。他說：「我從來都不是自願或滿懷熱情地上戰場，也總是很慶幸戰爭結束的時刻。我不曾考慮過再次帶兵，不如說我對軍隊一點興趣都沒有。當劍橋公爵邀請我到奧爾德肖特閱兵時，我跟他說自己這輩子再也不想看到的東西就是閱兵。」[7]

諷刺的是，已對軍隊完全幻滅的格蘭特居然在前往日本的路上，那裡的明治天皇正比以往都還要熱衷於閱兵和演習。楊寫道：「日本的皇帝非常中意自己的軍隊，且迫不急待地想向格蘭特將軍展示，甚於帝國的任何其他機關。」[8]儘管格蘭特將軍相當不情願，但最終還是不得不回應天皇想讓他閱兵的期待。[9]

一八七九年六月二十一日，格蘭特乘坐軍艦列治文號(Richmond)抵達長崎，由伊達宗城(一八一八—一八九二)和日本駐美國全權公使吉田清成出面迎接。楊如此描述：

> 伊達表示自己奉命以天皇之名義迎接格蘭特將軍，並在將軍逗留日本期間作為天皇的私人代表負責接待……吉田是眾所周知的日本駐美公使，為人謹慎而充滿才智，是帝國一顆明亮的政治之星。吉田在將軍任職總統期間受派擔任駐美公使，與將軍有數面之緣，因此政府特別將其召回，負責接待格蘭特將軍。[10]

不久，格蘭特在日本發表了第一次演說，部分內容如下：

此後美國將從東方獲得許多利益，是其他國家從未享有的；但前提是美國必須得到東方民眾的欣然承認，並保證你們能獲得與我們同等的利益。假如美國與他國之間的關係，特別是與這些令人感興趣的古老東方國家，是建立在除此之外的其他基礎上，我將為自己的國家感到羞恥。[11]

格蘭特原本計劃訪問京都，然而關西地區爆發了霍亂，日本政府並不想讓他冒這個險。這些美國人似乎低估了霍亂的威脅，但不論如何他們作為日本的賓客受到天皇代表的監督，而代表們強力反對美國人踏足關西。於是他們去了橫濱，並於七月三日抵達。

一行人受到包括岩倉具視在內的多名政府高官歡迎，岩倉還與格蘭特握了手。握手這個動作對美國人來說似乎很重要，他們都對隔天天皇在接見格蘭特時主動上前和他握手的舉動相當感動。楊寫道：「這件事看似不值一提，卻是日本歷代天皇前所未見的行為。」[12]對於天皇的舉止，楊如此推斷：「天皇在接見他國的皇室成員時從未失禮過，只不過他是以親王之禮對待英國、俄國和德國親王，而以朋友之禮對待格蘭特將軍。」[13]

在日本政府的安排下，天皇將於七月四日接見格蘭特將軍，這天也是美國的獨立紀念日。當下天皇也表示很高興能在這樣特別的日子進行初次會晤。根據楊的描述，儘管這時天皇表現得極為友好，還是能看出他仍不太擅長面對外國賓客：

皇帝的舉止拘謹，幾乎可用彆扭來形容，看起來就像一個面對生平第一次的經驗卻又努力想把事情做好的人。天皇和將軍握完手之後，回到自己的位置站好，他一隻手放在劍鞘上，目光朝向一旁身穿奪目衣裝的賓客，卻彷彿根本沒有注意到他們的存在。14

兩人之間的寒暄都是些客套話。天皇說：「聽說您向我國的大臣談起了許多關於日本的事情。如今您已見到這個國家和人民，在此相當期待與您交流這方面的看法，並為沒能早點有這樣的機會感到遺憾。」

格蘭特將軍則回答說自己會完全遵照天皇的吩咐。他表示很高興見到天皇，也很感謝日本的親切招待，甚至強調在國外幾乎沒有人比他對日本更感興趣，也沒有人像他一樣對日本人民抱持真摯的友情。格蘭特說的也許是真心話；優美的風景令他心情愉快，他發現日本「美得難以形容」，而明治宮殿的樸素風格也讓他留下極佳的印象。楊寫道：「皇帝的住處非常簡樸，就如同鄉紳的宅邸一樣……這處居所的特點在於樸實與品味。」另外也提到「日本教世人認識了紋理細緻而純淨的天然木頭之美，同時體認到玻璃和油彩的謬誤。」格蘭特喜歡樸素和自然，這使他對日本的審美產生共鳴。當格蘭特得知原本打算在燒毀的皇居原址上修建新宮殿的計畫被「天皇以不願增加財政負擔為由阻止，並甘於住在現在的臨時皇居」時，他再次深受感動。15

楊針對格蘭特首次謁見時會見的政府高官所做的描述是相當珍貴的資料，因為在日本人的文獻中很少會提及這些人的外貌：

首相〔太政大臣三條實美〕尤其引人注目。他個子瘦小，身材像個少女，五官精緻立體又充滿威嚴，既像二十歲的男孩，又如五十歲的男性……岩倉有著令人印象深刻的面貌，清晰的輪廓顯示出他堅毅的性格，臉上還有一道傷疤，證明他曾被刺客盯上，正如不久前日本最出色的政治家大久保遭到暗殺一樣。

皇帝〔天皇〕幾乎紋風不動地站著，顯然沒有發現也沒有意識到那些投注於他的崇敬之情。他相當年輕，身材苗條，比一般的日本人高，在我們眼中大概屬於中等身材。他有著醒目的五官，嘴型和雙唇令人想起哈布斯堡家族的血統；前額飽滿而狹窄，有著濃黑的頭髮和些許鬍子，頭髮的顏色也讓他那在我們家鄉稱得上黝黑的膚色顯得更黑了。他面無表情，要不是有那雙烏黑閃亮的眼睛全神貫注地看著將軍，甚至有可能把他誤認為一座雕塑。一旁的皇后穿著高貴又樸素的日本服飾，她臉色蒼白，身形纖瘦，幾乎像個孩子，經過梳理的頭髮則以一根金簪挽起。兩人神情非常和藹，尤其皇帝更是顯得充滿親切與自信。16

根據楊的敘述，天皇和格蘭特這次見面聊了很長一段時間。會談由吉田清成擔任翻譯，雖然內容並沒有記錄下來[17]，但天皇顯然對格蘭特印象很好，還表示希望能再次私下跟格蘭特對談。於是下次會面被安排在將軍訪問日光之後。[18]

七月七日，天皇和格蘭特進行了第二次會晤。當天上午，天皇和將軍一同參加閱兵式。天皇肯定非常開心能夠向將軍展示訓練有素且裝備精良的日本軍隊，更何況他多半以為（明治對格蘭特厭惡這類閱兵毫不知情）眼前的這位賓客對此很感興趣。閱兵結束後，據說明治對格蘭特說：「這般人數甚少的閱兵對您來說可能沒什麼意思。朕聽聞貴國只有一支小型的常備軍，僅靠精簡的軍力就能滿足大國之需，實在令人欽佩。」[19]天皇認為美國只保有小規模部隊的說法可能出自日本使節團訪問華盛頓時的觀察；他們親眼看到美國總統身邊的警衛寥寥可數。

閱兵結束後，天皇前往芝離宮，格蘭特夫婦也隨後會合。天皇表示歡迎並和他們握手，其他受邀的賓客還包括香港總督夫婦以及美國公使夫婦。格蘭特將軍領著熾仁親王妃前往餐廳，太政大臣三條實美則牽著格蘭特夫人的手將她帶至餐桌前。[20]不久之前，日本派去西方的使節團成員還在為女性出席莊嚴的國事場合感到訝異（甚至驚愕），但是現在太政大臣卻毫不猶豫地牽起一名外國夫人的手，彬彬有禮地引領她前往用餐。

晚宴結束後，格蘭特夫婦應邀到別殿裡喝咖啡。天皇一邊啜飲一邊和前總統相談甚歡（由吉田清成擔任翻譯）。天皇問了幾個問題，並對格蘭特的環球之旅發表感言，例如：「前年以來漫遊各國，除山水風景之外，勢必有不少得益之事。」

「印度地方暑氣想必令人難以忍受。」

「印度風俗異於歐美，所見之種種，敢問印象最深刻者為何？」

「是否御覽長城及其他名所古蹟等？」[21]

由此可以看出，之前不擅長和外國客人交流的天皇，如今卻能跳脫談論天氣和感謝對方遠道而來的陳詞濫調了。起初，天皇其實不太想和外國人共進晚餐，在宮內卿德大寺實則的勸說下才改變了主意[22]，但現在天皇似乎很享受這種場合，即便這天氣溫將近三十四度，而他還必須穿著正裝。除了格蘭特之外，天皇也和香港總督有所交流；皇后則向格蘭特夫人慰問他們的旅途勞頓。對此格蘭特夫人回答說，她和丈夫訪問過的許多國家中，沒有一個在接待他們時像日本這樣親切。[23]

七月十七日，格蘭特夫婦在吉田清成和伊達宗城的陪同下前往日光。第二天，天皇又派出伊藤博文[24]，以確保格蘭特一行人的接待滴水不漏。為格蘭特安排日光之行或許是為了讓他遠離東京的酷熱，抑或是想要彌補他無法遊覽京都的遺憾。七月二十二日，格蘭特在日光會見日本政府代表，正式談到中日之間的琉球問題。格蘭特按照恭親王和李鴻章總督的請託表達清朝的立場，伊藤博文答道：「琉球主權自古以來就屬於日本。」格蘭特解釋一切純粹是出自自己對中日兩國的關心，並接著說：「日本在軍事物資、陸海軍方面都勝過中國。面對日本，中國可以說是束手無策，不太可能對日本造成任何傷害。」[25]格蘭特對於中日雙方軍事力量的準確評估，顯示出他作為一名職業軍人的專業素養，然而大多數的外國觀察家直到甲午戰爭（一八九四—九五年）都還確信中國的實力遠在日本之上。

針對琉球的歸屬問題，兩國政府之間一直有書信往來。外務卿寺島宗則致函清政府，指出琉球群島的文字、語言、信仰和風俗都和日本一樣，而且島上的居民自一千年前的隋唐時代起就向日本進貢。相傳十二世紀時，平安後期武將源為朝就到過琉球，娶了當地領袖的妹妹為妻並育有一子，即琉球王舜天。寺島在信中還詳述了琉球與薩摩之間的緊密關係，並連帶強調現在已經廢除藩國，因此琉球群島是日本帝國的一部分。

另一方面，清朝在回信中列舉了大量事實，證明琉球很早就承認中國的宗主國地位，並譴責日本吞併了一個獨立國家。清政府主張這不僅是對清朝，而是對世界上其他琉球的協約國的極端藐視。對此，日本在回信中又再次舉出一些歷史證據來證明自己擁有主權。26

這確實不是一個外人介入的好時機，但格蘭特自七月底從日光回來之後，便請求天皇安排下次會談的日子，想必是想找機會討論中日之間的緊張關係。八月十日，會面預定在濱離宮舉行，天皇便在當天下午身著便服，帶著三條實美、德大寺實則和侍從長山口正定前往離宮。格蘭特在兒子和秘書的陪同下來到天皇面前，天皇站起來和格蘭特握手。而接下來的會談中，日本方面只留下三條和負責翻譯的吉田清成。27

這場會談持續了兩個多小時，當時天皇二十七歲，格蘭特五十七歲。談話記錄是以英文寫成，推測應該是由格蘭特的秘書所記，但實在過於簡短，不太可能涵蓋了兩小時的所有談話內容。日本方面則似乎沒有做記錄，而是後來才翻譯英語的文本。[28]可惜的是，明治實際說的話並沒有被記錄下來，否則我們說不定有可能知道這位年輕的君主在面對年齡比自己大兩輪以上的著名將軍兼總統時，是如何稱呼對方的。

談話一開始，天皇便為沒能早點安排與格蘭特的會晤致歉，格蘭特也為自己在日本受到的熱情招待表示感謝。隨後主要都是格蘭特在發表評論和建議，他顯然希望在天皇眼中樹立日本友人的形象，為此毫不客氣地譴責其他歐美人在亞洲的態度：「新加坡以東的各國之中，願意站在亞洲人、歐洲人和美國人共同立場上思考的報紙極其少數，據我所見，僅止於日本的《東京時報》和《日本郵報》有做到這一點，認為東方國家也有受尊重的權利。幾乎所有的西方官員都是一個樣，只要是對自己有利的事就不由分說地擁護，完全不管中國和日本的權利。有時看到這種不公平的自私行為，我總忍不住熱血沸騰。」[29]

格蘭特在後續的談話中反覆譴責在亞洲的歐洲列強：「就我對其外交政策的觀察，歐洲列強在亞洲的利益沒有一項不涉及對亞洲人民的侮辱和鎮壓。他們的外交手段總是非常自私，甚至可能覺得中日反目會對自己有利。」[30]

這些話相當激進，但是從一個認為美國社會和歐洲國家不同，是以平等為本質的人口中說出來，似乎有幾分說服力。儘管格蘭特沒有具體指出是哪些國家，但他很可能特別針對了位居歐洲列強勢力中心的英國。在格蘭特離開日本時舉行的送別會上，楊約翰曾對出席的各色人物有所描繪，並在這時比較了美國公使賓漢(John Bingham)和著名的巴夏禮爵士：

賓漢先生那張神色銳利的臉龐隨著歲月的風霜變得柔和，他正在和英國公使巴夏禮爵士說話。巴夏禮是一位應對自如、活潑卻容易激動的中年男士，有著撒克遜人粗獷而鮮明的臉部線條，是在場最有活力且討喜的紳士，他熟識每一個人，也跟所有人都談得上話。聽著巴夏禮那輕佻又不時逗樂眾人的玩笑話，很難想像他是個鐵腕之人，其手段更是完整體現了強硬嚴苛的英國政策。31

格蘭特認為，自己和同胞沒有受到傲慢的歐洲人影響，不像巴夏禮那樣完全不顧亞洲國家的死活，只顧為英國攫取最大的利益。他對天皇說：「除了陛下的子民，沒有人比我更關心日本的福祉。在這點上，我可以公平地代表大部分美國人。」這番話也許是出自真心，儘管要找到和格蘭特所攻擊的歐洲人一樣自私的美國人其實並非難事。格蘭特還警告天皇尤其要小心對外債務：

一個國家最需要避免的事情莫過於向別國借貸……我想陛下多半知道，有些國家非常渴望借錢給弱小的國家，從而淩駕於它們之上，並過分地施加壓力。它們放貸是為了獲得政治權力，而且一直都在找尋機會。因此，這些國家會很樂意看到日本和中國，也就是亞洲僅存的兩個尚未完全受到外國支配或者干涉的國家引發紛爭，這樣他們就能按照自己的條件出借資金，藉此控制各國內政來滿足自身利益。[32]

格蘭特還主張日本在與清朝談判琉球問題時應該採取更加懷柔的態度：「基於正義和寬大的原則，日本應該向中國讓步。有鑑於中日之間的友誼如此重要，雙方應該互相讓步。」[33]格蘭特希望從天皇口中聽到肯定的答覆，但天皇只說（至少在記錄中是如此）：「琉球一事，已命伊藤等人於近期和您討論。」

此外，格蘭特還對日本與外國訂立的關稅協定感到不滿[34]。進口關稅只有百分之五實在太低，而出口關稅則對任何國家來說都是百害而無一利。他認為各國政府應當同意修約（美國以他國也願意跟進為前提同意修改條約，然而卻沒有任何國家這麼做。）[35]最後，格蘭特在讚揚了日本的教育體系之後，暗示應該挽留那些經驗豐富的外國教授，讓他們留下來指導年輕的日本教師：「美國在聘請外國人時毫不猶豫，只要他們能有所貢獻。那些為日本創立世界上數一數二的工科大學的外國人，都是陛下應當盡可能留住的傑出人才。」[36]

格蘭特的建議總體而言令人讚賞。不過他在談話中卻警告不要急於設立國會，這從他對日本民眾的讚美和自身的民主信念來看似乎顯得有些矛盾。[37]

我們很難評估這次會談對天皇和日本政策究竟有多大影響。格蘭特對外國貸款的警告也許是當中特別發揮效果的忠告之一，當新上任的大藏卿大隈重信建議發行五千萬日圓的外債以解決政府財政危機時，他的提案卻遭到否決，其中一個理由便是格蘭特的這番警告。[38]

格蘭特對日本應該循序漸進設立國會的建議，其實正是大多數日本政治家抱持的觀點，實在用不著一位外國賓客特地給他們忠告[39]。此外，日本人早就不滿各國強加於自己身上的關稅條例，根本不需要格蘭特提醒他們這種待遇並不公平，只是他們至今仍未成功讓歐洲列強同意修改條約。

至於格蘭特認為日本在琉球問題上應採取和解姿態的建議則沒有被採納。他後來寫信給岩倉具視和恭親王，建議清朝和日本直接進行談判，卻也沒能立即發揮效果。[40] 一八七九年十二月一日，拉塞福（Rutherford Hayes）總統在國會中表示美國政府願意促成琉球爭端的和平解決[41]，卻也再無下文。格蘭特請中日雙方直接談判的提議直到一八八〇年八月才開始進行，然而在達成協議之後，清朝卻又突然變卦，此後琉球主權問題便不再是可以交涉的議題。一八九四年，甲午戰爭的爆發更是徹底否決了格蘭特建議的和平協商的可能性。

天皇後來在應對外國政要時變得更有自信，這也許是他與格蘭特會談所得到的最長效的成果。不過，格蘭特來訪對日本文化的影響遠遠不止與天皇之間的對話。他所到之處均受到民眾的熱烈歡迎，經過的街道也都用燈籠和竹子裝飾一新。[42]

歡迎儀式在八月二十五日達到最高潮。這天在上野公園舉行了一個公開慶典，表面上是為了慶祝遷都東京十二周年，由天皇親臨現場現身於眾人面前，同時也借此機會招待格蘭特。天皇一到，軍樂隊便奏起了軍樂，接著還有流鏑馬、劍術和煙火表演[43]。格蘭特和天皇一同享受了慶典，而根據楊的記載，在慶典結束後格蘭特一行人在返回旅館的途中看到的景色更是令人難以忘懷：

> 在延續好幾公里的道路上，將軍的馬車悠悠地穿梭於數十萬擁擠的人群之間。樹木和房屋都掛著燈籠或點著燈，道路上方懸掛的燈飾形成一道道光之拱門。夜晚是如此澄靜而溫馨，眼前盡是一幅我從未見過，也不太可能再次見到的光景。[44]

這次慶祝令人想起一八六〇年代歐美各國歡迎最初的日本使節團來訪時的情景，只不過這次更加不同凡響：在歡迎格蘭特的人群中，肯定有不少人在幾十年前喊著攘夷的口號，甚至打算把外國人趕盡殺絕。昔日的仇恨不可思議地化為愛情；這位率性的前軍人並沒有帶來什麼貴重的禮物，但他毫不做作和喜愛日本的態度確實擄獲了日本人，甚至是天皇的心。

格蘭特的形象被印在無數的木版畫上，諸如紀念他參觀賽馬場、在校學生的體操表演、日光的華嚴瀑布和劇院等。八月，他向新富座劇場贈送了一塊舞台布幕，以感謝七月十六日在那裡欣賞了一場歌舞伎表演[45]。當時上演的劇目（共兩幕）是由當時最出色的劇作家河竹默阿彌創作的《後三年奧州軍記》，表面上是在講述十一世紀的武將源義家如何鎮壓奧州地區的叛亂，實際上則是在比擬格蘭特將軍的偉大功績[46]。初次開場時，七十二名藝伎身穿令人聯想到美國國旗圖案的和服手舞足蹈，身體和左手的袖子上有著紅白相間的條紋，右手的袖子上則以藍底搭配星星。

除此之外，格蘭特之名也透過通俗作家仮名垣魯文（一八二九—一八九四）所寫的準傳記《格蘭氏傳倭文賞》而得以流傳後世。在這本小冊子的封面上，便印著繪有手持團扇的格蘭特夫婦以及藝伎舞者的木版畫。

格蘭特對藝術最重要的貢獻，也許是他在岩倉具視邸觀看了一場能樂表演。就在岩倉決定復興能樂時，格蘭特正好來到日本，並表示希望欣賞日本的古典藝術。這並不像格蘭特的作風，畢竟他在歐洲時經常被邀請去看歌劇，卻認為那是一種「永恆的折磨」。在馬德里他應美國公使兼著名詩人洛威爾（John Russell Lowell）之邀欣賞歌劇的時候，「開演才過了五分鐘，他便說唯一能聽出來的只有號角聲，並問洛威爾夫人：『我們還沒看夠嗎？』」[47]

但格蘭特對能樂的反應截然不同。據說寶生九郎的《望月》、金剛泰一郎的《土蜘蛛》和三宅庄市的狂言《釣狐》都令他十分讚嘆。後來他對岩倉說：「像這種高貴典雅的藝術，很容易受到時代影響，從而失去往日的格調走向衰退。你們應該好好珍惜並保存下去。」48

外國貴賓的這番話並沒有被當成耳邊風，岩倉比以往更加意識到挽救能樂的必要性。他尋求前大名和貴族的贊助，為振興能樂採取了各種積極措施。八月十四日，天皇與太政大臣和數名參議一同在岩倉邸觀看了表演。能樂確實逐漸找回了生機。

八月三十日，格蘭特將軍進宮向天皇道別，並為自己所到之處受到的友好接待表示感謝。他注意到日本既沒有特別富有的人，也沒有特別貧窮的人，而這種情況他還從未在其他地方見到過。日本擁有上天恩賜的肥沃土壤、大片尚待開墾的土地、許多迄今仍未開採的礦產、天然的良港以及種類豐富的漁業資源，但更重要的是有一群勤勞、知足而節儉的人民，要實現富裕的條件一概不缺。他同時再三叮嚀不要讓外國人插手內政，這樣日本才能積累財富，而不必依賴其他國家。格蘭特最後說，日本的獨立和繁榮並不只是他一個人的心願，而是全體美國人的願望。他殷切地希望天皇與其子民能獲得上天的祝福。49

天皇簡短地感謝了格蘭特。根據楊的記載，天皇的嗓音清晰悅耳，這跟他第一次接見外國人時含糊吞吐的形象完全不同。楊也寫下他對天皇的最後一個印象：「皇帝稱不上是位優雅人士，他的舉止帶有焦慮，似乎隨時繃緊神經，希望能討好別人，並且不出任何差錯。但最後的這次謁見，他卻看起來比以往更加放鬆和自然。」50

從各個方面來說，格蘭特的訪問都是一次巨大的成功，只有一件事除外——他沒能再次當選美國總統。但是格蘭特不會忘記日本，而日本包括天皇在內的所有國民也都忘不了這位真誠率性，一點也不像英雄的人。

・第三十二章・
教育改革

一八七九年八月三十一日，明治的第三個兒子出生，孩子的母親是權典侍柳原愛子。天皇和皇后立即將嬰兒服和一把守刀送到青山御所，當天晚上舉行了慶祝皇子誕生的宴會。明治的外祖父中山忠能奉命照顧剛出生的皇子，但是由於他年事已高，正親町實德被選為輔佐。九月六日，天皇下賜皇子「嘉仁」之名，另一個稱號則是明宮[1]。

而後宮中舉行了向各祖先與神靈敬告皇子誕生的傳統儀式，並設宴招待皇族大臣、參議、宮廷名流和柳原愛子的父母。宴會氣氛無疑充滿喜悅，但是在場的許多人都知道生產過程面臨難產，也很清楚天皇的前兩個兒子都在幼時不幸夭折。或許是因為如此，這次大臣們並沒有按照慣例獻上祝辭。

皇子從誕生那天便全身出疹，等到九月二十三日疹痂脫落後他洗了半身浴，結果情況卻變得更糟。第二天皇子出現腹部痙攣，並逐漸蔓延到胸部，伴有黏痰的咳嗽使他更加痛苦。凌晨三點，痙攣逐漸平息，但仍不見康復的跡象，時不時會輕微復發，讓天皇和皇后焦急不已。御醫嘗試了包括針灸在內的所有方法，年老的忠能不分晝夜地守著曾孫。直到十二月，皇子的病情才逐漸穩定，只有在九日這天發作了一次。母親柳原愛子產後身體未能復原，而且產室空間太過狹小，於是她被送回宮裡休養[2]。

直到十二月四日，天皇才第一次見到嘉仁親王。這天下午，天皇先在馬場騎馬之後，直接騎著馬前往作為產室的青山御所。中山慶子抱起親王來到天皇面前，明治顯得十分高興。隔日，皇后探望了自己名義上的兒子；實際上早在九月三十日，宮廷就已決定視親王為皇后之子，並託付給中山忠能撫養（正如他的父皇）。但是那天親王突然發病，於是推遲了探望的時間。十二月七日親王搬到中山忠能家，到了二十八日，出生一百二十天的親王在中山邸舉行了箸初之儀*1。但是親王的健康持續讓周遭的人擔心不已，或許是因為深怕他病情復發，天皇對待親王一直都比其他孩子還要小心翼翼。

這個時期佔據天皇心神的並不只有兒子的健康而已。他與歐洲王室已是「手足」之交，因此必須定期接待外國王室的造訪。德國的海因里希（Heinrich）親王帶給明治一枚來自德國政府的勳章，這是亞洲君主首次受此殊榮，也是明治佩戴的第一枚外國勳章；數個月後來訪的熱那亞公爵向他送上義大利最高軍事勳章（Annunziata），天皇則贈送了一枚菊花大綬章作為回禮，還親自演示佩戴方法。此外天皇也收到米蘭藝術家朱塞佩．烏戈里尼（Giuseppe Ugolini）為他製作的胸像，以及天皇夫婦的肖像畫[3]。

除了來訪的外國王室，天皇還定期收到各國君主的相關消息。他遵循禮節一一回應這些

「親戚」：不論是祝賀西班牙國王阿方索十二世的再婚，還是慰問僥倖從刺客手中逃過一劫的俄國沙皇[4]。

國內事務也同樣讓天皇牽掛。一八七九年十月，政府內部有官員商量要找個理由將副島種臣派到國外，藉機讓他離職。反副島派的領袖黑田清隆根據國外報紙的記事，控訴副島在為天皇授課之際發表過反政府政策的言論，並在擔任外務卿處理臺灣問題時，與外國人（美國將領李仙得）互相勾結。黑田的指控得到包括參議西鄉從道在內的部分高級官員支持，然而大隈重信卻宣稱如果副島被免職，自己也會辭職。伊藤博文則稱讚副島學識淵博，卻因為思想太過保守而得不到大多數人的信任。他贊成將副島派往國外考察，好讓他出色的西學知識能更上層樓，同時暗示副島將來很有機會重返內閣。

需要為此做出決斷的天皇與儒學侍講元田永孚商議，結果元田極力維護副島。他說自己旁聽過副島為天皇上課的內容，認為副島一心「保帝室之尊嚴，揚顯聖德」，因此任用他將「於陛下有益，無害於政府」。黑田從未聽過副島講課，他的指控不僅缺乏依據，甚至相信「世間之浮說」想藉此彈劾副島，這等於是在質疑陛下的智慧。如果盡信媒體的報導，內閣又有多少

*1　皇室禮儀之一，通常在新生兒出生一百二十天左右舉行。將青石和用紙包住的方頭魚供奉在高腳容器裡，並以筷子取用紅豆粥放至嬰兒嘴邊做出餵食的樣子，是祈求孩子平安成長、牙齒健康的儀式。

人能免於革職？一旦聽從黑田私心的建言，肯定將受天下人批評；但是如果黑田不滿提議被拒而要求辭職，那麼即使陛下批准了，又有誰會質疑這個決定？[5]

天皇並不急於下結論，他多次和自己極為看重的元田商量。元田毫無忌諱地陳述意見，將黑田排擠副島完全歸咎於個人恩怨。副島沒有任何過失，即使有千萬人憎恨他，天皇也應該繼續任用。副島擔任帝師才過了七個月，連《大學》都還沒講解完，怎麼會有人在這種時候提議將他派到國外去？就算黑田辭去參議，也還有另外九名參議，但是如果副島離開，天皇不僅會失去一位能增進自身學識的稀少人才，不平分子也可能趁機攻擊政府，造成難以估量的危害。最後，元田的雄辯說服了天皇，將副島派往國外的提議並未得到批准。曾經威脅要是提議不被採納就要辭職的黑田也依舊留任。[6]

如今我們回顧此一事件，其實不難看出黑田等人堅持將副島調離原職的主張背後有一些個人（或者藩閥）恩怨在作祟，但這個事件之所以值得注意其實另有理由。人們通常會以為明治政府的所有決定都是官僚一致協商的結果，然而這個例子卻說明了天皇也會因為像元田這樣超越政治派別的存在，而做出不同於大臣們意見的決定。

大約同一時期，天皇廢除了兩年多前設立的侍補職務[7]，儘管侍補中有些非常傑出的人物，例如德大寺實則、佐佐木高行和元田永孚。許多政府官員從一開始就反對他們向天皇勸諫的職責，認為這是在干涉政權。伊藤將侍補對政府的干預比作中國宦官產生的弊端，並預測他們將使宮廷和政府職能陷入混亂。被拿來跟惡名昭彰的太監相提並論令侍補們相當氣憤，加上不滿黑田試圖擺脫他們極力推薦擔任帝師的副島，於是一氣之下請求廢除侍補一職，並建議由大臣和參議兼任輔導天皇的職責。內閣最後決議廢除侍補，並向大臣和參議分派了類似的職務。

天皇似乎並不樂見這個決定。十月二十日，就在廢除侍補的一個星期後，天皇召見德大寺、佐佐木和元田等人，表示雖然他們已經不是侍補，但今後要是有任何意見還是可以儘管開口。天皇甚至親自下賜各色布匹，並邀請他們參加與太政大臣和右大臣的午餐會。這並不是唯一一次內閣的決議令天皇感到惱火，但官員們總是強調自己不過是遵照天皇的旨意。

一八七九年下半年主要的爭論在於教育。《五條御誓文》曾宣告日本將追求世界的知識，以趕上其他先進國家。從天皇到各地巡幸都一定會參觀學校這點也能看出他對教育的關心，而明治自己也持續接受元田永孚等儒學者的指導。天皇尤其受到元田主張「忠」和「孝」為儒家最高美德的觀點影響，這是至今中國和日本江戶時代的儒學著作都沒有特別強調的部分。明治統治期間，儒家的四種美德仁、義、忠、孝被認為與文明開化政策相輔相成，因此經常出現在論述教育的相關文件中[8]；只不過「仁」和「義」的受重視程度比不上能立即幫助推動新國家政策的「忠」和「孝」。

除此之外，天皇也接受有關日本傳統著作和（相對簡單的）西方歷史的教育。不論哪個科目，他對教育的觀念仍然非常保守，這一點我們可以從他創作的和歌中略知一二：

古代聖賢傳教誨
萬世堅定永不移

但在另一方面，他似乎也意識到僅靠傳統學識已不足以面對現代社會：

世間進步若不知
修文養學亦無益[9]

儘管天皇看重過去的學問，新的教育政策卻傾向於西化。例如，一八七六年七月十四日天皇視察了青森縣的一所小學，十名學生用英語寫了作文並口頭發表。當時演講和作文的題目如下：

演講〈漢尼拔鼓勵士兵之辭〉

作文〈恭迎陛下訪問青森〉
演講〈安德魯・傑克遜於美國國會之演講〉
作文〈開化和進步之頌歌〉
演講〈西塞羅抨擊喀提林之辭〉
作文〈教育頌歌〉10

發表還沒結束，就到了天皇必須離開的時候。學生們用英語唱了一首歌送天皇離去，天皇下賜每位學生五日圓，作為購買《韋氏中級英語辭典》的資金。然而他在返回東京後向元田抒發意見，認為自從一八七二年學校體系建立以來，學校奉為圭臬的美式教育似乎導致學生們對自己的國家一無所知。11

一八七八年，結束北陸與東海地區巡幸回到東京的天皇召見岩倉具視，告訴他有必要加強學校的日本傳統道德教育。孩子們對日本傳統毫無概念，卻能用英語流利地做關於漢尼拔和西塞羅的演講，這顯然令天皇不太高興。

除了培養高度學識的學校，天皇也對教授「實用之學」的技術培訓學校很感興趣。一八七八年一月二十四日，天皇參觀了由內務省勸農局設立的農學校(東京大學農學院前身)，並發言強調自己「視農為國本」12。主張農業對國家的重要性並不是什麼新鮮事，這個觀點早已被儒學家們反覆重提了千年之久，但差別在於學生們現在可以透過學校習得現代農法，而不必像過去那樣實際下田學習如何耕作。政府設立這類學校的目的並不是要消滅代代相傳的傳統農耕方式，而是希望藉由科學技術幫助提升農業產量，促進社會繁榮。

一八七八年七月十五日，天皇出席了工部大學校的開幕典禮。對日本來說，有系統地教授傳統技術的學校是個全新的嘗試，也是「啟蒙」過程的重要一環。為了把日本的技術提升到先進國家的水準，就必須雇用外國專家負責指導。明治在視察全國各地的學校時，總是特別留意那些外國教師；在他們達成契約準備回國之際，明治通常會接見他們，這是日本人教師都不見得能享有的榮譽。我們已經知道，格蘭特將軍極力主張日本留住外國顧問。儘管他希望有一天所有教師都由日本人擔任，但仍認為「沒必要急著解雇外國專家……那些為日本創立世界上數一數二的工科大學的外國人，都是陛下應當盡可能留住的傑出人才。」顯然他的建議被採納了。

明治還鼓勵（家境優渥的）日本人到國外留學，了解世界的動向，掌握實用的學問，從而避免日本落後於其他國家[13]。他甚至在自己的和歌中強調吸收西方文明的重要性：

朕之庭園枝葉盛
外國草木亦向榮

一八七二年，政府為推動全國教育標準化，頒布了一項以法國的教育制度為範本的教育法令（名為《學制》）[14]。雖然最終結果證明這項政策過於理想化，在日本有限的資源下無法實現，卻也表現出明治政府從統治伊始便相當重視教育。

新的教育制度才公告沒多久，便有怨言指出當局浪費巨額公帑，不計成本地想推行這項充滿野心的計畫，就連行政官員也被指責過於干涉學校事務。由於國內種種的不滿情緒，文部大輔田中不二麿（一八四五—一九〇九）被派往美國考察教育制度。他在回國後，便建議脫離一八七二年建立的學制基礎，即教育制度應該符合國力、民眾的生活狀況和文化程度。地方分權式的制度於是取代了法國式的教育體制，教育責任轉由各地方管理。[15]一八七八年五月，相關草案經伊藤博文審查後又做了些許調整，將中央政府對地方的干涉降到最低。修正案通過元老院的進一步審議，隨後上呈至天皇，等待批示。

與此同時，曾受天皇囑託在新的教育體制內加入傳統道德涵養的岩倉具視也認為有必要改良教育方針。佐佐木高行和元田永孚等人堅信日本教育應以「忠孝」為基礎，儘管道德教育（修身）一直以來都是小學的必修課程[16]，並使用《大學》等儒家典籍作為教材。然而，如今對西洋學問的過度追求卻讓修身的重要性蒙上了陰影。

一八七八年四月十六日，岩倉和佐佐木在伺候天皇時，天皇向他們強調了德行教育的重要性，表示無論是漢學者、勤王家，還是洋學者（如福澤諭吉和加藤弘之）都不能輕忽教育。五月五日，當岩倉奏請天皇比以往更加勤於政務之際，天皇強調行政必須公正，且最關鍵的問題在於教育：「察近世之情，徒追洋風，不念獨立自尊。如洋人稱《論語》為良書，則即刻取而讀之，若稱其為惡書，則即刻棄之，恰如愚夫愚婦爭相參拜流行之稻荷。」17

六月二十六日，天皇收到修正案的第二天，有鑑於問題的重要性和他個人的強烈關注，天皇承諾將以文字寫下自己的觀點。由元田記錄的這份文書分為兩篇，雖說意在陳述天皇的觀點，實際上表達的卻幾乎是元田的見解。第一篇內容宣稱：

> 教育學問之要，在於明仁義忠孝，究知識才藝，盡人道。此為我祖訓、國典之大旨。然最近專尊知識才藝，值文明開化之末，破品行亂風俗者諸多。維新之始，因捨舊來之陋習，求知識於世界，故取西洋之長處。雖日日奏功，然忽仁義忠孝，獨追洋風，則將來可危，或至忘君臣父子之大義，此非教學之本意。故今後基祖宗之訓典，專明仁義忠孝。道德之學以孔子為主，尊誠實品行，同時於各學問因應才器精進學業，完備道德才藝。行如此中正之教育學問於天下，則我國獨立之精神無恥於世間。18

在第二篇文章中，天皇提到巡幸的經歷：

去年秋，巡覽各縣學校，親察生徒學業，然如農商之子，發言皆為高尚之空論。縱西洋語通達者，亦不能譯之為日語。如此學生卒業後，歸家難就本業；高尚之空論，就公職亦無作用。之後或成誇耀博聞、目無尊長、妨礙縣官吏之徒。19

天皇還主張開設農業和商業課程來取代那些賣弄學問的學科，如此一來農商子弟才能在畢業後重拾本業並做出貢獻。他召見伊藤博文，表示希望改良教育、矯正風氣，並徵求伊藤的意見。

在伊藤上呈給天皇的文書中，一開頭便控訴道德頹廢已成時弊，並把「風俗之弊」看作一種「疾病」，若要治療就必須找出病因。伊藤認為目前這種不理想的情況源自維新帶來的「非常之變革」；鎖國時代和封建制度的終結意味著士族階層不再受到傳統教條的約束。這種解放雖然可喜，卻導致舊制度下的「淳風美俗」也隨之消亡。失去原有生活手段的武士成為對未來感到迷茫、憤恨不平的「政談之徒」，其中有些人甚至受到來自歐洲的激進思潮影響。

然而，道德的崩壞並不能僅僅歸咎於維新以來引進的新型教育制度的失敗。即使教育不能產生立竿見影的效果，它也是應付當前危機的最佳療法。如果政府率先推動並彌補現行制度的不足，便可以期待日本成為一個「文明」國家。伊藤反對折衷新舊、創立以傳統經典為基礎的「國教」，因為這麼做必須等待一位聖賢的出現，但這是政府無論如何都控制不了的。

伊藤認為儒家偏好空談政治，導致年輕的書生們更容易受到西方激進思潮的影響。因此他贊成教授工藝技術，以實用知識取代政治討論作為教育的核心，並在最後建議只讓優秀的學生學習法律和政治。[20]

天皇給元田看了伊藤的建議，元田先是承認伊藤的見解確實彰顯了聖意並補足遺漏之處，卻反而因此在某些地方誤解了陛下的本意。元田請求天皇准許他草擬一份回覆，藉此否定伊藤的觀點。

元田堅信儒家的四書五經應該作為教育的中樞，接下來是與倫理道德相關的國學著作，最後才是西方的典籍。雖然伊藤認為不應該期望教育能產生立竿見影的效果，對此元田則反問道，如果不在今天打好基礎，又該如何面對將來？若是伊藤主張至少在目前不應建立國教，那要到什麼時候才是所謂合適的時期？畢竟就連歐洲國家也有國教的存在。自古以來日本就一直透過尊崇神聖的祖先和採納儒家學說，即「祭政教學一致」而取得進步。「今日之國教，無他，即復古也。」[21]

但另一方面，元田還是很高興看到天皇任命了文部卿。空缺已久的這個職位直到近期才由參議寺島宗則兼任。他希望天皇把自己的教育理念告訴寺島。第二天，天皇召見寺島，向他出示先前由元田記述的兩篇文章、伊藤的上書以及元老院提交的教育法令草案。[22]

新的教育令一共有四十七條。其中規定開辦從小學到大學的各級學校；各個村鎮都必須設立公立小學，除非當地已經有完善的私立學校；辦學資源不足的地方則適用巡迴教師制度。兒童教育將從六歲到十四歲共持續八年，只要符合學齡家長和監護人就有義務送小孩到學校接受教育。雖然法案存在漏洞使家長得以規避這項責任，但本質上已經相當接近針對全日本兒童實施的義務教育。由此可見儘管資金長期短缺，政府依然非常重視教育。

只可惜，這項根據一八七二年的《學制》修改的制度並不成功。過去七年辛苦建立起來的制度陷入混亂，教育水準也明顯下降。原本為了讓學校擺脫官僚機構的束縛而採行的自由化方針，結果卻換來政府官員和天皇都不願看到的放任主義政策。代替寺島宗則擔任文部卿的河野敏鎌在陪同天皇巡訪各地學校時，對於眼前所見的實情感到錯愕不已，因此他決定改革教育法，加強中央和地方的權限[23]。一八八〇年十二月，元老院通過河野提出的修正案，其中「修身」被列於所有科目之首[24]。

大約從這個時期開始，明治的觀點明顯趨於保守。他在教育上如此強調儒家理念的重要性，顯然是受元田影響甚多。當然，每一代都有人喜歡拿當時沒出息的年輕人和過去純樸老實的年輕人做對比，但是從教育政策的轉彎可以看出政府儘管致力於發展和普及實學，對於古老道德的喪失卻又不僅止於感嘆，而是準備迫使年輕人向傳統屈服。正如飛鳥井雅道所說的：「自此通往一八九〇年《教育敕語》的道路已經開通。」[25]

·第三十三章·

籌備憲法

一八八〇年，二十九歲的明治天皇依照慣例舉行了迎接新年的儀式。天皇和皇后接見了熱那亞公爵，德意志皇帝的孫子海因里希親王則從滯留於長崎港的軍艦上發來賀電。元旦的隔天，明治天皇向西班牙國王阿方索十二世發出賀電，只不過不是新年道賀，而是慶賀國王僥倖逃過遇刺之劫[1]。天皇與歐洲君主的聯繫比以前更加頻繁，然而，在為各國君主的大難不死感到欣慰時，明治或許也再次體認到他們的世界距離自己是如此遙遠，畢竟他從未擔心過有人會想要暗殺自己。

這一年可以說是明治首次開始行使作為天皇的例行職權。參議提出的建議都必須上奏天皇做出最後決斷，而不（像前幾年那樣）僅僅是個形式。他們確實需要聽聽天皇的意見，以打破內閣的僵局；這份新的責任也許說明了他在其他方面變得沒那麼活躍的原因。例如，天皇探望皇太后的和騎馬的次數都明顯減少，就連他的正規教育也受到影響——從四月到十二月天皇聽元田等人授課的次數只有二十三次，儘管原來的計畫應該是每週要上四五次。相對地，明治幾乎每天都會參加內閣會議[2]，且經常和政府高官共進午餐，商討國事。伊藤博文特別希望在這個時期建立起天皇和內閣之間的緊密聯繫，期待天皇能在決策時發揮影響力[3]。

政府在一八八〇年最關心的便是財政問題。政府的收入遠遠不能滿足支出，儘管去年三月天皇已經指示大臣、參議等人員厲行撙節，並下令宮內卿減少不必要的開支為天下樹立節儉的模範，但收效甚微。各單位都表示無法再縮減預算，其中宮內省的支出更是不減反增。雖然這有部分原因是出自通貨膨脹，然而上級卻因此下令官員更加注意節約，禁止宮內一切非必要的修繕或是添購物品。

大隈重信認為要克服財政困難，應該實施比節儉更加積極的政策。一八七九年六月，他提出四項改善財政現況的政策。其中一項便是回收一八七七年西南戰爭期間為了籌集軍事經費而發行的大量紙幣。紙幣的濫發導致其價值下跌，當下銀幣一圓等於一圓四十三錢的紙幣。隨著通貨膨脹加劇，如今要恢復紙幣信用的唯一方法，就是回收不可兌換等值鑄幣的紙幣，以可兌換紙幣加以取代。用來贖回紙幣的部分資金可以透過出售國有工廠籌得，然而大隈的提案重點在於發行一筆高達五千萬日圓，分二十五年償還的外債。他預計這些措施可以讓政府贖回七千八百萬日圓不可兌換紙幣[4]，另外兩千七百萬日圓則透過公債形式回收。

關於是否向外國借貸的問題，在會議上分成兩派意見。大隈獲得了薩摩派閥的支持，但是以伊藤博文為首的長州派則大力反對貸款。他們反對的理由各不相同，其中態度最強硬的便是岩倉具視。岩倉（身為華族）和宮廷多有聯繫，他的那些前侍補盟友，特別是佐佐木高行和元田永孚，也依然對天皇有著一定的影響力。元田極力反對可能為國家帶來危害的外債，並提醒眾人格蘭特將軍先前關於向外國借款的警告。元田（和岩倉）質疑如果日本無法償還債務，那該怎麼辦？為了還清債務，日本是不是得放棄部分領土，好比說四國或者九州？5在他們眼中，克服財政危機的唯一方法就是厲行節儉。

天皇得知大隈的提案後並不是很贊同，可是他也擔心內閣一直分裂下去，就像征韓論爭那時一樣。他詢問各部門長官的意見，但他們也各執一詞。既然兩邊都給不出明確的建議，天皇最終決定不向外國借款。一八八〇年六月三日，他下達了一道諭旨：

朕思，明治初年以來國用多事，生會計之困難，遂至十三年後之今日，正貨〔鑄幣〕流出海外，隨之紙幣失信。故一覽大隈參議之建策，又聽內閣諸省意見未一。朕素知會計之難，然知外債於今日最為不可。昨年格蘭特盡言此外國債之害，其猶言在耳。今日財政困難迫在眉睫，需定前途之目的，勤儉主義即在此時。卿等宜體察朕意，以勤儉為本，定經濟之法，內閣諸省熟議後奏之。6

理所當然地，沒有人反對天皇的旨意，僅針對該如何實行有過一番議論。天皇的這次裁決實際上驗證了當內閣與諸部門意見分歧時，宮廷握有最終的決定權。不久之後，天皇又在另一項議題上被要求做出類似決斷；為了抑制米價飛漲，有人提議應該恢復幕府時代的制度，要求農民用稻米而非金錢繳納地租。然而在這個問題迎來緊要關頭之前，明治便再次踏上巡幸之旅，前往山梨縣、三重縣和京都府[7]。

根據三月三十日發布的公告，天皇這一次巡幸將於六月十六日出發。五月，長野縣下伊那郡的民眾發出請願，希望天皇能行經他們地處偏遠的家鄉，而不是走道路平整且即將開通鐵路的木曾街道。當地居民期望藉此機會提振絲綢產業，並且讓那些一輩子生活在山裡與「王城之地」無緣的婦女孩童留下一次拜見天皇的難忘經歷。[8]雖然這個請求最終沒被採納，卻表明了人們的確非常渴望天皇訪問自己的故鄉。

為了便於天皇出行，許多道路都進行了整修。例如，從笹子村一路延續的山路過去十分狹窄險峻，現在則將路面拓寬，並在陡峭的崖壁附近設置護欄。[9]巡幸沿途道路的修繕費用甚至成為報紙和當局爭論不休的話題。據某份報紙指出，沿路的每戶人家不僅要分擔修路費，還要承擔旗幟、路燈等雜支，導致許多民眾儘管非常期待瞻仰天皇，仍不禁抱怨即便賣掉所有家當，也籌不到他們應該繳納的三圓五十三錢三厘[10]。然而北深志町的戶長卻反駁在為天皇巡幸做準備時並沒有產生巨額花費，必要的經費都是由熱心人士主動贊助，而不是向民眾徵收[11]。

四月四日刊登在《東京橫濱每日新聞》上的社論，也許是天皇這次出行最引人注目的一篇評論。作者在論述天皇巡幸的必要性時，認為在統治初期「東北之人民知德川而不知朝廷。西南之人民知其藩主而不知其上尚有朝廷」，因此天皇的確有必要訪問這些偏遠之地，讓人們知道他的存在。但是，社論接著寫道：

當今全國人民知天子，不知其他應敬畏之人。即所謂在宮牆之中，統御天下，誠有餘裕。當此治世，豈為不拘暑熱，煩龍駕（天子的乘輿）之時乎……如明治十三年（一八八〇年），可云不必巡幸之時。[12]

這種觀點似乎得到了天皇顧問們的認同。在後來的統治期間，明治天皇只再巡幸過兩次而已。[13]

此外，該作者也針對巡幸可以讓天皇了解「全國之事」而有必要性的論調進行反駁，認為透過閱讀報紙就足以了解國內的情況。儘管有些人主張天皇能藉機「視察地方貧民疾苦」，然而巡幸隊伍實際會經過的地區大部分都是「國道繁華之地」，而不是貧民居住的窮鄉僻壤；那些覺得天皇只有親自走訪偏遠地區才能了解民間疾苦的人，根本是在「侮辱明治天皇陛下之聖德」。

另外一篇社論（刊載於《朝野新聞》）則呼籲沿途民眾利用這個難得的機會，讓天皇知道他們真實的生活情況。畢竟這正是天皇遠赴各地視察民情的目的。當然，有機會見到天皇的乘輿必定使人民歡欣鼓舞，但如果因為過於喜悅而「以虛飾遮蔽民間實況」、「隱瞞民間之真相」，不僅將「誤巡幸之聖旨」，民眾的過分屈從更是一種「汙聖德之舉」。14

難以想像普通民眾究竟要怎麼做才能在鳳輦經過時展示他們實際的生活情況。不過，至少日本似乎沒有人為了欺騙天皇，讓他以為民眾全都過得幸福美滿而搭建起「波特金村莊」。最後，《日本郵報》的一篇英文社論如此闡述天皇巡幸的目的：

這次巡幸結束後，陛下實地走訪過的地區將超越大多數國民。學校、工廠、企業、古董美術或者歷史遺跡都將受到仔細考察，這類巡幸的目的並不只是為了遊山玩水。實際上在很多情況下，不論巡幸本身有多麼奢華，對陛下來說卻都與享受無關。陛下本人和大臣無疑希望透過親身觀察了解自己統治的國度，從而更加善盡身居上位的職責。15

這可能是天皇本人和政府官員當時的想法，不過最近有學者做出了不同的解讀，認為巡幸有效地為天皇樹立了威嚴的形象，使百姓知道他並不只是希望了解臣民生活狀況的仁慈統治者，也是一位總是關注著民情的「監督者」。16

一八八〇年六月十六日，天皇如期出發。共有三百六十人與他同行，其中包括貞愛親王、太政大臣三條實美、一名參議、大臣、高級軍官、宮內卿、侍從、御醫，以及騎兵跟馬伕等等。若以現在的標準來看會覺得陣容龐大，更何況每到一處還會補上當地的警衛，但是以當時來說卻不算很大的規模。即使在平時，天皇身後也總是跟著一大批隨從[17]，事到如今人們已經不太可能因為巡幸隊伍的人數或者排場感到吃驚。

巡幸第一站來到八王子，天皇視察了諸如生絲等當地的特產。他收到在附近河川捕捉到的螢火蟲，並送給了皇太后和皇后。後者還作了一首和歌作為答覆，表達天皇不在的寂寞和禮物帶來的欣慰之情。

與一八七八年的北陸東海地區之行相比，這一次相對輕鬆得多，只不過仍然與歐洲皇帝的出遊相去甚遠。比方說在六月十八日，天皇早上四點起床，在雨中坐在轎子裡走過曲折的山路。這天整日都在轎子和馬車的搖晃中度過，直到下午五點才到達目的地。當天晚上天皇的住處是一間簡陋的小屋，只因為村裡沒有比這更好的住宿。[18]

值得注意的是，天皇在這次巡幸期間只要看到美景，都會命令隨行的攝影師拍照，後來甚至指示攝影師不必等候命令，隨時拍下他認為美麗的景色。天皇想必是以這種方式來回憶自己曾經看過的風景。

夏季的炎熱使人很難享受這趟旅行。天皇跟往常一樣視察學校、工廠和（在山梨縣的）一座葡萄酒釀酒廠。在甲府，他參觀了一座建於一八七二年的醫院以及院內的陳列品，其中有從一名罹患怪病的女孩口裡吐出來的二十多種昆蟲，以及大約五十年前去世的妙心法師的木乃伊。[19]

天皇一行在桑名受到當地居民異常熱烈的歡迎，儘管這裡曾是十二年前在戊辰戰爭中抵抗政府軍直到最後一刻的藩國之一。隨後他在津的師範學校觀摩兩名優秀學生進行化學實驗，後來又到中學旁聽五名學生關於世界歷史的演講。

七月八日，儘管天氣酷熱，天皇還是穿上正裝，帶著神劍和寶玉，參拜了伊勢神宮的外宮和內宮。天皇首先來到外宮（豐受大神宮），在洗過手之後穿過圍繞社殿的牆垣進入正殿。他脫下帽子，深深地鞠了個躬。隨後，天皇來到內宮（皇大神宮）進行了相同的儀式。天皇參拜這兩座神宮的順序顯然是根據以往將掌管穀物的豐受大神視為萬物基礎的觀念，然而神道的相關人員在事前曾對此提出異議，認為天皇應該先參拜皇室的始祖天照大神。只不過他們的抗議沒有被採納，天皇還是遵循了一八六九年第一次拜訪伊勢時先行參拜外宮的做法。[20]

巡幸隊伍抵達龜山的隔天，由於天氣實在太過炎熱，天皇在凌晨三點便起床納涼。早上五點半，天皇離開住處前往四日市附近觀看軍事演習；第二天則於凌晨兩點半起床，騎馬至龜山和關之間觀看另一場軍演。也難怪有人會說明治喜歡觀摩軍事演習勝過一切。

旅途最後從大津到京都的路程則是利用了鐵路，這都是多虧貫穿京都東部山脈的日本

第一條隧道的開通。天皇想必很高興回到京都，只可惜幾乎沒有留下關於他在當地活動的記載。七月十五日，天皇抵達京都的隔天，他接見了包括寺廟高僧在內的達官貴人，並下賜一百日圓用於重修一八六四年毀於戰火的佛光寺。十六日，天皇參拜父親孝明陵墓所在的泉涌寺。返程時，他在妙法院稍事停留，欣賞了寺裡收藏的珍寶。天皇會對佛寺抱持興趣在這座寺院林立的城市其實並不令人感到意外，然而這卻與他統治初期的神佛分離以及打壓佛教的政策形成鮮明對比，可見對佛教的迫害已經告終。

天皇此次訪問京都令他感觸最深的，或許是在前往探訪姑姑淑子內親王的路上所看到的「祐井」。這口井是在一八五三年乾旱之際掘於中山忠能邸的庭院，孝明天皇有感於水質的清冽和豐沛，於是以明治幼時的稱號「祐宮」為這口井命名[21]。

抵達內親王的住處後，天皇送上兩個琺瑯容器，其中一個裝著伊勢山田產的各式糖果，另一個裝著來自大阪的冰糖。這些樸實無華的禮物可謂相當溫馨。內親王安排了五場能劇和四場狂言為天皇解悶，一些仍然住在古都的皇族也一同觀賞，一時之間他們彷彿找回了昔日的榮光。

天皇餘下的旅途都非常平靜。從京都來到神戶後，一行人由海路前往橫濱，並於七月二十三日抵達東京。八月十六日，經過幾周的休養，天皇召集大臣和參議開會，討論讓農民以稻米而非現金支付地租的可行性。眼看各單位都無法有效削減支出，政府為了緩解財政危機已不得不另尋他法。他們得出了結論，認為財政危機源自以現金徵收地稅，因此提議恢復用稻米納稅的舊制。參議大木喬任（一八三二—一八九九）是這項提案的主要支持者。

支持者主張物價的普遍上揚可以歸因於米價飛漲，進而影響了其他商品的物價。但如果政府用稻米徵稅就可以控制米價，在米價高漲時釋出庫存，低廉時則加以買進，藉此將米價保持在一定的水準。此外他們也憂心忡忡地指出，高昂的米價雖然讓農村變得富裕，農民卻因此流於奢侈，沉迷於購買昂貴的進口商品，傷害了國內整體產業。

黑田清隆是強烈支援改變徵稅方式的官員之一。他強調過去滿足於食用粗糧的農民現在已經把稻米當作主食，之所以出現財政危機正是由於稻米的買賣完全由農民控制。因此應當規定至少有部分地租須以稻米支付，好讓政府掌握調節米價的主導權。

對此參議們意見不一。八月十六日，太政大臣和左大臣進宮說明情況，表示只有靠天皇決斷才能打破僵局，並建議各派代表直接在天皇面前進行討論。[22]

八月三十一日，岩倉提出拯救日本財務危機的十一條建議，其中他認為最重要的第一條便是規定用稻米支付四分之一的地租。岩倉感嘆如今就連最卑賤的農民也受惠於米價高漲而拒吃雜糧只吃白米，導致其他階層可食用的米糧短缺，甚至得仰賴進口。他們對奢侈品的追求使得棉布、砂糖、煤炭與食用油等輸入品的需求量大增，逐漸怠惰的態度更預示著農業的衰退。農民應該像以前一樣以粗糧為主食，如此日本便有可能從稻米的輸入國轉為輸出國。[23]

岩倉及其支持者的冷淡無情不僅出乎意料，更令人震驚的是他們甚至隱約駁斥了以農業為立國之本的儒家教誨（儘管所有人總是把這句話掛在嘴邊）。即便農民現在以稻米為主食，其奢侈程度肯定遠遠不及東京的官員[24]，然而後者卻看不慣社會底層的生活標準有所提高，還對此大作文章。向所謂怠惰農民提出的忠告簡直可以套用皇后瑪麗·安東尼（Marie Antoinette，一七五五—一七九三）的名言，要他們「何不吃高粱就好了」。

並非所有官員都相信能靠這個簡單的方法化解財政危機。佐佐木高行強調社會各階層厲行節儉的重要性，同時指責如果要說農民流於奢侈，上層社會也有責任：「見奢侈輕薄之上流社會風俗，誤解為文明、自由，以致天下模仿。」[25]

可能是受到了佐佐木和元田兩位儒學者的影響，明治最終決定拒絕參議提出的以米納稅的建議[26]。此外九月十五日透過諮詢伊藤博文所得到的意見也使他受益匪淺[27]；伊藤似乎意識到若是想要駁斥岩倉支持的這項提案，唯一的方法就是贏得天皇認可。

九月十八日，天皇召見各位大臣並下達諭旨，在感謝他們為解決財政危機所做的努力之餘，仍明確地反對用稻米支付地租，並稱這個計畫「相當不穩」。天皇表示至今不斷重申的厲行節儉才是解決財務危機的唯一途徑，希望大臣們能達成他的期望。

其實在頒布諭旨之前，天皇就曾私下向佐佐木和元田透露自己反對這個方案。天皇相當肯定以米納稅將激起民怨，導致國內各地發生動亂。尤其今年（一八八〇年）五月才剛公布地租（以貨幣支付）會維持不變直至一八八五年，如果現在廢除這份公告回歸舊制，政府將會失去公眾的信任。事實上，這正是以米徵稅不可行的最主要原因。[28]

明治這時面臨的第三個問題，在於創建國會和制定憲法。天皇統治之初頒布的《五條御誓文》曾許諾將廣設議會機構，讓一切事務經過公開討論後決定。不管一八六八年御誓文頒布時的背景如何，如今其性質已經等同於天皇立下的誓言，承諾將召開國會並使一切在憲法的框架下運作。

這並非政府第一次考慮制定憲法。早在一八七二年五月，左院官員宮島誠一郎（一八三八—一九一一）就主張起草憲法以確立君權。他之所以這麼認為，是因為近年來就連「無智之國民」也有機會認識他國政體，並開始以個人自由為名堅持自己的權利，其中甚至不乏提倡共和政治的人。在目前的情況下難以對這些人做出處置，可是一旦用憲法明確規範君權，任何冒犯者都將受到法律的制裁。宮島強調自己並不贊成制定強化君主獨裁的憲法，認為這只會壓迫人民，阻礙國家走向近代化。雖然理想的解決方法是君民共治，然而現在一般民眾的教育水準仍相對低落，並不具備選出合適代表所需的素養。因此君主應該親自制定一部憲法，同時把共同執政的原則考慮進去。該提案被移交正院[29]討論，同時啟動起草憲法的準備工作。

一八七二年六月，左院議長後藤象二郎和副議長伊地知正治遵照《五條御誓文》，連署建議成立下議院。建議書中主張除非同時成立代表華族和士族的上院以及代表一般民眾的下院，否則將無法確立預算，甚至是法律的基礎。按照歐美模式設立的下院應當廣集眾議，傳達公眾的聲音。提議獲得了左院的批准，但是直到翌年才開始實施。

一八七四年，天皇下令左院起草憲法。在這之前伊地知正治曾上書強調憲法是國家之本，更是治國的要領；儘管《五條御誓文》已形同所有人的最高憲章，但仍需要一部憲法作為國家的根本大法。

儘管取得了立憲的共識，但是制憲的進展卻非常緩慢。一八七六年九月，天皇下令元老院成員擬定一份憲法草案，其內容應忠於日本傳統理念，同時吸取他國憲法的優點。30不久，元老院議長熾仁親王便接到天皇的旨意，受命撰寫第一份憲法草案。十月，熾仁和自己任命的委員會成員完成初稿。而後草案直到完成花費了好一段時間，但顯然經過多次詳細的討論。一八七九訪問日本的格蘭特將軍在與明治交談時提到：「當今貴國的報紙和部分民眾似乎很熱衷於民選議院的話題。」格蘭特繼續陳述意見：

我不知道時機是否已經成熟，但是找到合適的機會創設國會對所有國家都有好處……貴國早晚也將成立國會，因此政府應當向世間表明這種志向，讓民眾知道國家會在適當的時候創建屬於他們的議會。民眾必須意識到這一天終將到來，並為了負起責任而接受教育。但是陛下務必謹記，這種特權的賦予無法反悔，一旦人民獲得參政和選舉的權利，那便是永遠屬於他們的。因此在設立議會機構時，再怎麼謹慎都不為過。貿然行事將非常危險，相信陛下絕不會希望看到由於國會成立過早而招致國家陷入混亂。31

作為一個以民主傳統為榮的國家的前總統，格蘭特的這番話引起了日本政治家的共鳴。身為保守派軍人兼參議的山縣有朋曾表示強烈支持立憲體制，而在一八八〇年八月，另一名保守派政客岩倉具視也向天皇建議設立一個審查憲法的部門。這條建議提得有些晚，但岩倉顯然認為兌現天皇《五條御誓文》的時機已經成熟：

陛下登極之初，夙察宇內之形勢，行非常之改革，以誓文五條，大興皇紀，創維新之鴻業，以來萬機皆據誓文之旨也。32

岩倉接著建議編纂憲法，但強調首先最重要的便是「廣斟酌歐洲各國之成法，以至於布告樣式，皆詳細調查，方可集大成於全備，無所遺漏。」

岩倉力求審慎的提議表明了他的真正目的或許是為了延緩進度，但就連思想進步的伊藤博文也非常慎重。伊藤十分了解歐洲歷史，這使得他在推動日本制定憲法一事上有足夠理由比岩倉更加謹慎。

伊藤指出，百年前法國大革命的影響已經深入歐洲各國，有些國家摒棄過去，固執於採用新法，乃至引發動亂，至今未穩；但也有一些明智的君主搶在革命發生前制得先機。然而不論法國大革命是如何發揮其影響力，終究沒有國家能夠避免統治者必須與人民共享權力的結論。歐洲關於政體的全新理論早已隨著眾多書籍廣傳至日本各個角落，新政府的概念已經無法遏制。

關於未來由華族和士族組成上院，一般民眾組成下院的兩院制的設立，伊藤也提出了具體的建議。他認為君主和人民共同統治的確非常理想，但事關體制的更動，不應貿然尋求改變。伊藤也因此特別希望天皇能積極參與所有討論。[33]

熾仁親王於一八七六年開始的憲法起草工作，直到一八八〇年十二月才完成。他甚至主張應該花更多時間對其他國家的憲法做進一步研究。[34]

熾仁親王在擬定憲法草案時沒有絲毫急迫性。他和岩倉、伊藤等人一樣，似乎認為循序漸進地邁向民主總比操之過急要好上許多，儘管許多民眾並不這麼認為。一八七九年十二月，愛國社的成員在大阪集會，通過了要求開設國會的決議，並向全國宣傳他們的志向。一八八〇年三月，愛國社二府二十二縣的代表再次於大阪召開會議，正式更名為「國會期成同盟」。[35]

同盟試著向天皇請願召集國會，雖然遭到中央政府和元老院從中作梗，但他們的嘗試並非沒有效果。原本主張漸進式改革的岩倉突然開始敦促加速編纂憲法，只因這次請願讓他擔心如果不盡快採取行動，很有可能會讓皇室陷入危險[36]。一八八〇年十二月，同盟決定成立政黨「自由黨」，為接下來十年內各黨針對建立國會所展開的鬥爭揭開序幕。

・第三十四章・

卡拉卡瓦訪日

一八八一年是明治統治期間的一個多事之秋。天皇一如往常以四方拜儀式迎來平靜的新年，不過很快就由元旦的接見儀式率先迎來變化。天皇和皇后先是接受了親王、高級官員及其妻子的祝賀，稍晚各國公使也第一次在妻子陪同下謁見天皇。

沒有記錄解釋決定改變慣例的原因，但這或許反映了日本外交官對歐洲宮廷習慣的理解。然而一些問題也隨之產生：如果日本女性要出席宮廷的重要場合，應該如何著裝？後來決定她們應該穿著袿袴[*1]，而沒有日式服裝的大使夫人則被允許穿著外國禮服。此外，夫妻兩人前進到天皇面前時，妻子又該站在哪個位置？是否應該像傳統的日本婦女那樣，走在丈夫的後面？最後得出的結論是夫妻應該一起上前，由丈夫在右，妻子在左，即便一般來說左邊的位置高於右邊。這類決定都經過審慎討論，負責制定儀禮的官員們不斷定下的新傳統將會成為未來宮廷遵奉的禮儀。

身為這段時期天皇周遭的親信之一，佐佐木高行曾如此描述這番變化：

本年夫妻參賀初始，然夫人不參者尤多。外國人以此為榮譽，吾國人則民情大異。夫人不好抑或不慣之，多有忌憚。又，外國若本為娼妓等出身，即便正妻亦不可相列於上流社會。是社會賤之，風俗決不可使之出頭。此可稱為美事。吾國維新前本為如此，維新之後，政府要人之正妻多有身份低賤者，其惡弊流至今日，故自有參賀為不當之論。今日應回歸根本，以至良風。[1]

天皇似乎同意了這項禮儀改革，卻拒絕對其他禮儀做出修改。例如，當外務卿井上馨提出讓作為客人的外國公使優先於日本官員向天皇道賀時，天皇並沒有批准他的提議。天皇回答說，新年接受官員祝賀的原意是為了「正君臣之禮」，自然應把臣子擺在第一位，而不是外國的賓客。這和平時的接待不能混為一談。[2]

一月三日，天皇前往騎馬。去年他一共騎了一百四十四次，但是今年最終只騎了五十四次，可見天皇處理國事以外的時間越來越少。一八八一年他參加了六十六次內閣會議，每次通常都從上午十點一直持續到中午。一月十日，天皇和皇后比以往晚了三天才進行今年的第一堂課[3]，由元田永孚講解關於傳說中的中國皇帝堯舜。這一年負責講課的人還有副島種臣和

*1　由小袿、單衣、袴、小袖等構成的套裝，於明治十七年（一八八四）被定為婦女的和服大禮裝。

西村茂樹，然而不知是由於公務的壓力還是天皇已經對儒家智慧失去了興趣，一八八一年天皇聽課的次數總共只有十七次[4]。

一月五日，各國公使第一次受邀參加宮廷舉辦的傳統新年宴會，可以看成是宮廷自願適應外國習俗的另一個例子。儘管當時依然強調厲行節儉，但因為要招待貴賓，還是把錫製餐具全部換成了銀製品。

從這一年開始，明治經常在周三和周六與親王、各大臣、參議等高級官員共進午餐，可見他對政府運作有著濃厚的興趣。午餐期間天皇偶爾會發表一下個人意見，儘管此前他多半都只是個沉默寡言的旁觀者。舉例來說在一月二十九日，天皇在周六的午餐會結束之後召見佐佐木高行，詢問他有關將廢除死刑並於七月一日生效的新刑法。天皇的疑問在於，是不是會有相當多已經被判死刑的犯人將逃過一劫（如果到當天還未行刑的話）？先前司法卿田中不二麿曾奏請天皇頒布特別命令，讓那些依照現行法規被宣判死罪的犯人可以延後到七月行刑，換句話說其實就是免除了死刑處分。天皇認為如果目的是想要免除死刑，在公布新法當初就應該講清楚，現在才用特別命令宣布緩刑相當不合理。如今看是要按照現行法律斷然處刑，還是移交相關單位裁決死刑案件時先保留到七月，之後再按照新刑法下達處分。天皇接著說，這些問題是因為匆忙公布新刑法所致；面對迫切希望能與外國列強修改條約的需求，會心急地想透過減少酷刑給外國人留下好印象也是無可避免的，然而這種做法在施行上卻免不了被指責為過於輕率。5

這個讓天皇困擾的問題看起來也許沒有什麼重大意義，然而對法律問題的關切表明他的成熟已經達到一個新的境界。另一件值得注意的，是佐佐木後來曾直接詢問天皇是否有必要改革元老院，因為各派的意見分歧已經妨礙了機關本身的運作。天皇的回答不僅坦率得驚人，而且充滿自信，說明天皇儘管在內閣會議上保持沉默，但對於國政及政治家確實有他自己的看法。

不過，對政治的熱衷並不足以讓天皇忘記其他娛樂。一八八一年二月，天皇突然對獵兔產生了興趣。他一直以來都抗拒為了避開東京冬夏的極端天氣而移動到其他地方，當顧問建議天皇休假時，他總是說想和大多數民眾一樣。天皇似乎是因為知道大部分臣民都不論氣溫高低辛勤工作，所以才認為自己也不應該隨意逃避嚴寒和酷暑。

然而這其中仍有例外，即他曾經兩次到多摩地區獵兔。當時這個地區人煙稀少，獵物的數量比起至今曾舉行獵兔的吹上御苑和赤坂御苑都更為豐富。天皇時常一直狩獵到天黑，人們擔心他在多摩昏暗的夜色中迷路，於是下令附近村莊的居民點燃火把，為天皇照亮道路。一天晚上，天皇在返回位於府中的住處途中，發現某戶人家的火把是根點燃的竹掃帚。他下令調查該戶人家，結果發現那裡住著一位獨居老婦人，因為貧困到家裡連火把都沒有，只好點燃掃帚充數。天皇召見了這位老婦人，讚揚她的奉獻精神並加以賞賜。6

二月二十三日，天皇從美國大使賓漢口中得知，夏威夷國王卡拉卡瓦（Kalakaua，一八三六—一八九一）將趁著環遊世界的途中訪問日本。國王此行算是微服出巡，但仍有些國事需要辦理：他希望鼓勵日本人移民夏威夷，並與日本簽署一份協定。日本政府因此視其為國賓，任命嘉彰親王負責接待，另派兩名官員辦理招待事宜。

三月四日，卡拉卡瓦抵達橫濱。停靠在港口的國內外軍艦都鳴放二十一響禮炮向其致敬。日本人派出一艘小艇前往乘艦遠洋號（Oceantic）迎接客人，在抵達岸邊時，日本軍樂隊開始強而有力地演奏夏威夷國歌。這讓國王一行人備感驚訝，似乎沒想到日本人竟然知道像夏威夷這樣遙遠小國的國歌[7]，因而感動得熱淚盈眶。在前往旅館的途中，他們注意到橫濱的房子都交叉裝飾著日本和夏威夷國旗；盛大的歡迎儀式不禁令國王一行人目瞪口呆。

第二天，卡拉卡瓦乘坐皇家火車抵達東京，在新橋車站受到正式歡迎之後，便直接走向赤坂臨時皇居。天皇遵照歐洲宮廷當接待來訪的外國君主時應有的禮儀，在緊鄰宮殿玄關的房間迎接貴賓。他穿著光鮮亮麗的軍服，上面掛滿了勳章。兩人見面時握了握手。夏威夷人曾被告知天皇一般不會以握手迎接，因此這個舉動被他們視為特殊的榮耀。寒暄過後，兩位君主並肩走進裡面的房間。國王的侍從，同時也是他環遊世界的記錄者阿姆斯壯（W. N. Armstrong）描述道，聽說天皇具有神聖的血統，因此任何人都不許走在他的旁邊，就連皇后也只能跟在他身後。「但是，自其統治甚至是歷代天皇當政以來，天皇第一次與他尊貴的賓客並肩而行。」[8]

皇后正在接見室等待著貴賓。明治將卡拉卡瓦介紹給皇后。「她沒有起身，而是稍微用頭和眼神回應了國王的問候。」皇后的翻譯則是由曾在英國待過幾年的井上馨之女末子擔任（阿姆斯壯表示她的英語說得很好。）隨後雖然端上了點心，但是夏威夷人在事前曾被告知不得在天皇面前享用，因此他們都婉拒了。

天皇的身高在當時的日本人中不算矮，只不過卡拉卡瓦更像個巨人。他有著夏威夷人特有的黝黑皮膚，這使得膚色偏黑的天皇看起來還白了一點。之前外國賓客在描述明治的容貌時，總是會提起他突出的下巴，但現在也已經被鬍子遮住。阿姆斯壯反而把焦點放在天皇高聳的額頭以及宛如洞察一切的黑眼睛，似乎在訴說著他並非「一個完全任由大臣擺布的人」。[9]

兩位君主聊了大約二十分鐘，直到受寵若驚的國王覺得是時候告辭了。天皇一路送他到門口。卡拉卡瓦一行離開後來到位於濱離宮的延遼館，這裡是供外國權貴下榻的地方。隨後，為了遵守歐洲禮儀，即外國君主來訪後一小時內主人應該回訪的規定，天皇再次拜訪了這群夏威夷賓客，當時他們都已脫掉沉重的禮服準備好好放鬆。

卡拉卡瓦本來只打算在日本待三天，但是外務卿井上馨認為應該以某種方式紀念一下這名外國君主的首次來訪，於是派人通知他們說天皇正在策劃許多活動，包括「舉辦一場新體制建立以來最盛大的宮廷舞會、閱兵儀式以及特別的戲劇演出等娛樂節目」[10]。國王立即推遲了行程，並對天皇的盛情接待衷心表示感謝。卡拉卡瓦還讓隨行的法律專家阿姆斯壯告訴井上，自己將立刻同意廢除日本和夏威夷條約中的治外法權條款。井上非常高興，表示這將使「天皇和日本人民無比喜悅」。

儘管夏威夷只是個小國，這道出現在治外法權高牆上的裂縫還是受到日本極大歡迎。美國公使聽聞此事後表示贊許，然而「由於歐洲各國政府的強烈抗議」，這份協定並沒有得到履行。一直要等到十八年後，這項屈辱的條款才從所有的條約中剔除。[11]

三月十一日，國王請求與天皇進行一次私人會晤。享用過茶點之後，除了擔任翻譯的井上馨以外的大臣紛紛退下。卡拉卡瓦表示明年他將舉行加冕典禮，希望天皇屆時能派代表出席。明治爽快地答應了。

卡拉卡瓦接著提起一件保密事項：「這次旅行的目的，其實是為了推廣我早已考慮多年的想法，即成立亞洲國家聯盟。歐洲國家完全講求利己主義，他們從不在意是否會危害到其他國家，也不曾顧及是否會給他國人民造成麻煩。在應對東方國家的戰略上，這些國家傾向一起合作，反觀東方國家卻互相孤立，誰也不願伸出援手。我們在應對歐洲國家時沒有任何戰略，而這就是現在東方國家的權益受到歐洲國家掌控的主因。因此，為了維持東方的勢力，東方各國有必要成立聯盟以對抗歐洲諸國。如今是時候展開行動了。」

天皇回答：「歐洲和亞洲的局勢確實如您所述。關於成立東方國家聯盟一事，我也深有同感。但是您何以確信時機已經成熟？」

國王接著說：「到目前為止，東方國家一直飽受歐洲各國的壓迫，但如今意識到必須奮起的時刻已經到來。我認為這正是實行此計畫的最好時機。」

天皇於是問道：「可以的話，還請您務必告知計畫的詳情。」

國王回答：「這次周遊世界，我將會和中國、暹羅、印度、波斯等國家的領導人會面，並和他們討論成立聯盟的利弊。但是，我國只擁有一群小島，人口也微不足道，缺乏足夠實力來實施這一偉大的計畫。貴國與我聽說的完全一樣，不僅確實取得了驚人的進步，而且有無數生性勇敢的人民。這就是為什麼如果亞洲國家聯盟成立，陛下應當挺身而出擔任盟主的原因。我將在您麾下奉獻一切心力為此奮鬥。如果陛下成為同盟的領袖並致力於實現其目標，想必能迫使歐洲國家放棄治外法權。正好一八八三年紐約將舉行博覽會，陛下應該藉此機會訪問美國，同時秘密派遣親王前往歐洲說服各國領導人趁著博覽會在紐約會面。若陛下能直接對出席的各國領袖勸說終止治外法權的必要性，肯定會有效果。等到回國之後，則換陛下舉辦一個博覽會，邀請亞洲和歐洲各國君主參加。簡而言之，治外法權的廢止以及東方國家聯盟的成敗，都取決於陛下是否願意擔任盟主。」

天皇說道：「您的意思我了解了。但是，像清朝這樣的大國，作風驕傲而自大，即使邀請了也很可能不會出席。」

卡拉卡瓦答道：「不能奢望亞洲國家的君主會全部出席，但是我肯定暹羅國王、波斯國王以及印度諸位王侯都會參加，這已經足以啟動聯盟。然而這種性質的計畫並非進行兩三次會議就能實現。在此做個提醒，之所以邀請歐洲國家參加貴國舉辦的博覽會，目的只是為了避免他們起疑。您當然只須對亞洲各國的領導人開誠布公。如果陛下願意接受這番建議，那將是我的榮幸，並希望陛下將戒指賜予我。」[12]

天皇考慮了一會，回答說：「我已理解您的觀點。但是，我國的發展並不如外表亮麗，還有很多問題亟需解決，尤其是與清國的關係。對方總是認為我們試圖發動侵略，兩者之間要維持和平關係已經非常困難，更別說要達成您的提議了。我會和內閣磋商，詳細考慮之後再予以答覆。」

國王接受了天皇的提案，在經過一小時二十分鐘之後結束了這次會談。國王在離開時送給天皇一張自己的照片和一本關於夏威夷政治局勢的書籍，也贈送了一張夏威夷王后的照片給皇后。[13]

在這天的會談中，國王還提到了另外兩件事。第一是主張鋪設連接日本和夏威夷的海底電纜，以加強兩國之間的聯繫；第二則是請求讓自己的姪女凱烏蘭尼(Kaiulani，當時五歲)與定麿王締結婚約[14]。國王很中意當時才十三歲，就讀海軍學校的定麿王，認為他將成為姪女的好丈夫。沒有子嗣的卡拉卡瓦顯然已經決定將來把王位傳給凱烏蘭尼。如果這個提議被採納，未來的夏威夷女王的丈夫將是個日本人。卡拉卡瓦多半是希望藉此保護夏威夷免遭美國吞併，但另一方面日本政府則擔心聯姻會引起美國甚至歐洲列強的反感。對此天皇都沒有立即答覆，而是直到一八八二年二月十日才在井上馨交給卡拉卡瓦的信中回絕了這些請求。[15]

卡拉卡瓦在日本受到超乎預期的禮遇，這令他感到非常開心。身為基督徒的卡拉卡瓦尤其對佛教寺廟留下深刻的印象，因為比起夏威夷那些新英格蘭風格的莊嚴教堂，他發現寺廟其實更符合自己的品味，甚至還叫隨從研究把佛教引進夏威夷的可能性。他唯一感到失望的是，原先預定的盛大舞會由於俄國沙皇遇刺遭到取消，因為日本皇室必須為其哀悼。

阿姆斯壯在遊記中總是不遺餘力地嘲笑他的主人。據他描述，卡拉卡瓦並不聰明，考慮事情也不周到，還很容易分心。若真是如此，那他的亞洲國家聯盟計畫只能說是相當出人意料，畢竟這個提議說明了他具備任何夏威夷人都意想不到的政治洞察力。但就跟他在日本提出的大部分提案一樣，這個計畫最終被拒絕了[16]。明治顯然很清楚，即使亞洲國家聯盟成立，清朝也不會同意由日本人主導；就算能說暹羅、印度和波斯有共通的亞洲傳統，但在語言和風俗上都沒有什麼關聯，除了對西方侵略者的憤怒以外，實際上很難找到讓彼此團結的約束力。[17]

三月十四日，卡拉卡瓦在離開東京之前拜訪了天皇。天皇親自授予國王一枚大勳位菊花大綬章，這是日本最高等的勳章。此外，他也按照慣例送了國王一些餞別禮——琺瑯花瓶、錦緞、漆盒、刺繡品等等。皇后則贈送兩匹白色縮緬布料給夏威夷王后。[18]

對明治天皇來說，卡拉卡瓦國王來訪的重要性當然比不上格蘭特將軍。卡拉卡瓦的亞洲國家聯盟計畫沒有任何結果，他與天皇秘密會晤時提及的其他建議不久就被遺忘了。然而從明治作為一名政治領袖的成長來看，這次會面具有重大意義。明治在與格蘭特交談時，發言簡短且含糊不清，但是在回答卡拉卡瓦時，他顯得非常自信，展現了他對東亞情勢的了解。也許他的自信源自於某種優越感，因為夏威夷只有幾個小島和一支七十五人的軍隊。然而明治在接待卡拉卡瓦時卻也十分周到，沒有任何失禮之處。與十年前那個不善言辭的少年相比，明治如今變得威風凜凜，並讓客人留下深刻的印象。

一八八一年，明治又接待了兩名王室貴賓——未來的英國國王愛德華七世的兒子阿爾伯特．維克托（Albert Victor）王子和喬治（George）王子。十月二十一日，兩位王子乘坐英國皇家海軍的艦艇巴坎堤號（HMS Bacchante）抵達橫濱。他們從橫濱搭乘火車前往東京，再利用馬車抵達下榻的延遼館。根據兩名王子這次日本行的記錄，他們先是乘坐人力車前往淺草，想必是因為聽說過這個娛樂勝地，並希望親身體會一番。當天晚餐的時候，三條實美和岩倉具視拜訪了兩位王子，天皇還派出宮廷的「私人樂隊」為他們助興。對此喬治王子的反應是：「從裡面的房間傳出了既微弱又哀傷的樂聲，在場有些人誤以為這是樂隊在調音，就這樣聽了好一陣子之後，不禁詢問他們什麼時候才要開始演奏。」[19]

第二天，兩位王子進宮謁見。他們這麼描述天皇：「雖然還不到三十歲……但外表看起來比實際年齡要成熟得多。他很鎮靜，顯然繃緊了神經想扮演好自己的角色」[20]從這番描述中，可見天皇這一次不如上次和卡拉卡瓦國王會晤時那麼自在。儘管兩名王子仍很年輕，只有十八歲和十六歲，但他們來自世界上最強大的國家，這或許讓天皇覺得有必要表現出年長者的威嚴。

兩名王子顯然對皇后更感興趣。喬治（後來的喬治五世）寫道：「她十分矮小，如果不是按照日本風俗一臉濃妝的話，應該是位漂亮的女性。」皇后還試圖以「活潑而親切的方式」開始談話。年長的王子希望皇后收下他們從澳大利亞帶來的兩隻小袋鼠。「小袋鼠在船上就像是所有人的寵物，每到用餐的時候就會在甲板上又蹦又跳，跟老鷹一樣難以駕馭。」皇后似乎很喜歡這個禮物，第二天小袋鼠就被送進了宮廷。實在很難想像牠們在宮裡四處跳躍的樣子，但同樣令人難以想像的是，那位一臉嚴肅、留著鬍子的面容在他統治的二十五年裡廣為集郵者所熟悉的喬治五世，竟然會讓日本的紋身師在自己的手臂上留下刺青：「師傅花了大約三個小時，沿著手臂蜿蜒而下，刺出一條青紅相間的巨龍。」[21]

十月三十一日，兩名王子邀請天皇到巴坎堤號上共進午餐。天皇帶著三位親王、岩倉具視、井上馨等政府高官一同前往，神奈川炮臺以及停泊在港口的國內外船艦都紛紛向他們鳴炮致敬。天皇還在船上受邀觀看了一次魚雷的發射。[22]第二天，兩位英國王子經由海路前往神戶，並在接下來的一個多禮拜遊覽了京都、奈良、大阪等關西地區。

早在這之前的七月三十日，天皇再次踏上巡幸之旅，這一次的目的地是山形縣、秋田縣和北海道。起初大約有四百二十人準備隨行，然而由於沿途沒有足夠的住宿，於是將人數減為三百五十人[23]。儘管天氣依然酷熱難耐，但這次旅行可以說是相對平穩。天皇好幾次都在小學裡過夜，一方面是因為這裡有足夠的空間容納他的大隊人馬，另一方面也證明他對教育的興趣依然沒變[24]。天皇跟往常一樣，每到一處都要參觀學校；在鶴岡時，一名中學模範生介紹了中國典籍《左傳》，隨後又有一名小學生提起《日本史略》。這肯定讓他非常高興[25]，他不喜歡聽學生談論古羅馬等西方題材的風聲顯然已經傳開了。

儘管天氣炎熱，路上的風景依然迷人，也有許多當地的物產和古董可供觀賞，天皇的馬車或乘輿所到之處都受到民眾夾道歡迎。這次的巡幸還有一個新的特徵，即在通訊方面進步了不少。天皇因此能夠收到日本各地甚至是來自世界的各種新聞，例如，他透過電報得以隨時掌握人在京都的淑子內親王的病情以及去世的消息。九月十九日，天皇幾乎立刻就得知美國總統加菲爾德(James A. Garfield)的死訊，並在兩天後向加菲爾德的繼任者亞瑟(Chester Alan Arthur)發出唁電。

不過，天皇巡幸期間收到的最重大消息，卻和當時的一宗醜聞有關。當政府決定出售北海道開拓使[*2]公有資產的消息被揭發之後引起公憤，對此憂慮不已的嘉彰親王於是在八月二十一日寫信給正在盛岡與天皇同行的熾仁親王說明情況。根據嘉彰親王的陳述，開拓長官黑田清隆因為突然收到北海道開拓使將被裁撤改為置縣的命令而大為惱火。黑田跟許多高級官員陳情，認為北海道目前的發展全是他努力的結果，照理來說應該由他全權決定關於廢使置縣一事；只要這個建議被採納，他將立即著手廢除開拓使。待官員們同意後，黑田隨即請求允許將開拓使的公營事業與資產出售給前薩摩武士五代友厚（一八三四—一八八五）等人在大阪成立的貿易公司。[26]

內閣沒有立即批准黑田的申請，他們認為天皇即將訪問北海道，應該等他親自視察當地後再做決定。這個決定惹惱了黑田，他對著某位高官口出惡言，還拿起一個燭臺扔了過去，整個人完全陷入失控狀態。

就在天皇啟程前往巡幸當天，便已經同意按照去年的決定，將工廠、礦場以及其他的政府資產出售給民間企業。然而，當計畫的細節——將價值約三百萬日圓的資產以三十八萬日圓廉價出售，並分三十年無息支付——被揭露之後，卻引發媒體和民權論者的強烈不滿。加

*2　開拓使是日本政府為開發北海道及樺太等北方領土，於一八六九年至一八八二年設立的行政機構，其地位與日本中央政府的各省同等級。

上黑田和五代皆出身薩摩，更加深了人們對這起出售案的質疑。

嘉彰親王認為不能再坐視不管，決定親自覲見仍在巡幸中的天皇。他派人請來佐佐木高行和內務省官員土方久元，希望他們能夠同行，以免從未向天皇上奏過政見的自己說服失敗。嘉彰親王相信只要有這兩位深得天皇信任的人物陪同，就能大大增加成功的機率；然而他們卻建議親王獨自前往，並告訴他天皇討厭巧言詭辯，因此最好的辦法就是如實稟報。[27]嘉彰聽從他們的意見單獨奔赴埼玉，並將情況彙報給天皇。

不過天皇可能早就知道了不少。根據報紙的說法，天皇一個月前（在北海道）就已經從一名特地趕到函館向他報告的宮內省官員口中聽說世間對於這起出售案的反應。據說天皇同樣透過報紙得知薩摩派政客企圖聯手排除某一位參議，而且他還很準確地猜到這些人的目標正是大隈重信。

十月十一日，回到赤坂臨時皇居的明治隨即召見了元田永孚。元田主張立刻解雇大隈，認為如果不駁斥他立即召開國會的提議，將導致「眾論沸騰，危禍近至」。然而天皇猶豫不決。而後在眾多參議大臣奏請罷免大隈時，天皇問起薩摩派參議是不是真的試圖聯手逼退大隈，以及是否有事實能證明大隈犯下過錯。大臣們回答，儘管很難找到確證，但是福澤諭吉的弟子已經掌握到蛛絲馬跡，指控大隈、福澤和岩崎彌太郎（一八三四—一八八五）[28]有所密謀。他們強調不只是薩摩派參議，就連其他人也對大隈的行徑感到不滿。假如天皇無法信任薩摩派參議，內閣將面臨解散。天皇只好同意，但同時也囑咐不得二話不說就強迫大隈卸任。

伊藤博文和西鄉從道被選為代表，前去說服大隈辭職。大隈馬上同意了。作為交換條件，天皇於十月十二日下令三條實美撤銷公有資產的出售許可。政府對外宣稱大隈辭職是因為風濕病復發使他無法履行職務，且其他一些擁護大隈的政治家也都辭職了。[29]多年來內閣裡薩摩和長州兩個派閥總是針鋒相對，但他們在面對第三方威脅（大隈來自佐賀）時仍選擇了團結。為了安撫那些支持大隈的參議，政府宣布將於一八九〇年正式召開國會，即便這對漸進派人士而言似乎過於倉促。

雖然黑田出售公有資產的計畫受挫，但得知政敵大隈被解雇，讓他頗為欣慰。儘管一時身陷醜聞漩渦，黑田卻很快地就洗清汙名，在一八八八年甚至坐上了總理大臣的位子。但人們並沒有遺忘這次經常被稱為「明治十四年政變」的事件；它是強權政治中尤其令人不快的一個例子。

與此事有牽涉的多數政治家，似乎都不得明治喜歡。根據曾跟隨他前往北方巡幸的侍從荻昌吉所言，有一天晚上，天皇一邊洗澡一邊評論各位參議：「黑田一心想著當上大臣，而且總是不達目的絕不罷休，實在令人討厭；西鄉（從道）參議老是一副醉醺醺的樣子，說話也讓人不知所云；川村參議曾在幾年前英國議員里德（Reed）來訪時負責接待，但他的表現卻完全不符期待[30]。在建議沒被採納時，黑田經常以生病為由不參加會議。只要他不在，西鄉和川村也會無故缺席，真是令人費解。」荻還說：「他（天皇）知道井上參議狡猾多端，因此並不喜歡他。至於其他人，陛下在這次巡幸期間曾說大木（喬任）完全像個木偶。陛下真正信任的人只有參議伊藤博文。」[31]

從這個時期開始，我們偶爾能夠從千篇一律的詔書和他獨特的語調聽到明治本人的心聲。他長久以來都是傾聽的一方，如今認為是時候主動開口了。

（續見下冊）

章節附注

序章

1. 本書中統一稱他為「明治」，儘管這是他死後的諡號。在他生前，日本人只以「天皇」或皇帝稱之；「睦仁」這個名諱主要是在接見外國人或者簽署文件時使用。

2. 常有人說明治幼時的稱號「祐宮」是取自這口井，但該井是在一八五四年八月京都大旱時才挖掘而成的，當時明治已經一歲了。「祐宮」是孝明天皇根據參議五條為定提出的七個候補中選出的稱號，實際上明治的曾祖父光格天皇(一七七一—一八四〇)兒時也使用了此稱呼。由此可知事實應該正好相反，是以明治的幼名來為該井命名。據說此處清冽而豐沛的井水讓孝明天皇十分中意，因而將該井命名為「祐井」(《明治天皇紀》第一卷，p. 59)。此外，雖然人們普遍認為剛出生的明治第一次洗澡時使用了祐井的井水(例如栗原廣太的《人間明治天皇》，p. 1)，但在官方記錄中則明確記載著洗澡水是汲取自賀茂川的出町橋以北(《明治天皇紀》第一卷，pp. 20, 23)。

3. 產房的建設費用需要一百兩，而忠能則申請希望借款二百兩。該申請經過層層上奏至關白，卻被以過去沒有借款超過百兩的先例而遭到拒絕。於是忠能只借得了一百兩，同時承諾會在十五年內分期還清。幸運的是，忠能的姑婆中山績子當時擔任大典侍，於是得以其名義又借得五十兩，並約定分成十年償還(《明治天皇紀》第一卷，pp. 8-9)。忠能想必是期待只要皇子平安誕生，就能靠女兒收到的禮品資金來償還債務。

4. 他創作的許多和歌都先寫在紙條上，由專業的女官謄寫之後便被銷毀。

5. 位於明治神宮的聖德紀念繪畫館所展示收藏的八十幅繪畫描寫了明治一生從出生到葬禮為止各個時期的重大事件。這些畫由當時的知名畫家在一九二六至一九三六年間創作，但是很可能沒有任何一位親眼見過明治。義大利畫家艾德亞多．契索尼(Edoardo Chiossone，一八三二—一八九八)是少數幾位實際為明治畫過肖像的畫家之一，該作品曾以照片形式加以複製，作為明治的肖像設置於日本全國校內。

6. 木村禎之祐曾如此回憶(當時他七歲，明治八歲)：「一旦發生什麼讓他不高興的事，他通常會握起拳頭，並不由分說地打人。我記不清自己有幸挨過他多少拳頭。畢竟當時我比他小一歲，行事不知天高地厚，總是斗膽做出違抗他意願的行為，而每次他都會賞我幾個拳頭。」(《明治天皇の御幼時》，p. 17)

7. 坊城俊良，《宮中五十年》，p. 15。

8. 至於他為什麼不再看報，可以參考日野西資博，《明治天皇の御日常》，p. 53。

9. 同前注，pp. 44, 175。

10. 同前注，p. 59。日野西提到明治有時會花上數千甚至數萬日圓購買鑽石戒指；在 p. 146 則提到明治每兩到三天就能用完一瓶法國香水。

11. 賈爾斯・奧本(Giles St. Aubyn)曾評論道：「幾乎所有十九世紀的憲法教科書都暗示女王形同擺設……但實際上沒有什麼比這更荒謬的了。要是格萊斯頓(William Ewart Gladstone)聽到這般胡謅想必會哭笑不得。」(*Queen Victoria*, p. 218)。

● 第一章

1. 天皇的官方肖像之所以缺乏個性，可能是因為這些畫像都是在天皇死後由從未見過他的畫家所繪製的。關於這方面的情況，舉例來說曾經為光格天皇畫過肖像的豐岡治資就曾在一八四六年十一月四日，也就是仁孝天皇逝世八個月後奉命為其繪製畫像，並獲得了白銀十枚和兩匹絹布作為報酬(《孝明天皇紀》第一卷，pp. 270-271；藤田覺，《幕末の天皇》，p. 141)。
2. 關於這三位天皇的子女，以及大宅壯一對死亡率如此之高的看法，請參考《大宅壯一全集》第二十三卷，pp. 24-26。
3. 一八九九年日本的嬰兒死亡率為千分之一五三・八，即便四十年前的數字或許還要更高一些，但仍遠遠不及皇室的嬰兒死亡率(加藤仁，〈明治天皇お局ご落胤伝〉，《新潮45》一九八八年九月號，p. 62)。
4. 這些儀式對宮廷來說當然極為重要，因此在德川時代曾發生過兩次因為繼承皇位的皇子年紀實在太小而無法親臨儀式，於是先選出一位內親王擔任女皇，直到皇子長大為止。赫謝爾・韋伯(Herschel Webb)曾寫道：「周而復始的儀式、官職任命以及歲時禮儀就是天皇和宮廷『國事』的全部。」(*The Japanese Imperial Institution in the Tokugawa Period*, pp. 119-20)。
5. 東久世通禧，《竹亭回顧録 維新前後》，p. 41。
6. 實際上是他生日前一個星期。按照西方的算法，當時孝明八歲。雖然我在本書中的其他地方大多已經將日本使用的和曆轉換為西曆，人物年齡也從日本改為西方算法，但在直接引用時則會遵循原文。
7. 東久世通禧，《竹亭回顧録 維新前後》，p. 34。至於官方根據各種來源編寫的有關該儀式的記錄，請參考《孝明天皇紀》第一卷，pp. 43-45。
8. 可參考三條實萬所記錄的有關「堂上公家」(能覲見天皇的最高級公家)諸多不正當行為的表述(引用自福地重孝，《孝明天皇》，p. 21)。例如，他們會對外販售謊稱具有良效的祖傳秘方藥物，甚至在路上遇上軍人或者富商時會用一些無聊的理由指責對方冒犯來要求賠償。本身也是高級公家的三條表示，堂上公家企圖快速致富的詭計就如同雨後春筍一般防不勝防。
9. 《古事類苑》帝王部，p. 747。
10. 皆為儒家的經典。四書指的是《論語》、《中庸》、《大學》和《孟子》。五經指的是《易經》、《詩經》、《尚書》、《春秋》和《禮記》。
11. 東久世通禧，《竹亭回顧録 維新前後》，p. 33。雅樂是一種仍會在宮廷和部分神社演奏的古老儀式樂曲，通常伴隨著舞樂的舞蹈表演。

12. 東久世通禧，《竹亭回顧録 維新前後》，p. 33。七大神社指的是伊勢、石清水八幡宮、下賀茂、上賀茂、松尾、稻荷(伏見)以及春日神社；七大寺廟指的是仁和寺、東大寺、興福寺、延暦寺、圓城寺、東寺和廣隆寺。值得注意的是，這些佛寺若非起源於奈良時代，就是與平安時代的天台宗或真言宗有淵源，而不屬於任何自鎌倉時代以後出現的新興宗派。

13. 同前注，p. 34。

14. 同前注，p. 35。

15. 同前注，p. 35。

16. 幕府設置於京都的部署。

17. 實際上她直到一八四八年一月十日才正式成為女御(《孝明天皇紀》第一卷，p. 764)。夙子原本出生於一八三四年，但因為適逢厄年，於是官方將其出生日期提前到一八三三年(福地重孝，《孝明天皇》，p. 35)。即使成為孝明的妃子之後，她的頭銜仍然是僅次於皇后的「准后」。這個頭銜有很多不同的稱呼，最常見的便是「准三后」，代表地位僅次於太皇太后、皇太后和皇后。夙子在後來成為明治正式的母親，並在他登基後得稱皇太后。

18. 《孝明天皇紀》第一卷，p. 255。對此根據武家傳奏記錄以及其他資料所做的更多記述，請見pp. 255-58。

19. 《孝明天皇紀》第一卷，p. 370。

20. 同前注，p. 370。孝明當然很清楚十三世紀時「神風」摧毀蒙古入侵者艦隊的神蹟。

21. 福地重孝，《孝明天皇》，p. 44。這一天一般庶民也被允許參觀御所。根據這個時期重要的資料來源，即山科言成的《言成卿記》，前來觀看即位大典場地的人們就像「濃密的雲霧一般」，擁擠得連一點空隙也沒有(《孝明天皇紀》第一卷，p. 432)。

22. 《孝明天皇紀》第一卷，p. 512。這首短歌作於舉行菅原道真追思儀式的弘化五年(一八四)年二月二十五日。這裡提及梅花除了因為它多半綻放於早春，傳統上也經常將梅樹與道真聯想在一起。

23. 《孝明天皇紀》第一卷，p. 950。關於皇室或者將軍家成員逝世之際發布的鳴物(笛子或太鼓等樂器)禁止令的有趣考察，可以參考藤田覺，《幕末の天皇》，p. 30-32。

24. 《孝明天皇紀》第二卷，p. 39。

25. 同前注，p. 81。

● 第二章

1. 朝廷官員，當時定額約五至六人，負責將天皇的口敕傳達給公家。

2. 朝廷官員，當時定額為兩人，負責與幕府聯繫，像是擔任敕使、接待拜訪朝廷的幕府官員等。

3. 《明治天皇紀》第一卷，p. 2。

4. 《明治天皇紀》第一卷，p. 3。此處用來割斷臍帶的是一種稱為「笋刀」的小刀，一般會作為少年元服時剪斷頭髮的道具。《明治天皇紀》的編者指出這也許是某種「古俗」的遺留。

5. 沙丁魚乾的日文為「ごまめ」，其中「まめ」也可以解釋成健康勤勉的意思，因此被視為吉祥之物。

6. 一種造型相當簡單的人偶，有點類似今天的「木芥子」。只不過這種人偶的手臂張開與身體呈直角，外型就像個十字。人們認為將其置於嬰兒床邊可以吸走邪氣，提供保護。通常會一直擺放到孩子三歲為止。這裡提及的人偶約有四十二公分高。

7. 方頭魚又稱金頭，類似於角魚。之所以選擇這種魚是因為金頭一詞在日文中有代表小孩將會特別強壯之意。青色石頭亦是同理。

8. 《明治天皇紀》第一卷，p. 27。顯然，人們是通過「翻譯」嬰兒的啼哭聲知道他的願望的。

9. 《明治天皇紀》第一卷，p. 46。

10. 堀達之助（一八二三—一八九二）出生於一個代代都擔任荷蘭語翻譯的家庭。亦曾學習英語，一八四六年詹姆斯·貝特爾（James Biddle）帶至浦賀的書簡就是由他翻譯的。日後曾任開成所（江戶幕府設置的洋學教育研究機構）教授，並出版了日本第一本日英對照辭典。

11. 這並非託辭。德川家慶（一七九三—一八五三）於同年七月二十七日去世。幕府直到一個月後才公布他逝世的消息（《明治天皇紀》第一卷，p. 55）。

12. 《明治天皇紀》第一卷，p. 53。

第三章

1. 普提雅廷的艦隊抵達的時間是一八五三年八月二十二日，但是幕府過了快一個月才把這件事報告給朝廷（《明治天皇紀》第一卷，p. 57）。想了解更多關於普提雅廷來訪的背景，請參考和田春樹的著作《開國——日露國境交涉》。

2. 關於普提雅廷在小笠原群島接獲來自俄國政府的追加命令的背景，請參見和田春樹，《開國——日露國境交涉》，pp. 89-91。俄國對於日本人感受的考量顯然是正確的；那些與俄國人打交道的日本人會把他們令人讚賞的溫和態度與先前美國人的自以為是相做比較（p. 101）。

3. 關於普提雅廷這個時期的行動，可參見和田春樹，《開國——日露國境交涉》，pp. 109-111。他之所以感到焦慮是因為俄國與土耳其的戰爭似乎一觸即發，甚至可能連帶演變成與土耳其的盟國英國和法國之間的戰爭。普提雅廷在上海時曾寫信給美國海軍准將培理，到了香港亦建議美俄聯合，並請求從美國海軍在上海的加煤站借用四十噸煤炭。培理婉拒了他的結盟邀請，但是同意出借煤炭。補給煤炭後普提雅廷便掉頭返回長崎，這時的他已經得知克里米亞戰爭爆發的消息。

4. 《明治天皇紀》第一卷，p. 57。亦參考和田春樹，《開國——日露國境交涉》，pp. 99-100。

5. 《明治天皇紀》第一卷，p. 58。

6. 同前注，p. 60。
7. 同前注，p. 62。
8. 藤田覺，《幕末の天皇》，pp. 11-12。
9. 和田春樹，《開國——日露國境交涉》，pp. 157-158。亦可參見《孝明天皇紀》第二卷，pp.155-156，以及《明治天皇紀》第一卷，p. 64。
10. 當時的下田是個只有約一千戶，人口共四五千人的小村莊。其地理位置只能靠船運抵達，還經常受到颱風的侵襲。
11. 《明治天皇紀》第一卷，p. 78。此處對應的西曆日期為一八五四年五月十一日。
12. 如果普提雅廷像上次一樣駛往長崎，可能會使事態變得相當麻煩，因為當時長崎正停泊著四艘英國軍艦。由於這段時間正值克里米亞戰爭爆發，英國人很可能會攻擊俄國船艦，因此普提雅廷改為航向已經向美國人開放的箱館。在箱館的普提雅廷從一位被他送回日本、心懷感激的日本漂流民那裡聽說英國軍艦已經前往日本海域，於是通知幕府表示要往赴大坂，然而這份通知卻等到他出現在大坂之後才送達(和田春樹，《開國——日露國境交涉》，pp. 133-135)。
13. 有關川路聖謨對此的評論，請參考拙作 *Travelers of a Hundred Ages*, pp. 393-394。
14. 由於另一場暴風雨導致黛安娜號沉沒，使得交涉再次中斷。關於這中間複雜的談判過程，請參考和田春樹，《開國——日露國境交涉》，pp. 146-160。
15. 有關儒學者們所斟酌的七個候補，包含選自《荀子》的「安政」在內，請見《明治天皇紀》，第一卷，p. 88。伯頓．沃森(Burton Watson)將這句話翻譯為：「一旦人民感到安全，君子便能安心地居於其位。」(《荀子》，p. 37)
16. 《明治天皇紀》第一卷，pp. 89-90。
17. 和田引用了川路聖謨日記中的相關記述(《開國——日露國境交涉》，pp. 153-154)。日本人對俄國抱有好感的例子之一是向他們開放了三個港口(長崎、下田和箱館)，但對美國人只開放了兩個。
18. 《明治天皇紀》第一卷，pp. 98-99。這艘船建造於位在伊豆半島西海岸的戶田村，因而得名「戶田」號。黛安娜號發生船難後，俄國人救回了一些在克隆施塔特(Kronstadt)軍港建造船隻用的設計圖，而日本人便根據這些設計圖打造出第一艘符合歐洲標準的船艦。那些試圖乘坐德國商船回國的俄國人，後來在薩哈林島附近遭到英國人攔截並俘虜。
19. 《明治天皇紀》第一卷，p. 91。

● 第四章

1. 《明治天皇紀》第一卷，p. 113。
2. 同前注，p. 117。
3. 同前注，p. 118。「日之御子」是和歌中對天皇和皇子的別稱，即太陽之子。由於提到了「太陽」，和歌便用了與之相關的「高升」(のぼる)一詞。「天岩橋」

除了是祐宮實際跨過的這座橋的稱呼，同時也暗示了「天之浮橋」(連接天地之間的橋梁)與天照大神隱身的「天之岩戶」。

4. 同前注，p. 120。這段描述出自於日本文獻，見《東坊城聰長日記》及《大日本古文書》等，但卻與哈里斯日記中的描述並不相符。在哈里斯抵達下田後的隔天，即一八五六年八月二十二日，他上岸之後來到位於下田對岸的柿崎村。「該地的寺廟——神道教的玉泉寺被當作美國人的休憩所。房間非常寬敞，既整潔又乾淨，想必能很舒適地在這裡待上幾個星期……下田的了泉寺也同樣用來提供給美國人使用；大概直到房子準備好之前我都得先借住在那裡。」(Mario Emilio Cosenza, ed., *The Complete Journals of Townsend Harris*, pp. 203-204)。八月二十七日，哈里斯提到官員們努力說服他「先暫時離開等一年後再來」，但他拒絕了所有這類的提案。八月二十八日，副奉行通知他說「有鑑於您的高貴身分，已竭誠恭敬地做好接見的準備，並指定了柿崎的玉泉寺作為唯一合適您居住的住所。」(pp. 209-210)這很有可能是下田的地方官員為了表現出有對哈里斯的登陸與駐留做過強烈反抗，所以故意向幕府做了不符實情的報告。

5. 《明治天皇紀》第一卷，p. 121。

6. 同前注，p. 121。

7. Erwin Baelz, *Awakening Japan*, trans. Eden Paul and Cedar Paul, p.124.

8. 《明治天皇紀》第一卷，p. 124。

9. 位於天皇起居的常御殿北側的一棟小建築。一八四〇年以後通稱「東宮御殿」，但在這裡使用了舊稱，可能是因為祐宮當時還並未被冊封為東宮(皇太子)的緣故。

10. Erwin Baelz, *Awakening Japan*, p. 101。

11. 出自貝爾茲在一九〇一年九月十六日的日記條目，同前注，p. 144。

12. 《明治天皇紀》第一卷，p. 126。

13. 還住在中山邸的時候，祐宮就已經在外祖父中山忠能的命令下秘密接受種痘(《明治天皇紀》第一卷，p. 454)。關於日本種痘普及的情況，可以參考拙作 *Travelers of a Hundred Ages*, p.382。該篇日記的筆者井關隆子(一七八五—一八四五)對於由長崎的荷蘭醫生所引進的種痘方法表達了正面意見。

14. 《明治天皇紀》第一卷，p. 129。

15. 同前注，pp. 127-128。原文是一封用荷蘭語書寫的信件，本文譯自日譯本。

16. 有關當時群眾圍繞在御所周圍祈禱的情形，請參見藤田覺，《幕末の天皇》，pp. 55-70。

17. 據說後櫻町上皇準備一人發一顆的三萬個蘋果在一個上午就全部分完了。(藤田覺，《幕末の天皇》，p. 60)。

18. 《明治天皇紀》第一卷，p. 13。欲知詳情，可以參考《孝明天皇紀》第二卷，pp. 644-645。

19. 原文參見 Mario Emilio Cosenza, ed., *The Complete*

Journals of Townsend Harris, pp. 573-574，也可參見《明治天皇紀》第一卷，p. 131。

20. 當時，可能沒有人能將英語直接翻譯成日語，或者將日語直接翻譯成英語；哈里斯的話會先由休斯肯翻譯成荷蘭語，再由一位學過荷蘭語的日本人翻譯成日語。荷蘭語是當時日本人唯一說得流利的歐洲語言。有關休斯肯的介紹（特別是其死因），可以參考 Reinier Hesselink, "*The Assassination of Henry Heusken*"。
21. Mario Emilio Cosenza, ed., *The Complete Journals of Townsend Harris*, p. 412。也可參見《明治天皇紀》第一卷，p. 136。
22. 關於哈里斯對這次會面的描述，請參考 Mario Emilio Cosenza, ed., *The Complete Journals of Townsend Harris*, pp. 468-480。
23. 同前注，p. 475。將軍所說內容的日文原文影本可見 p. xxx。
24. 《明治天皇紀》第一卷，pp. 137-138。哈里斯在日記中對自己與堀田會面的描寫，雖然內容差不多，但卻沒有這麼具體；比方說並沒有提到英國和法國針對領土的野心。亦可參考 *The Cambridge History of Japan*, vol. 5, p. 278。
25. 《孝明天皇紀》第二卷，p. 708；《明治天皇紀》第一卷，p.140。哈里斯的版本見 Mario Emilio Cosenza, ed., *The Complete Journals of Townsend Harris*, pp. 496-500。
26. 這段話是翻譯自《明治天皇紀》第一卷 p. 142 的內容。信的原文比這要詳細得多（《孝明天皇紀》第二卷，pp. 725-726）。
27. 《明治天皇紀》第一卷，p. 139。這首短歌是中山慶子死後在她的私人物品中發現的，上面還有她手寫的創作日期。短歌的內容請見第六章。

• 第五章

1. 《明治天皇紀》第一卷，p. 143。
2. 同前注，p. 142。書信原文可參見《孝明天皇紀》第二卷，p.730。
3. 信件完整譯文請參見 W. G. Beasley, ed. and trans., *Select Documents on Japanese Foreign Policy*, pp. 180-181。
4. 這個頭銜有很多種英語翻譯，如「攝政」(regent)、「大臣」(chancellor)、「首席大臣」(president of the councilors)等。其含意隨著時代有所不同，性質則接近資深的老中，但地位在老中之上，為臨時性的最高職位。
5. 《明治天皇紀》第一卷，p. 148。書信內容可參見《孝明天皇紀》第二卷，p. 856。
6. 原文請參見《孝明天皇紀》第一卷，p. 892；亦可參考《明治天皇紀》第一卷，p. 150。孝明在這個時期立下了多份類似的宣命，這只是其中之一。
7. 條約的英文內容可參見 Mario Emilio Cosenza, ed.,

The Complete Journals of Townsend Harris, pp. 578-584。

8. 他在書信中提到「三位親王」，但只提及了「伏見」和「有栖川」兩個名字。伏見指的是伏見宮貞教親王；有栖川則是指有栖川宮幟仁親王和其嫡子熾仁親王。這三個人都曾被天皇收養，隨後受賜「親王」的頭銜，這麼做顯然是為了保證皇室血統的延續，儘管他們並非皇族近親（飛鳥井雅道，《明治大帝》，pp. 77, 207）。
9. 《孝明天皇紀》第二卷，pp. 923-924。
10. 遠山茂樹編，《維新の群像》，pp. 56-57。
11. 九月與法國簽訂了條約。
12. 《明治天皇紀》第一卷，p. 153。
13. 他在十一月二十九日給左大臣近衛忠熙的信中表示因為疲累所以不想接見間部（《孝明天皇紀》第三卷，p. 102）。
14. 《孝明天皇紀》第三卷，pp. 155-156。
15. 《明治天皇紀》第一卷，p. 170。
16. 原文詳見《孝明天皇紀》第三卷，p. 227。摘要可見《明治天皇紀》第一卷，p. 171。

● 第六章

1. 明治創作的近十萬首短歌都先由他本人寫在紙條上，待女官加以謄寫後隨即銷毀原稿（花房義質，《先帝陛下に関する追憶》，p. 322）。根據實際見過明治筆跡的廷臣所提供的唯一證言，他的字十分難以判讀（日野西資博，《明治天皇の御日常》，pp. 54-55, 181, 187）。
2. 該古歌（以及翻譯）請參見第五章。
3. 《明治天皇紀》第一卷，p. 167。鯛魚（たい）是一種有吉祥寓意的禮物，因為其日文發音正好與指喜事或吉祥之事的「めでたい」一詞有部分同音。
4. 渡邊幾治郎，《明治天皇》上卷，p. 85。渡邊在此引述了《忠能日記》的內容。「中」和「山」正好能組成祐宮生母的家族姓氏，這也許是他選擇這兩個字的原因，只不過這麼簡單的字本來就會在學習書法的初期學到。
5. 《明治天皇紀》第一卷，p. 212。他從一八六〇年九月十四日受命開始素讀，於同年十二月二十三日讀完整本書。五天後，他開始學習《中庸》（p. 231），並於一八六一年七月二十三日開始以素讀學習《論語》（p. 257）。
6. 木村毅，《明治天皇》，p. 91。顯然這是木村直接從裏松良光那裡聽來的。
7. 渡邊幾治郎，《明治天皇》上卷，p. 86。亦可參見《明治天皇紀》第一卷，p. 245；其中有提到祐宮是如何要小聰明讓母親以為自己已經完成了功課。
8. 兩首和歌都收錄於《明治天皇御集》第二卷，p. 714。第一首見渡邊幾治郎，《明治天皇》上卷，p. 86。第二首提到的竹馬應該是指踩高蹺。
9. 渡邊幾治郎，《明治天皇》上卷，p. 84。

10. 木村禎之祐，《明治天皇の御幼時》，pp. 22-23。
11. 渡邊茂雄，《明治天皇》，pp. 4-5。
12. 同前注，pp. 5-6。
13. 根據幟仁親王的描述，明治在一八五七年才五歲的時候就已開始創作和歌（渡邊幾治郎，《明治天皇》上卷，p. 86）。
14. 木村毅，《明治天皇》，p.92。明治閱讀的作品包括《源平盛衰記》、《太平記》和《太閤記》等。
15. 《明治天皇紀》第一卷，pp. 199-202。
16. 同前注，p. 221。
17. 同前注，p. 223。
18. 同前注，p. 228。
19. 同前注，pp. 206-207。對孝明回應的解釋，見《孝明天皇紀》第三卷，pp. 379-380。孝明還說和宮是他同父異母的妹妹，不應以天皇意志加以左右。
20. 《明治天皇紀》第一卷，p. 218。亦可參見武部敏夫，《和宮》，pp. 39-41。
21. 簡短摘要請參見《明治天皇紀》第一卷，p. 218；完整記述請參見《孝明天皇紀》第三卷，p. 410。
22. 《明治天皇紀》第一卷，p. 218。亦可參考武部敏夫，《和宮》，pp. 44-45。
23. 武部認為承諾攘夷並非幕府的本意，而是迫於孝明要求提出具體措施（《和宮》，p. 46）。
24. 石井孝，《幕末 非運の人びと》，p. 60。石井認為和宮之所以堅決抗拒這門婚事是因為她的母親觀行院和舅舅橋本實麗的強烈反對。
25. 武部敏夫，《和宮》，p. 48。
26. 根據石井的說法，九條關白的心腹島田左近曾向和宮暗示如果她堅持拒絕的話，母親觀行院和舅舅橋本實麗將會遭受嚴厲處分（《幕末 非運の人びと》，p. 61）。也有一說指出他甚至誘使和宮的乳母規勸她接受婚事。依武部所言，關白的兩位家臣密謀讓和宮乳母的一個親戚向乳母轉述說幕府已經決定處罰觀行院和實麗，想藉由和宮身邊的人令她動搖（《和宮》，pp. 51-52）。不論如何，可見當時為了讓和宮改變心意同意降嫁，在暗地裡也用了不少手段。
27. 武部敏夫，《和宮》，p. 53。
28. 同前注，p. 54。
29. 石井孝，《幕末 非運の人びと》，p. 62。
30. 《大宅壮一全集》第二十三卷，p. 259；武部敏夫，《和宮》，p. 55。

第七章

1. 《明治天皇紀》第一卷，p. 144。
2. 同前注，p. 244。
3. 關於俄國人在對馬群島上的各種活動，請參考 George Alexander Lensen, *The Russian Push Toward Japan*, pp. 448-451。Lensen 的描述主要是根據俄方記錄的資料。
4. 《明治天皇紀》，p. 243。
5. 同前注，pp. 242-243。小西四郎強調了對馬居民面對俄國人的抵抗精神（《開國と攘夷》，p. 226）。如果他們沒有為保衛家園奮力對抗俄國入侵者，這件事是不可能只靠英國的威脅就輕易收場的。

6. 《孝明天皇紀》第四卷，pp. 243-247。亦可參見《明治天皇紀》第一卷，p. 243。對馬的大名為宗義達（一八四七—一九〇二）。

7. 一八六二年派出了大型使節團前往歐洲。欲知詳情，可以參考芳賀徹所著《大君の使節》，以及拙作 *Modern Japanese Diaries*。

8. 《孝明天皇紀》第三卷，pp. 611-616。亦可參見《明治天皇紀》第一卷，pp. 255-256。

9. 《明治天皇紀》第一卷，p. 256, 257。

10. 當得知條約的對象其實除了普魯士還包含北德意志聯邦的各國，幕府感到非常困惑甚至驚愕。日本人認為自己受到了欺騙，才會一次與數個國家締結條約（《明治天皇紀》第一卷，pp. 234-235；《孝明天皇紀》第三卷，pp. 488-489）。

11. 和宮書信的內容請見《孝明天皇紀》第三卷，pp. 489-490。亦可參考武部敏夫，《和宮》，p. 66。

12. 「親子」這個名字是她在一八六一年五月接受內親王宣下時由孝明天皇所賜（《孝明天皇紀》第三卷，p. 559）。

13. 當時和宮寫給孝明的一封信有保存下來，裡面寫著「為了國家和平，我除了接受以外別無選擇，即便實際上心裡相當不情願」（武部敏夫，《和宮》，p. 60）。

14. 《明治天皇紀》第一卷，p. 267。中山忠能也因此被禁止出勤，但是今出川實順（一八三二—一八六四）卻很快就恢復名譽，於一八六三年被任命為敕使前往神武天皇的陵墓祈禱攘夷順利。

15. 關於隊伍的人數有許多不同的推測。根據最常被引用的資料是有七八九六人、二八〇匹馬、七四四〇條被褥、一三八〇個枕頭、八〇六〇個飯碗、五二一〇個湯碗、一〇四〇個托盤和二一一〇個盤子等等（武部敏夫，《和宮》，p. 83；小西四郎，《開國と攘夷》，p. 214）。沿途各地還額外增派了衛兵。大宅壯一估計護衛的總人數約為兩萬人（《大宅壯一全集》第二十三卷，p. 278）。

16. 《大宅壯一全集》第二十三卷，p. 278。緣切榎位於江戶以北的板橋地區。

17. 聲明的部分原文請見《孝明天皇紀》第三卷，pp. 764-765。

18. 這份遺書完全是偽造出來的（《大宅壯一全集》第二十三卷，p. 276）。

19. 根據謠言，哈里斯決定除掉阻礙開國的孝明天皇，並收買安藤以達到目的。兩位據說被收買的學者（塙次郎、前田健助）亦於一八六三年一月遭到暗殺（《大宅壯一全集》第二十三卷，p. 276）。

20. 藤田覺，《幕末の天皇》，p. 190。

21. 《明治天皇紀》第一卷，p. 273。這首和歌的原文為「世をおもふ心のたちとしられけり　さやくもりなき武士のたま」，其中包含了兩個雙關：「たち」同

時有「劍」（指孝明收到的禮物）和「氣質」（指愛國情懷）的意思；「さや」則有「劍鞘」和「無瑕」之意。

22. 《明治天皇紀》第一卷，pp. 282-283。
23. 同前注，p. 300。
24. 「四奸」指的是久我建通、岩倉具視、千種有文和富小路敬直。「二嬪」則是今城重子和堀河紀子。這六個人某種程度上都涉及和宮降嫁一事。
25. 《明治天皇紀》第一卷，p. 312。

● 第八章

1. 敕書的原文（漢文）請見《孝明天皇紀》第四卷，p. 195。日文大意可參見《明治天皇紀》第一卷，p. 312。
2. 大廣間分成三段。下段是普通的榻榻米，中段有兩層榻榻米高，上段則有三層榻榻米高。
3. 《明治天皇紀》第一卷，p. 312。
4. 同前注，pp.320-321。亦可見《孝明天皇紀》第四卷，pp. 353-354。
5. 中川宮（一八二四－一八九一）是伏見宮邦家親王的兒子，他從年少時期就換過好幾次名字，一八三一年被送至本能寺入僧後又得到新的名諱。一八三六年他轉往奈良興福寺的塔頭一乘院，並在身為院主的叔叔底下學習（這時他又有另一個名字）。同年，十二歲的他成為仁孝天皇的養子，並繼承叔叔之位擔任院主，但直到一八三八年才正式剃度出家。於一八五二年根據敕旨轉往京都天台宗的高階寺院青蓮院，他在幕末的文獻中常見的稱呼青蓮院宮尊融親王便是由來自此（或者因為寺院的所在地而被稱為粟田宮）。那些聚集在他身邊的人包括梅田雲濱、池內大學、真木和泉、橋本左內、佐久間象山，以及許多在安政大獄期間遭到殺害或肅清的志士。從這些追隨者的言論可以看出他們不僅為親王的攘夷信念所吸引，也受到其高貴人格的感召。他在志士間的號召力理所當然地引來幕府的注意，於安政大獄時被命令在相國寺永久蟄居（幽禁），就這樣在一間狹小破敗的屋子裡度過了兩年（大西源一，《維新回天の宏謨と久邇宮朝彥親王》，p. 79）。他的遭遇令志士們憤慨不已，將解放親王視為首要目標（p. 86）。有人甚至提出擁立親王為「征夷大將軍」推翻幕府，然而親王從未改變過支持公武合體的決心（p.82）。志士們提出各種血腥的方案只為了排除幕府官員以及所有外國人，並希望由親王帶頭領導他們的行動（p. 87）。一八六二年朝廷因和宮降嫁宣布大赦，親王得以從永久蟄居中解放並還俗（p. 98），這才獲賜中川宮的稱號。明治維新之後，他依然受到往日政敵的敵視，被以疑似捏造的罪嫌流放至廣島。晚年則就任伊勢神宮的祭主。

在興福寺一乘院的期間，親王在文藝和武術上皆有鑽研，尤其擅長使用長槍。他在奈良時也結識了致力於開國的幕府重臣川路聖謨，只不過親王直到最後都貫徹了攘夷主義。

6. 藤田覺將親王稱為「孝明天皇的右臂」(《幕末の天皇》，p. 219)。
7. 栗原隆一，《斬奸狀》，p. 107。
8. 針對足利三代木像梟首的斬奸狀內文可見前注p.115。關於這件事也有用英文寫成的精彩論文，請見Anne Walthall, "Off with Their Heads! The Hirata Disciples and the Ashikaga Shoguns."
9. Walthall, "Off with Their Heads! The Hirata Disciples and the Ashikaga Shoguns," pp. 162-168. 負責逮捕犯人的幕府官員是一八六二年被任命為京都守護職的松平容保(一八三六—一八九三)。該次事件使朝廷開始注意這位年輕無聞的會津藩大名。這個行動所具備的象徵性意義使他決心將犯人逮捕歸案：砍掉過去將軍木像的首級等於是在恐嚇現任將軍。
10. 《孝明天皇紀》第四卷，p. 455。亦可參見《明治天皇紀》第一卷，p. 325。
11. 《明治天皇紀》第一卷，p. 325。據說家光的隨行人員多達三十萬七千人。這個數字並不足以採信，但也許家光帶來的護衛陣仗之大的確讓朝廷留下了這樣的印象。
12. 正如前章所提及，一八五四年孝明曾因宮殿大火被迫離開御所到他處避難。
13. 令他決定參拜的關鍵似乎是萩藩主毛利慶親的繼承人毛利定廣(一八三九—一八九六)一再請願的結果。定廣認為在國家的關鍵時刻，天皇不應只是待在宮廷深處，敦促他前往參拜兩座賀茂神社、泉湧寺及石清水八幡宮以振天下士氣(《明治天皇紀》第一卷，p. 327)。
14. 《明治天皇紀》第一卷，pp. 326-327。
15. 土佐出身的志士吉村寅太郎在寫給父母的信中描繪了當時的盛況：「天皇的鳳輦越來越近，我不禁淚流滿面，只管跪拜在地。而後聽聞沿途聚集了超過四十萬男女老少，只為一睹玉簾後的龍顏，人人感動得哽咽不已。」(西嶋量三郎，《中山忠光暗殺始末》，p.39)
16. 《明治天皇紀》第一卷，p. 330。中山忠光當時擔任外甥睦仁的侍從。
17. 《孝明天皇紀》第四卷，pp.592-593。亦可參見石井孝，《幕末 非運の人びと》，pp. 68-69。
18. 《明治天皇紀》第一卷，pp. 330-331。
19. 西嶋量三郎，《中山忠光暗殺始末》，pp. 22-24, 34。
20. 這裡所謂的「正義之士」應該是指「尊攘主義者」(西嶋量三郎，《中山忠光暗殺始末》，p. 34)。
21. 西嶋量三郎，《中山忠光暗殺始末》，p. 35。
22. 同前注，p. 49。
23. 暗殺發生於和曆十一月，但關於暗殺日期目前至少有八種不同的說法(西嶋量三郎，《中山忠光暗殺始末》，p. 197)。西嶋亦列舉了當時藩內主流的反攘夷派「俗論黨」派去暗殺忠光的刺客名單(p. 201)。

第九章

1. 《明治天皇紀》第一卷，p. 331。
2. 《孝明天皇紀》第四卷，pp. 707-710。亦可見《明治天皇紀》第一卷，p. 335。
3. 伊田熹家，《近代天皇制成立の前提》，p. 10。他引用了孝明在一八五九年四月七日寫給近衛忠熙的一封信作為證明。信的全文見《孝明天皇紀》第二卷，pp. 787-789。
4. 《明治天皇紀》第一卷，pp. 338-339。島津茂久最終接受了英國的要求，並支付六百萬兩作為賠償金。
5. 《明治天皇紀》第一卷，pp. 340-341。如欲了解池田慶德的完整言論，請參考《孝明天皇紀》第四卷，p. 741。
6. 《明治天皇紀》第一卷，p. 341。
7. 同前注，p. 344。
8. 同前注，p. 345。更完整的相關資料及詔書內容請參見《孝明天皇紀》第四卷，pp. 791-820。舉例來說，中川宮曾向一名採訪者回憶道，孝明說過自己不能親自領導任何攻打幕府的軍隊，因為親子內親王（即和宮）現在是德川家的人，如果他討伐德川，就一定會牽連到她。這對親子的父親，即已故的天皇與她的家族來說都是不可饒恕的。就算到了不得不為的時刻，也必須看準時機。就他所知，現在武器仍未備全，開戰為時尚早，因此決定暫延親征與討幕之事（《孝明天皇紀》第四卷，p. 791）。雖然不清楚中川宮是何時說出這些話的，但推測應是政變過了數年之後。如此一來就不能否認這些話可能含有記憶錯誤或誇張捏造的成分。
9. 《明治天皇紀》第一卷，p. 345。七名公卿離開之際留下了檄文，表示就在「中興之大業」即將取得成功時，「狂妄奸賊」的陰謀詭計擾亂了天皇的心思。他們七人感到忍無可忍，因此決定西下，招攬全國有志之士，發起「義兵」（栗原隆一，《斬奸狀》，p. 178）。
10. 這些圖書包括《繪本淺草靈驗記》、《繪本三國記妖婦傳》、《繪本太閤記》、《繪本彥山靈驗記》、《源平盛衰記圖會》和《葦牙双紙》。
11. 《明治天皇紀》第一卷，p. 353。
12. 在和曆二月十二日這天，年號由「文久」改為「元治」，因為這一年的干支紀年為象徵變革年的「甲子」。學者推薦的二十四個年號候補的完整名單請參考《孝明天皇紀》第五卷，pp.84-88；且其中便有「明治」這個年號。
13. 原文見《孝明天皇紀》第五卷，p. 20；英譯文可見W. G. Beasley, ed. and trans., *Select Documents on Japanese Foreign Policy*, pp. 263-264。
14. 原文見《孝明天皇紀》第五卷，p. 20；英譯文可見W. G. Beasley, ed. and trans., *Select Documents on Japanese Foreign Policy*, p. 264。
15. 《明治天皇紀》第一卷，p. 376。詳細過程見《孝明天皇紀》第五卷，pp. 226-230，特別是p. 230。那天木戶孝允由於太早抵達，於是先去了對馬藩邸想晚點再來，反而因此逃過一劫。

16. 這些計畫是新選組從一位遭他們逮捕並嚴刑拷打的勤王志士古高俊太郎（一八二九—一八六四）那裡得知的。他們還打聽到主謀者的名單（福地重孝，《孝明天皇》，pp.182-183；遠山茂樹編，《維新の群像》，p. 55）。

17. 《明治天皇紀》第一卷，p. 337。彥根是強大的譜代大名井伊家族的領地，因此被看作是符合遷宮且能夠保證天皇安全的地方。

18. 《明治天皇紀》第一卷，p. 377。刺客在祇園神社前留下一份斬奸狀，解釋之所以刺殺象山是因為他宣傳洋學，主張交易開港之說，同時協助奸賊會津與彥根兩藩，並聯合中川宮密謀遷都彥根（栗原隆一，《斬奸狀》，pp. 247-248）。似乎有什麼根據讓人相信遷都計畫確實在醞釀當中。

19. 石井孝，《幕末 非運の人びと》，p. 84。這番記述出自中山忠能的日記，見《孝明天皇紀》第五卷，p. 302。

20. 《明治天皇紀》第一卷，p. 378。

21. 這番描述出自東坊城任長的日記，引自《孝明天皇紀》第五卷，p.305。亦可參見石井孝，《幕末 非運の人びと》，p. 85。

22. 《明治天皇紀》第一卷，p. 379。

23. 同前注，p.380。亦可見《孝明天皇紀》第五卷，p. 303。

24. 蜷川新，《明治天皇》，p. 21。大宅壯一應該是第一個主張親王是被槍炮聲嚇暈的人（《大宅壯一全集》第二十三卷，pp. 30-32）。但是正如飛鳥井雅道所指出的，這個觀點源於對《中山忠能日記》的誤解（《明治大帝》，p. 97）。

25. 這是飛鳥井雅道的推測，見《明治大帝》，p. 98。

第十章

1. 該條約的法文版請見 W. G. Beasley, ed. and trans., *Select Documents on Japanese Foreign Policy*, pp. 273-274。條約規定日本政府（幕府）必須在日本使節團返回日本後三個月內支付十萬墨西哥銀元，另由長州藩支付四萬墨西哥銀元，共計十四萬給駐留江戶的法國公使。

2. 池田寫了一封很長的信給幕府解釋自己這麼做的理由，書信內容的英文翻譯請見 W. G. Beasley, ed. and trans., *Select Documents on Japanese Foreign Policy*, pp. 274-282。

3. 《明治天皇紀》第一卷，p. 387。

4. 同前注，p. 388。

5. 同前注，p. 395。出自和曆一月十四日的條目。西鄉的名字第二次出現是在和曆二月十二日，這時他的主張與先前完全相反，建議讓這些公卿回到首都，並恢復他們的官職。他似乎是因薩摩藩主島津茂久的命令才改變了主意。

6. 《明治天皇紀》，p. 407。

7. 外國人一直稱天皇為「帝」(みかど)而非「天皇」(てんのう)，並認為這個頭銜只象徵了宗教上的權威。

8. 《孝明天皇紀》第五卷，p. 653。一八六五年十月三十日英、法、美、荷四國的駐日大使在橫濱簽署的這份外交照會的法語原文請見 W. G. Beasley, ed. and trans., *Select Documents on Japanese Foreign Policy*, pp. 293-296。其內容與此處根據日文版翻譯的概要有微妙出入。

9. 《明治天皇紀》第一卷，p. 416。

10. 在兵庫與四國代表的談判過程請參見《孝明天皇紀》第五卷，pp. 654-655，該資料出自越前藩大名松平慶永(一八二八—一八九〇)在一八六二年至六七年間所做的記錄《続再夢紀事》。

11. 《孝明天皇紀》第五卷，p. 654。

12. Mario Emilio Cosenza, ed. *The Complete Journals of Townsend Harris*, pp. 371,518.

13. 見 W. G. Beasley, ed. and trans., *Select Documents on Japanese Foreign Policy*, p. 300。該封信的日期是一八六五年十一月二十一日。

14. 外國人確實偶爾(可以追溯到湯森．哈里斯)威脅說要把爭議事項提交京都讓皇帝(天皇)解決，但這次是他們(或者其他任何人)首度被明白告知天皇的地位高於將軍。有關很早便注意到天皇重要性的外國人的相關論述，請參考 F. V. Dickins and S. Lane-Poole, *The Life of Sir Harry Parkes*, 2, p. 43。不過威廉．艾略特．格里菲斯(William Elliot Griffis)曾寫道：「英國學術界第一次發現了權力的真正源頭，揭露江戶的虛偽政府，解開長年的謎團，掀開了掩蓋真實的面紗。這個人正是英國公使巴夏禮，是他首次為了尋找真相而不顧生命危險，扯下將軍身上名為『陛下』的虛偽頭銜，並向本國請求發出國書，將其上交日本的君主(天皇)。」(*The Mikado's Empire*, p. 577)

15. 我在此是根據松平慶永的描述，引自《孝明天皇紀》第五卷，p.655。其中的細節與《明治天皇紀》第一卷 p. 418 的敘述有微妙出入，例如，後者描述看到井上要割手指於是急忙說相信他的人是巴夏禮。

16. 《明治天皇紀》第一卷，p. 419。

17. 石井孝，《幕末 非運の人びと》，p. 91。

18. 《明治天皇紀》第一卷，p. 420。關於朝廷下達給幕府敕令的英文版，見 W. G. Beasley, ed. and trans., *Select Documents on Japanese Foreign Policy*, p. 304。

19. 《明治天皇紀》第一卷，p. 421。

20. 遠山茂樹編，《維新の群像》，p. 56。遠山的概要非常隨意且省略了大量事實，但也因此讓人更好理解原文。石井也有在書中引用寫於一八六五年八月二十九日的同一封信中的部分段落(《幕末の天皇》，p. 89)。這封信並沒有出現在《孝明天皇紀》中，而是引自《朝彥親王日記》第一卷，pp. 336-337。

21. 《朝彥親王日記》第一卷，pp. 336-337。遠山表示岩倉的這番話出自《続叢裏鳴蟲》(《維新の群像》，p.

57)，然而其中卻找不到相關段落。遠山在該頁引用了中山忠能日記中「宮殿如遊廊，日日歡樂」的記述，說明孝明天皇的側室及侍妾有二十幾人。

22. 石井孝，《幕末 非運の人々》，p. 88。

23. 遠山茂樹編，《維新の群像》，p. 51；石井孝，《幕末 非運の人々》，p. 77。由於這個官職，他又被稱為「尹宮」。

24. 這裡的文字出自一八六四年一月十一日孝明寫給中川宮的信，相關內容請見《孝明天皇紀》第四卷，p. 940。石井引用了信中的段落，天皇一口咬定謠言是不法之徒試圖顛覆九月三十日的政變，並強調自己確信尹宮能看透他的內心，就像他能看透尹宮的內心一樣(《幕末 非運の人々》，p. 77)。孝明也在最後表示他對親王完全沒有疑心。

25. 遠山茂樹編，《維新の群像》，p. 52。

26. 按照蜷川新的說法：「明治天皇於慶應三年一月九日登基。前一年的十二月二十五日其父親孝明天皇遭岩倉等人暗殺，同年九月二十日第十四代將軍家茂也在大坂城遭不明人士殺害。」(《明治天皇》，p. 11)

27. 長州藩的主要人物包括如木戶孝允、高杉晉作、井上馨和伊藤博文等人(《明治天皇紀》第一卷，p. 429)。

28. 關於這個時期的談判，見 Marius B. Jansen, *Sakamoto Ryōma and the Meiji Restoration*, pp.217-222。

29. 關於盟約的六條內容，見前注，pp. 220-221。

30. 該年五月家茂開始發病，病情幾經反覆，等到七月在大坂陷入重病。關於病情的詳細描述，請參考 Conrad Totman, *The Collapse of the Tokugawa Bakufu*, p. 516。

31. 一名女官在日記中提到，親子內親王擔心龜之助的年紀太小，無法應付當時的困難局面(《孝明天皇紀》第五卷，p. 799)。

32. 《孝明天皇紀》第五卷，p. 798。這份奏疏的日期只寫了「七月」(和曆)。根據其他資料可知上呈的時間為七月二十九日，然而家茂早在七月二十日就去世了。由此我們只能推測應該是家茂事前就寫好了奏疏，或者這封奏疏是別人代寫的。

33. 建議書的原文請見《孝明天皇紀》第五卷，pp. 804-806。

34. 這是石井孝的觀點，見《幕末 非運の人々》，p. 95。我曾試著想像德意志皇帝威廉二世耐心聆聽大臣激烈抨擊他的政策，卻發現這實在太困難了。

35. 《明治天皇紀》第一卷，p. 442。

36. 發出的聲明只說將「暫時」停止出兵(《孝明天皇紀》第五卷，p. 832)。

● 第十一章

1. 大久保利謙，《岩倉具視》，p. 138。
2. 石井孝，《幕末 非運の人びと》，pp. 97-98。

3. 《明治天皇紀》第一卷，p. 445。
4. 同前注，p. 445。
5. 同前注，p. 445。
6. 同前注，p. 454；資料參見《孝明天皇紀》第五卷，p. 916。
7. 東久世通禧，《竹亭回顧録 維新前後》，pp. 41-42。中山忠能的日記中提到天皇的身體強健，從未感冒。引述自《孝明天皇紀》第五卷，p. 927。
8. 原口清，〈孝明天皇は毒殺されたのか〉，《日本近代の虚像と実像 I》，p. 48。亦參見《孝明天皇紀》第五卷，p. 918。
9. 《中山忠能日記》第三卷，p. 652。
10. 湛海在日記中寫到「天皇恢復良好」（爾津正志，《孝明天皇は病死か毒殺か》，p. 33）。
11. 原口清，〈孝明天皇は毒殺されたのか〉，p. 49。根據官方說法孝明死於和曆十二月二十九日，但實際上他死於二十五日。自十七世紀以來，官方公布的天皇死亡日期通常晚於實際死亡日期，這也許是為了爭取更多時間準備喪禮。一八六七年十月，悼念孝明天皇的日期被改回他實際死亡的那一天（《明治天皇》第一卷，p. 816）。
12. 原口清，〈孝明天皇は毒殺されたのか〉，《日本近代の虚像と実像 I》，p. 57。
13. 原口介紹了吉田常吉在一九四九年首次發表的文章，他堅信孝明死於天花，見前注，pp. 49-50。
14. 毒殺論的主要支持者爾津正志的說法有些危言聳聽，他表示：「在戰敗之前，任何人只要對官方的資訊（即孝明天皇是自然死亡）稍有懷疑，就會被視為大不敬，或者受到法律制裁而入獄。沒有學者對這件事抱有疑問進行調查，更沒有任何日本人寫文章公然主張孝明天皇是被毒死的。薩道義在《明治維新親歷記》（A Diplomat in Japan）記載了這般謠言，然而該書的日文譯本卻刪除了這部分。」（《孝明天皇は病死か毒殺か》，p. 28）爾津曾說，一九四〇年七月在日本醫學史協會關西支部大會的一次會議上，佐伯理一郎博士在仔細看過尹良子元義秘藏的御醫記錄之後得出結論，直到一月二十二日或者二十三日孝明的天花病程依然正常，但之後可能是岩倉具視利用此機會，讓自己當時擔任女官的姪女向天皇下毒。佐伯博士說這些事情是他親耳聽當事人的女官所述，她在後來出家成為京都東部鹿谷靈鑑寺的尼姑（爾津正志，《孝明天皇は病死か毒殺か》，pp. 34-35）。問題是，事實上出家的這名女官是岩倉的妹妹而非姪女。支持毒殺論的石井孝則認為岩倉的妹妹堀河紀子當時已不在宮中任職，因此不可能是她下的手（《幕末 非運の人々》，p. 114）。

我在此也想起曾聽恩師角田柳作博士談到，大約一九一〇年他在檀香山的酒吧聽身旁的男性告訴他自己因為參與了暗殺孝明的行動，所以不得不離開日本。假如能確定以下三點，這個情報很可能值得參考：一是我對這段故事的記憶在過了四十年後依然沒有偏差；二是角田博士在四十年後回憶起那段對話時沒有記錯；三則是酒吧裡的那個人當時沒有喝醉。

15. Sir Ernest Satow, *A Diplomat in Japan*，pp. 185-186.

16. 禰津正志，《孝明天皇は病死か毒殺か》，p. 35。

17. 大宅壯一在《大宅壯一全集》第二十三卷 p. 294 中提到了這種猜測。

18. 石井孝也列舉了兩位女官的名字（高野房子和中御門良子），在他看來這兩個人並非毫無嫌疑（《幕末 非運の人々》，p. 113）。他還毫無根據地主張犯人應當是一名女官，儘管背後一定存在著幕後黑手。另一方面，佐佐木克暗示策劃者可能是大久保利通，與在岩倉村蟄居中的岩倉狼狽為奸（《戊辰戰爭》，p. 9）。不管怎麼說，佐佐木確信有人在背後策劃了這次暗殺。然而，十三年後當他的著作於一九九〇年再版時，佐佐木卻改口說自己贊成原口的病死論，認為孝明死於天花。

19. 丸谷才一想像如果在一八八七年四月二十六日明治天皇觀看的歌舞伎劇目中加入一個新的橋段，肯定會相當有趣（《青い雨傘》，pp. 273-74）。其靈感來自《哈姆雷特》的劇中劇，也就是在天皇以及岩倉具視面前上演如同克勞地（Claudius）那樣毒殺天皇的戲碼，明治則在一旁伺機觀察心裡有數的岩倉的反應。然而丸谷心裡很清楚，岩倉早在一八八三年就死了。

20. 大久保利謙，《岩倉具視》，pp. 181-182。關於岩倉得知孝明病故時的悲痛心情，詳見《岩倉公実記》上卷，pp. 1135-1136。

21. 原口清，《孝明天皇と岩倉具視》。

22. 原口清，〈孝明天皇の死因について〉，《明治維新史学会報》第十五號，pp. 2-3。

23. 一八三〇年代，位於長崎出島的荷蘭商館的醫生將種痘技術傳入日本。這時該項技術在上流社會也已經相當普及。

24. 《明治天皇紀》第一卷，pp. 459-460。

25. 同前注，p. 470。

● 第十二章

1. 摘自寫於一八六七年二月二十一日的信。收錄於《岩倉具視関係文書》第三卷，p. 277。亦可見藤田覺，《幕末の天皇》，pp. 239-240。

2. 《朝彥親王日記》第二卷，p. 268。鍾馗是一個面目兇惡（特徵是絡腮鬍和一雙大眼）的神話人物，據說擁有揮劍驅除疾病和惡鬼的能力。他曾出現在唐玄宗的夢裡，唐玄宗因此命吳道子描繪其畫像。

3. 《朝彥親王日記》第二卷，p. 272。

4. 遠山茂樹編，《維新の群像》，p. 57。

5. 《明治天皇紀》第一卷，pp. 46, 479。亦可參考渡邊幾治郎，《明治天皇》上卷，p. 88。

6. 《明治天皇紀》第一卷，p. 466。

7. 同前注，p. 467。

8. 向死去的天皇追贈謚號的做法起源於中國，謚號後加「天皇」而非「院」的古老習慣已廢止長達九百五十五年，直到一八四〇年為紀念光格天皇的長期統治才才恢復這種做法（藤田覺，《幕末の天皇》，pp. 129-133）。在這之前，天皇們死後通常以一個地名再加上院號來稱呼，表示天皇死前已經出家，例如一條院和桃園院。孝明天皇則是新做法（實際上更古老）的一個例子。
9. 《明治天皇紀》第一卷，pp. 826-827。
10. 同前注，pp. 469-470。
11. 同前注，p. 477。書信的完整內容請參見多田好問編，《岩倉公実記》中卷，pp. 42-43，以及 W. G. Beasley, ed. and trans., *Select Documents on Japanese Foreign Policy*, pp. 308-310。
12. 原文參見多田好問編，《岩倉公実記》中卷，p. 44；英譯版本請見 W. G. Beasleyed. and trans., ed. and trans., *Select Documents on Japanese Foreign Policy*, p. 310。
13. 《明治天皇紀》第一卷，p. 480。原文見《岩倉公実記》中卷，pp. 44-45；英譯版本見 W. G. Beasley, ed. and trans., *Select Documents on Japanese Foreign Policy*, pp. 310-311。
14. 原文參見《岩倉公実記》中卷，p. 47；英譯版本見 W. G. Beasley, ed. and trans., *Select Documents on Japanese Foreign Policy*, p. 319。
15. 《明治天皇紀》第一卷，p. 481。中山忠能繼續指導年輕的天皇學習日本古典，其他人則負責講解中國典籍（pp. 500, 507）。
16. 《明治天皇紀》第一卷，p. 497。明治還師從高辻修長和長谷信篤學習中國典籍（pp.500, 508）。其中一本提到書名的經典是《書經》。
17. 《明治天皇紀》第一卷，p. 474。
18. 同前注，p. 481。
19. 同前注，p. 484。
20. 十二月十七日，美國駐節公使范．瓦肯伯格（R. B. Van Valkenburgh）帶來了一封詹森（Andrew Johnson）總統對日本做出的努力表達感謝的書信（《明治天皇紀》第一卷，p. 549）。
21. 這個時候她名為勝子，但是後來改為美子，這也是海外比較熟悉的稱呼。為了保持行文一致，本書中我將統一稱呼她為美子。
22. 洞口猷壽，《昭憲皇太后宮》，p. 9。
23. 《明治天皇紀》第一卷，pp. 502-503。
24. 同前注，p. 504。
25. 同前注，pp. 504-505。「女御」的地位在皇后之下。
26. 根據和曆，這一天是前一年的十二月二十八日。有關婚禮的詳細敘述請見《明治天皇紀》第一卷，pp. 941-944。
27. 《明治天皇紀》第一卷，pp. 940-941。
28. 她被稱為「准后」，該頭銜正如字面上的意思是接近但不及皇后。
29. 《明治天皇紀》第一卷，p. 943。

第十三章

1. 《明治天皇紀》第一卷，p. 495。
2. 同前注，p. 497, 500。原文講述了根據情況甚至有夫妻離別和親戚斷交的極端例子。
3. 《明治天皇紀》第一卷，p. 511。
4. 同前注，p. 656。
5. 同前注，p. 681。
6. 同前注，p. 682。薩道義曾描述一八六八年五月二十二日巴夏禮爵士與後藤象二郎和伊達宗城會面的情況：「我們與後者討論了近期公布的基督教禁令。這麼一來等於是讓以前的禁令復活，只不過程度沒那麼嚴格而已。伊達承認禁令的用詞不當，並說他已經讓大坂和兵庫的告示不要使用這樣的措辭。他已經努力修改表達方式（可譯為『邪惡』或者『有害』），但不可能完全解除對基督教的打壓……後來我和中井（弘）就這個問題進行了長時間的討論，我建議法令不要特別提到基督教，而只是籠統地禁止『有害的教派』。顯然日本政府絲毫無意全面撤銷這條禁令，因為這等於認可了那些在長崎過於積極布教而顯得煩人的天主教傳教士。」(*A Diplomat in Japan*, p.368)
7. 《明治天皇紀》第二卷，p. 42。
8. 石井孝，《戊辰戦争論》，p. 1。
9. 關於小栗提倡的「德川專制主義」的詳細內容，請參考石井孝，《幕末 非運の人びと》，pp. 188-221。
10. 石井孝，《戊辰戦争論》，p. 21。
11. 松木弘安（他還有一個名字是寺島宗則）是個例外。在短暫的薩英戰爭期間，他故意被囚，以藉機前往國外。他對其他國家的了解（尤其是印度和中國）使他堅信日本抵禦外國列強殖民統治的唯一方法，就是讓國家統一並由天皇主政（石井孝，《戊辰戦争論》，p.22）。一八六六年夏天幕府和長州發生衝突之際，福澤諭吉提交了一份建議書，希望（必要的話援請外國兵力）鎮壓長州之後，能夠重新審視日本的封建制度。他似乎希望將軍建立一個專制的政府（p. 29）。
12. 這種暴動稱為「世直し一揆」，形式多半與眾不同。人們會沿街遊行，邊跳舞邊高喊「沒什麼不好」（いいじゃないか）。薩道義曾對這樣的示威行動做了描寫：「我們費了好大的勁才從身穿火紅和服、一邊跳舞一邊重覆喊著『沒什麼不好』的人群中穿過。路上的人如此專注於跳舞和提著燈籠的隊伍，以至於幾乎沒有人注意到我們經過。」(*A Diplomat in Japan*, p. 289)
13. 石井孝，《戊辰戦争論》，p. 38。
14. 大橋昭夫，《後藤象二郎と近代日本》，p. 76。兩人會面的詳細內容，請見Marius B. Jansen, *Sakamoto Ryōma and the Meiji Restoration*, pp. 265-266。
15. 龍馬提出的政策請見Marius B. Jansen, *Sakamoto Ryōma and the Meiji Restoration*, pp. 295-296；大橋昭夫，《後藤象二郎と近代日本》，p. 91。

16. 石井孝，《戊辰戦爭論》，p. 61。亦可見《明治天皇紀》第一卷，pp. 501-502。大橋的解釋則有些許不同（《後藤象二郎と近代日本》，pp. 95-96）。亦見 Marius B. Jensen, *Sakamoto Ryōma and the Meiji Restoration*, pp. 300-301。
17. 《明治天皇紀》第一卷，p. 516。
18. 同前注，p. 518。
19. 這個姓還可讀成「山之內」（Yamanouchi）；容堂是他的號，實際名字為豐信。
20. 大橋昭夫，《後藤象二郎と近代日本》，pp. 99-101。
21. 原文見《明治天皇紀》第一卷，p. 520。
22. 後藤象二郎和中井弘（薩道義稱他為弘藏）給薩道義看了該提議的副本：「他們拿出一份土佐藩上個月提出的建議書，建議大君採用之前的政策，並進行改革。其中最重要的是建立一個由兩院組成的議會、在主要城市開辦教授科學和文學的學校，以及與外國列強商議簽訂新條約。」（*A Diplomat in Japan*，p. 284）
23. 原文見《明治天皇紀》第一卷，pp. 521-522。亦可見 Marius B. Jensen, *Sakamoto Ryōma and the Meiji Restoration*, pp. 312-317。
24. 《明治天皇紀》第一卷，pp. 519-520。
25. 原文見前注，p.525。複本可參見石井孝，《戊辰戦爭論》，p. 67。
26. 慶喜被稱為「源」氏而非「德川」，是因為德川家族自稱是鎌倉時代將軍源氏的後裔。
27. 宮廷仍然在為孝明弔喪。
28. 三人分別是中山忠能、正親町三條實愛以及中御門經之。
29. 石井孝，《戊辰戦爭論》，p. 70。岩倉和玉松的關係參見多田好問編，《岩倉公実記》中卷，pp. 59-62。
30. 多田好問編，《岩倉公実記》中卷，p. 70。
31. 石井孝，《戊辰戦爭論》，p. 71。
32. 儘管第一份密敕上註明的日期比第二份密敕早一天，但兩者實際上是在同一天下達的（《明治天皇紀》第一卷，p. 526）。
33. 多田好問編，《岩倉公実記》中卷，pp. 84-85。根據岩倉的說法，天皇命令在密敕上署名的三位公卿靜觀其變，既然慶喜已經宣稱將歸還政權，不如看他接下來會怎麼做。儘管岩倉這麼說，但是年輕的天皇不太可能自己做出這個決定。
34. 康拉德．托特曼（Conrad Totman）曾寫道：「只要留意到種種證據都表明江戶（幕府）投注了大量心力在恢復德川家的權力和威信，慶喜在十月十二日（即西曆十一月八日）的決定就值得我們關注與質疑：他為什麼這麼做？」（*The Collapse of the Tokugawa Bakufu*, pp. 381-382）。托特曼舉出許多短期和長期的原因並從中尋求可能的答案，最後總結道：「簡而言之，有鑑於情況相當不樂觀——不論是慶喜含糊不清的目的、他對統治國家的猶豫、慶喜周圍人士傾向妥協的態度、欠缺強硬對抗的魄力、土佐藩建白書上有限的目標，以及預見到這件事極有可能像先前一樣不了了之——若是考慮到以上因素，慶喜的決定也就沒那麼令人訝異了。」(p. 386)

35. 《明治天皇紀》第一卷，p.527。

36. Elizabeth Longford, *Queen Victoria*, p. 61.

37. 一三三八年足利尊氏出任將軍，最後一位足利將軍義昭於一五八八年辭去將軍職。也就是說從一五八八至一六〇三年的十五年間，將軍在名義上是從缺的狀態，但有大部分時間是由豐臣秀吉擔任實質上的將軍。

38. 《明治天皇紀》第一卷，p. 560。完整的描述見多田好問編，《岩倉公実記》中卷，p. 60。

39. Satow, *A Diplomat in Japan*, p. 324. 原文(漢文)請見《明治天皇紀》第一卷，p. 595。這封國書由東久世通禧送交六國公使。一個類似但截然不同的分析認為，天皇已經廢除將軍，並將對諸侯會議所通過的國內外事務做出裁決。見佐佐木克，《戊辰戰爭》，pp. 17-18。

● 第十四章

1. 《明治天皇紀》第一卷，p. 541。

2. 收入以米量計算；一石約相當於一八五．五公升。

3. 大橋昭夫，《後藤象二郎と近代日本》，p. 118。

4. 《明治天皇紀》第一卷，p. 532。他們的企圖似乎多少取得了成功：一八六八年九月，朝彥親王由於試圖幫助德川家恢復政權而被剝奪了親王頭銜(p. 793)。

5. 《明治天皇紀》第一卷，pp. 531-532。岩倉這時的隨行者是中岡慎太郎。

6. 詳細資料見 Marius B. Jansen, *Sakamoto Ryōma and the Meiji Restoration*, pp. 343-344，以及《明治天皇紀》第一卷，pp. 545-546。這次暗殺的教唆者不明，儘管有人聲稱可能是幕府派出的職業刺客。

7. 工程始於十月十九日(《明治天皇紀》第一卷，p. 516)。幕府透過向全國各地收入超過一百石的村子徵收百分之三的稅來籌集所需的資金(p. 528)。

8. 十二月十四日幕府發行了一種有效期限為兩年的紙幣(《明治天皇紀》第一卷，p. 548)。這些問題是這個時期幕府商議的八個具體問題中的四個(pp. 532-533)。

9. 德川慶喜對朝廷不諳政事的回憶，參見大久保利謙校訂，《昔夢會筆記—德川慶喜公回想談》，p. 271。

10. 《明治天皇紀》第一卷，pp. 532-533。敕令原文見p. 534。

11. Sir Ernest Satow, *A Diplomat in Japan*, p.285. 薩道義寫下這段印象的日期是一八六七年十二月七日。

12. 石井孝，《戊辰戰爭論》，p. 74。

13. 這部分關於西周提出的議題草案內容源自前注，pp. 75-76。

14. 引自石井孝，《戊辰戰爭論》，p. 77。

15. 該詞的日文為「大君のモナルキ」(石井孝，《戊辰戦争論》，p. 78)。

16. 石井孝在《戊辰戦争論》一書中贊同第一種看法，佐佐木克則在《戊辰戦争》pp. 11-12 做出第二種解釋。原口清也在《戊辰戦争》p. 45 表達了類似觀點。

17. 大號令的原文和其他細節見《明治天皇紀》第一卷，pp. 557-560。亦可參見石井孝，《戊辰戦争論》，p. 86。這個時期設立的三個職位(合稱「三職」)都非常短命：一八六九年一月設立五月即廢除的「總裁」一職是由皇族擔任的監督性職位，為三職之首；同時設立的「議定」是由皇族或者大名擔任的行政單位，原先作為三職之一，在三職被廢止之後則改由四名議定負責監督。一八六八年設立的「參與」則由公卿、大名以及其家臣擔任，負責監督一切政府部門。於一八六九年八月廢止。

18. 這份容堂發言的概要綜合了澀澤榮一的《德川慶喜公伝》第四卷 p. 127 和《明治天皇紀》第一卷 p. 561 的內容。關於這次會議最詳細的描述，見多田好問編，《岩倉公実記》，pp. 157-161。石井孝雖然沒有寫明資料來源，但他描述容堂當時怒號著，對為實現王政復古而採用的卑鄙手段表示憤怒。石井也將容堂的傲慢態度歸咎於長期酗酒(《戊辰戦争論》，pp. 86-87)。

19. 多田好問編，《岩倉公実記》中卷，p. 159。

20. 同前注，p. 159。亦見澀澤榮一，《德川慶喜公伝》第四卷，p. 127。

21. 這可能意味著他在朝廷的位階會被降一級，而不是完全被剝奪官位。慶喜的位階為從二位，如果把土地還給政府，那等於他的四百萬石俸祿中有兩百萬石將上交政府。但是慶喜後來向朝廷的敕使坦言幕府的收入雖然對外宣稱有四百萬石，實際上只有兩百萬石(澀澤榮一，《德川慶喜公伝》第四卷，p. 132；大久保利謙，《岩倉具視》，p. 207)。

22. 多田好問編，《岩倉公実記》中卷，pp. 159-160；澀澤榮一，《德川慶喜公伝》，第四卷，pp. 127-128。岩倉慷慨陳詞，他承認德川家康對國家的貢獻並非微不足道，但也譴責家康的後繼者犯下了許多過錯，尤其是一八五三年外國人來訪之後幕府的應對措施。

23. 多田好問編，《岩倉公実記》中卷，p. 160；《明治天皇紀》第一卷，p. 562；佐佐木克，《戊辰戦争》，p. 14。根據澀澤榮一的《德川慶喜公伝》第四卷 p. 128 對大久保發言的總結，他並沒有說如果慶喜不遵從朝廷的命令就應該討伐。

24. 多田好問編，《岩倉公実記》中卷，p. 160。

25. 大久保利謙，《岩倉具視》，p. 208。類似的描述參見毛利敏彥，《岩倉具視》，p. 83；井上清，《西鄉隆盛》下，p. 52；豬飼隆明，《西鄉隆盛》，p. 22。《明治天皇紀》和《岩倉公実記》都沒有提到西鄉說過這樣的話。

26. 這是石井孝的看法，他懷疑後藤怎麼可能會忽視近在眼前的參與之位(《戊辰戦争論》，p. 88)。事實上，後藤於和曆十二月十二日與其他分別來自薩摩、尾張、越前、安藝和土佐五藩的十四人一同被任命為參與（《明治天皇紀》第一卷，p. 565）。

27. 澀澤榮一，《德川慶喜公伝》第四卷，p. 132。亦參見《明治天皇紀》第一卷，pp. 562-563；多田好問編，《岩倉公実記》中卷，p. 162。

28. 《明治天皇紀》第一卷，p. 569。薩道義寫道：「他（慶喜）開始解釋自己的政策，辯解從京都撤退的理由，並表明將遵守列藩會議的決議。針對大使們提出的詳細提問，他表示外國人無須擔憂日本的國內事務，在政府的形式確定之前，他仍會將外交事務視為己務。」（*A Diplomat in Japan*, p. 304）。

29. 顯然是指岩倉、三條和其他在孝明天皇統治時遭到流放的公卿。

30. 這段概述和翻譯融合了《明治天皇紀》第一卷 pp. 571-572 和《岩倉公実記》中卷 pp. 187-188 的內容。後者據說完全按照慶喜的原文，但是由於篇幅太長並未在此引用。

31. 「戊辰」是一八六八年的干支紀年。

32. 詳見澀澤榮一，《德川慶喜公伝》第四卷，pp. 167-168。根據豬飼隆明較近期的研究，這些鬧事行為是相樂總三在西鄉指使下進行的（《西鄉隆盛》，p. 25）。亦可見《明治天皇紀》第一卷，p.581。書中指明西鄉和大久保利通都有責任。然並非所有的事情都是浪士所為，也有盜賊假借浪士名義恣意妄為的例子（《明治天皇紀》第一卷，p. 574）。

33. 這時有謠言指稱是浪士隨機放火，並企圖趁亂劫持前兩任將軍（家茂和家定）的妻子帶回薩摩（井上清，《西鄉隆盛》下，p. 61）。家定的妻子天璋院出身薩摩，因此謠傳她與薩摩藩士勾結，幫助他們放火焚燒江戶城（澀澤榮一，《德川慶喜公伝》第四卷，pp. 168-169）。薩道義也聽到了這個謠言：「薩摩藩士設法在江戶城放火，並企圖劫持天璋院殿下。隨後政府人員攻擊並焚燒了江戶所有的薩摩宅邸，但屋裡的人都乘上薩摩的船逃走了。」（*A Diplomat in Japan*, p. 309）值得注意的是，薩道義在這段話中將幕府方稱為「政府」（the government）。

34. 《明治天皇紀》第一卷，p. 575。英國人似乎並不欣賞這些制服。薩道義描述了一次類似的軍演：「他們的制服模仿歐洲的樣式，以帶有紅色直條紋的黑色褲子搭配黑色外套。一些士兵很幸運地有合腳的靴子可以穿，其他人則還是穿著草鞋。他們頭上戴著圓錐形或者碟形的紙漿帽，兩側綁有紅色的繩子。他們使用英國步兵的訓練方式，作為射擊信號發出的喊聲相當奇特。」（*A Diplomat in Japan*, p. 263）

35. 井上清，《西鄉隆盛》下，p. 59。

36. 同前注，p. 65。

37. 這個計畫共有八項，主要列出天皇應該移往何處、由誰陪伴、以及誰該留在京都等等。原文參見多田好問編，《岩倉公実記》中卷，pp. 231-232。

38. 井上清，《西鄉隆盛》下，p. 65。亦可見《明治天皇紀》第一卷，p. 583。飛鳥井雅道還提到一個小計謀：當京都陷落之時假裝把鳳輦抬往比叡山，讓幕府軍以為天皇移往該地（《明治大帝》，p. 117）。

39. 例如，一一五九年二條天皇就曾假扮成婦人離開御所，到六波羅的平清盛家暫避。這件事出自《平治物語》。
40. 佐佐木克，《戊辰戰爭》，p. 23。
41. 石井孝，《戊辰戦争論》，p. 66。
42. 總督出征前由天皇下賜的刀具。
43. 《明治天皇紀》第一卷，p. 585。將軍的稱號是「征夷大將軍」，然而征討總督的任務是要討伐東北部幕府軍的據點。
44. 佐佐木克，《戊辰戰爭》，p. 26。
45. 薩道義曾簡要但毫不客氣地評價了嘉彰親王：「我們剛離開山階宮親王的宅邸，就被迫停在路邊，因為要讓仁和寺宮先行通過。他騎在馬上，是個身材略胖、皮膚偏黑，有著厚嘴唇的年輕人。他的頭髮才剛長出來一些，因為不久之前他還是個僧侶。」(*A Diplomat in Japan*, p. 357)
46. 在一八六七年四月七日寫給土持政照的信中，西鄉稱自己是「好戰者」（軍好き）（豬飼隆明，《西鄉隆盛》，p. 28）。
47. 佐佐木克，《戊辰戰爭》，p. 27。
48. 有一種說法認為他之所以登上美國船艦是因為天色太暗而將其誤認為開陽丸，但大部分人普遍都認為慶喜很清楚那艘船是易洛魁號。
49. 澀澤榮一，《德川慶喜公伝》第四卷，p. 190；佐佐木克，《戊辰戰爭》，p. 30。

第十五章

1. 《明治天皇紀》第一卷，pp. 595-596。
2. Sir Ernest Satow, *A Diplomat in Japan*, p. 324.
3. 原文見《明治天皇紀》第一卷，p. 596。亦可見石井孝，《戊辰戦争論》，p. 114。薩道義曾寫道：「城裡到處張貼著一張由岩下、伊藤和寺島等外國事務局官員署名的告示，告知人們天皇發誓會遵守條約，並叮囑眾人不可對外國人釋出惡劣態度。」(*A Diplomat in Japan*, p. 326)。他指的可能是在二月十六日發給各國公使的另一份文書。
4. 《明治天皇紀》第一卷，pp. 600-601。此時收件人橋本實梁已經離開京都前往東部。他在桑名收到親子內親王的信並深受感動，於是委託使者把信帶回京都交給參議萬里小路博房，請他考慮在朝議上討論這件事。
5. 石井孝，《戊辰戦争論》，pp. 120-121。
6. 同前注，p. 123。
7. 同前注，p. 124。
8. 《明治天皇紀》第一卷，p. 618。公現是伏見宮邦家親王第九個兒子的法號。這個時期他通常被稱為能久親王或者輪王寺宮。
9. 《明治天皇紀》第一卷，p. 603。這裡提到的君主應該是指維多利亞女王，儘管國王路易腓力也是如此。

10. 《明治天皇紀》第一卷，pp. 602-603。

11. 同前注，p. 611。上一次他離開御所是因為宮殿發生大火。

12. 《明治天皇紀》第一卷，p. 627。

13. 同前注，p. 628。

14. Sir Ernest Satow, *A Diplomat in Japan*, p. 337.

15. 同前注，pp. 347, 353；《明治天皇紀》第一卷，p. 630。

16. Sir Ernest Satow, *A Diplomat in Japan*, p. 347。薩道義的同事米特福德（即後來的雷德斯代爾勳爵）對此有不同看法。「親眼目睹恐怖處刑」的法國艦長曾向他描述：「第一個犯人將匕首用力刺向自己的腹部，內臟隨即流了出來；他用手托住內臟，開始唱起憎恨外國人玷污了這片神聖土地並發誓復仇的歌曲，直到斷氣為止。」(Redesdale, *Memories of Lord Redesdale*, p. 446)。根據米特福德所聞，十一個人以這種方式行刑之後，「法國人再也看不下去了，圖瓦爾艦長因此請求寬恕剩下的九個人」。

17. 薩道義描寫了該起發生在神戶的事件。備前藩士在瀧善三郎的指揮下，向外國人開火，射殺了一名美國水手(*A Diplomat in Japan*, pp. 319-320, 344)。瀧善三郎隨後奉命切腹自殺。

18. 西方人更為熟悉的詞是「Harakiri」（腹切），傳統武士則偏好使用「割腹」(Kappuku)。但是不管稱呼如何，這個行為都是用短刀深深地劃開腹部，以顯示內在潔淨無瑕。

19. Sir Ernest Satow, *A Diplomat in Japan*, pp. 346-347.

20. 侯許在日本是高級外交官，波爾斯布魯克雖然職位較低，但可能因為日本和荷蘭之間長期交好而比巴夏禮更早謁見天皇。

21. 他又被稱為「山階宮」（一八一六—一八九八），為伏見宮親王的長子。於八歲（一八二四）出家，但是後來還俗並積極參與王政復古。米特福德記下了在覲見天皇之前與他短暫見面的印象：「親王穿著舊式的紫色朝服，頭戴一頂用黑色皺紙做成的奇怪帽子（烏帽子）。他的牙齒染黑，但是由於這需要每兩三天重新染一次，而當時正好處於過渡期，因此看起來並不是很完美。幾天後再見到他的時侯，他的牙齒已經重新染過，黑亮得如同漆皮一樣。」(Redesdale, *Memories of Lord Redesdale*, p. 447)

22. 《明治天皇紀》第一卷，p. 635。

23. Sir Ernest Satow, *A Diplomat in Japan*, p. 359。關於對英國公使的襲擊，米特福德另有描述。其中一段尤其令人印象深刻：「我聽到槍聲和劍擊聲，還有人大喊著：『我們被襲擊了！』『殺了他！』『開槍！』我以此生從未有過的敏捷速度跳出轎子，向前狂奔而去。路上已出現一灘灘的血跡，有個殺手充滿敵意地向我走來，儘管他已經負傷，但並不嚴重。他手上的刀滴著血，臉部也在流血。我了解日本人的劍術，心裡很清楚要是一刀砍過來自己肯定躲不過，因此趁他不注意衝上去奪下那把淌血的刀。我把他扭送給第九連隊的士兵，卻被他掙脫朝著小路往庭院逃跑。我趕緊確認巴夏禮公使是否安全，看到他十足冷靜地騎在馬上和薩道義在一起，這才讓我安下心來。薩道義的馬在流血，但謝天謝地他本人並沒有受傷。我朝他們走去時腳邊被絆了一下。一看才發現是一顆人頭。」(Redesdale, *Memories of Lord Redesdale*, p. 450)

九月一日，英國女王分別賜給後藤和中井一把寶劍，以感謝他們救了英國公使一命(《明治天皇紀》第一卷，p. 639)。

24. Sir Ernest Satow, *A Diplomat in Japan*, p. 360。這位名為三枝蓊的僧侶在行刑前兩小時拍了照片。照片中的他瞪著照相機，沒有絲毫悔意。在將犯人逮捕歸案後，米特福德也與這位試圖行兇的犯人談話，並同樣提到他希望盡快被砍頭(Redesdale, *Memories of Lord Redesdale*, pp. 452-453)。《甦る幕末》pp. 164-165上刊登了另一名襲擊者林田貞堅的斬首照片。三月二十七日，三枝和林田被梟首示眾，三名嫌疑犯則被流放至隱岐。三天之後朝廷發布了一道公告，告誡人們不要攻擊外國人，強調這不僅違背朝旨，更有損天皇的威信，且很可能導致國際衝突(Redesdale, *Memories of Lord Redesdale*, pp. 455-456；《明治天皇紀》第一卷，p. 639)。
25. 《明治天皇紀》第一卷，p. 636。
26. Sir Ernest Satow, *A Diplomat in Japan*, p. 361.
27. Redesdale, *Memories of Lord Redesdale*, pp. 451-452.
28. 這時薩道義無法陪同他們前往謁見。原因正如米特福德所解釋的，因為「他當時尚未覲見過自國的陛下，因而按照禮儀他不能覲見外國君主。」(Redesdale, *Memories of Lord Redesdale*, p. 458)。
29. Redesdale, *Memories of Lord Redesdale*, pp. 456, 457.
30. 原文(sangre azul)為西班牙語，意指「貴族血統」。
31. Redesdale, *Memories of Lord Redesdale*, pp. 459-460.
32. 《明治天皇紀》第一卷，p. 638。
33. Redesdale, *Memories of Lord Redesdale*, p. 461. 伊藤俊輔即伊藤博文。一八六三年，他到英國留學並學會流利的英語。
34. 新選組成立於一八六三年，是由一群武藝高強的浪士所組成的武裝集團，主要是幕府用來鎮壓京都攘夷運動的警備隊。一八六四年新選組成員討伐了在池田屋密會的攘夷派志士，在鳥羽伏見之戰吞敗後也依然奮力地為前將軍賣命。儘管和新政府軍交鋒多次皆落敗，卻散發一股獨特的魅力，因而成為許多人創作的題材。其原因想必是出自他們始終對於明知將步向破滅之物展現了極致的忠誠。關於當時對該次戰鬥的描寫，請參考新人物往來社編，《新選組史料集》，pp. 205-214。
35. 石井孝，《戊辰戦争論》，pp. 126-127。
36. 《明治天皇紀》第一卷，p. 589。在該資料中註明為「宮さん」，而不是吉伯特和沙利文(Gilbert and Sullivan)的輕歌劇中所唱的「宮樣」。歌曲原文為「宮さん、宮さん、お馬の前のぴらぴらするのは何じゃいな。とことんやれとんやれな。ありゃ朝敵征伐せよとの錦の御旗じゃしらなんか。とことんやれとんやれな。」

第十六章

1. 在古代日本「政」（まつりごと）這個字同時代表祭祀和治國兩種意思。這段文字出自一八六八年三月十三日首次刊行的《太政官日誌》，其副本則被送往各藩以及幕府的直轄地（《明治天皇紀》第一卷，p. 632；飛鳥井雅道，《明治大帝》，p. 128）。

 復興神道導致許多保存在神社中的佛教經文、藝術品以及法器遭到毀壞，政府也因此下令禁止神官做出這類褻瀆的行為（《明治天皇紀》第一卷，pp. 665-666）。

2. 《明治天皇紀》第一卷，p. 646。那些不想放棄僧位及僧官之人必須另外申訴。四月二十日，政府發布了禁止神佛混淆的敕令。被視為神道眾神「本地」的佛像以及佛教的禮器、梵鐘等等也全數從神社撤離。甚至有呼聲要求禁止佛教（《明治天皇紀》第一卷，p. 663）。

3. 本地垂跡說的最早例子可以追溯到西元九三七年，當時人們宣稱有兩位神是菩薩的權化，而後所有神都被認為是佛陀或者菩薩的化身。佛教真言宗的十三位佛陀成為了大多數神靈的「本地」（本體）。神道的儀式吸收了加持祈禱、護摩、護符、啟示等眾多真言密教的教義。神佛習合思想最重要的產物便是「兩部神道」，這是由將真言宗的兩部曼陀羅與伊勢神宮的內外宮視為同等而衍生出的名稱。

4. 這個時期「廢佛毀釋」（意為排斥佛法，捨棄釋迦牟尼的教誨）一詞被頻繁使用，儘管官方的政策只是希望分離兩種宗教，而非摧毀佛教。有關描寫明治時期對佛教迫害的英文著作，請參考James Edward Ketelaar, *Of Heretics and Martyrs in Meiji Japan*。

5. 根據中國傳統的天文學說，皇帝位在北方，面朝南側的大臣和諸侯。

6. 祝禱詞的原文請見《明治天皇紀》第一卷，p. 648。在天皇立誓之前，祝禱詞先概述了事情的來龍去脈。

7. 御誓文首先由由利公正起草，經福岡孝弟稍作修正，最後再由木戶孝允修改。參見《明治天皇紀》第一卷，pp. 652-655。

8. 遠山茂樹編，《明治維新》，pp. 192-193。遠山認為，《五條御誓文》以及明治天皇統治初期所頒布的類似措施儘管看似開明，實際上「不過是一種在全面推行天皇獨裁制度之前，為了緩解陣痛而打的麻醉劑，並且常見於實行開明專制之前」。他還更加具體地批評了御誓文：舉例來說，由利公正在草案第三條提到允許庶民追求自已的事業，但這僅僅是出於經濟考量，讓富有的農商階層可以獲得一定的政治發言權。田中彰則認為第一條誓文註定是個將被遺忘的口號而已（《未完の明治維新》，pp. 24-28）。他也主張御誓文的自由基調是因為在當時發生了許多針對外國人的暴力事件，使新政府的立場受到質疑，因而有必要對外強調自身的開明性。田中還引用了久米邦武的文章，指出一八七二年木戶孝允似乎已經完全忘了他自己曾參與擬寫的這份誓文，說明他根本沒有很看重這件事。

9. 六月十一日進行政體改革時，據說就是以符合《五條御誓文》的主旨為目標（《明治天皇紀》第一卷，p. 708）。另外，田中也指出自由民權運動的領導者們非常欣賞《五條御誓文》的民主特色（《未完の明治維新》，p. 28）。
10. 《明治天皇紀》第一卷，p. 649。
11. 同前注，pp. 649-652。
12. 田中彰，《未完の明治維新》，p. 28。
13. Sir Ernest Satow, *A Diplomat in Japan*, p. 365-366.
14. 《明治天皇紀》第一卷，p. 671。
15. 同前注，p. 661。
16. 這並不一定是當時所有人的共同觀點。例如，木戶孝允在他的日記中寫到，如果目前的情況再持續一年，不僅國家將會陷入貧困，終將無法樹立天皇的統治。(Sidney DeVere Brown and Akiko Hirota, trans., *The Diary of Kido Takayoshi*, 1, p. 32) 木戶對戰事的結果做了幾個悲觀的預測，這只是其中一個。
17. 更為人熟悉的名字是晃親王。一八六六年，他和岩倉具視以及其他人由於政治因素受到蟄居處分。王政復古後就任議定，這時他正擔任外國事務總督。
18. Sir Ernest Satow, *A Diplomat in Japan*, pp. 370-371. 日本人的文獻對於此次會面提到了一個薩道義沒有說到的細節：當巴夏禮爵士將維多利亞女王的國書呈給天皇時因為過於惶恐，以至晃親王不得不扶住他（《明治天皇紀》第一卷，p. 686）。這聽起來顯然跟我們在其他資料中對巴夏禮的印象有出入。
19. 《大久保利通日記》第一卷，p. 452。亦可見飛鳥井雅道，《明治大帝》，p. 125。
20. Sidney DeVere Brown and Akiko Hirota, trans., *The Diary of Kido Takayoshi*, 1, p. 12.
21. 飛鳥井雅道，《明治大帝》，p. 125。這與《明治天皇紀》第一卷 pp.705-706 對橫井所言的記述有些不同。
22. 《明治天皇紀》第一卷，p. 670。
23. 摘自五月二十三日大久保寫給木戶的一封信，見飛鳥井雅道，《明治大帝》，p. 126。有關大久保建議都城遷往大坂的建議書，參見遠山茂樹編，《天皇と華族》，pp. 6-8。

● 第十七章

1. 原文見遠山茂樹編，《天皇と華族》，p. 9。公告頒布的日期為慶應四年閏四月二十二日（西曆一八六八年六月十二日）（《明治天皇紀》第一卷，p. 705）。
2. 後宮通常簡稱為「奥」，是天皇的私人起居場所，由女官負責統籌。接近於土耳其等地所謂的「seraglio」。
3. 另一文本則指出是在早上八點（辰之刻）（遠山茂樹編，《天皇と華族》，p. 9）。

4. 輔相為當時官僚制度下男性的最高職位；岩倉具視和三條實美同時兼任議定和輔相。

5. 八景之間是輔相的辦公室，之所以如此稱呼是因為那裡掛著「八景」圖，推測可能是「近江八景」。《明治天皇紀》則加以引申，表示天皇前往輔相的辦公室是為了看他們專心忙於公務的模樣。

6. 這個細節別處不見，似乎清楚地表明天皇這時已經開始吸菸。

7 天皇的貼身侍從，為此時新設的職位。必須遵守的規則包括不得洩露任何有關天皇行蹤的消息；未經合適的管道，不得就國事直接向天皇提出訴求；絕對不許在天皇面前表現出任何卑劣低俗的言辭和舉止；無論是在白天還是夜晚當值，都不得仗著天皇的一絲恩寵在皇宮內外做出玷污陛下聲譽或者炫耀權威之事。剩下的六條規定則與他們的職責有關(《明治天皇紀》第一卷，pp. 706-707)。其他附文詳細列舉了近習應有的資質。要在公家中找到符合所有條件的人並不容易，但最終還是選出了十個人。這十人的名字請參見p. 707。

8. 意譯請見《明治天皇紀》第一卷，pp. 705-706。

9. 薩道義爵士提到他已經看過幾條「法令」，最新的版本發表於該年六月。他寫道：「美國政治理論的影響顯而易見，我相當確信師從沃貝克(Verbeck)學習英語的大隈與和他出身同藩的副島在制定這些法令上貢獻良多。其中一條的措辭是『太政官的權力(換言之，政府)分為立法、行政和司法三部分』，另一條則規定『所有官吏以四年為一任，並根據投票以多數決選出。到了官員輪替的時期，半數的現任官員應再留任兩年，以確保公務不受影響。』從這裡我們似乎可以看到『獵官制』(spoils system)的影子。根據大隈的解釋，『行政』相當於美國憲法中『由總統和其顧問組成』的行政部門，但實際上則是由神祇、會計、軍務和外務等諸部門的首長所組成。」(*A Diplomat in Japan*, p. 377)

10. 《明治天皇紀》第一卷，p. 708。這個時期被任命為二等官的人有後藤象二郎、木戶孝允、大久保利通、副島種臣和橫井小楠等，盡是充滿才幹的人物。

11. 但是為確保政策的連續性，有一半的任期屆滿者會再續任兩年。

12. 九月九日，岩倉具視奏請天皇讓他親自率領兩千名佐賀藩士兵出征。在他上交的請願書中，他承認自己出身公家因而毫無作戰知識，但仍希望對抗北方叛軍，測試自己的「螻蟻之力」。岩倉後來雖被勸阻，卻並不是因為他缺乏足夠的軍事經驗(《明治天皇紀》第一卷，p. 774)。

13. 大部分記錄他一八六八年活動的文獻都使用這個名字，但我在此將使用這段時期他最為人所知的稱謂「輪王寺宮」來稱呼他。

14. 《明治天皇紀》第一卷，p. 618。亦可見有馬賴義，〈北白川宮生涯〉，《別冊 文藝春秋》一〇五號，pp. 239-240。

15. 有馬賴義，〈北白川宮生涯〉，《別冊 文藝春秋》一〇五號，p. 239。

16. 同前注，p. 240。
17. 有馬估計，像輪王寺宮這樣的等級少說也應該有上百名護衛(同前注，p. 244)。
18. 有馬賴義，同前注，p. 241。
19. 森鷗外，《能久親王事蹟》(《鷗外全集》第三卷，p. 516)。
20. 有馬賴義，〈北白川宮生涯〉，p. 242。事實上森鷗外也有一模一樣的記述，見森鷗外，《鷗外全集》第三卷，p. 516。
21. 森鷗外，《能久親王事蹟》，p. 517。
22. 有馬認為這是因為岩倉具視擔心輪王寺宮可能會影響天皇，進而干涉奪取江戶城的計畫。儘管已經派出東征軍，但是岩倉並不打算攻擊江戶城，畢竟他認為如果讓幕府方的交涉人勝海舟死在這裡實在太可惜了(〈北白川宮生涯〉，p. 247)。
23. 瀧川政次郎，《知られざる天皇》，p. 125。
24. 有馬賴義，〈北白川宮生涯〉，p. 249。
25. 同前注，p.250。亦可參見澀澤榮一，《德川慶喜公伝》第四卷，p. 247, 248。
26. 有馬賴義，〈北白川宮生涯〉，p. 250。
27. 森鷗外，《能久親王事蹟》，p. 532。
28. 同前注，p. 533。
29. 同前注，p. 535。關於親王喬裝的描述(喬裝成一位出診的醫生)，請見p. 536。
30. 《明治天皇紀》第一卷，p. 736。
31. 瀧川政次郎，《知られざる天皇》，p. 126。瀧川表示這個消息是他直接從已故的尾佐竹猛博士那裡聽來的。他並沒有親眼看到文獻資料，但他相當尊崇並信賴尾佐竹提供的情報。
32. 親王作為天皇的稱號為「東武」。
33. 《明治天皇紀》第一卷，p. 736。薩道義肯定對這方面的傳言有所耳聞。他提到：「長期作為寺廟門跡，且支持德川的抗戰派一直想擁立為皇帝的輪王寺宮，最終在戰鬥結束後被倖存者給拐走了。」(*A Diplomat in Japan*, p. 375)。
34. 同盟書名為《白石盟約書》，詳見佐佐木克，《戊辰戰爭》，pp. 115-123。亦可參見石井孝，《維新の内乱》，pp. 122-127。
35. 佐佐木克，《戊辰戰爭》，p. 131。
36. 一位歷史人物畫家。他的作品《前賢故實》描繪了從神武天皇直到後龜山天皇長達兩千年間的五百位傑出人物(包括天皇、忠臣，以及烈女)的肖像與略傳。該書於一八三六年至一八六八年間出版。
37. 佐佐木克，《戊辰戰爭》，p. 132。「東武」這個稱號即「東方的武士」，且日文發音同「東部」，表明他只是國家東部的天皇，西邊地區則由明治統治。然而根據菊池的說法，他的頭銜是外國君主使用「皇帝」(こうてい)，而不是「天皇」(てんのう)。
38. 森鷗外，《能久親王事蹟》，p. 546。
39. 同前注，p. 553。
40. 同前注，p. 557。一八七二年二月十四日他被封為皇族屬於上位的三品。同一天，他同樣個性舉棋不定的兄長朝彥親王也升為三品。德川慶喜被封為從四位，而在短暫的東武天皇統治時期曾擔任權征夷大將軍的伊達慶邦則被封為從五位。政府的寬大處置簡直到了難以置信的地步。

41. 《明治天皇紀》第一卷，pp. 792-793。關於朝彥親王陰謀的詳述，請參考澀澤榮一，《德川慶喜公伝》第四卷，pp. 268-269。
42. 《明治天皇紀》第二卷，p. 623。
43. 《明治天皇紀》第一卷，p. 927。
44. 關於榎本政府的創立、國際關係以及崩壞，請參考石井孝，《維新の內乱》，pp. 204-249。
45. William Elliot Griffis, *The Mikado: Institution and Person*, p. 182。我未能確定這起陰謀的主要參與者。
46. 《明治天皇紀》第二卷，pp. 422-424。
47. William Elliot Griffis, *The Mikado: Institution and Person*, p. 184.
48. 《明治天皇紀》第二卷，pp. 603-604。
49. 石井孝，《戊辰戰爭論》，p. 149。
50. 石井認為假如東北部的農民起義是針對新政府的話，那麼政府和長岡藩之間的戰爭走向將很難預料，但農民們反而把矛頭指向了庄屋（村長）（《維新の內乱》，p. 149）。
51. 舉例來說在一八六八年八月十日，他親自授予正準備出發征討會津的嘉彰親王一面象徵皇室正統的錦旗（《明治天皇紀》第一卷，p. 754）。另外在八月二十二日，他派出一名敕使前往北方戰場，代他撫慰東征的將士和當地居民，並下賜清酒和食物（p. 757）。類似的慰問一直持續到戰事結束為止。

● 第十八章

1. 《明治天皇紀》第一卷，p. 794。
2. 地球儀實際上的確在即位典禮上扮演了重要角色（《明治天皇紀》第一卷，p. 805）。
3. 《明治天皇紀》第一卷，p. 796。祈禱顯然並未靈驗，因為就在儀式舉行途中突然下起大雨。
4. 皇室的三樣神器包括天叢雲劍、八咫鏡和八尺瓊勾玉。鏡子通常供奉在伊勢神宮，其他兩樣寶物則保管於宮廷。
5. 在竹子或木製的棍子上綁上紙條或者布條的祭祀道具，神官會用來在人前揮舞以便祓除污穢與邪氣。又稱為幣束或幣。
6. 如同字面之意，即宣讀「宣命」之人。宣命是一種用古語寫成的敕諭。這時的宣命使是冷泉為理。
7. 《明治天皇紀》第一卷，p. 812。該賀歌出自《古今和歌集》第三百四十四首。
8. 《明治天皇紀》第一卷，p. 812。
9. 同前注，p. 804。「天長」取自「天長地久」這個成語，意為祝願天皇的生命如同天地一般長久。一八七三年改採西曆之後，明治在一八五二年誕生的日期也從陰曆換算成西曆，天長節因此改訂在十一月三日慶祝。但是在一八六八年他的生日對應西曆則是十一月六日。薩道義曾寫道：「十一月六日這天是天皇誕辰，舉行了盛大的慶祝儀式。」(*A Diplomat in Japan*, p. 386)

10. 官方並沒有說明這麼做的理由。也許隨著日本人逐漸熟悉西曆，不斷變動的年號反而顯得很沒效率。
11. 《明治天皇紀》第一卷，p. 787。
12. 同前注，p. 814。
13. 薩道義在日記中提到：「(一八六八年八月)二十三日，我和小松帶刀、中井弘一起用餐，並與大久保見了面，這位薩摩政治家曾在年初建議都城從京都遷往大坂。我相當確信他發揮了極大的影響力，最終讓政府決定以江戶城為政治中心，並改其名為「東京」，也就是「東之都」。」(*A Diplomat in Japan*, p. 380)。一八六八年二月，大久保曾經提出意見書說明提倡遷都的理由，到了後來他則覺得東京更適合當首都(遠山茂樹編，《天皇と華族》，pp. 6-8)。
14. Sir Ernest Satow, *A Diplomat in Japan*, p. 366.
15. 《明治天皇紀》第一卷，p. 838。
16. 同前注，p. 839。
17. 同前注，p. 847。多田好問提到了另一則內容極為相似的軼事(《岩倉公実記》中卷，p.570)。十一月五日，當天皇的鳳輦抵達東海道上的宿場町石部，伊達宗城走到路邊的一處稻田，摘了五枝稻穗獻給天皇，同時附上一首和歌：「君見五月降大雨　稻穗收成數寥寥」。這兩則軼事與和歌傳達了相同的主旨，都是希望能讓從未見過耕作情景的天皇了解到農民因為歉收過得相當艱難。
18. 多田好問編，《岩倉公実記》中卷，p. 572。
19. 《明治天皇紀》第一卷，p. 852。和歌的亮點在於「新居」(あらい)這個雙關語：除了指稱附近的地名「新居」，也可以解釋成有「洶湧、狂暴」之意的同音詞「荒い」。儘管名稱上看似波濤洶湧，實際上湖面卻十分平穩。
20. 《明治天皇紀》第一卷，p. 865。
21. 同前注，pp. 865-66。
22. 這是岩倉具視的觀點(《明治天皇紀》第一卷，p. 906)。
23. 木下彪，《明治詩話》，p. 3。
24. 《明治天皇紀》第一卷，p. 906。
25. 同前注，pp. 905, 913。一八六九年二月二十日，派昭武出征箱館的計畫取消，因為歷經多次敗北的叛軍已經後繼無力，他們的投降指日可待；但是昭武早已做好出征準備，因此他請求允許按原計畫啟程。實際上他在下個月初便出發前往蝦夷(《明治天皇紀》第二卷，p. 11)。
26. 木下彪，《明治詩話》，p. 12。
27. Sir Ernest Satow, *A Diplomat in Japan*, p. 404.
28. 《明治天皇紀》第一卷，p. 915。
29. 同前注，pp. 917-919。
30. 多木浩二的《天皇の肖像》是一部相當有趣的作品，內容描寫了天皇展示在民眾面前的形象，並提到天皇行幸東京期間曾發行各種錦繪。這些畫作非常熱銷，其中又以天皇進入東京城為主題的作品最受歡迎，為一般民眾提供了一種政治體驗(p. 9-11)。

● 第十九章

1. 「明治二年」會比一八六九年更為準確。和曆和西曆的差別在新年時尤為明顯；這一年和曆的元旦對應西曆則是二月十一日。
2. 《明治天皇紀》第二卷，p. 4。
3. 這個時期許多重要的詔書和敕令均出自玉松操之手(《明治天皇紀》第二卷，p. 19)。
4. 《明治天皇紀》第二卷，p. 7。關於他們對橫井的指控，原文參見森川哲郎，《明治暗殺史》，p. 29。其中一位暗殺者上田立夫最感到憤怒的是，他看到橫井在築地的外國人居留地散步，而且還身穿西裝、戴著洋帽。
5. 有關實學在中國和日本的發展情況，請參考 Wm. Theodore de Bary and Irene Bloom, *Principle and Practicality*, pp. 189-511。
6. H. D. Harootunian, *Toward Restoration*, p. 335.
7. George B. Sansom, *The Western World and Japan*, p. 283.
8. 歷史學家保羅．瓦利(Paul Varley)將其翻譯為「*A Chronicle of Gods and Sovereigns*」。
9. 出自一八六八年十月九日(和曆八月二十四日)的日記，見 Sidney DeVere Brown and Akiko Hirota, trans., *The Diary of Kido Takayoshi*, p. 105。
10. 一八六九年五月十日，議定中御門經之寫給岩倉具視的信中內容大意如此。得知天皇最近每兩天騎一次馬的中御門敦促岩倉應規勸天皇每個月只能騎六次馬(《明治天皇紀》第二卷，p. 109)。
11. 《明治天皇紀》第二卷，p. 30。
12. 選擇德語(而不是英語或者法語)可能是因為正在醞釀中的新日本憲法受到德國憲法不小的影響。天皇的講師加藤弘之很早就開始學習並精通於德語(引自加藤弘之，〈予が侍読に召されし頃〉，《太陽臨時增刊 明治聖天子》，p. 38)。
13. 《明治天皇紀》第二卷，p. 27。
14. 同前注，p. 44。
15. 詳見加藤仁，〈明治天皇お局ご落胤伝〉，《新潮45》。
16. 在〈明治天皇お局ご落胤伝〉一文中，加藤提到許多人聲稱自己是明治私生子的後代，但他對此抱持懷疑態度。
17. 出自一八七四年五月十九日的日記，見 Sidney DeVere Brown and Akiko Hirota, trans., *The Diary of Kido Takayoshi*, 3, p. 32。
18. 同前注，p. 199。出自一八七五年八月二十日的日記條目。
19. 同前注，p. 375。出自一八七六年十月十三日的日記條目。

20. 高島鞆之助，〈神武以来の英主〉，《太陽臨時增刊 明治聖天子》，p. 33。一部分引用自飛鳥井雅道，《明治大帝》，p. 148。
21. 引自加藤仁，〈明治天皇お局ご落胤伝〉，p. 60。
22. 日野西資博，《明治天皇の御日常》，p. 81。日野西還寫下天皇有一次在土方伯爵家喝到連路都走不穩，只能倚靠在日野西身上。不幸的是，日野西的個子並不高，實在難以支撐體格結實的天皇。當好不容易快要抵達目的地的時候，因為一個重心不穩兩人就這樣倒在了地上(p. 83)。
23. Charles Lanman, *Leading Men of Japan*, p. 18.
24. 坊城俊良，《宮中五十年》，pp. 14, 16。
25. 高辻修長，《御幼時の進講》，p. 30。
26. 加藤弘之，〈予が侍読に召されし頃〉，《太陽臨時增刊 明治聖天子》，p. 38。
27. 同前注。
28. 有地品之允，〈勇壯、闊達、細心、諧謔、勤倹に渡らせらる〉，《太陽臨時增刊 明治聖天子》，p. 52。

● 第二十章

1. 《明治天皇紀》第二卷，p. 10。
2. 多田好問編，《岩倉公実記》中卷，pp. 688-689；《明治天皇紀》第二卷，p. 31。
3. 《明治天皇紀》第二卷，p. 53。
4. 同前注，p. 55。
5. John R. Black, *Young Japan*, 2, pp. 254-255.
6. 雖然可能只是個巧合，但在幾年後(大約一八七五年)明治的侍講元田永孚問他最敬佩哪一位古代的天皇時，他也回答了神武和景行。這兩位天皇都與日本的建國和統一有關(安場末喜，《純忠至誠の大儒元田永孚先生》，p. 9)。
7. 《明治天皇紀》第二卷，p. 77-78。
8. 同前注，p. 79。
9. 從五月開始有報告指出「狡猾的」叛軍讓政府軍無法取得進展；但是到了五月二十八日，政府軍從海陸兩方展開的攻擊相當成功。
10. 即《日本三代實錄》，為古代日本朝廷編纂的六部國史中的最後一部，成書於西元九〇一年。
11. 《明治天皇紀》第二卷，p. 95。
12. 同前注，p. 97, 109-110。根據七月十四日的報告，三座主要城市(京都、東京和大阪)以外的居民仍然不信任紙幣，而這三座城市則出現了嚴重的通貨膨脹，人民的生活相當艱難(p. 135)。
13. 《明治天皇紀》第二卷，pp. 100-101。
14. 同前注，p. 112。
15. 同前注，p. 108。
16. 關於他的學習進度，見前注 p. 119, 124, 131-132 等等。
17. 同前注，p. 140。
18. John R. Black, *Young Japan*, 2, p. 267.
19. 同前注，pp. 266, 267。

20. F. V. Dickins and S. Lane-Poole, *The Life of Sir Harry Parkes*, 2, pp. 121, 142；亦見John R. Black, *Young Japan*, 2, pp. 267-268。布萊克似乎看過巴夏禮在一八六九年八月二十三日寫給克拉倫登(Clarendon)伯爵的信，信中有寫到這樣的內容。關於岩倉針對公爵來訪期間應該注意的禮節的詳述，參見多田好問編，《岩倉公実記》中卷，pp. 768-773。

21. John R. Black, *Young Japan*, 2, pp. 268-269.

22. 巴夏禮如此解釋這場儀式：「『漢神』正如其名是中國的神。這個古老的儀式可以追溯到遠古時期，那時日本的對外關係就只有透過朝鮮與中國有交流。因此，漢神成了被總稱為『唐人』(指中國的唐朝人)的外國人守護神。」(F. V. Dickins and S. Lane-Poole, *The Life of Sir Harry Parkes*, 2, p. 143)。米特福德的回憶錄中也有同樣的段落，資料來源可能是取自巴夏禮(Redesdale, *Memories of Lord Redesdale*, 2, p. 496)。日本人的文獻很少提到這個儀式，也沒有解釋這個詞，但是《明治天皇紀》第二卷p. 159有提到在和曆七月二十三日舉行了「韓神祭」。儀式上，中山忠能朗誦了一份祝禱詞。多田也提到韓神祭會在公爵抵達數天前舉行(《岩倉公実記》中，p. 768)。

23. Redesdale, *Memories of Lord Redesdale*, 2, p. 496. 此外*A Guide to the Works*寫到：「根據日本政府的命令，公爵殿下受到的禮遇堪比天皇巡幸。家屋二樓的窗戶全部用紙封住，這樣就沒有人能夠俯看女王的兒子了。」(p. 45)

24. F. V. Dickins and S. Lane-Poole, *The Life of Sir Harry Parkes*, 2, p. 143.

25. Redesdale, *Memories of Lord Redesdale*, 2, p. 497.

26. 根據福澤諭吉的解釋，波特曼想用這個主題(和正文)吸引總統的注意，總統通常「不親自閱讀駐外國公使的報告，除非講述的內容具有針對性或者非比尋常。」(Kiyōka Eiichi, trans, *The Autobiography of Yukichi Fukuzawa*, pp. 205-206)

27. 渡邊幾治郎，《明治天皇》上卷，p. 104。根據格里菲斯(W. E. Griffis)的描述，「就在距離會客廳不遠處，身著白袍、頭戴黑帽的神官手持御幣和其他神道的祭祀道具舉行儀式，目的是為了驅除任何可能跟隨來自英格蘭和蘇格蘭這般偏遠異國的客人而來的邪惡力量。畢竟根據正統的神道學說，這些國家都是天皇的祖先在創建天津國日本之後，由剩下的海水泡沫和泥土所形成的。」(*The Mikado: Institution and Person*, p. 159)

28. Redesdale, *Memories of Lord Redesdale*, 2, p. 499.

29. F. V. Dickins and S. Lane-Poole, *The Life of Sir Harry Parkes*, 2, p. 147.

30. Sir Henry Keppel, *A Sailor's Life Under Four Sovereigns*, 3, pp. 289, 292. 開帕爾曾寫道：「明天，我們將一同前往皇居，讓王子會見天皇，這想必會相當無聊。」(p. 289)。

31. 禮物包括「漆器、脇差、根付、銅器、陶器、瓷器」等等(*A Guide to the Works*, p. 45)。

32. 《明治天皇紀》第二卷，p. 168。
33. 這些招待包括日本料理（可能還比現在接待國賓的料理更為講究）、相撲、劍術表演、特技雜耍以及氣氛嚴肅的能樂與狂言演出（《明治天皇紀》第二卷，p. 165）。據說這是外國人第一次欣賞能樂（Redesdale, *Memories of Lord Redesdale*, 2, p. 498）。演出的劇目包括四齣能樂（《弓八幡》、《羽衣》、《小鍛冶》和《經政》）和兩場狂言（《墨塗》和《太刀奪》）（中山泰昌，《新聞集成 明治編年史》第一卷，p. 303）。為了讓公爵和他的隨行人員更好理解內容，米特福德還事前準備了劇情大綱。很難相信他們看完了所有的劇目，因為全部演下來會需要將近十個小時。推測可能當時只演出了精華橋段。名演員寶生九郎也在《羽衣》中登場。
34. F. V. Dickins and S. Lane-Poole, *The Life of Sir Harry Parkes*, 2, p. 151. 布萊克對鋼琴的評價是：「我深深地懷疑它能否使皇后接受外國的音樂。我不止一次聽說皇后有在學習鋼琴，但我認為這並不可信。」（*Young Japan*, 2, p. 273）
35. John R. Black, *Young Japan*, 2, p. 274. 然而《明治天皇紀》中關於明治寄給奧地利皇帝的兩封信都沒有出現「兄長」的字眼（《明治天皇紀》第二卷，pp. 190-193）。儘管歐洲的君主彼此之間確實習慣互相稱兄道弟，但日本並沒有這種習慣。明治稱呼奧匈帝國的法蘭茲·約瑟夫（Franz Josef）為「皇帝陛下」，並且也以此稱呼中國皇帝。

• 第二十一章

1. 《明治天皇紀》第二卷，p. 224。
2. 同前注，p. 221。
3. 這個儀式極為重要，每代天皇只會舉行一次，通常是在他即位後的初冬時期。
4. 《明治天皇紀》第二卷，pp. 277-278, 445。
5. 飛鳥井雅道，《明治大帝》，p. 137。
6. 《明治天皇紀》第二卷，p. 109。他建議天皇只在每個月的三日、十三日、二十三日、八日、十八日和二十八日騎馬。
7. 明治二年六月可以找到有關天皇學業更為詳細的描述，當時他除了一日、六日、十一日、十六日、二十一日和二十六日以外每天都要上課。除了閱讀儒家經典，福羽美靜也為他講授日本歷史，並輪讀《貞觀政要》。《貞觀政要》是中國在八世紀的政論著作，長期以來都作為日本天皇教育的素材（《明治天皇紀》第二卷，pp. 131-132；亦見 pp. 299-300）。明治的侍讀包括中沼了三、松平慶永和秋月種樹等人。
8. 元田竹彥、海後宗臣編，《元田永孚文書》第一卷，p. 127。在自傳《還曆之記》裡，元田講述了他的父親如何因為擔心他的將來而建議他暫時放棄實學，並勸他不要再去參加因違抗藩主而辭去家老的長岡是容的講習。文中引用的部分是元田對父親勸告的回答。亦可參見巨勢進、中村宏，《元田東野·副島蒼海》，p. 27。

9. 八木清治，〈經驗的實學の展開〉，p. 176。八木在文中多處引用了這方面的學術權威源了圓的論文。關於元田的老師橫井小楠的實學，可參見本書第十九章。

10. 在與父親意見分歧後不久，元田患上眼疾，被醫生禁止進行讀書研究。這次生病導致元田沒有繼續跟隨長岡是容鑽研實學(巨勢進、中村宏，《元田東野・副島蒼海》，pp.28, 33)。

11. 巨勢進、中村宏，《元田東野・副島蒼海》，p. 45。

12. 安場末喜，《純忠至誠の大儒元田永孚先生》，p. 6。這段文字的筆者是安場保和(一八三五—一八九九)的養子，而安場保和是元田的密友，兩人都是橫井小楠的門生。

13. 元田竹彥、海後宗臣編，《元田永孚文書》，pp. 118-119。亦參見巨勢進、中村宏，《元田東野・副島蒼海》，p. 46。

14. 《明治天皇紀》第二卷，p. 475。元田自明治五(一八七二)年五月七日開始為天皇授課的內容，見元田竹彥、海後宗臣編，《元田永孚文書》。講義是以容易理解的古典日語寫成。

15. 《日本外史》乃賴山陽(一七八—一八三二)的著名作品，描繪了日本歷代的戰爭傳統。

16. 元田竹彥、海後宗臣編，《元田永孚文書》，p. 126；巨勢進、中村宏，《元田東野・副島蒼海》，p. 47。

17. 安場末喜，《純忠至誠の大儒元田永孚先生》，p. 7。亦可見元田竹彥、海宗臣編，《元田永孚文書》，p. 127；巨勢進、中村宏，《元田東野・副島蒼海》，p. 48。

18. 「三間」(或稱為御三間)是常御殿西南側由三間小房間構成的宮殿，天皇會在此進行一些非正式的接見。

19. 元田竹彥、海後宗臣編，《元田永孚文書》，p. 127；巨勢進、中村宏，《元田東野・副島蒼海》，p. 49。

20. 舉例來說，侍從們並不喜歡元田，認為他在向天皇灌輸一些過時的禮儀(日野西資博，《明治天皇の御日常》，p. 120)。

21. 安場末喜，《純忠至誠の大儒元田永孚先生》，p. 4。

22. 四書(《論語》、《孟子》、《大學》、《中庸》)再加上《詩經》和《書經》，合稱六經。

23. 巨勢進、中村宏，《元田東野・副島蒼海》，pp. 53, 225。原文註明的日期為明治四年(一八七一)九月二十五日。

24. 同前注，pp. 72-74。

25. 《明治天皇紀》第二卷，p. 295。這一次，來自三個藩國的步兵、炮兵和騎兵部隊首次被編成連隊。由於藩國之間的軍隊訓練方法各不相同(分別按照英國、法國和荷蘭的方法)，制服也不一樣，因此或許看起來並不是很整齊。

26. Baron Alexander de Hubner, *Promenade autour du monde*, 2, p. 10. 許布納謁見明治天皇的詳情，參見

27. 《明治天皇紀》第二卷，p. 516。

《明治天皇紀》第二卷有提到天皇在統治初期第一次享用西式料理的情況。明治三(一八七〇)年八月十二日，他在延遼館吃了西餐；明治四年十一月二十一日的午餐也是西式料理。從十二月起天皇和皇后在御醫的推薦下開始飲用牛奶；十二月十七日，解除了宮中長年以來禁食獸肉的規定，天皇開始食用牛肉和羊肉。

28. William Elliot Griffis, *The Mikado: Institution and Person*, p. 194. 格里菲斯曾以嘲謔的口吻描寫一八七二年五月島津三郎率領的薩摩軍隊出現在首都的情景：「當島津率領兩百名薩摩武士的隊伍抵達時，一行人看起來非常中古且過時。他們全都穿著高高的木屐，佩帶著紅色劍鞘的長刀，剃掉了前面和兩側的頭髮，光著腦袋並時常露出胳膊，簡直就像從古時候走出來的流氓。當他們知道自己受到注目且被當成過時的人，便請求主君允許他們卸下用來斬人的武器。」(p. 238)。

29. 關於這張照片的描述，見《明治天皇紀》第二卷，p. 599。一九一二年九月的《太陽》雜誌在扉頁刊登了這張照片(《朝日新聞》，二〇〇一年五月二十五日，p. 20)。

話說回來，部分外國人也喜歡上了日本和服。巴夏禮在描寫時任日本外務省顧問且「能力出眾的美國律師」史密斯(Peshine Smith)時說道：「他似乎盡其所能地想讓自己的雇主成為笑柄，不僅身穿日式短掛和寬鬆的褲子來回走動，腰上還佩著兩把刀，並宣稱『十個該被暗殺的在日外國人中還沒有任何人遭到殺害』。」(F. V. Dickins andS. Lane-Poole, *The Life of Sir Harry Parkes*, 2, p. 193)

30. 《明治天皇紀》第二卷，p. 527。

31. 同前注，p. 324。

32. 同前注，p. 522。

33. Eīchi Kiyōka, trans., *The Autobiography of Yukichi Fukuzawa*，pp. 225, 226. 亦可參考長尾和郎，《暗殺者》，p. 12。

34. 江崎誠致的《大村益次郎》一書在p. 74提供了簡短但實用的大村年表。

35. 關於這次慘烈的戰鬥，見長尾和郎，《暗殺者》，pp. 16-20。

36. 森川哲郎，《明治暗殺史》，p. 35。

37. 廣澤被殺時正和小妾共寢，因此有人認為他遇害是因為遭到嫉妒，而非政治因素。天皇的顧問佐佐木高行在日記中懷疑是木戶孝允身邊的人策劃了這場暗殺，但是並沒有寫明理由(栗原隆一，《斬奸狀》，p. 363)。廣澤和木戶一樣都出身長州。

38. 栗原隆一，《斬奸狀》，p. 362。明治追贈了他更高的位階，並下賜其遺族三千兩金幣(《明治天皇紀》第二卷，p. 392)天皇之所以說廣澤是「第三位遇害的大臣」，應該是在暗示先前遇害的橫井小楠和大村益次郎。

第二十二章

1. 版籍奉還期間，許多藩都上書天皇，請求廢藩置縣（《明治天皇紀》第二卷，pp. 499-501）。這次召見的四位知事都曾詳述過建議廢藩的理由。德島藩主蜂須賀茂韶強烈譴責藩國林立導致國內一盤散沙，並認為把各藩士兵統一歸由兵部省指揮才是明智的做法。名古屋、熊本藩和鳥取藩的大名也提出了類似的請願（pp. 404-405）。一八七一年五月十七日，丸龜藩知事京極朗徹上書請求廢藩置縣，並於五月二十八日獲得批准（p. 446）。三田藩大名九鬼隆義甚至提出更進一步的建議：他不僅請求廢藩，將地方權力移交朝廷，還提倡讓藩內的武士逐步轉為農民和商人，甚至贊成取消區分華族（貴族）和士族（武士）（pp. 470-471, 500）。大溝藩和津和野藩主則成功請求併入其他大縣（pp. 478, 483）。這些動向雖然在全國並不普遍，卻說明了當時的氣氛是有利於廢藩置縣的。
2. 《明治天皇紀》第二卷，p. 498。
3. William Elliot Griffis, *The Mikado: Institution and Person*, p. 181.
4. 同前注，pp. 190-191。
5. 木下彪，《明治詩話》，pp. 50-51。亦可見拙作 *Dawn to the West*, 1, p. 41。這首詩有四十行。
6. 司馬遼太郎，《「明治」という国家》，p. 111。司馬指出，直到一九二〇年代官僚機構和學術界都充斥著士族，因為他們很快意識到只有通過教育才能擺脫經濟困境。他進一步指出，直到大正時代末期這些士族階層才開始影響農商界。
7. 一八六八年，在安排外國公使前往紫宸殿謁見時，以明治的母親中山慶子為首的後宮女官們哭天喊地，抗議天皇接見外國人成何體統。東久世通禧派人找來幾名高級女官試圖勸說，但是中山慶子甚至拜託她的父親中山忠能，以御醫說天皇發燒為由延後謁見。岩倉於是讓另一位御醫為天皇診斷，結果發現天皇身體無恙，因此會面按原定計畫進行（飛鳥井雅道，《明治大帝》，p. 123）。。
8. 《明治天皇紀》第二卷，pp. 504-505。
9. 同前注，pp. 505-506。
10. 關於被解雇的官員以及他們的繼任者，參考前注 p. 506。村田被任命為宮內大臣。
11. 《明治天皇紀》第二卷，p. 507。其中三人被提拔為權典侍，相當於天皇的妃嬪。
12. 同前注，p. 509；亦可見飛鳥井雅道，《明治大帝》，p. 142。
13. 《明治天皇紀》第二卷，p. 175。「國」相當於縣內面積較大的行政區域，「郡」則是比縣低一級。
14. 《明治天皇紀》第二卷，p. 267。
15. 同前注，p. 463。
16. 同前注，pp. 463-464。
17. 《明治天皇紀》第三卷，p. 30。兩人是在東京會面，而不是在樺太。副島提議由日本花二十萬圓買下樺太島，但是比索夫卻主張樺太全島應歸屬俄國，並將千島群島讓給日本作為補償。雙方都不肯讓步。也許是為了打破僵局，副島改口說日本願意讓出樺太島，但條件是他們必須簽訂協定，同意日本的軍隊在亞洲大陸發起軍事行動時可以自由通過俄國領土。然而比索夫表示自己沒有權限答覆這類問題，交涉就此中斷。

18. 《明治天皇紀》第三卷，p. 31。黑田上奏的原文參見《副島伯経歴偶談》第三卷，pp. 23-24。

19. 《明治天皇紀》第三卷，pp. 444-445。

20. 《明治天皇紀》第二卷，pp. 327, 333。板垣退助原本被選為這個四人視察團的代表，但是他因藩內事務繁忙而拒絕了。四人之中有西鄉隆盛的堂弟大山巖，後來成為陸軍大臣，在甲午戰爭期間擔任第二軍的司令官。另一名成員品川彌二郎則在歐洲待了六年，後來升任內務大臣。

21. 高島鞆之助，〈神武以来の英主〉，p. 34。但是渡邊幾治郎則記載了是德國公使（而非艦長）帶來照片並進行講解（《明治天皇》第一卷，p. 129）。

22. 渡邊幾治郎，《明治天皇》第一卷，p. 129。

23. 《明治天皇紀》第二卷，p. 666。

24. 同前注，p. 582。關於出訪時的詳細描述，參見久米邦武，《米歐回覧実記》，p. 42；田中彰，《岩倉使節団》，pp. 8-10。

25. 這個日期實際上要等到一八七二年十月，但是一般認為一八七二年七月一日就可開始交涉修訂條約（田中彰，《岩倉使節団》，p. 41）。日本與荷蘭、俄國、英國、法國、葡萄牙、普魯士、瑞士、比利時、義大利和丹麥都簽訂了類似的條約。後來與瑞典—挪威、西班牙、德國和奧匈帝國簽訂條約時也都遵循了美國的前例，日本依然無力剔除那些難以忍受的條款（《明治天皇紀》第二卷，p. 547）。

26. 《明治天皇紀》第二卷，pp. 548-550。

27. 大久保利謙，《岩倉使節の研究》，pp. 257-258。大久保抄錄了格里菲斯的「*Verbeck of Japan*」的部分內容。盡管沃貝克自視為美國人（嚴格來說是無國籍），但他實際上是在荷蘭出生長大。一八五九年他被荷蘭歸正教會（Dutch Reformed Church）派往長崎，除了傳教之外，還教授英語、法律、政治、經濟和西方科技（他大學時曾獲得工程學學位）。門下學生包括伊藤博文、大久保利通、大隈重信和副島種臣等人。

28. 這裡並不清楚岩倉所謂的「手下的高官」（One of your chief officers）是什麼意思。

29. 大久保利謙，《岩倉使節の研究》，p. 254。在紐澤西州新不倫瑞克（New Brunswick）歸正教會的Gardner A. Sage 圖書館發現了沃貝克一八六九年六月十一日寫給大隈的親筆信的副本，證實了沃貝克的話（田中彰，《岩倉使節團》，p. 28）。

30. 大久保利謙，《岩倉使節の研究》，p. 257。

31. 毛利敏彥，《明治六年政変》，p. 23。毛利提到，當時駐留華盛頓特區的森有禮高估了美國釋出的善意，以為修改條約的大好時機已經來到。伊藤博文也跟他有同樣看法(《明治天皇紀》第二卷，p. 659)。使節團成員並不喜歡森，因為他公開在美國人面前批評日本。木戶孝允的日記中包含了以下段落：「最近這些日子森的行為令人震驚。相比之下，美國人非常理解我們的感受，而且了解我們的風俗習慣。然而那些正在美國學習的日本學生卻缺乏對我國傳統習慣的深刻理解。他們崇拜美國的習俗，完全不知道他們賴以立足的傳統，甚至盲目地崇尚自由共和主義，天真淺薄的理念更令我不忍卒聽。人們對我國派駐當地的公使森有禮議論紛紛，說他當著外國人的面恣意嘲笑自己的國家。」(出自一八七二年四月十五日的日記，見 Sidney DeVere Brown and Akiko Hirota, trans., *The Diary of Kido Takayoshi*, 2, pp. 149-150)

32. 大久保和伊藤似乎認為他們已經獲得授權，能夠與美國就條約修訂的問題進行談判，但是實際上他們只是獲得了開始談判的權限。他們的任務並不是只和美國交涉修改條約，而是受命前往歐洲會見所有條約締結國的代表並在當地展開交涉。岩倉曾收到一封電報，要他請求美國政府派出使節參加談判。一八七二年六月十九日，天皇在給他的「兄弟」們——各國國王和總統——送出的書信中表示為了促進國家之間的和平友誼，將派出具有交涉權限的使節團進行訪問，還簡單介紹了使節團的主要成員。他提醒各國修訂條約的日期即將到來，並希望這次修訂能顧全所有人的利益(《明治天皇紀》第二卷，pp. 677-679；毛利敏彥，《明治六年政變》，p. 26)。

33. 三宅雪嶺，《同時代史》第一卷，pp. 339-343。轉引自毛利敏彥，《明治六年政變》，pp. 32-33。

34. 然而，格里菲斯很開心看到日本以前所未有的速度處理那些自稱為刺客的人，他寫道：「一八七一年一月十三日，兩位英國人在東京遭到三名武士襲擊，傷勢非常嚴重。我和沃貝克負責照料他們直到恢復健康。三名刺客被迅速捉拿歸案、逼供認罪，隨後公布了判決。令英國公使感到又驚又喜的是，當時新刑法的制訂已經完成了五分之二。根據刑法條款，兩名罪犯被絞死，一名被判處十年苦役，三人的武士身分皆被剝奪……這種讓出身高貴的殺人犯也在一般斬首低賤罪人的刑場處刑的新制度，很快就使得暗殺不再流行。」(*The Mikado: Institution and Person*，pp. 183-184)

● 第二十三章

1. 中國地區泛指瀨戶內海的北岸(廣島、岡山等)；西國則是這個時期九州的別稱。
2. 為了利用漲潮的高水位，天皇一行人於凌晨三點離開皇居前往濱離宮，在那裡登上龍驤號駛往浦賀，並於當天傍晚抵達。龍驤號當天晚上停泊在浦賀灣內，於第二天一早駛回濱離宮。

3. 《明治天皇紀》第二卷，p. 674。

4. 多木浩二，《天皇の肖像》，p. 6。

5. 許布納男爵在謁見明治天皇後寫道：「或許是根據禮儀，皇帝在和我說話時咬字含糊不清且輕聲細語。」(*Promenade autour du monde*, 2, p. 16) 天皇第一次接見巴夏禮時，在場的米特福德也提到：「不出所料，由於才剛離開深宮不久，加上年紀尚輕以及經驗不足，皇帝(天皇)顯得有些怯生。他說話宛如耳語，因此必須由他右手邊的親王大聲複述後，再由伊藤俊輔翻譯。」(Hugh Cortazzi, *Mitford's Japan*, p. 121)。法蘭克．布林克利(Frank Brinkley)回憶說他和其他英國人「向他表達了最崇高的敬意，但是陛下坐得筆直，連眼睛也不眨一下。他一句話也沒說……有些人甚至懷疑他是不是個人偶，他的態度跟神明沒兩樣。」("Sentei heika," p. 46)

6. 例如前英國外交官科塔茲(Hugh Cortazzi)引用了一八七二年八月十五日《遠東》(*The Far East*)雜誌上的一篇文章，講到「他的步伐僵硬，就好像靴子不合腳一樣。」(*Victorians in Japan*, p. 81) 一八七三年十一月見過天皇的布瑞賽(Brassey)夫人寫道：「他很年輕，長得不算英俊，一幅悶悶不樂的樣子，雙腳則好像不屬於他似的。我猜這是因為太少走路以及長時間正坐的緣故；因為直到近幾年人們還認為天皇太過神聖，以至於不讓他的腳接觸到地面。」(同前注，p. 333)

7. 多木浩二，《天皇の肖像》，p. 9。

8. 同前注，p. 10。

9. Peter Burke, *The Fabrication of Louis XIV*, p. 11.

10. 同前注，p. 44。

11. 許布納男爵曾描寫自己和明治見面的情況：「天皇在等著我們上前致意時，像雕像一樣一動也不動。」(*Promenade autour du monde*, 2, p. 15)

12. Peter Burke, *The Fabrication of Louis XIV*, p. 180.

13. 同前注，p. 61。

14. Norbert Elias, *The Court Society*, p. 126.

15. 《明治天皇紀》第二卷，pp. 675, 683。想當然，御所裡的人至今都從未坐過椅子。

16. 《明治天皇紀》第二卷 p. 691 對其服裝有更詳細的描繪：衣服的材質是黑色毛絨，胸前繡有金色的菊花和葉子，後腰上繡有一隻鳳凰。褲子同樣是以黑色毛絨製成，上頭有一條一吋寬的金色織帶。黑色天鵝絨做成的三角帽在兩側分別繡著一隻鳳凰，邊緣則鑲有金色的線條。「掛扣」似乎是指上衣的鈕子。

五月十三日，一名來自橫濱的歐洲裁縫師為天皇丈量衣服的尺寸；這可能是他唯一一次測量身材的經驗(《明治天皇紀》第二卷，p. 666)。

17. 《明治天皇紀》第二卷，p. 711。

18. 同前注，p. 691。

19. 關於這部分，《明治天皇紀》第二卷 p. 695 附有一段但書：「據說近代的『萬歲』口號始於明治二十二年(一八八九)憲法頒布時。此處雖根據當時記錄，描述大阪市民高呼『萬歲』，但是民眾是否真的高喊萬歲，抑或只是記錄使用了常見於日本和中國典籍的『高呼萬歲』一詞來表達歡聲的情景，至今仍無定論。另有一份記錄是關於明治三年（一八七〇）九月上午十一點舉行的天長節海軍慶典，其中也提到所有人按照位階在甲板上列隊，並齊聲『高呼萬歲』。

20. 《明治天皇紀》第二卷，p. 696。

21. 仁孝天皇的三女淑子內親王是桂宮家最後的成員；在她於一八八一年去世以後，這個顯赫的皇室家族也隨之斷絕。

22. 《明治天皇紀》第二卷，p. 700。

23. 同前注，p. 711。

24. 飛鳥井雅道，《明治大帝》，p. 150。

25. 《明治天皇紀》第二卷，p. 719。

26. 這令我想起了鮑西絲和費萊蒙（Baucis and Philemon）的故事，但同時腦中也浮現了一些日本的例子，比如喜歡微服私訪的最明寺入道時賴（北条時賴）也曾在貧困的村莊受到款待。

27. 《明治天皇紀》第二卷 p. 726 進一步提到同樣情況也出現在其他天皇到訪過的地方，並認為這足以證明民眾對皇室的崇拜。

28. 同前注，pp. 727-728。天皇認同西鄉隆盛具有卓越的領導才能，回到東京不久後就任命他擔任陸軍元帥（p. 733）。

29. 同前注，pp. 735-737。

30. 同前注，第 pp. 744-747。這時的感謝將使日本在一八七三年二月與清朝的談判中受益。

31. 毛利敏彥，《明治六年政変》，p. 40。

32. William Elliot Griffis, *The Mikado: Institution and Person*, p. 226.

33. 關於作為日本文學研究者的狄金斯，見川村ハツエ，*F. V. Dickins*。狄金斯在一八六六年翻譯出版了日本古典歌集《百人一首》。

34. 毛利敏彥，《明治六年政変》，pp. 52-54。

35. 原文見前注，pp. 54-55；亦可參見《明治天皇紀》第二卷，pp. 767-768。

36. 關於倭館的簡介以及它存在的理由，見上垣外憲一，《雨森芳洲》，pp. 90-93。更為詳細的介紹請見姜範錫，《征韓論政変》，pp. 16-19。姜對倭館和出島上的荷蘭商館「蘭館」做了有趣的對比。

37. 一八六九年一月，擔任日本政府特使的對馬藩重臣樋口鐵四郎通知朝鮮政府由於王政復古，幕府統治的時代已經結束（《明治天皇紀》第二卷，p. 944；亦見姜範錫，《征韓論政変》，p. 11）。

38. 飛鳥井雅道，《西郷隆盛は平和主義だったか》，p. 109。飛鳥井認為從朝鮮的立場來看，明治政府是個用武力推翻了德川幕府的篡位者。朝鮮甚至覺得新政府不該擅自採用「皇」和「敕」這類本來只有中國皇帝才能使用的字詞。木戶孝允在日記中表示他贊成派遣特使到朝鮮去質問他們的無禮；如果對方不認錯，就向天下詔告他們的罪名並進攻其領土，越過海洋讓他們嘗嘗神國的厲害（出自一八六九年一月二十六日的日記，見 Sidney DeVere Brown and

Akiko Hirotatrans., *The Diary of Kido Takayoshi*, 1, p. 167）亦可參見姜範錫，《征韓論政變》，p. 11。

39. 《明治天皇紀》第二卷，p. 741。
40. 同前注，p. 742。他一共提了七條建議，包括召回所有非必要的日本官員、中斷從對馬開往朝鮮的船班以及將漂洋過海的朝鮮人送回母國等等。
41. 當時人在倫敦的木戶從紐約的報紙得知朝鮮拘留了一名日本使節，還有一位遭到遣返。他在日記中寫著「這個國家的頑固愚蠢之處實在可惡」，以及「我國與西方的貿易正逐漸興盛，近鄰的亞洲國家也應當走向開化，否則日本將無法完全實現將來的目標。」他暗示，如果朝鮮不願與時俱進，將會損害到日本的利益，屆時日本唯有訴諸戰爭（出自一八七二年九月一日的日記，見Sidney DeVere Brown and Akiko Hirota, trans., *The Diary of Kido Takayoshi*, 2, p. 206）。
42. 《明治天皇紀》第二卷，p. 755。
43. 詔書的原文見前注p. 756。內容一開頭便宣揚天皇是萬世一系帝祚的繼承人，統治著廣袤的領土，接著便解釋為何琉球王值得受到尊重。他的國家與日本有著共通的習俗和語言，而且長期以來附屬於薩摩，琉球國王本人一直以來也展現了忠誠之心。最後，詔書命令「藩王」務必對自己的藩國負起責任，並體察聖意為皇室服務。
44. 《明治天皇紀》第二卷，p. 781。詔書的原文見遠山茂樹編，《天皇と華族》，pp. 31-32。與此同時，一天的長度也採用均分的二十四小時制，在這之前日本白天和黑夜的時長並不固定。

● 第二十四章

1. 《明治天皇紀》第二卷，p. 9。儘管只有兩位夫人進宮，分別是美國和俄國公使的妻子，但確實就此立下了先例。
2. 《明治天皇紀》第三卷，p. 6。這與一八七一年九月十五日宮中大改革之後確立的日程表基本上是相同的（渡邊幾治郎，《明治天皇》上卷，p. 113-114）。一八三九年山縣大華出版的《國史纂論》是一本講述自神武天皇至後陽成天皇的歷史散文合集，該書由福羽美靜和元田永孚主講；《西周立志篇》由福羽美靜、加藤弘之和元田永孚主講；御歌會則由三條西季知和福羽美靜主持。
3. 《明治天皇紀》第三卷，p. 28。
4. 這份上諭（天皇的諭旨）的原文圖像請參見Wayne C. McWilliams, "East Meets East: The Soejima Mission to China, 1873," p. 241。內容的解讀可參考《明治天皇紀》第三卷，p. 38。
5. 天皇是透過太政大臣三條實美向副島轉達了要託付給他的任務內容（《明治天皇紀》第三卷，pp. 38-39）。
6. 在李仙得的建議下，副島提出佔領臺灣南部。他認為藉由與清朝的談判能夠達到這個目的，甚至在確保南部之後還有可能透過外交手段在四五年內獲得島上其他地方(McWilliams, "East Meets East," p. 243)。

7. 兩名翻譯分別是鄭永甯和平井希昌，他們都能說中文和英語，且皆為外務省官員。鄭則是來自中國。

8. 根據副島的說法，這個計畫奏效了：當兩艘軍艦到達上海時，清朝的官民稱他是「日本的大將軍」(《副島伯経歴偶談》，p. 24)。

9. 《明治天皇紀》第三卷，p. 39。一八六〇年駛往舊金山的「咸臨丸」嚴格來說並不是軍艦。

10. 《副島伯経歴偶談》，p. 24。我們無從得知兩人談話的內容。

11. 原文援引自美國駐天津領事寫給北京的美國公使鏤斐迪(Frederick Low)的信件("East Meets East," p. 248)。

12. 原文援引自李仙得在一八七三年七月二日寫給巴布考克(O. E. Babcock)將軍的信("East Meets East," p. 248)。

13. 書中節錄了一八七三年五月七日美國駐天津領事寫給北京的美國公使鏤斐迪的信件的部分內容：「日本人看似已經完全把自己視作跟外國人同等……這不符合總督本身認為東方更加優越的理念，他忍不住賞給這些來自『日出之國』的親戚們一個巴掌，教訓他們竟然盲目聽從甚至尋求西方野蠻人的指導。」("East Meets East," pp. 248-249)

14. 這段描述出自《副島伯経歴偶談》，p. 25。

15. 同前注，p. 17。

16. 同前注，pp. 17-18。

17. McWilliams, "East Meets East," p. 256。引用自《清國トノ修好條規通商章程締結ニ関スル件》，pp. 147-148(這份被作者稱為《使清日記》的文書可以參見《日本外交文書》第六卷，pp. 132-154)。

18. 《清國トノ修好條規通商章程締結ニ関スル件》，p. 152。轉引自 McWilliams, "East Meets East," p. 258。

19. 《清國トノ修好條規通商章程締結ニ関スル件》，p. 166。轉引自 McWilliams, "East Meets East," p. 259。

20. 《副島伯経歴偶談》，p. 29；McWilliams, "East Meets East," p. 265。

21. 他是自一七九三年馬戛爾尼(Macartney)勳爵謁見以來第一位獲得皇帝接見的外國使節。

22. 巨勢進、中村宏，《元田東野・副島蒼海》，p. 158。

23. 《副島伯経歴偶談》，p. 32。但是根據《清國トノ修好條規通商章程締結ニ関スル件》p. 198 記載，他只受到十九響禮炮的待遇。

24. 信件原文可參見《副島伯経歴偶談》p. 33；McWilliams, "East Meets East," p. 273。

25. 巨勢進、中村宏，《元田東野・副島蒼海》，p. 159。

26. 「大院君」通常用來尊稱本身沒有實權的在位國王的父親，卻也經常用來指稱一個特定的人物，即高宗的父親李昰應。大院君安排自己的二兒子繼承王位，自己則在幕後掌控大權，這與日本平安時代後期的院政體制非常相似。

27. 這份文書被日本人稱為《東萊府傳令書》。「東萊府」是倭館所在地區的稱呼。

28. 完整原文參見《明治天皇紀》第三卷，p. 115；多田好問編，《岩倉公実記》下卷，pp. 45-46。這一卷(pp. 1-90)也收錄了其他與日朝關係相關的文件。

29. 姜範錫，《征韓論政変》，pp. 44-46。文中提到的商人是三井吳服店派去的。外務大臣花房義質於一八七三年一月二十一日寫給森山茂的信中有提到為了從事貿易而被派往倭館的三位三井員工的名字(p. 45)。

30. 《明治天皇紀》第三卷，p. 116。

31. 同前注，p. 116。

32. 同前注，pp. 117-118。

33. 爭論發生時，副島當時還沒有從中國回來。木戶和大久保已經從歐洲回國，但是木戶由於(真的)生病而無法出席；大久保並非參議，因此沒有資格參加；岩倉則是仍在國外。支持征韓的官員當中包括三名參議，即板垣退助、後藤象二郎和江藤新平。

34. 《明治天皇紀》第三卷，p. 118。西鄉在八月十七日寫給板垣退助的信中不斷重申他的預想：「幾乎不用我說，這(派遣特使前往朝鮮)同時是一個能將企圖掀起內亂之徒的注意力轉向國外，從而有利於國家的長遠大計。」(Ryūsaku Tsunoda, Wm. Theodore de Bary, and Donald Keene, trans., *Sources of Japanese Tradition*, p. 657)；原文見大川信義編，《大西鄉全集》第二卷，p. 756。

35. 《明治天皇紀》第三卷，pp. 118-119。副島(七月二十五日回到日本)希望能被派往朝鮮，但面對下定決心擔任特使的西鄉也只好作罷。

36. 《明治天皇紀》第三卷，pp. 111-112, 114。天皇一行人坐火車從新橋前往神奈川，之後改以馬車代步。這趟旅程共花費了兩天。

37. 姜範錫，《征韓論政変》，pp. 54-55。朝鮮先前曾擊退了法國(一八六六年)和美國軍艦(一八七一年)(角田房子，《閔妃暗殺》，pp. 58-59, 66, 80-81)。

38. Ryūsaku Tsunoda, Wm. Theodore de Bary, and Donald Keene, trans., *Sources of Japanese Tradition*, pp. 655-656；原文參見大川信義編，《大西鄉全集》第二卷，pp. 736-738。

39. Ryūsaku Tsunoda, Wm. Theodore de Bary, and Donald Keene, trans., Sources of Japanese Tradition, p. 656；原文參見大川信義，《大西鄉全集》第二卷，pp. 751-752；亦可參見姜範錫，《征韓論政変》，pp. 131-132。

40. 姜範錫，《征韓論政変》，p. 129。御醫認為是肥胖導致了西鄉的高血壓，於是為了減輕他的體重，開了一天五至六次的強力瀉藥。可想而知這讓他變得相當虛弱。

41. 姜範錫，《征韓論政変》，pp. 135-136, 150。後來大隈重信在分析征韓支持者的贊成理由時，認為西鄉是在尋求自己的死去之地（巨勢進、中村宏，《元田東野．副島蒼海》，p. 168）。

42. 毛利壽彥，《明治六年政變》，pp. 117-118, 127-131。

43. 如果不是日本人，或許就很難理解西鄉獲得的崇高聲望。他的個性、風采以及身邊各種傳奇故事似乎使日本人原諒了他這個時期的態度，也對他後來主導的反政府暴動有所寬恕，但若是朝鮮人就不太可能如此崇拜他。

44. 出自一八七三年九月三日的日記，見Sidney DeVere Brown and Akiko Hirota, trans., *The Diary of Kido Takayoshi*, 2, pp. 370-371；亦可參見姜範錫，《征韓論政変》，pp. 167-173。

45. 他同時趁機要求讓伊藤博文也成為參議，但是要越級擢升身為二等官的伊藤是不可能的。作為接受擔任參議的條件，大久保還要求三條和岩倉發誓，一旦決定了征韓論的去向，就不能再變卦（毛利敏彥，《明治六年政変》，p. 166）。

46. 《明治天皇紀》第三卷，pp. 139-141；巨勢進、中村宏，《元田東野．副島蒼海》，pp. 164-165。儘管木戶是參議，但他因為缺席會議而無法投票。

47. 《明治天皇紀》第三卷，pp. 143-144, 147-149。

48. 同前注，p. 150。

49. 根據巨勢和中村所述，這四個人顧慮到他們的辭職可能影響外國的評價，於是決定以「好像患上某種疾病」為由請辭（《元田東野．副島蒼海》，p. 167）。

50. 有一種說法認為，那些反對侵略朝鮮的人其實絕大部分本來也都支持征韓，只是因為某些特殊理由才在這個時候反對。舉例來說木戶據說贊同征韓，只不過認為以政府當時的財政狀況實在不足以負擔所需的龐大費用（毛利敏彥，《明治六年政変》，p. 144）。而大久保其實並沒有真的很擔憂讓西鄉擔任特使（姜范錫，《征韓論政変》，p. 192），甚至告訴副島只要給他五十天時間把內務省打理好，就能同意征韓（巨勢進、中村宏，《元田東野．副島蒼海》，p. 167）。然而這番認為大久保本質上同意征韓的主張與大久保論述自己為何反對征韓的理由之間卻很難找到一致性（Ryūsaku Tsunoda, Wm. Theodore de Bary, and Donald Keene, trans., *Sources of Japanese Tradition*, pp. 658-662；原出自清澤洌，《外政家としての大久保利通》，pp. 28-31）。

第二十五章

1. 《明治天皇紀》第三卷，p. 130。
2. 同前注，pp. 65-66。明治將開銷限制在五萬日圓以內。
3. 同前注，p. 70。
4. 同前注，pp. 57-58。
5. 關於這些照片和拍攝當時的情況，參見多木浩二，《天皇の肖像》，pp. 116-118。《明治天皇紀》第二卷p. 739提到，內田之前為天皇和皇后拍的照片在一八七二年九月九日送給了皇太后；十月九日，皇太后也請內田為她拍了照片作為回禮。十月十七日，內田上交了他拍攝的天皇、皇后和皇太后共七十二張照片。照片中的天皇時而穿著束帶裝，時而穿著直衣，還有一張(攝於一八七三年二月之前)天皇在騎馬的照片。這些照片除了少數兩三張以外都沒有對外公開，我只能透過《明治天皇紀》的敘述想像照片的內容。

6. 但是天皇本人似乎並不討厭這些照片。一八七三年三月九日他送了一張給即將出使中國的副島種臣(《明治天皇紀》第三卷，p. 39)。在三月二十日又贈送了一張給他的姑姑親子內親王(p. 42)。同一張照片(或者是同時期拍攝的另外一張)也被送往日本各駐外使館作裝飾之用(多木浩二，《天皇の肖像》，pp. 118-119)。

7. 在仔細研究過他國君主的軍服之後，於六月三日確定了天皇的制服款式。詳見《明治天皇紀》第三卷，pp. 77-78。

8. 同前注，p. 47。在剪髮的當天早上，天皇跟平時一樣讓女官為他整理頭髮，在臉上撲上淡淡的白粉，接著前往御學問所。在天皇的命令下，侍從有地品之允剪斷他的髮髻，再由侍從長米田虎雄和侍從片岡利和輪流為天皇修剪頭髮。當他出現在後宮時，女官們都為他剪短頭髮的形象吃驚不已。

9. 這張照片收錄在多木浩二《天皇の肖像》，p. 121。多木對這張照片的解說可參見p. 118。這個時期一共照了全身跟半身兩種照片(《明治天皇紀》第三卷，p. 134)，當時人在日本的熱那亞公爵收到了一張放大的天皇全身照。隨後，這張照片的複本被分送至各縣，半身照則從未公開過。

10. 之所以稱為「留守政府」是因為許多高層核心人物都隨岩倉使節團出訪國外了。

11. 《明治天皇紀》第三卷，第p. 42。

12. 關於這次暴動的描述，見《明治天皇紀》第三卷，pp. 73-74。

13. 同前注，p. 87。六月在名東(德島)縣又發生了一起武裝起義，性質類似於先前北條縣發生的暴動，都是由於誤解了「血稅」一詞而起。這次暴動的領導者被處以極刑，另有一萬六千八百九十多人根據罪行輕重受到不同程度的懲罰(同前注，pp. 93-94)。

14. 《明治天皇紀》第三卷，p. 181。

15. 關於這次事件的詳細描述，見多田好問編，《岩倉公実記》下卷，pp. 94-96；《明治天皇紀》第三卷，p. 189。隨同格蘭特將軍訪問日本的楊約翰(John Russell Young)曾在一八七九年見過岩倉，並這麼描述他：「岩倉有著令人印象深刻的面貌，清晰的輪廓顯示出他堅毅的性格，臉上還有一道傷疤。」(*Around the World with General Grant*, 2, p. 527)。

16. 九名刺客中八人的判決書原文可參見栗原隆一，《斬奸狀》，pp. 366-367。

17. 關於憂國黨最初提倡的綱領，參見園田日吉，《江藤新平と佐賀の乱》，p. 144。他們強調的另一個要點便是排斥汙染了日本宗教的基督教。岩倉暗殺事件發生後，憂國黨立刻起草了一份新的宗旨，但其中並沒有表示反對征韓(p. 145)。

18. 第三個黨是中立黨，最終站在政府軍這一邊。

19. 毛利敏彥，《江藤新平》，p. 202。

20. 副島也被要求返回佐賀，但他屈服於板垣的強力勸阻而選擇留下(毛利敏彥，《江藤新平》，p. 205)。相較之下江藤則不顧板垣(和大隈)的忠告毅然離開了東京。

21. 中野好夫和我一樣都對江藤的決定感到疑惑不解(《佐賀の亂と江藤新平》，p. 213)。

22. 中野好夫，《佐賀の乱と江藤新平》，p. 215，江藤沒有詳細說明「第二次維新」指的是什麼，但是推測可能包括征韓。

23. 毛利敏彥，《江藤新平》，p. 206。

24. 園田日吉，《江藤と佐賀の乱》，pp. 154-155。《明治天皇紀》第三卷 p. 212 收錄了篇幅較短但本質上屬於同一份聲明的內容。長州征伐相關內容可參見本書第九、十章。

25. 園田日吉，《江藤と佐賀の乱》，p. 156。除了這兩個縣，愛知和熊本縣也都承諾會支持他。亦可參見中野好夫，《佐賀の乱と江藤新平》，p. 216。

26. 有證據顯示，江藤派去鹿兒島拜訪西鄉隆盛的中山一郎回來報告說，如果佐賀起兵，西鄉及其同志將會一同響應，但是很難想像西鄉會做出這種承諾(中野好夫，《佐賀の乱と江藤新平》，p. 216)。

27. 園田在書中收錄了江藤這次聲明的大綱(《江藤と佐賀の乱》，pp. 194-195)。江藤表示除非解散軍隊，否則伍長以上級別的人都將慘遭政府軍處刑。他要求士兵解除武裝潛伏於各地，等待下一次起義的時機(且這一天肯定會到來)。

28. 《明治天皇紀》第三卷，pp. 221-224。關於戰鬥的詳細過程，參見園田日吉，《江藤と佐賀の乱》，pp. 163-190。

29. 詳情見園田日吉，《江藤と佐賀の乱》，p. 200。江藤的通緝令開頭是：「年齡四十一，身材高大魁梧。臉長、顴骨高，眉毛濃長。」

30. 木戶諷刺地說：「我們現在的提議，正是江藤去年所提倡的。」他似乎把江藤贊同的征韓論與當時正在籌備的出兵臺灣計畫劃上等號(園田日吉，《江藤と佐賀の乱》，p. 205)。

31. 園田日吉，《江藤と佐賀の乱》，pp. 190-191。

32. 同前注，p. 207。

33. 同前注，p. 208。

34. 這是他跟同行的僕人說的。他勸對方盡快回家，免得被牽連進叛亂的罪行裡(園田日吉，《江藤と佐賀の乱》，p. 209)。

35. 信的原文請見園田日吉，《江藤と佐賀の乱》，p. 210。儘管信封上註明給岩倉，但是內文的收信人卻還寫著木戶、大久保、大隈和大木的名字。信封上的寄件人寫著江藤偽裝成密探時的化名，但是在信裡則使用了真名。

36. 園田日吉，《江藤と佐賀の乱》，p. 211。
37. 島義勇於三月七日被捕（《明治天皇紀》第三卷，p. 239）。
38. 園田日吉，《江藤と佐賀の乱》，p. 219。江藤大喊的內容根據不同資料來源有些出入。
39. 佐木隆三，《司法卿江藤新平》，p. 408。中野好夫提到《東京日日新聞》強烈譴責九州地區販賣江藤和島的梟首照片（《佐賀の亂と江藤新平》，p. 218）。中野表示不願相信是大久保在幕後操弄，但確實有此傳聞。
40. 木戶孝允在一八七四年四月二日的日記中寫道：「今日台灣一事連印（簽字），余對兩大臣（三條和岩倉）相辭此事。論其原因，昨年（天皇）下問之際，余曰察今日國內現狀人民貧弱，應先專於內政，提高人民生活水準，再著手外征亦不嫌遲。此雖當年之言，今仍無異。」
41. 《明治天皇紀》第三卷，pp. 234-235。
42. 同前注，pp. 243-244。
43. 同前注，p. 245。
44. 美國商船沙夫茨伯里號（Shaftsbury）被重新命名為「社寮丸」，英國商船德爾塔號（Delta）更名為「高砂丸」。這兩個名稱都和臺灣有關：社寮是日本遠征軍將使用的港口，高砂則是日本人對島上原住民的稱呼（《明治天皇紀》第三卷，p. 259）。
45. 《明治天皇紀》第三卷，p. 280。
46. 同前注，p. 282。
47. 同前注，p. 325。
48. 同前注，pp. 368-373。

第二十六章

1. 《明治天皇紀》第三卷，p. 377。
2. 他當時是文部省官員（《明治天皇紀》第三卷，p. 378）。
3. 《明治天皇紀》第三卷，p. 383。
4. 她是貴族柳原光愛的女兒（《明治天皇紀》第三卷，p. 292）。愛子於一八七三年二月二十日被封為權典侍，後來為明治生了三名子女，其中兩個孩子夭折，剩下的一個就是後來的大正天皇。
5. 這個月早些時候制定了皇子皇女出生後的各種儀禮，明訂按照清和天皇以來的皇室傳統，男孩起名應以「仁」字結尾，女孩則以「子」字結尾（《明治天皇紀》第三卷，pp. 384-385）。
6. 將《源氏物語》中的女性名字贈予側室是長久以來的傳統。這原本可能是為了讓那些為遊女（娼妓）贖身的商人有種自己跟光源氏一樣與紫之上或者六條御息所同床共枕的感覺。明治以花草和樹木為他的妃子們命名，且除了天皇以外，她們之間也會用這些名字稱呼彼此。此外女官也還有天皇心血來潮為她們取的暱稱。
7. 齋藤溪舟，《女官物語》，pp. 91, 93。
8. 加藤仁，〈明治天皇お局ご落胤伝〉，p. 60。

9. 山川三千子，《禁断の女官生活回想記》，p. 196。

10. 山川三千子，《禁断の女官生活回想記》，p. 16。

11. 加藤仁，〈明治天皇お局ご落胤伝〉，p. 60。高倉壽子擔任女官長的時間幾乎與明治的生涯重合。她似乎是個厲害的角色，每晚都會跟她指名侍奉天皇就寢的權典侍說：「今天，就你了」。

12. 山川三千子於一九〇九年入宮時，為天皇侍寢的就只有小倉文子和圓祥子兩人。

13. 山川三千子，《禁断の女官生活回想記》，p. 196。山川引用了一個曾服侍柳原愛子多年的年老侍女的話。她回憶說愛子在產房情緒失控的樣子非常可怕，甚至把其他侍女跟護士都嚇跑了。

14. 柳原愛子是浮世繪畫家月岡芳年曾畫過肖像的七名權典侍之一，該系列肖像畫於一八七八年發行。畫中這些女性大致有著相同的容貌，但是愛子的畫像卻激怒了宮內省，因為她的姿態讓人聯想起芳年經常描繪的妓女（這幅畫像曾刊登於一九九九年第二十一期的 *Impressions* 上）。據說結果浮世繪師從此被禁止在作品中描繪天皇，然而如果這道命令確實頒布過的話，那後來觸犯它的人可說是不計其數。

15. 詳見《明治天皇紀》第三卷，p. 623。

16. 同前注，p. 405。

17. 同前注，p. 406。這句話源自中國史書《左傳》，在此用來引申如果中國被俄國擊潰，將連帶使得日本面臨巨大威脅。

18. 《明治天皇紀》第三卷，p. 407。

19. 大久保利謙，《岩倉具視》，pp. 218-219。

20. 三條奉天皇之命，勸說西鄉回來為政府效力，作為一名忠臣鼓舞人民並致力於富國強兵（《明治天皇紀》第三卷，pp. 427-428）。

21. 元老院是「Senate」的一個譯法，名義上將發揮立法和諮詢的機能。大審院相當於最高法院。

22. 《明治天皇紀》第三卷，pp. 425-426。

23. 同前注，p. 436。

24. 同前注，pp. 444-445。這份協議於五月七日由日本代表榎本武揚和俄國代表戈爾恰科夫（Alexander Gorchakov）公爵簽署。

25. 沙皇的裁決於五月二十九日公布（《明治天皇紀》第三卷，p. 453）。儘管俄國此舉受到歡迎，但是許多日本人仍然認為俄國朝東亞擴張領土將嚴重威脅到日本的安全。

26. 《明治天皇紀》第三卷，p. 473。

27. 由於島津久光對瑣事糾纏不休，因而感到惱火的岩倉決定不再理會他（《明治天皇紀》第三卷，p. 498）。久光心中懷有一個能改革時代弊端的秘密策略，即模仿唐玄宗的做法，在鎮壓叛亂之後嚴禁奢侈，並下令焚毀所有華美的物品（p. 500）。當岩倉聽到這個「秘密計策」時，他只是一笑置之。

28. 關於朝鮮對這次事件的解釋以及在迎來日朝友好協定的過程中抱持的立場，詳見姜在彥，《朝鮮の攘夷と開化》，pp. 140-142, 163-171。

29. 《明治天皇紀》第三卷，pp. 496-497。其他資料中記錄的日期不太一樣。雲揚號的小船試圖登陸的地方正好位於江華島炮台的正前方，這是對朝鮮守軍的明顯挑釁（姜在彥，《朝鮮の攘夷と開化》，p. 164）。

30. 關於日本對這次事件的新聞報導（無疑影響了輿論），見杵淵信雄，《日韓交涉史——明治の新聞にみる併合の軌跡》，pp. 30-48。

31. 《明治天皇紀》第三卷，pp. 520-522。

32. 同前注，pp. 541-542。

33. Woonsang Choi, *The Fall of the Hermit Kingdom*, p. 6；《明治天皇紀》第三卷 p. 568 則記述了是兩個排而非三個連的士兵。至於兩艘軍艦分別是日進號和孟春號。

34. Woonsang Choi, *The Fall of the Hermit Kingdom*, pp. 6-7.

35. 《明治天皇紀》第三卷，p. 569。

36. 協議內容的翻譯參見 Woonsang Choi, *The Fall of the Hermit Kingdom*, pp. 124-127。一共有十二項條款，第四條規定繼續在釜山的倭館進行貿易，且對象不限對馬藩的人員。另外將開放兩個港口，「用於與日本國民通商之需」。

37. Joseph H. Longford, *The Evolution of New Japan*, p. 105.

38. 《明治天皇紀》第三卷，p. 578。

39. 同前注，pp. 584-585。

40. 別墅的地點位於現在的 JR 駒込站附近，那裡立有一根紀念明治曾經到訪的石柱。

41. 《明治天皇紀》第三卷，p. 590。

42. 木戶孝允在日記中寫道：「臨幸士族之家，以臣孝允為始。昔九年前被召御前，以布衣無階級之身拜謁天皇，亦以臣孝允為始。」（出自一八七六年四月十一日的日記，見 Sidney DeVere Brown and Akiko Hirota, trans., *The Diary of Kido Takayoshi*, 3, p. 281）

43. 《明治天皇紀》第三卷，p. 606。

44. 出自一八七六年五月十九日的日記，見 Sidney DeVere Brown and Akiko Hirota, trans., *The Diary of Kido Takayoshi*, 3, p. 297。

45. 《明治天皇紀》第三卷，p. 599。

46. 對這次巡幸的完整描述，參見吉野作造編，《明治文化全集》第十七卷，pp. 327-572；亦可參考《明治天皇紀》第三卷，p. 614-681。

47. 岸田吟香，《東北御巡幸記》，p. 342；《明治天皇紀》第三卷，p. 616。

48. 《明治天皇紀》第三卷，p. 646。支倉的畫像應該正是現在仙台博物館展示的那一幅。

49. 不過，令木戶倍感欣慰的是，七月十一日這天天皇走了約八十公尺的下坡路（《明治天皇紀》第三卷，p.664）。

第二十七章

1. 「神風」一般的讀法是「かみかぜ」。成員們用這個名字來命名自己的組織，以此表明他們就像那股曾經挫敗了蒙古入侵者的「神風」一樣，將保護日本免於外敵入侵。
2. 《明治天皇紀》第三卷，p. 709。實學黨的理想來自他們的思想領袖橫井小楠，意在建立美國式的民主。熊本不僅崇尚民族主義的士族異常活躍，也以基督教思潮而聞名。發生神風連之亂的一八七六年，在美國人教師雅內斯（L. L. Janes）的影響下皈依基督教的三十五名年輕人成立了名為「熊本Band」的組織，並宣誓透過基督教拯救自己的國家。關於雅內斯的詳細資料，見F. G. Notehelfer, *American Samurai*。
3. 《明治天皇紀》第三卷，p. 710。由加屋霽堅所寫（並向神風連成員大聲宣讀）的檄文，參見荒木精之，《神風連実記》，p. 138。他們也攻擊政府為了討好外國人而禁止佩刀、暗中助長基督教傳播，以及打算把土地賣給外國人。
4. 由於熊本縣令安岡良亮任命神風連成員擔任縣內主要神社的神官，因此太田黑在一八七五年成為新開大神宮的神官。（太田黑所進行的）這種占卜儀式稱為「宇氣比」（うけい）。為了獲得神諭，將三種不同的行動方案分別寫在紙條上，放進一個木筒裡面之後加以搖動，從筒裡掉出來的紙條就被認為是神的旨意。神風連的所有重要決策均由這種方式決定，神靈給予的答覆必須絕對服從，即便提問者可能因為行動遭到否定而失望。太田黑曾好幾次進行宇氣比都得到不可襲擊政府軍的神諭，直到最後一次才終於獲得准許（司馬遼太郎，《翔ぶが如く》第六卷，pp. 227-228）。

　　關於宇氣比在神風連思想上的重要性，請參考荒木精之，《神風連実記》，pp. 35-36。神風連視為導師的林櫻園（一七九八—一八七〇）寫了一本研究宇氣比的專著，認為其起源可以追溯到《古事記》中，違反紀律的須佐之男命與其姐姐天照大神之間的爭論。
5. 神風連成員討厭僧侶，認為他們充滿汙穢，只因佛教是源自外國的異地產物。
6. 神風連的這類以及其他同樣令人發笑的狂熱行為，可參見小早川秀雄，《血史熊本敬神党》，pp. 22-23。小早川雖然大體上同情神風連，卻將這類行為形容為「病態」。
7. 三島由紀夫對神風連有高度戲劇化的描寫，從太田黑第一次獲得神諭許可發動起義直到他們失敗為止（《奔馬》，pp. 458-504）。三島的描述不能視為歷史證據，但他無疑廣泛研讀過手邊可以取得的資料。
8. 司馬遼太郎，《翔ぶが如く》第七卷，p. 42。
9. 這個稱呼稱意為「盾與城的部隊」，展現他們企圖保護主君（可能是指天皇）免遭一切敵人傷害的決心。
10. 他們顯然不知道熊本的叛亂已經失敗。
11. 《明治天皇紀》第三卷，p. 712。「報國」正如字面上的意思是「報效國家」。

12. 《明治天皇紀》第三卷，p. 713。

13. 同前注，p. 715。「殉國」意指「為國捐軀」。

14. 《明治天皇紀》第三卷，pp. 742-744。

15. 出自一八七七年一月四日的日記，見 Sidney DeVere Brown and Akiko Hirota, trans., *The Diary of Kido Takayoshi*, 3, p. 419。有關天皇簡短詔書的內容，參見《明治天皇紀》第四卷，p. 4。

16. 《明治天皇紀》第四卷，p. 6。

17. 這次巡幸的消息發表於一八七六年十一月二十二日（《明治天皇紀》第三卷，p. 729）。

18. 《明治天皇紀》第四卷，p. 30。

19. 和歌與說明文的資料出自《新輯明治天皇御集》上卷，p. 45。在《明治天皇紀》第四卷 p. 21 則以相反的順序引用了這兩首和歌。

20. 《明治天皇紀》第四卷，p. 21。

21. 《新輯明治天皇御集》上卷，p. 46。說明文與和歌的原文都提到將船「划」（漕ぐ）回鳥羽的港灣，可能是在形容操縱汽船時的一種詩意表達。

22. 《新輯明治天皇御集》上卷，p. 46。

23. 明治看到御所在他遷往東京才過了八九年的時間就變得如此破敗，心裡非常難過，隨即安排每年撥款四千日圓用於御所的修繕，同時命令京都府研擬更完善的維護措施（《明治天皇紀》第四卷，p. 48）。

24. 堅持稱這些學校為「私學校」是為了強調它們不受政府推動的教育制度所支配。

25. 詳細的意譯參見《明治天皇紀》第四卷，p. 26。在西鄉流傳下來的書法作品中有一條「敬天愛人」的格言，但是在私學校裡揭示的則是延續自尊王攘夷時代的「尊王」。

26. 這些傳統大多源於儒家思想，但是私學校並不教授《四書》這樣的主流典籍，因為一般認為那些書是為未來的官員，而不是為士族所準備的。

27. 這些人包括十名巡查員警和幾名學生，全都是來自鹿兒島的士族，但是由於出身郊區而被住在鹿兒島市區的士族們嘲笑。雙方似乎都對彼此懷恨在心，無疑促成了中原等人與中央政府的合作。

28. 關於口供的概要請參見齋藤信明，《西鄉と明治維新革命》，pp. 361-362。中原曾經跟一位信賴的老友（此人立刻將這個消息通知他的上級）說，他的主要任務是離間士族之間的關係，藉此瓦解私學校。這在鹿兒島縣的偏遠地區比較容易，但在城內卻非常困難。摧毀城內私學校的最佳方法就是殺死西鄉以及他的兩名副官桐野利秋和篠原國幹。中原在正式的自白書中提到一旦暗殺西鄉，將發電報通知東京，隨後由陸海軍發動攻擊。齋藤相信這份自白書的真實性，儘管他承認這份自白是經由拷問而來，但也強調嚴刑拷打在當時是合法的。

29. 《明治天皇紀》第四卷，pp. 35-36。上田滋強調中原及其同夥不可能接到刺殺西鄉的命令，因為西鄉被認為是一種正向的牽制力量（《西鄉隆盛の悲劇》，pp. 157-159）。政府官員心裡非常清楚，西鄉的死將如同自捅蜂窩。上田認為政府是故意散布暗殺的謠言來刺激對方引發爭端。

30. 這一次他觀看的劇目有《翁》、《三輪》、《羽衣》、《安宅》、《正尊》以及《殺生石》(《明治天皇紀》第四卷，p. 34)。如果要完整演出這些劇目的話需要花上一整天的時間。

31. 出自一八七七年二月五日的日記，見 Sidney DeVere Brown and Akiko Hirota, trans., *The Diary of Kido Takayoshi*, 3, p. 435。在描述了一月三十日和三十一日鹿兒島士族佔領了陸軍和海軍火藥庫的事件之後，木戶提到這與林有幸基於一月初的視察所描述的狀況大相逕庭。如今薩摩的強大聲勢已經響徹全國；分布在十幾個縣內心懷不滿的士族無時無刻都在關注薩摩的一舉一動。

32. 《明治天皇紀》第四卷，p. 46。作為例子被提到的縣有熊本、佐賀、福岡、高知、岡山、鳥取、彥根、桑名、會津和庄內，其中一些縣在後來被廢除。

33. 同前注，p. 47。

34. 同前注，p. 47。

● 第二十八章

1. 出自一八七七年二月五日的日記，見 Sidney DeVere Brown and Akiko Hirota, trans., *The Diary of Kido Takayoshi*, 3, p. 434。

2. 這首和歌非常複雜。原文為「もののふの　やそうじ川にすむ　月のひかりにみゆる　朝日山かな」。やそうじ(八十氏)意為「許多家族」，但是它的掛詞(編注：和歌用語，指一詞多義的詞語。這裡的「うじ」即可和前面組合解釋為「氏」，又可和後面組合，解釋為「宇治」。)卻是指「宇治川」這個許多家族的士兵曾經戰鬥過的地方。水中倒映著明月，但是「すむ」可能是雙關語，意思是月亮「住在」河裡。映照在月光中的朝日山可以看成是月亮和太陽之間的對比。

3. 能樂流派之一的金春流在奈良非常有影響力。

4. 《明治天皇紀》第四卷，p. 54。

5. 這一天被視為「紀元節」，在採用西曆的一八七三年被定為節日。

6. 出自一八七七年二月十日的日記，見 Sidney DeVere Brown and Akiko Hirota, trans., *The Diary of Kido Takayoshi*, 3, p. 441。

7. 《明治天皇紀》第四卷，p. 61。亦可見 Roger F. Hackett, *Yamagata Aritomo in the Rise of Modern Japan*, pp. 77-78。

8. 信的原文參見《明治天皇紀》第四卷，p. 77；亦可參考山下郁夫，《研究西南の役》，p. 132。

9. 原文參見山下郁夫，《研究西南の役》，p. 133。

10. 資料見《明治天皇紀》第四卷，pp. 77-78。關於在西鄉旗下作戰的約三萬名士兵的編列，參見山下郁夫，《研究西南の役》，p. 137。戰鬥的主力是一萬三千名私學校的學生。

11. 山下郁夫，《研究西南の役》，p. 152。這些資料源自各種當時的文獻，例如河東祐五郎的《丁丑彈雨日記》以及武野正幸的《血史西南役》。

12. 整首歌的歌詞請參見山下郁夫，《研究西南の役》，pp. 127-129。創作者不明。從最後一句的「死亡之旅」可以推測歌曲作於進攻熊本之時。歌中的每一句歌詞都是按照伊呂波歌的假名順序開頭。

13. 《明治天皇紀》第四卷，p. 100。

14. 《明治天皇紀》第四卷，p. 108，轉引自《木戶孝允文書》第七卷，p. 334。這些話出現在木戶寫給伊藤博文的信中，推測日期為一八七七年三月四日。

15. 豬飼隆明，《西鄉隆盛》，p. 224。

16. 《明治天皇紀》第四卷，p. 121。

17. 同前注，p. 120。亦可參照見木戶在一八七七年三月四日寫給宍戶璣的信（《木戶孝允文書》卷七，p. 331）。

18. 《明治天皇紀》第四卷，p. 119。

19. 同前注。巧合的是，對梅斯和熊本的圍攻都持續了五十四天。

20. 《明治天皇紀》第四卷，p. 125。亦可參見木戶於一八七七年三月十四日的日記（Sidney DeVere Brown and Akiko Hirota, trans., *The Diary of Kido Takayoshi*, 3, p. 463）。「拔刀隊」之名因此在詩歌中被不朽地傳唱。

21. 《明治天皇紀》第四卷，pp. 130-131。

22. 同前注，p. 134。木戶在三月二十二日做出這番提議（Sidney DeVere Brown and Akiko Hirota, trans., *The Diary of Kido Takayoshi*, 3, p. 468）。

23. 《明治天皇紀》第四卷，p. 146。

24. 薩摩軍在八月十九日於三田井村取得勝利，詳細描述見《明治天皇紀》第四卷，p. 237。

25. 同前注，p. 181。

26. 同前注，p. 223。

27. 同前注，pp. 247-249。八月底高崎成為明治的和歌老師。

28. 這棟建築位於皇太后所居住的青山御所內。

● 第二十九章

1. 《明治天皇紀》第四卷，p. 269。

2. 同前注，p. 313。天皇這個動作並不具有歐洲君主那樣以觸摸來治癒傷口的涵義。

3. 同前注，p. 276。天皇若碰到休息日或者祭典節日則不參加會議。他尚未從在京都染上的腳氣病中恢復過來，因此御醫敦促他應把保養身體放在第一位。

4. 《明治天皇紀》第四卷，p. 279。顏回是孔子的得意門生。葫蘆通常會用來裝酒。

5. 同前注，p. 291。他們研讀了《通鑑覽要》，這是清朝時代由姚培謙和張景星編纂的一部史書，講述從上古到明朝時期的中國歷史。

6. 同前注，p. 292。皇后創作的和歌為「若非自省落花簪　即便朝日亦成影」，似乎在傳達不知反省的安逸生活（頭上的花簪）會毀了真正的幸福。

7. 同前注，p. 329。這天講課的老師包括福羽美靜、西村茂樹和西周。從一八七八年一月七日開始，天皇和皇后上了一系列更高深的課程，包括元田講解一節《論語》、西村茂樹講解美國人撰寫的一本有關道德的著作，以及近藤芳樹講解《古事記》。除了天皇身體不適之外，這些課一直持續到他啟程前往北陸和東海地區巡幸為止。關於更加詳細的上課內容，見pp. 350-351。

8. 同前注，p. 316。

9. 侍補是宮內省的官職，負責輔佐與勸諫天皇。於一八七七年設立，一八七九年廢止。

10. 《明治天皇紀》第四卷，pp. 355-356。

11. 同前注，p. 330。這封信於一八七七年十二月十七日寄出，信中日本接受了參加次年於巴黎舉辦的萬國博覽會的邀請。

12. 同前注，p. 338。這封國書於十二月二十八日由清朝公使送達。

13. 同前注，pp. 331-332。天皇命令所有與西南戰爭相關的資料，包括戰敗方士兵的口述證詞，都送往編纂史料的機構修史館，同時下令撰寫一部戰爭史。

14. 他第一次發病是一八七七年人在京都的時候，往後每逢夏秋換季之時就很容易發作。一八八二年病情發作得特別厲害，花了好幾個月才逐漸康復。腳氣病在當時非常普遍，尤其是在軍隊裡。估計超過三分之一的海軍都患有這種疾病，嚴重影響了航行時的效率。軍醫在提交給天皇的報告中，將腳氣病歸咎於低劣的飲食。伙食得以改善後，患者的人數急劇下降，並於三年後幾乎完全消失（《明治天皇紀》第六卷，pp. 140-141）。天皇的腳氣病不太可能是因為飲食品質不良而引起。當時日本的醫生可能並不知道維生素的重要性，相較之下英國的皇家海軍很早就靠補充檸檬汁來預防腳氣病。

15. 《明治天皇紀》第四卷，pp. 368-369。

16. 節錄自高島鞆之助，〈神武以来の英主〉，p. 33。

17. 日野西資博，《明治天皇の御日常》，p. 80。

18. 《明治天皇紀》第四卷，pp. 372-373。

19. 同前注，pp. 386-387。

20. 同前注，pp. 399-400。

21. 同前注，p. 253。

22. 遠矢浩規，《利通暗殺》，p. 27。

23. 同前注，p. 33。遠矢對大久保暗殺事件的傑出研究對我非常有幫助，他暗示長連豪在鹿兒島時就已經抱有武士軍事獨裁的理想。

24. 這個名稱源於成員們聚會的金澤佛寺。

25. 遠矢浩規，《利通暗殺》，p. 80。遠矢對這份斬奸狀的評論見pp. 81-92。

26. 有關陸義猶在這之前的詳細動向，見黑龍會編，《西南記伝》下卷（一），pp. 407-418頁，以及下卷（二），pp. 1014-1017。陸待在鹿兒島的期間經常與西鄉的副官桐野利秋見面。陸介紹長連豪與桐野認識並接受他的「指導」（下卷（二），p. 411）。

27. 遠矢浩規，《利通暗殺》，p. 66。

28. 黑龍會編，《西南記伝》下卷(二)，p. 1004。亦可見遠矢浩規，《利通暗殺》，p. 65。

29. 斬奸狀(分兩部分)的全文，見黑龍會編，《西南記伝》下卷(一)，pp. 436-457。

30. 黑龍會，《西南記伝》下卷(一)，p. 43；遠矢浩規，《利通暗殺》，p. 82。關於斬奸狀中這些罪狀的完整解釋，見黑龍會編，《西南記伝》下卷(一)，pp. 440-457。

31. 黑龍會編，《西南記伝》下卷(一)，p. 438；亦可見遠矢浩規，《利通暗殺》，p. 83。

32. 遠矢浩規，《利通暗殺》，pp. 70, 83。

33. 黑龍會編，《西南記伝》下卷(一)，p. 439；遠矢浩規，《利通暗殺》，p. 84。

34. 遠矢浩規，《利通暗殺》，p. 94。

35. 同前注，p. 100。島田還說等他們行動之後就沒有時間向人們敘說緣由了。

36. 關於兩封信的概要，見遠矢浩規，《利通暗殺》，pp. 102-104。

37. 同前注，pp. 101-102。這首長歌接著以七言和五言交替的方式，細數了大久保和其同夥的罪狀，並歌頌薩摩的英勇抗爭。

38. 遠矢浩規，《利通暗殺》，pp. 127-128。

39. 同前注，p. 138。

40. 同前注，pp. 154-155 引用了一篇出自倫敦《泰晤士報》的翻譯記事。

41. 《明治天皇紀》第四卷，pp. 410-411。

42. 同前注，pp. 413-414。

第三十章

1. 《明治天皇紀》第四卷，p. 414。

2. 多木浩二，《天皇の肖像》，pp. 81-82。

3. 宮內卿德大寺實則贊成照片可以自由買賣。他請求中央准許販售，但是政府於一八七四年三月駁回，並下令東京府監管出售照片者。五月，外務卿寺島宗則再次請願，表示無法獲得天皇的照片會使外國人感到失望，即便在西方，君主的照片也是能自由流通的。如今日本既然已經是個開明的國家，那麼販售天皇的照片肯定不會引發不敬之事，而是有助於人們萌生尊敬之情。十二月，一名神奈川縣官員說當地有人在出售天皇、皇后和皇太后的照片，但沒有頒布禁令之前他們也無法可管。於是在隔年三月，政府就頒布了禁止販賣天皇照片的法令(《明治天皇紀》第四卷，p. 435-436)。

4. 與天皇隨行的有三百多名高官、侍從、御醫、騎兵步卒、馬伕等隨從以及四百名警官(《明治天皇紀》第四卷，p. 466)。這般人數跟江戶時代一般大名出巡的規模相比依然小得多。

5. 《明治天皇紀》第四卷，p. 468。

6. 同前注，p. 490。

7. 同前注，p. 503。

8. 同前注，p. 528。

9. 《明治天皇紀》第四卷，p. 512。
10. George H. Kerr, *Okinawa*, p. 374.
11. 大田昌秀，《近代沖縄の政治構造》，p. 92。
12. 《明治天皇紀》第四卷，p. 585頁；亦見George H. Kerr, *Okinawa*, p. 377。
13. 《明治天皇紀》第四卷，pp. 603-604。
14. 關於明治命令的內容，見前注p. 628。
15. 《明治天皇紀》第四卷，p. 642。
16. 同前注，p. 659。
17. 同前注，pp. 663-664。
18. 同前注，pp. 665-666。
19. Hugh Borton, *Japan's Modern Century*, pp. 160-161。書中引用了一段中文，足以明示那些被殺害的漁民是日本人(p.169)。
20. 這個數字是基於《明治天皇紀》第四卷p. 690提供的資料。根據大田的說法則應有九十六名隨從。(《近代沖縄の政治構造》，p. 104)
21. 夏威夷女王利留卡拉尼(Liliuokalani)在一八九三年被美國人廢黜之後，就沒有這麼好的待遇。
22. 其中被稱作「開化黨」的一派支持國家近代化；稱為「頑固黨」的一派則反對一切變革，認為這是在破壞傳統。前者傾向於支持日本；後者則聲援中國。關於兩黨的完整描述，參見仲原善忠，《琉球の歷史》，pp. 131-132。
23. 中山盛茂編，《琉球史辭典》，p. 419。
24. 笹森儀助，《南島探險》(一)，p. 131。
25. 笹森儀助，《南島探險》(二)，p. 123。
26. 同前注，p. 204。大田列舉了沖縄對於日本併吞行為的激烈反抗運動(《近代沖縄の政治構造》，pp. 106-107)。

● 第三十一章

1. William S. McFeely, *Grant*, p. 450.
2. 同前注，p. 457。
3. 同前注，pp. 453, 463, 472。
4. 李鴻章提到自己鎮壓太平天國的時期正好與格蘭特平定南方各州叛亂的時間相仿(William S. McFeely, *Grant*, p. 474)。
5. John Russell Young, *Around the World with General Grant*, 2, p. 411.
6. 同前注，pp. 443, 447-448。
7. 同前注，p. 451。
8. 同前注，p. 533。
9. 閱兵在七月七日早上舉行，地點位於日比谷練兵場(John Russell Young, *Around the World with General Grant*, 2, p. 532)。詳見《明治天皇紀》第四卷，pp. 702-703。
10. John Russell Young, *Around the World with General Grant*, 2, p. 477.
11. 同前注，p. 481。
12. 同前注，p. 529。不清楚這是否為真。明治可能之前就與愛丁堡公爵這樣的賓客握過手。

13. John Russell Young, *Around the World with General Grant*, 2, p. 567.
14. 同前注，pp. 533, 530。
15. 同前注，pp. 542, 526, 538, 548。
16. 同前注，pp. 527-528；《明治天皇紀》第四卷 pp. 698-700 上亦有簡略的描述。
17. 關於天皇正式迎接格蘭特的歡迎致詞以及格蘭特的答覆，參見《明治天皇紀》第四卷，pp. 699-700。明治表示很高興能與久仰大名的人物見面，感謝他在總統任期內對到訪的日本使節(特別是岩倉使節團)的友好招待，同時也表示很高興格蘭特在環遊世界期間拜訪日本。
18. John Russell Young, *Around the World with General Grant*, 2, p. 534.
19. 《明治天皇紀》第四卷，p. 703。
20. 同前注，p. 703。
21. 同前注，p. 704。
22. 同前注，p. 705。
23. 《新聞集成明治編年史》第四卷，p. 75。
24. 《明治天皇紀》第四卷，p. 712。西鄉從道和森有禮也被派往日光。
25. John Russell Young, *Around the World with General Grant*, 2, pp. 558-559.
26. 《明治天皇紀》第四卷，pp. 708-710。楊約翰在八月十五日和九月一日的《紐約先驅報》(New York Herald)上詳細陳述了中日之間關於琉球問題的對立觀點。這篇文章的日譯版本於十月十四日至二十七日刊登在《報知新聞》上。該翻譯亦可參見《グラント将軍との御対話筆記》，pp. 69-95。
27. 《明治天皇紀》第四卷，p. 720。
28. 《グラント将軍との御対話筆記》在最前面收錄了英語文本的複本。筆跡工整且相當清楚，可知並不是速寫。有些地方在後來做了訂正，可能是因為匆忙之中寫錯了，或者是格蘭特自己在即席發言時犯了語法上的錯誤。訂正者的筆跡似乎是格蘭特本人。

    天皇說話的篇幅顯然比格蘭特的建言少得多。有時候內容使用了第三人稱(「他(天皇)表示希望與中國保持最和平友好的關係」)，說明翻譯只將天皇所言的大意概述給格蘭特聽。英語文本和島田胤則的日文譯本起初由吉田清成家保管，後來則都捐贈給京都大學圖書館(《グラント将軍との御対話筆記》，p. 99)。
29. 《グラント将軍との御対話筆記》，pp. 21-22。這裡的英文表現有些不同尋常，但意思仍非常清楚。也許出現錯誤的是這段引文的打字員，而不是格蘭特或者翻譯。
30. 《グラント将軍との御対話筆記》，pp. 22-23。
31. John Russell Young, *Around the World with General Grant*, 2, p. 605.
32. 《グラント将軍との御対話筆記》，pp. 15, 18-19。
33. 同前注，p. 22。

34. 楊寫道：「英國在東方的一個奇怪政策，就是允許其殖民地自主決定關稅，享有貿易上的自由或保護，但另一方面卻堅持日本和中國必須完全以英國利益為考量安排進口和訂立關稅。」(*Around the World with General Grant*, p. 582)

35. 一八七九年一月五日，巴夏禮爵士從「江戶」寫了封信，提到：「美國已經和日本簽訂了一份條約，卻規定只有其他國家都同意跟進才會生效，藉由這種方式確保自己不會吃虧。而我們，當然不可能那麼做。」(引自．V. Dickins and S. Lane-Poole, *The Life of Sir Harry Parkes*, 2, p. 268)。關於這份條約(從未真正實施過)的內容，參見《新聞集成明治編年史》第四卷，pp. 72-73。該條約由吉田清成和美國國務卿威廉．埃瓦茨(William M. Evarts)於一八七八年八月七日在華盛頓簽署，於翌年二月七日獲天皇批准。

36. 《グラント将軍との御対話筆記》，p. 26。

37. 同前注，p. 17。

38. 飛鳥井雅道，《明治大帝》，p. 183。

39. 飛鳥井寫道，由於格蘭特是一位來自先進國家的領導人，他對循序漸進設立國會的肯定可能更加強化了天皇本就希望採取漸進方針的傾向(《明治大帝》，p. 183)。相反地，這個時期大隈重信則贊成盡快安排在兩年內召開國會。

40. 《明治天皇紀》第四卷，pp. 729-732。格蘭特極力向日本和清朝雙方主張撤回對彼此的粗暴態度。有關中日之間談判的實用摘要，見 George H. Kerr, *Okinawa*, pp. 389-392。

41. George H. Kerr, *Okinawa*, p. 389.

42. 《新聞集成明治編年史》第四卷，p. 75。

43. 關於這些活動的完整描述，見《明治天皇紀》第四卷，pp. 735-740。

44. John Russell Young, *Around the World with General Grant*, 2, p. 573.

45. 布幕是暗紅色的，上面繡有白色的「泰平」字樣。一邊的角落則以金線繡著「グラントより」(來自格蘭特)。

46. 關於這齣劇目的內容，參見《演劇百科大事典》第二卷，p. 477。儘管舞台上眾星雲集——包括九代目市川團十郎、初代市川左團次、三代目中山仲藏等知名歌舞伎演員，這次演出卻不成功。

47. William S. McFeely, *Grant*, p. 468.

48. 柳澤英樹，《寶生九郎伝》，p. 34。

49. 《明治天皇紀》第四卷，p. 741。《新聞集成明治編年史》第四卷 p. 97 收錄了類似但並不相同的謝辭。我在此彙整了兩者的資料加以引用。

50. John Russell Young, *Around the World with General Grant*, 2, p. 602.

● 第三十二章

1. 這個稱號或許來自象徵皇太子的「春宮」(兩者皆讀作「はるのみや」)，但是嬰兒當時還沒有被冊封為皇太子。

2. 《明治天皇紀》第四卷，pp. 755-756。可能愛子仍然受到生產時發作的歇斯底里症的折磨。

3. 《明治天皇紀》第四卷，pp. 821, 827。這些藝術品於六月抵達日本。但政府認為這些東西應該由宮內省接收，於是直到十二月才被正式認領。作為回禮日本也向烏戈里尼贈送了錢財和許多昂貴禮物。他畫的天皇肖像被收錄在《明治天皇の御肖像》一書中。

4. 同前注，pp. 746, 820。不久之後，明治向險些遇刺的阿方索十二世發了電報，慶幸他逃過一劫（《明治天皇紀》第五卷，p. 2）。

5. 《明治天皇紀》第四卷，pp. 773-774。

6. 同前注，pp. 777-778。

7. 同前注，p. 245。侍補這個職稱源自伊藤博文的提案，是宮內省的一個官職，主要負責輔佐天皇與提出建言，以彌補行政上可能的遺漏。

8. 飛鳥井雅道，《明治大帝》，pp. 175-176。

9. 這首以及前一首和歌皆引自渡邊幾治郎，《明治天皇》上卷，p. 159。渡邊並未指明前一首作於一九〇七年，後一首作於一九〇九年（《新輯明治天皇御集》，p. 911, 1023）。他似乎認為這兩首和歌儘管觀點迴異，卻都展現了明治的特質。

10. 岸田吟香，《東北御巡幸記》，p. 396。

11. 飛鳥井雅道，《明治大帝》，p. 173。

12. 《明治天皇紀》第四卷，pp. 364-365。

13. 渡邊幾治郎，《明治天皇》上卷，p. 220。

14. 關於文部省於一八七二年九月四日發布的法令詳情，見國立教育研究所編，《日本近代教育百年史》，pp. 477-489。簡單來說，這項計畫要求將全國分成八個大學區，各大學區進一步劃分為三十二個中學區，再將每個中學區劃分為兩百一十個小學區。如此一來總計將在全國設置五萬三千七百六十所小學，即每六百人就有一所學校。這種教育體制顯然受到法國影響，而且幾名負責起草法令的委員都曾撰寫或者翻譯過法國的教育論著（參見勝部真長、澀川久子，《道德教育の歴史》，p. 11）。在沃貝克等美國人的影響下，學校的課程實際上傾向於美式，但是法國是唯一一個將「道德和宗教教育」列入必修的大國，這一點正符合日本人的意向（勝部真長、澀川久子，《道德教育の歴史》，p. 211）。

15. 飛鳥井雅道，《明治大帝》，p. 176。

16. 勝部真長、澀川久子，《道德教育の歴史》，p. 13。「修身」這門課程採用了「修身口授」（以口頭教授德行舉止）的方式，並一直保留到一九四五年底。

17. 《明治天皇紀》第四卷，p. 758。

18. 同前注，pp. 758-759。

19. 同前注，p. 759。

20. 同前注，pp. 760-763。伊藤博文上書天皇的英譯版內容參見 Herbert Passin, *Society and Education in Japan*, pp. 230-233。

21. 飛鳥井雅道，《明治大帝》，p. 178。

22. 《明治天皇紀》第四卷，pp. 760-764。

23. 十二月九日，河野上奏天皇解釋必須改正教育制度的理由，詳見《明治天皇紀》第五卷，pp. 248-250。他否認政府過分「介入」學校事務。亦參見國立教育研究所編，《日本近代教育百年史》第三卷，p. 930。

24. 《明治天皇紀》第五卷，p. 250。

25. 飛鳥井雅道，《明治大帝》，p. 178。

● 第三十三章

1. 二月十九日，明治向沙皇亞歷山大二世發出賀電，祝賀他逃過導致部分宮殿損毀的炸彈攻擊（《明治天皇紀》第五卷，p. 21）。

2. 坂本一登，《伊藤博文と明治国家形成》，p. 24。之前（從一八七九年四月四日開始），天皇每逢周一、周三和周五的早上都會參加內閣會議，但是自一八八〇年三月十七日更改了內閣會議的相關規則之後，天皇除了周日和節日以外的會議都會出席。關於規則的更改，參見《明治天皇紀》第五卷，pp. 35-36。請注意這個時期的「內閣」與現代有著不同的意義，是由大臣的實質顧問「參議」所組成的決策集團（坂本一登，《伊藤博文と明治国家形成》，p. 20）。

3. 坂本討論了伊藤希望天皇參加內閣會議的種種原因（《伊藤博文と明治国家形成》，pp. 12, 15, 19）。基本上主要是想展現天皇作為象徵性領袖的權威，而沒有期待他發表獨到見解或者是代表觀點保守的前侍補們發言。

4. 假定的兌換率為一銀幣可兌換一圓十五錢的紙幣（《明治天皇紀》第五卷，p. 71）。

5. 坂本一登，《伊藤博文と明治国家形成》，p. 29。

6. 《明治天皇紀》第五卷，pp. 74-75。

7. 事實上他沿途還視察了其他縣（包括神奈川、長野和滋賀縣），但是正式的目的地主要是這三個縣。

8. 遠山茂樹編，《天皇と華族》，p. 81。

9. 名為野田千秋的記者刊登在《朝野新聞》上的隨行遊記的幾段節選可參見遠山茂樹編，《天皇と華族》pp. 82-86。第一段描述了一名老人試圖直接向天皇陳情，卻遭到警察阻止。他們把這位老人當成瘋子加以驅離，但是陳情書的內容似乎是有關召集國會的理性訴求。第二段簡要地描述了警察對《伊呂波新聞》的一名記者所採取的行動。該記者刊登了一則報導，指出警察發現與天皇同行的貴族跟他從東京帶來的藝伎睡在一起。警察因此告誡記者捏造事實將造成巨大困擾，要求他今後發表文章之前須交由警察過目，意味著媒體審查制度的開端。

10. 《大阪新聞》一八八〇年五月二十九日，引自遠山茂樹編，《天皇と華族》，p. 94。

11. 遠山茂樹編，《天皇と華族》，pp. 94-95。根據瀧澤繁關於新潟巡幸的論文，他提到巡幸的費用確實是由當地的富豪支付（〈北陸巡行と民衆統治（上）〉，《新潟史學》第二十四期，p. 36）。由於他們被告誡在接待天皇時不應奢侈浪費，因此有可能謊報了費用。舉一個最極端的例子，實際上花了四萬五千日圓的費用在報告書裡卻變成只有九十日圓三十錢。

12. 遠山茂樹編，《天皇と華族》，p. 88。

13. 歷史學家常提起「六大巡幸」，但並非天皇的所有出巡都能稱為「大巡幸」。在他後來的三次長期巡幸中，一八八一年前往東北和北海道以及一八八五年前往山口、嚴島、廣島和岡山縣的旅行都被視為「大巡幸」，但是一八九〇年視察吳市、江田島和佐世保的那次則不算，也許是因為當時是經由海路而非陸路。明治還曾無數次以當天來回的形式前往橫濱的賽馬場、千葉的演習場以及橫須賀參加船隻的入水典禮等，而且在一八九四到一八九五年甲午戰爭期間，他幾乎都待在廣島。這些旅行的性質當然與所謂的「巡幸」完全不同。

14. 遠山茂樹編，《天皇と華族》，p. 90。

15. 同前注，p. 101。

16. 尤其可參考T. Fujitani, *Splendid Monarchy*。書中寫道：「通過這些盛大的巡行以及將之記錄下來的文章或者口述，人們便開始有了明確的想像，即天皇正處於能傲視一切的政權頂端，是統治所有他目光所及的國土與人民的監督者。」(pp. 55-56)對此也有一些其他不同的解釋，參見瀧澤繁，〈北陸巡行と民衆統治〉，pp. 24-25。

17. 例如在一八八一年四月十一日，天皇前往吹上御苑觀看賽馬時的隨從便有一百六十多人（《明治天皇紀》第五卷，p. 328）。

18. 《明治天皇紀》第五卷，p. 87。

19. 同前注，p. 93。

20. 同前注，p. 128。亦參見《明治天皇紀》第二卷，pp. 76-77。

21. 《明治天皇紀》第五卷，p. 144。明治幼時被稱為「祐宮」，直到有了「睦仁」這個名字。

22. 《明治天皇紀》第五卷，p. 164。

23. 同前注，pp. 171-173。

24. 最奢侈的可能要數海軍省，他們不假思索地購入歐美發明的任何新式武器，有時甚至等交貨之後才發現實物與他們想像的完全不同（《明治天皇紀》第五卷，p. 182）。

25. 《明治天皇紀》第五卷，p. 179。

26. 渡邊昭夫指出在明治推行節儉的背後，有「非常濃重的」元田和佐佐木觀點的影子（〈天皇制國家形成途上における「天皇親政」の思想と運動〉，《歷史學研究》二百五十四號，p. 2）。天皇在這個時期的其他聲明亦是如此。

27. 《明治天皇紀》第五卷，p. 176；亦參見坂本一登，《伊藤博文と明治国家形成》，p. 37。

28. 《明治天皇紀》第五卷，p. 181。

29. 國家的最高政治機關，由太政大臣、左大臣、右大臣及參議組成。設立於一八七一年，在一八七七年廢止。

30. 《明治天皇紀》第三卷，p. 696。明治下令熾仁親王起草憲法是在一八七六年九月七日（《明治天皇紀》第五卷，p. 245）。

31. 《グラント将軍との御対話筆記》，p. 17；亦參見《明治天皇紀》第四卷，p. 722。
32. 《明治天皇紀》第五卷，p. 168。
33. 同前注，p. 234；亦參見坂本一登，《伊藤博文と明治国家形成》，p. 43。
34. 他提倡憲法內容應汲取自英國、美國和法國，而形式則以德國、奧地利、荷蘭、比利時、義大利、西班牙和葡萄牙為依據（《明治天皇紀》第五卷，p. 246）。
35. 《明治天皇紀》第五卷，p. 49。
36. 笠原英彥，《天皇親政》，p. 174。

● 第三十四章

1. 佐佐木高行，《保古飛呂比 佐佐木高行日記 十》，p. 1-2。
2. 《明治天皇紀》第五卷，p. 254。
3. 按照往例天皇應該在一月七日聽講他今年的第一堂課，但這天他前往橫濱拜訪了即將從港口乘坐義大利軍艦歸國的熱那亞公爵（《明治天皇紀》第五卷，p. 257）。
4. 《明治天皇紀》第五卷，p. 259。這個數字甚至低於截至一八八〇年為止最少的二十三次。副島講授的是儒家的經典《中庸》，西村的講題可能是他當時相當熱衷的倫理學。所有的課元田都會出席，即便不是他負責主講。
5. 《明治天皇紀》第五卷，pp. 265-266；亦可見佐佐木高行，《保古飛呂比 佐佐木高行日記 十》，pp. 66-68。佐佐木的日記包含了這次對話更加詳盡的細節。
6. 森銑三，《明治人物夜話》，pp. 19-20；亦可見《明治天皇紀》第五卷，pp. 281-282。
7. 這首國歌的樂譜是由駐日美國領事艾爾文（Robert Walker Irwin，班傑明．富蘭克林的後裔）從一位曾經在夏威夷當傳教士的外國婦女那裡借來的，並隨後將樂譜交給了日本的軍樂隊（荒俣宏譯，《カラカウア王のニッポン仰天旅行記》，p. 70）。
8. William N. Armstrong, *Around the World with a King*, p. 37.
9. 同前注，p. 39。
10. 同前注，pp. 47-48。
11. 同前注，p. 50。
12. 交換戒指可能是為了證明天皇不會違背他的口頭承諾。但顯然明治沒有將戒指交給卡拉卡瓦。
13. 關於明治和卡拉卡瓦國王的秘密會談，摘自《明治天皇紀》第五卷，pp. 294-298。阿姆斯壯的著作「*Around the World with a King*」並沒有提到相關內容，證明卡拉卡瓦顯然沒有將這次的提議透露給他的隨行人員。阿姆斯壯對國王偷偷離開住處感到不滿：「這種忽視隨從的行為完全有悖於禮儀。正因為他平時絕對地信任我們，這種神秘兮兮的舉動更是令人困惑。」（p. 62）關於這次會談內容的來源《明治天皇紀》列出了至少十三條出處，但其中提供了最多資訊的應是井上馨的信件與長崎省吾擔任（口譯）的記錄。

14. 《明治天皇紀》第五卷，p. 296。山階宮定麿王（一八六七—一九二二）是伏見宮邦家親王的兒子。他在一八八二年一月十四日寫給卡拉卡瓦國王的信中解釋了自己無法與凱烏蘭尼公主結婚的理由。這封信現在收藏於檀香山的主教博物館。定麿王表示自己已有在小時候就訂下婚約的對象，因此無法考慮與公主的婚姻。儘管他沒有明說，但是皇族成員與外國人結婚無疑會遭到反對。根據阿姆斯壯的描述，「天皇充滿興趣且認真地聽完國王的提議，但仍說此事需要從長計議，因為這將大幅背離日本的傳統。」（*Around the World with a King*, p. 63）（能久親王待在歐洲時就曾與一名德國貴族的女兒結了婚，但後來也迫跟對方離婚。）阿姆斯壯把這個結婚計畫看成來自國王身為「玻里尼西亞人腦子深處的奇怪想法」加以駁斥，表示「如果天皇接受這個提議，那麼夏威夷將有望成為日本的屬國，而這是世界上其他大國都不樂見的。」

15. 荒俣宏譯，《カラカウア王のニッポン仰天旅行記》，pp. 298-300。海纜的鋪設牽涉到兩個問題。第一，日本缺乏建造工程的資金；第二，就算要做也必須優先考慮美國人賽勒斯・菲爾德（Cyrus Field，他已經成功鋪設連接美國和英國的大西洋海底電纜）早先提出的類似請求（《明治天皇紀》第五卷，p. 674）。

16. 只有一個例外。井上馨熱情地接受了國王希望鼓勵日本人移民夏威夷的請求（《明治天皇紀》第五卷，p. 674；荒俣宏譯，《カラカウア王のニッポン仰天旅行記》，p. 151）。

17. 一八八二年一月二十四日，明治寫信給卡拉卡瓦，感謝他提議讓自己擔任亞洲國家聯盟的盟主，並表示由衷地支持這個計畫。但是明治也重申他認為這個計畫很難成真，因為盟國之間的差異性實在太大，同時也鄭重地婉拒了盟主一職。這封信保存在檀香山的主教博物館（卡皮歐拉尼—卡拉尼歐拿歐雷藏品）（荒俣宏譯，《カラカウア王のニッポン仰天旅行記》，pp. 299-300）。

18. 荒俣宏譯，《カラカウア王のニッポン仰天旅行記》，p. 139；《明治天皇紀》第五卷，p. 298。

19. Hugh Cortazzi, "Royal Visits to Japan in the Meiji Period," p. 84. 這段故事出自根據兩位王子的日記、信件和筆記所編纂的「*The Cruise of Her Majesty's Ship 'Bacchante' 1879-1882*」。

20. Hugh Cortazzi, "Royal Visits to Japan in the Meiji Period," p. 85.

21. 同前注，pp. 85-87。

22. 《明治天皇紀》第五卷，p. 567。

23. 同前注，p. 417。

24. 他還留宿在當地富豪的家裡、佛寺、博物館（山形縣）、郡公所以及醫學院（福島縣）等等。

25. 《明治天皇紀》第五卷，p. 506。在米澤他旁聽了一名中學模範生講述《日本外史》以及一名小學模範生講述《日本略史》（p. 521）。

26. 《明治天皇紀》第五卷，p. 535。

27. 同前注，p. 536。

28. 三菱財閥的創立者。據說他因為沒能得到收購公有資產的機會而非常生氣。

29. 《明治天皇紀》第五卷，p. 548。

30. 我不太清楚川村惹惱天皇的原因。里德（Edward James Reed）和其子於一八七九年一月訪問日本，他曾負責監督三艘日本軍艦「扶桑」、「金剛」和「比叡」號在英國的建造工作，這些軍艦後來都成為日本海軍的主力。他訪問日本時獲得明治的接見，後者高度讚揚里德讓這三艘船艦順利入水的功勞（《明治天皇紀》第四卷，pp. 586-597）。

31. 佐佐木高行，《保古飛呂比 佐佐木高行日記 十四》，p. 495。《明治天皇紀》第五卷 p. 558 的描述是基於佐佐木的日記寫成，但是在用詞和細節上有些出入。我在翻譯時綜合了上述兩個版本。

國家圖書館出版品預行編目 (CIP) 資料

明治天皇：睦仁和他的時代 1852-1912 / 唐納德・基恩 (Donald Keene) 著；曾小楚、伍秋玉譯. -- 初版. -- 新北市 : 遠足文化, 2019.02

譯自：Emperor of Japan : Meiji and His world, 1852-1912

ISBN 978-957-8630-87-1（上冊：平裝）
ISBN 978-957-8630-88-8（下冊：平裝）
ISBN 978-957-8630-89-5（全套：平裝）

1. 明治天皇　2. 傳記　3. 日本史

731.271　　107018773

大河 36

明治天皇：睦仁和他的時代 1852－1912（上）

Emperor of Japan: Meiji and His World, 1852-1912

作者—— 唐納德・基恩（Donald Keene）
譯者—— 曾小楚、伍秋玉
執行長—— 陳蕙慧
總編輯—— 郭昕詠
行銷總監—— 李逸文
資深通路行銷—— 張元慧
編輯—— 徐昉驊、陳柔君
封面設計—— 許晉維
排版—— 簡單瑛設

社長—— 郭重興
發行人兼
出版總監—— 曾大福
出版者—— 遠足文化事業股份有限公司
地址—— 231 新北市新店區民權路 108-2 號 9 樓
電話—— (02)2218-1417
傳真—— (02)2218-0727
電郵—— service@bookrep.com.tw
郵撥帳號—— 19504465
客服專線—— 0800-221-029
Facebook—— https://www.facebook.com/saikounippon/
網址—— http://www.bookrep.com.tw
法律顧問—— 華洋法律事務所 蘇文生律師
印製—— 呈靖彩藝有限公司

初版一刷 西元 2019 年 02 月
Printed in Taiwan